J. Lamey

Plutarchs vergleichende Lebensbeschreibungen in einer Auswahl

für die Jugend von J. Lamey

Neue Ausgabe

J. Lamey

Plutarchs vergleichende Lebensbeschreibungen in einer Auswahl für die Jugend von J. Lamey
Neue Ausgabe

ISBN/EAN: 9783743318816

Hergestellt in Europa, USA, Kanada, Australien, Japan

Cover: Foto ©Thomas Meinert / pixelio.de

Manufactured and distributed by brebook publishing software
(www.brebook.com)

J. Lamey

Plutarchs vergleichende Lebensbeschreibungen in einer Auswahl für die Jugend von J. Lamey

Plutarchs

vergleichende Lebensbeschreibungen

in einer Auswahl

für die Jugend bearbeitet

von

Dr. J. Lamey

Director am Pädagogium zu Pforzheim.

Neue Ausgabe.

Mannheim.
Verlagsbuchhandlung von Friedrich Bassermann.
—
1863.

Inhalt.

Einleitung.

Plutarch rühmt vom Thebäer Pelopidas, er zuerst habe als Führer der heiligen Schaar den übrigen Griechen gezeigt, daß nicht der Eurotas allein streitbare Männer hervorbringt. Dies Wort mochte wohl dem Chäroneier eine Genugthuung sein für die Verachtung, mit welcher seine Heimat lange Zeit in Griechenland angesehen ward. In der That sind aus Böotien, das von der Natur auf Ackerbau und Viehzucht angewiesen war, nur wenige Namen bei dem Ruhme von Hellas betheiligt; aber die wenigen sind Sterne erster Größe geworden am Himmel des Griechischen Alterthums. Pindaros, der Sänger voll Kraft und Hoheit; Epaminondas, zugleich ein Weiser und ein Held; der feurige Pelopidas, in der Schlacht so muthvoll wie im Kerker; und spät noch Plutarchos selber, der sinnige Mann, mit dem warmen Herzen für jegliche Größe und Schönheit — das sind vier Namen aus Böotien: wenn der Ruhm der Griechischen Landschaften abgewogen wird, so fallen sie schwer in die Schale und bestätigen Plutarchs Wort, daß Tugend in jedem Lande wächst.

Die Lebensbeschreibung, die Plutarch von sich selbst
hinterlassen hat, ist nicht auf uns gekommen, und aus
einzelnen zerstreuten Andeutungen kann dieser Mangel
nur nothdürftig ersetzt werden. Wie es scheint, war er
um das Jahr 50 n. Chr. geboren. Sicher steht als
Heimat Chäroneia in Böotien. Er hat ohne Zweifel
seine Studien in Athen gemacht: Platons Schule, die
Akademie, war entscheidend für seine Lebensanschauung.
Größere Reisen förderten seine Bildung und waren ihm
zu einigen seiner Schriften nothwendig. Zu Alexandrien,
der Hauptstadt Aegyptens, damals noch einem wichtigen
Sitze der Gelehrsamkeit, verweilte er weniger lang als
in Italien, wo er sich einige Kenntniß der lateinischen
Sprache erwarb. Unter den Freunden, welche er in
Rom gewann, ist C. Sossius Senecio, der unter Trajan
mehrmals das Konsulat bekleidete, zu erwähnen, weil
ihm die Lebensbeschreibungen gewidmet sind; auch wurde
er selbst von diesem Kaiser zum Konsul ernannt. Zu Hause
in Chäroneia, wo er in glücklicher Ehe mit Timoxena
lebte, ward er zur Würde eines Archonten erhoben und
widmete bis in das Greisenalter in verschiedenen hohen
und niederen Aemtern seine Kräfte dem Gemeinwesen
seiner Vaterstadt. Denn es gehörte zu seinen ausgemachtesten Grundsätzen, daß der rechtschaffene Mann
nicht sich, sondern der Welt leben müsse. Er starb um
120 n. Chr. Von fünf Kindern haben ihn zwei Söhne
überlebt. Ein Trostschreiben an seine Frau beim Ver-

luste der Tochter ist unter den gesammelten Schriften
noch vorhanden.

Diese Schriften, ein bedeutendes Denkmal des Alterthums, zerfallen in zwei Abtheilungen. Die eine umfaßt
eine Menge einzelner Aufsätze und Abhandlungen vermischten Inhalts, siebzig an der Zahl: über Sitten
und Gebräuche der Alten; wie man den Freund vom
Schmeichler unterscheiden soll; über die Erziehung; Tisch-
gespräche; über den Aberglauben; Platonische Unter-
suchungen; über die Musik u. a. m. Sie werden zu-
sammengefaßt unter dem Namen Moralische Schriften.

Die andere Abtheilung begreift die vergleichenden
Lebensbeschreibungen, acht und vierzig im Ganzen,
von Theseus an, aus der vorgeschichtlichen Zeit, bis zu
den Römischen Kaisern Galba und Otho. Er nennt
sie vergleichende, weil immer ihrer zwei, ein Grieche
und ein Römer zusammengestellt und am Ende mit
einander verglichen werden. Sie sind nicht nach der
Zeitfolge geordnet, ein Umstand, aus welchem schon
erhellet, was Plutarch im Leben Alexanders ausdrücklich
sagt, daß sein Ziel weniger die Darstellung der äußeren
Thatsachen, als des innern Menschen sei. „Wie die
Maler,“ sagt er, „die Aehnlichkeit in den in die Augen
fallenden, charakteristischen Zügen des Antlitzes wiedergeben und die übrigen ganz wenig beachten, so sei uns
gestattet ein Abbild des Lebens unsres Helden zu geben,
indem wir mehr in die charakteristischen Offenbarungen

seines Innern eindringen und sie zur Darstellung seines
eigenthümlichen Wesens verwenden, große Thaten aber,
Kämpfe und Schlachten anderen zu erzählen überlassen."
Mit dieser bewußten, absichtlichen und ausdrücklichen
Scheidung von außen und innen und dem Hervorheben
des Letztern, sei es auch auf Kosten des Erstern, hängt
die Vernachlässigung der äußern Form und des Stils
zusammen, in Folge deren man von Plutarch gesagt hat,
daß seine Sprachkunst von seinem Geiste bei weitem
überwogen werde. Er gehört damit einer Richtung an,
die später vom Christenthum stark gefördert, zur einseitigen Vergeistigung und ungebührlichen Verachtung des
leiblichen Lebens geführt hat. Aber er steht dem Alterthum doch noch zu nahe, als daß er von solchem Abweg
hätte Schaden haben können, und er ist gerade vermöge
solcher Richtung der beste Vermittler zwischen der antiken
und der modernen Welt: ohne sie hätten alle seine Vorzüge, der sittliche Ernst, das tief-religiöse Gemüth und
der lebendige Sinn für alles Schöne und echt Menschliche, nicht die Wirksamkeit erlangt, die sie seit dem
sogenannten Wiederaufleben der Wissenschaften geäußert
haben.

In Frankreich war schon die Uebersetzung des Bischofs
Amyot (1559) in weiten Kreisen verbreitet. Noch mehr
die spätere von Dacier (1721). Bearbeitungen für die
Jugend folgten rasch nach einander, sie kamen auch der
Frauenwelt zu gute, und manch schöne Bildung reifte

an dem hellen und warmen Strahl Plutarchischen Geistes. Die deutschen Ueberſetzungen waren mehr durch ihre Zahl als durch ihre Verbreitung bedeutend: die erſte von Boner (Straßburg 1534) iſt ſelten geworden; die von Xylander (Frankfurt a. M. 1581) ſtützt ſich auf jene; Kind, Schirach, Kaltwaſſer waren die Vorläufer von Klaiber, deſſen Ueberſetzung (Stuttgart 1827 ff.) an Richtigkeit und Treue alle früheren übertrifft. Sie iſt über die Hälfte vollendet und wurde, ſo weit ſie vorliegt, zu gegenwärtiger Bearbeitung vielfach benutzt und häufig zu Grunde gelegt.

Mannheim, October 1853.

Griechen.

Frieden.

I.

Lykurg.

Gesetzgeber von Sparta, 880 v. Chr.

-----

1. Lykurgs Abstammung.

Von dem Gesetzgeber Lykurg kann man nichts berichten, das über allem Zweifel stände; denn seine Abstammung, seine Reisen, sein Tod, dazu sein Wirken als Gesetzgeber und Staatsmann sind verschieden dargestellt worden. Sein berühmtester Ahnherr war Soos, unter welchem die Spartiaten die Heloten zu Sklaven machten und den Arkadiern ein großes Stück Land abgewannen. Er soll den Bewohnern von Klitor, die ihn an einem wasserlosen Orte umzingelt hatten, versprochen haben, ihnen jenen Theil von Arkadien zurückzugeben, wenn er und alle seine Leute aus der nahen Quelle getrunken hätten. Nachdem der Vertrag beschworen war, so rief Soos seine Leute zusammen und sagte dem, welcher nicht trinken würde, die königliche Würde zu. Allein keiner konnte sich bezwingen: es tranken alle. Da stieg Soos zuletzt hinab, und nachdem er sich noch im Angesichte der Feinde blos benetzt hatte, zog er weg und behielt das Land, denn es hatten ja nicht alle getrunken. Diese That fand bei den Spartiaten viel Lob. Doch hat man dem ganzen Geschlechte nicht seinen, sondern seines Sohnes Namen gegeben, denn es heißt das Haus der Eurytioniden, weil Eurytion der erste gewesen, welcher dem Volke zulieb die streng monarchische Form des Königthums milderte. Diese

Milderung hatte jedoch zur Folge, daß einerseits das Volk frech wurde, andererseits die nachfolgenden Könige sich durch Zwangsmaßregeln verhaßt machen, oder sich durch Nachsicht und Schwäche heruntersetzen mußten. So wurde denn Unordnung und Gesetzlosigkeit auf lange Zeit in Sparta herrschend; ja der König Eunomos, Lykurgs Vater, verlor darüber das Leben. Denn als er eine Schlägerei beilegen wollte, wurde er mit einem Küchenmesser erstochen und hinterließ die Herrschaft seinem ältesten Sohne Polydektes.

Als auch dieser nach kurzer Zeit starb, so glaubte Jedermann, sein Nachfolger sei Lykurg. Und dieser regierte auch wirklich so lange, als man nicht wußte, ob seine Schwägerin einen Sohn bekommen würde. Sobald dies aber bekannt wurde, erklärte Lykurg, der Thron müsse dem rechtmäßigen Erben gehören. Die Wittwe ließ ihm zwar insgeheim den Vorschlag machen, das Kind zu tödten, wenn er als König sie heirathen wollte, aber Lykurg verabscheute diesen Antrag. Er nahm das Kind auf die Arme und sagte zu den Anwesenden: „Spartiaten, ein König ist uns geboren." Dann legte er es auf den königlichen Stuhl und gab ihm den Namen Charilaos. Seine Regierung hatte in allem acht Monate gedauert. Von jetzt an regierte er als des Königs Prodikos, so nennen die Spartiaten einen Vormund. Und man gehorchte ihm gern, nicht allein wegen dieser Gewalt, sondern auch wegen seiner Tugenden. Doch hatte er auch seine Neider, welche der wachsenden Macht des jungen Mannes entgegenarbeiteten. Dies thaten besonders die Verwandten und Freunde der Königin Mutter, die sich für schwer beleidigt hielt. Ja ihr Bruder Leonidas sagte einmal, nachdem er die frechsten Schimpfreden gegen Lykurg ausgestoßen, er wisse recht gut, daß man ihn (den Lykurg) noch als König sehen werde. Dadurch suchte er zum voraus für den Fall, daß dem König ein Unfall zustieße, den Verdacht der Nachstellung auf Lykurg zu lenken. Aehnliche Reden kamen auch von der Königin Mutter in Umlauf.

Diese Kränkungen und die Furcht vor einem Unfall, der etwa dem jungen König zustoßen könnte, veranlaßten ihn, sich durch Entfernung dem Verdachte zu entziehen und so lange umherzureisen, bis sein Neffe Mann wäre und einen Sohn und Thronerben hätte.

2. Lykurgs Reisen.

Er begab sich also zu Schiff und reiste zuerst nach Kreta. Dort machte er sich mit der Landesverfassung bekannt und verkehrte mit den angesehensten Männern. Manches in den Gesetzen fand er vortrefflich und merkte es sich, um es in die Heimath zu verpflanzen und da anzuwenden; Anderes aber gefiel ihm nicht. Auch bewog er den Thalētas, einen der geachtetsten Weisen und Staatsmänner auf der Insel, ihm zulieb nach Sparta zu gehen, wo er als Dichter auf= trat, aber unter dem Scheine dieser Kunst so viel wirkte, als die größten Gesetzgeber. Denn seine Lieder waren lauter Ermahnungen zu Gehorsam und Eintracht, deren Wirkung durch die sanfte und beruhigende Gewalt des Versmaßes und der Melodie erhöht wurde. Sie machten so großen Eindruck bei den Spartiaten, daß ihre Sitten unvermerkt milder wurden und die bisherige feindselige Gesinnung gegen einander sich durch Wetteifer im Guten in gegenseitige Zu= neigung verwandelte. So bahnte Thalētas gewissermaßen dem Lykurg den Weg zur Bildung seiner Mitbürger.

Von Kreta ging Lykurg nach Asien. Wie die Aerzte schwächliche und kranke Körper mit gesunden zusammenhalten, so wollte er die Jonische Pracht und Ueppigkeit mit der einfachen und strengen Lebensweise der Kreter vergleichen, um so den Einfluß der verschiedenen Sitten und Verfassungen zu beobachten. Hier sah er zum erstenmal Homers Gedichte; und da er sie nicht minder reich an Lehren der Staatsklug= heit und bildend für den Charakter, als unterhaltend und genußreich fand, so wandte er allen Eifer an, sie zu sammeln

und abzuschreiben, um sie nach Griechenland zu bringen.
Allerdings hatte sich eine dunkle Sage von diesen Gedichten
bereits bei den Griechen verbreitet, aber nur wenige besaßen
einige Theile davon, indem sich das Werk, wie es der Zufall
wollte, in vereinzelten Stücken verbreitete. Erst Lykurg hat
das Ganze zur allgemeinen Kenntniß gebracht.

3. Er wird zurückgerufen und trifft Vorbereitungen zur Gesetzgebung.

Unterdessen wurde Lykurg von den Lakedämoniern schmerz=
lich vermißt und wiederholt durch Abgeordnete zur Rückkehr
eingeladen. Sie sahen wohl ein, daß ihre Könige nur den
Vorzug des Namens und Ranges vor der Menge hätten,
dem Lykurg aber natürliches Herrschertalent und Kraft in=
wohne die Menschen zu leiten. Selbst den Königen war
seine Gegenwart nicht unerwünscht: vielmehr hofften sie,
wenn er zugegen wäre, von dem Uebermuth der Menge
weniger zu leiden. Als er nun bei dieser Stimmung der
Gemüther zurückgekehrt war, unternahm er sofort die be=
stehende Ordnung der Dinge zu verändern und die Verfassung
des Staates völlig umzugestalten. Denn er war überzeugt,
daß einzelne Gesetze keinen Nutzen schaffen, sondern daß man
wie bei einem verdorbenen und mit mancherlei Krankheiten
behafteten Körper die vorhandene Mischung der Säfte durch
reinigende Mittel tilgen und umwandeln und eine ganz neue
Lebensordnung anfangen müsse.

Mit diesem Gedanken wanderte er zuvörderst nach Delphi,
fragte den Gott, verrichtete sein Opfer und brachte das welt=
berühmte Orakel heim, worin ihn Pythia als Götterliebling
anredete und die Erklärung gab, Apollon genehmige seine
Bitte um gute Gesetze und bewillige ihm eine Verfassung,
die weit besser sein würde, als alle anderen.

Dadurch ermuthigt suchte er die vornehmsten Bürger für
sein Vorhaben zu gewinnen und forderte sie zum Beistande

auf; zuerst vertraute er sich nur seinen Freunden, dann zog er immer mehrere auf seine Seite und verband sich mit ihnen zur Ausführung des Unternehmens.

Als alles vorbereitet war, mußten dreißig der Angesehen=sten in der Frühe bewaffnet auf dem Markte sich einfinden, die Gegner zu schrecken und einzuschüchtern. Beim Beginn dieses Auflaufs meinte König Charilaos, der ganze Anschlag gelte ihm, und flüchtete in den Tempel der Athene Chal=kioikos*). Da man ihm aber durch Eide Sicherheit ver=bürgte, ließ er sich bewegen den Tempel zu verlassen und unterstützte nun selbst Lykurgs Bemühungen.

4. Die Gesetzgebung. Beschränkung der könig-lichen Macht durch Einsetzung des Rathes der Aeltesten.

Unter seinen neuen Einrichtungen war die erste und wichtigste die Einführung des Senates, welcher, wie Platon sagt, der zuvor übermäßigen königlichen Gewalt an die Seite gestellt und mit gleichem Stimmrechte für die wichtigsten Angelegenheiten ausgestattet, den Bestand und die verständige Haltung Spartas begründet hat. Bis dahin schwankte näm=lich der Staat unsicher hin und her, und neigte sich bald auf die Seite der Könige zur unumschränkten Gewalt, bald auf die Seite des Volks zur Demokratie. Jetzt diente der Senat, in die Mitte gestellt, gleichsam zum Ballast, welcher das Gleichgewicht erhielt und die sicherste Ruhe und Ordnung herstellte. Die achtundzwanzig Senatoren oder Aeltesten schlossen sich jedesmal an die Könige an, wenn es nöthig war der Volksherrschaft entgegen zu treten, und ebenso ver=

---

*) Chalkioikos = die in einem ehernen Hause wohnende: denn dieser Tempel ruhte auf ehernen Säulen und hatte ver=muthlich auch ein ehernes Dach.

stärkten sie die Macht des Volkes, damit keine Tyrannei entstünde. Daß gerade acht und zwanzig zu Senatoren ernannt wurden, hat nach Aristoteles darin seinen Grund, daß von den dreißig, welche zuerst Lykurgs Partei ergriffen, zwei aus Feigheit der Unternehmung untreu wurden. Rechnete man aber die beiden Könige dazu, so bestand die gesammte Obrigkeit aus dreißig Personen, wie es in einem Orakelspruche vorgeschrieben war. Die Könige und Aeltesten mußten ihre Vorschläge an die Volksversammlung bringen. Die Volks= versammlung fand von Zeit zu Zeit Statt und zwar auf einem freien Platze, damit nicht der Schmuck eines Saales oder die Pracht einer Halle die Gedanken der Versammelten von der Wichtigkeit der Sache ablenkte. Außer den Königen und Aeltesten durfte Niemand einen Vorschlag machen, und dem Volke stand nur zu, die von jenen gestellten Anträge an= zunehmen oder zu verwerfen. Als dieses später die Vor= schläge durch Davon= und Dazuthun verdrehte und fälschte, so fügten die Könige Polydóros und Theopompos dem oben erwähnten Orakelspruch Folgendes bei: „Wenn aber das Volk einen verkehrten Schluß annimmt, so sollen die Aeltesten und Häupter abfallen" d. h. ihre Bestätigung nicht ertheilen, sondern sich entfernen und eine Versammlung auflösen, welche den Vorschlag des Rathes zum Schaden verändere und verdrehe. Auch sie machten die Bürger glauben, daß Apollon es sei, der diese Verordnung gegeben.

Trotz dieser Mischung der Gewalten fand man in der Folge die Oligarchie*) allzu mächtig, üppig und trotzig und legte ihr die Ephorengewalt, wie Platon sagt, als Zaum und Gebiß an, ungefähr hundert und dreißig Jahre nach Lykurg. Denn Elatos und seine Amtsgenossen, die ersten Ephoren, wurden unter dem König Theopompos erwählt. Dem

---

*) Die Herrschaft Weniger, im Gegensatze zu Volks= herrschaft oder auch zur Einzelherrschaft (Monarchie).

letzteren soll auch seine Gemahlin Vorwürfe gemacht haben, daß er die Krone nicht mehr mit der Macht, wie er sie empfangen, auf seine Söhne bringe; er gab ihr aber zur Antwort: „Vielmehr um so mächtiger, je dauerhafter sie ist." In der That war sie nun, des zu Vielen entäußert, gegen Neid und Anfechtung in Sicherheit. Daher denn die Könige Spartas nicht das Schicksal hatten, das die Messenier und Argiver über ihre Könige verhängten, weil diese in nichts nachgaben und sich durchaus nicht entschließen konnten, dem Volke etwas von ihrer Macht zum Opfer zu bringen. Nichts hat Lykurgs Weisheit und Vorsicht in ein helleres Licht gesetzt, als die Vergleichung der Ordnung in Sparta mit den Streitigkeiten und Wirren zwischen König und Volk bei den Messeniern und Argivern, verwandten und benachbarten Völkerschaften, welche von Anfang gleiches Loos mit jenen gehabt und in Bezug auf den Boden es wohl noch besser getroffen hatten: ihr Glück währte nicht lang, denn durch die Willkühr der Könige und die Unbotmäßigkeit der Menge wurde bald der Bestand ihrer Staatsordnung erschüttert, und so zeigten sie, daß derjenige, welcher bei den Spartiaten das Staatsleben ordnete, wirklich ein göttliches Geschenk für sie gewesen.

5. Theilung des Grundbesitzes.

Die zweite und zugleich die kühnste Anordnung des Lykurg war die Theilung des Grundbesitzes. Denn es war eine große Ungleichheit, und eine Menge besitzloser Leute fiel der Stadt zur Last, während aller Reichthum in wenige Häuser zusammengeflossen war. Um nun den Uebermuth, den Neid, die Ungerechtigkeit und Ueppigkeit, und die noch tiefer liegenden und größeren Gebrechen bürgerlicher Gesell= schaft, Reichthum und Armuth, zu verbannen, beredete er die Bürger, das gesammte Grundeigenthum zum Gemeingute zu machen und dann von neuem zu theilen und in völliger

Gleichheit des Vermögens und des Unterhalts mit einander zu leben, damit sie nur in der Tüchtigkeit einen Vorzug suchten, und kein Unterschied, keine Ungleichheit gelte, als sofern sich Schande und Laster von Ehre und Tugend scheiden.

Diesen Vorschlag setzte er denn auch in's Werk und vertheilte das übrige Lakonien unter die Bewohner des Landes in dreißig tausend Loose, die Markung von Sparta aber in neun tausend unter die Bürger dieser Stadt. Jedes Loos hatte die Größe, daß es für den Mann siebenzig Medimnen*) Gerste, für die Frau zwölf, und einen verhältnißmäßigen Ertrag an Wein und Oel brachte. So viel Nahrungsmittel, glaubte er, seien zureichend sie bei Kraft und gesund zu erhalten; mehr verlange das Bedürfniß nicht. Später soll er einmal von einer Reise her durch die frischgeschnittenen Felder gekommen sein und beim Anblick der Getreideschober, wie sie gleich und gleich einander gegenüber standen, gelächelt und gesagt haben: man meine, ganz Lakonien gehöre vielen Brüdern, die eben getheilt hätten.

6. Eiserne Münzen; Verbannung des Luxus; gemeinschaftliche Mahlzeit; häusliche Einrichtung.

Nun wollte er, um jeden Unterschied und jede Ungleichheit zu tilgen, auch die bewegliche Habe theilen. Als er aber sah, daß sie sich dieselbe nicht so geradezu würden nehmen lassen, so kam er ihnen von einer andern Seite bei und gewann über die Neigung im Besitz solcher Dinge andere zu übertreffen, durch Staatsklugheit den Sieg. Zuvör-

---

*) Ungefähr 66 Berliner Scheffel. Nach Badischem Maß etwa 14 Malter.

derst schaffte er alle Gold= und Silbermünzen ab und befahl
nur eiserne zu gebrauchen, welchen er bei großer Schwere
und Masse einen so kleinen Werth gab, daß um zehn Minen *
im Hause aufzubewahren eine große Kammer, und, um sie
fortzuschaffen, ein zweispänniger Wagen erforderlich war.
Sobald diese neue Münze in Gebrauch gekommen war, ver=
schwanden viele Arten von Verbrechen aus Sparta. Denn
wer mochte durch Stehlen, Bestechlichkeit, Betrügerei und
Raub an sich bringen, was weder zu verbergen, noch sonst
ein wünschenswerther Besitz, ja selbst in Stücke geschlagen
zu nichts nütze war? Denn Lykurg ließ das Eisen glühend
in Essig tauchen und benahm ihm dadurch seine Härtung
und die Tauglichkeit zu jedem anderen Gebrauch.

Sodann verbannte er alle unnützen und überflüssigen
Künste. Wohl mußten auch ohne Acht und Bann die mei=
sten mit dem Gelde sich entfernen, da sie jetzt keinen Absatz
mehr fanden; denn die eiserne Münze wurde bei den übrigen
Griechen nicht angenommen, sie war ohne Werth und ver=
spottet. Daher konnte man auch in Sparta keine fremden
Flitterwaaren kaufen, kein Handelsschiff kam in die Häfen,
kein Lehrer der Beredtsamkeit, kein herumziehender Wahrsager,
kein Verfertiger von Gold= oder Silberschmuck betrat das
von Geld entblößte Land. So wurde dem Luxus allmählig
alle Nahrung entzogen, und er mußte von selbst ersterben.
Der Reichthum gewährte nun keinen Vorzug mehr, denn er
hatte keinen Weg sich öffentlich zu zeigen, sondern mußte
als ein todtes Kapital im Hause verschlossen bleiben. Daher
denn auch die gewöhnlichen und nothwendigen Geräthschaften,
wie Betten, Stühle, Tische bei ihnen auf's beste verfertigt
wurden. Besonders beliebt war der lakonische Becher, Kothon
genannt, im Feldlager. Wenn man nämlich unreines Wasser
trinken mußte, so entzog dieses irdene Gefäß dem Auge

---

*) 10 Minen = 434 fl. 30 kr. oder 241 Thlr. 7 Gr.

durch seine Farbe den widrigen Anblick und die erdigen Theile setzten sich an den einwärts gebogenen Rand, so daß man das Getränk reiner zum Munde brachte. Auch dies war ein Verdienst des Gesetzgebers, denn da die Künstler von den unnützen Arbeiten abgezogen wurden, so zeigten sie nun in den nothwendigen ihre Geschicklichkeit.

Um den Luxus noch wirksamer zu bekämpfen und dem Reichthum seinen verführerischen Glanz vollends zn nehmen, fügte er eine dritte, die trefflichste Einrichtung hinzu, nämlich die gemeinschaftlichen Mahle. Alle Spartiaten mußten sich täglich zum gemeinschaftlichen Genuß der gleichen, vorge= schriebenen Speisen versammeln. Keinem war es erlaubt, für sich zu essen und sich zu Hause auf ein kostbares Polster und an einen prächtigen Tisch zu legen, um sich gleich ge= fräßigen Thieren in der Dunkelheit mästen zu lassen und mit den Sitten zugleich auch den Körper zu verderben, der sich dabei der Unmäßigkeit und allen Ausschweifungen ergiebt und eines langen Schlafes, warmer Bäder, vieler Ruhe und so zu sagen einer täglichen Krankenpflege bedarf.

Schon dies war sehr wichtig, aber noch wichtiger, daß er durch die Gemeinschaft und Einfachheit der Mahlzeiten den Reichthum arm und unwerth machte. Denn nun war aller Gebrauch und Genuß prächtigen Tischgeräthes, ja selbst der Anblick und das Schaustellen desselben unmöglich, da der Reiche mit dem Armen zu Einem Tische ging. Und es durfte niemand vorher zu Hause speisen und gesättigt zum gemeinsamen Mahle kommen: wer nicht mit aß und trank, wurde von den andern genau beobachtet und ein unenthaltsamer Mensch gescholten, der für die gemeinschaft= lichen Speisen zu lecker wäre.

Daher soll denn auch vorzüglich diese Anordnung den Unwillen der Reichen gegen Lykurg entflammt haben. Sie rotteten sich in Menge zusammen, stießen Schimpfreden gegen ihn aus und bezeigten auf alle Weise ihre Erbitterung; zuletzt warfen viele mit Steinen nach ihm, so daß er sich

genöthigt fah, den Marktplatz eilig zu verlassen. Er wollte
sich in einen Tempel flüchten und hatte schon den Vorsprung
gewonnen: nur ein junger Mensch, Namens Alkandros, der
nicht bösartig, aber von heftiger und leidenschaftlicher Ge=
müthsart war, folgte ihm auf der Ferse und schlug ihm,
als er sich eben umdrehte, mit dem Stock ein Auge aus.
Lykurg verbiß den Schmerz, wandte sich gegen die Bürger
und zeigte ihnen sein blutiges Gesicht und das zerstörte Auge.
Bei diesem Anblick ergriff sie die tiefste Scham und Reue,
ja, sie lieferten ihm den Alkandros aus und begleiteten ihn
unter lebhaften Aeußerungen ihrer Theilnahme nach Hause.
Lykurg bezeigte ihnen darüber seine Zufriedenheit und entließ
sie; den Alkandros aber behielt er bei sich, ohne ihm etwas
zu thun oder zu sagen; nur entfernte er seine gewöhnlichen
Diener und befahl ihm ihre Stelle zu vertreten. Der
Jüngling, dem es nicht an natürlicher Gutmüthigkeit fehlte,
vollzog mit schweigendem Gehorsam die Befehle; und da er,
dem Lykurg beständig nahe, seine Sanftmuth und Gelassen=
heit, seine strenge Lebensweise und unermüdliche Thätigkeit
kennen lernte, fühlte er sich zu dem Manne unwiderstehlich
hingezogen und versicherte seinen Bekannten, Lykurg sei weder
hart noch eigensinnig, vielmehr so freundlich und sanft wie
kein anderer Mensch auf der ganzen Erde. Dies war also
die Strafe des Alkandros, dies die Genugthuung, welche er
dem Lykurg leistete, daß er aus einem ungezogenen, anma=
ßenden Jüngling der bescheidenste und tugendhafteste Mann
wurde. Zum Denkmal dieses Vorfalles baute Lykurg der
Athene einen Tempel, einige sagen zum Dank für die Heilung
des Auges, das nicht ganz zerstört, sondern nur verwundet
gewesen wäre. Gewiß ist übrigens, daß die Spartiaten
seitdem von der Sitte abstanden, mit Stöcken in der Volks=
versammlung zu erscheinen.

Bei den gemeinschaftlichen Mahlen hielten in der Regel
je fünfzehn Personen zusammen. Jeder Tischgenosse trug
monatlich einen Medimnus Gerstenmehl, acht Choen Wein,

fünf Minen Käse, dritthalb Minen* Feigen und zum An=
kauf der Zukost etwas weniges an Geld bei. Wenn jemand
opferte, so schickte er überdies ein Stück vom geschlachteten
Thiere, und wer auf der Jagd ein Wild erlegt hatte, lieferte
einen Theil davon an seine Tischgesellschaft ab. Denn wer
sich über dem Opfer oder der Jagd verspätete, durfte zu
Hause speisen, die andern mußten alle kommen. Es wurde
streng darauf gehalten. So wollte einst der König Agis
bei seiner Rückkehr aus dem Feldzug, worin er den Krieg
mit den Athenern ruhmvoll beendigt hatte, bei seiner Frau
speisen und seinen Antheil an der Mahlzeit holen lassen;
aber die Polemarchen** verweigerten ihn, und als der König
am folgenden Tage aus Verdruß das Opfer, zu dem er
verpflichtet war, nicht darbrachte, belegten sie ihn noch oben=
drein mit einer Strafe.

Auch Knaben fanden sich oft in den Speisesälen ein;
man führte sie dahin als in Schulen der Weisheit, wo sie
Gespräche über öffentliche Angelegenheiten hörten, Vorbilder
eines würdigen Benehmens vor Augen hatten, sowohl ohne
Grobheit scherzen und spotten, als von andern Scherz ertragen
lernten. Denn auch dies rechnete man zu den vorzüglichen
Eigenschaften eines Lakedämoniers, Spaß zu verstehen; wem
er übrigens wehe that, der durfte nur bitten, daß man
aufhöre, und sogleich hörte man auf. Zu jedem Herein=
tretenden aber sagte der Aelteste, indem er auf die Thüre
zeigte: „Durch diese geht kein Wort hinaus!“

Wenn jemand Mitglied einer Tischgesellschaft zu werden
wünschte, so geschah die Abstimmung auf folgende Weise. Jeder
Tischgenosse nahm eine Brodkrume in die Hand und warf
sie stillschweigend wie einen Votirstein in ein Gefäß, das

---

*) Ungefähr 2 Simri oder Scheffel Mehl, vierzehn Maas
Wein, fünf Pfund Käse und dritthalb Pfund Feigen.

**) Die Kriegs=Obersten, welche auch die Aufsicht bei den
Mahlzeiten gehabt zu haben scheinen.

der Aufwärter auf dem Kopfe trug. Wer seine Einwilligung gab, ließ die Krume, wie sie war; wer dagegen stimmte, drückte sie vorher mit der Hand fest zusammen. Eine zu= sammengedrückte Krume hatte nämlich die Bedeutung eines durchbohrten Steinchens, und fand man auch nur eine einzige dieser Art, so wurde der Eintritt nicht gestattet, weil man wünschte, es sollten alle gerne beisammen sein. Von einem, der auf diese Weise abgewiesen wurde, sagte man, er sei kabbirt worden, weil das Gefäß, in welches sie die Brod= krumen warfen, Kabbos hieß.

Vor allen andern Speisen liebten sie die schwarze Suppe, ja die Aelteren verlangten gar kein Fleisch, sondern über= ließen es den Jüngeren und genossen statt desselben mit großem Appetit die Suppe. Ein König von Pontus, erzählt man, kaufte sich dieser Suppe wegen einen lakedämonischen Koch, fand sie aber, als er sie nun kostete, sehr widrig; da sagte ihm der Koch: „Die Suppe, o König, muß man nach einem Bade im Eurotas essen.“ Wenn sie zuletzt mäßig getrunken hatten, gingen sie ohne Fackel nach Hause; denn es war ihnen nicht erlaubt, bei irgend einem Gange sich einer Leuchte zu bedienen, damit sie bei Nacht und im Dunkeln herzhaft und unerschrocken ihren Weg gehen lernten. Dies war also die Einrichtung der gemeinschaftlichen Mahle.

Geschriebene Gesetze hat Lykurg nicht gegeben, er hat sie sogar ausdrücklich durch eine Satzung verboten. Denn er war der Ansicht, daß die für die öffentliche Glückseligkeit und Tugend wesentlichen und wichtigen Anordnungen fest und uner= schütterlich stünden, wenn sie den Gesinnungen und dem Leben der Bürger zu eigen gemacht wären, und wenn sie den Willen für sich hätten, den mächtigsten Gebieter, welchen die Erziehung in den Jünglingen erweckt, und welcher für jeden das Amt des Gesetzgebers versieht. An die Erziehung knüpfte er daher seine ganze Gesetzgebung an.

Eine Satzung verbot also, wie eben bemerkt wurde, geschriebene Gesetze zu haben. Eine andere war wieder gegen den Aufwand: in jedem Hause, das man baue, solle bei dem Dache nur die Art, bei den Thüren nur die Säge, durchaus kein anderes Werkzeug angewandt werden. Denn jene Wahrheit, welche später= hin Epaminondas von seinem Tische ausgesprochen hat: „bei solcher Kost werde man kein Verräther," erkannte zuerst Lykurg und urtheilte, ein solches Haus vertrage sich nicht mit Pracht und Ueppigkeit. Und wer könnte auch so geschmacklos und unverständig sein, daß er in ein so einfaches und geringes Haus Ruhebetten mit silbernen Füßen, Pur= purdecken, Goldpokale und zu diesen passendes Prunkgeräthe bringen sollte? Nothwendig muß mit dem Hause das Ruhe= bett, mit dem Ruhebett die Decken, mit diesen die übrige Ausstattung und Einrichtung des Hauses übereinstimmen und im Verhältniß stehen. Aus dieser Gewohnheit erklären sich die Worte, die man sich vom älteren Könige Leotychides erzählt. Als nämlich dieser zu Korinth speiste und die Decke des Saales auf's prächtigste mit eingelegter Arbeit verziert sah, soll er gefragt haben, ob denn bei ihnen das Holz viereckig wachse?

Eine dritte Satzung enthielt das Verbot, öfters denselben Feind zu bekriegen, damit er nicht durch öftere Gegenwehr und Uebung kriegerisch würde. Und später tadelte man das besonders an Agesilaos, daß er durch zahlreiche und unab= lässige Einfälle und Kriegszüge nach Böotien den Spartiaten furchtbare Gegner an den Thebäern gezogen habe. Daher sagte Antalkidas, als er ihn verwundet sah: „Ein schönes Lehrgeld bekommst du von den Thebäern, welche du den Krieg lehrst, von dem sie nichts verstanden." Dergleichen Verordnungen also nannte Lykurg Satzungen oder Aus= sprüche, weil sie als Aussprüche der Gottheit betrachtet werden sollten.

7. Erziehung.

Die Erziehung betrachtete Lykurg wie schon erwähnt worden, als die schönste Aufgabe des Gesetzgebers. Die Mädchen härtete er ab durch Wettlauf und Ringen, sowie durch den Wurf der Scheiben und der Speere, damit sie die Kraft gewinnen möchten, ihren Beruf tüchtig zu erfüllen. Ja, um alle Weichlichkeit, Verzärtelung und weibische Schwäche zu verbannen, gewöhnte er die Mädchen gleich den Jünglingen bei den feierlichen Aufzügen mitzugehen, zu singen und zu tanzen. Bisweilen ließen sie sich auch in treffendem Spotte über diesen oder jenen aus und züchtigten ihn wegen eines Vergehens, so wie sie hinwiederum das Lob der Würdigen in Liedern priesen, wodurch sie feurige Ehrbegierde und edlen Wetteifer in den Seelen der Jünglinge erweckten. Denn wer tapferer Thaten wegen gepriesen wurde und seinen Namen bei den Jungfrauen gefeiert sah, ging mit stolzem Gefühl nach Hause; auf der anderen Seite drang der Stachel des Witzes und Spottes nicht minder tief in das Herz als der ernsthafteste Verweis, zumal da alle Bürger, auch die Könige und Senatoren bei diesen Spielen zugegen waren. Denn die Spiele der Jugend und ihre Erziehung lag allen am Herzen, und es war die Ansicht Lykurgs, die Kinder seien nicht besonderes Eigenthum der Väter, sondern Gemeingut des Vaterlandes. Daher hing es nicht vom Willen des Vaters ab, ob ein Kind aufgezogen werden sollte, sondern es mußte gleich nach der Geburt an einen besondern Ort gebracht werden, wo die Aeltesten jeder Zunft versammelt waren. Wenn diese es bei sorgfältiger Besichtigung gut gebaut und stark fanden, so befahlen sie es aufzuziehen und wiesen ihm eines von den neuntausend Loosen an; war es aber schwach und mißgestaltet, so ließen sie es in einen Abgrund hinabwerfen am Berge Taygẽtos. Der Platz hieß Apothẽtai. Sie thaten dies, weil ja das Leben eines Menschen, der nicht vom Mutterleibe an eine gesunde und starke

Körperbeschaffenheit hätte, weder ihm selbst noch seinem Lande frommen könne. Daher wurden auch die Neugebornen von den Weibern nicht in Wasser, sondern in Wein gebadet, um eine Gesundheitsprobe an ihnen zu machen. Man behauptet nämlich, daß Kinder, die mit der Fallsucht behaftet oder sonst kränklich sind, durch lautern Wein vom Brande verzehrt, gesunde aber noch stärker und kraftvoller werden.

Die Ammen warteten der Kinder mit vieler Sorgfalt und Kunst. Sie zogen dieselben ohne Windeln auf, ließen ihre Glieder und Gestalt sich frei entwickeln und arbeiteten darauf hin, daß sie keine Kostverächter und Leckermäuler würden, und daß Furchtsamkeit im Finstern oder in der Einsamkeit, launenhafte Unart und kindisches Weinen ihnen fremd blieben. Daher geschah es öfters, daß Ausländer lakedämonische Ammen kauften. So war, wie man erzählt, Amykla, die Amme des Atheners Alkibiades, eine Lakedämonierin. Allein diesem gab Perikles, nach Platons Versicherung, den Sklaven Zopyros zum Erzieher, welcher durchaus keinen Vorzug vor den anderen Sklaven hatte. Die lakedämonischen Knaben dagegen wurden von Lykurg keinem gekauften oder gemietheten Erzieher anvertraut; auch erlaubte er nicht, daß jeder Vater den seinigen nach eigenem Gutdünken erziehen und unterrichten durfte, sondern nahm alle, sobald sie sieben Jahre alt waren, unter seine Aufsicht, theilte sie in Rotten, ließ sie beständig zusammenleben, mit einander essen, spielen und lernen. Jede Rotte erhielt einen Anführer aus ihrer Mitte, wozu Lykurg den verständigsten Knaben wählte, welcher zugleich der tapferste im Streite war. Auf diesen waren beständig die Augen der Uebrigen gerichtet, sie befolgten seine Befehle und duldeten seine Strafen, so daß diese Erziehung eine Schule des Gehorsams war. Die Aeltern schauten ihren Spielen zu und warfen gern einen Zankapfel unter sie, wobei sie die beste Gelegenheit bekamen, einen jeden zu beobachten, ob er das Herz am rechten Flecke habe und dem Gegner muthig zu Leibe gehe.

Lesen und Schreiben lernten sie zur Nothdurft; das Hauptziel der Erziehung war Gehorsam gegen die Oberen, Ausdauer in Anstrengung, Sieg im Kampfe. Deßwegen hielt man die Knaben mit den Jahren immer strenger, schor sie kahl, ließ sie barfuß gehen und gewöhnlich nackt spielen. Hatten sie das zwölfte Jahr erreicht, so bekamen sie nur noch Einen Rock für das ganze Jahr und kein Unterkleid, und ihrem Schmutze sah man an, daß sie des Bades und der Salbe entbehrten; nur einige wenige Tage des Jahres hatten sie diese Wohlthat auch. Sie schliefen beisammen nach ihren Abtheilungen und Rotten auf einer Streu, die sie selbst zusammentrugen und wozu sie die Kolben des Schilfs, das am Eurotas wächst, ohne Messer mit der bloßen Hand knicken mußten. Im Winter legten sie die sogenannten Lykophonen unter und vermischten diese Pflanze mit dem Rohr, weil man ihr eine erwärmende Kraft zuschrieb.

In diesem Alter gingen schon vorzügliche Jünglinge mit ihnen um, und die Alten hatten nun ein noch aufmerksameres Auge auf sie, besuchten häufig ihre Uebungsplätze und beobachteten sie bei ihren Kämpfen und wechselseitigen Neckereien, nicht blos zum Zeitvertreib, sondern indem sich jeder gewissermaßen als Vater, Erzieher und Vorsteher aller Knaben ansah, so daß sie nie einen Schritt gehen konnten, wo nicht die Unart Verweis und Strafe fand. Ueberdies wurde ihnen ein vorzüglicher Mann zum Aufseher gegeben; auch wählten sie selbst rottenweise den Verständigsten und Tapfersten unter den sogenannten Eirenen zum Vorsteher. Eirenen nannte man nämlich Die, welche seit zwei Jahren aus dem Knabenalter getreten waren; Melleirenen aber die Aeltesten unter den Knaben.

Ein solcher Eiren nun, der zwanzig Jahre alt war, führte seine Untergebenen in den Kämpfen an, und zu Hause ließ er sie für die Küche Dienste thun. Die Stärkeren mußten Holz herbeitragen, die Kleineren Gemüse. Sie brachten dies durch Diebstahl zusammen, indem die Einen in die Gärten stiegen, die Anderen sich mit großer Schlauheit und Vorsicht in die Speisesäle der Männer schlichen. Wurde einer darüber ertappt, so bekam er viele Peitschenhiebe zur Strafe, daß er so unvorsichtig und unge= schickt gestohlen hätte. Sie stahlen auch Speisen, so viel sie konnten, und erwarben sich dabei große Gewandtheit den Schlaf oder die Nachläßigkeit der Wächter zu benutzen. Wer sich ergreifen ließ, mußte mit Schlägen und Hunger büßen.

Ihr Mahl war nämlich sehr karg, damit sie für das Bedürfniß ihres Magens selbst sorgen müßten und so zu kühnen und schlauen Unternehmungen genöthigt würden. Dies war der Hauptzweck ihrer schmalen Kost; nebenbei wollte man aber auch einen höheren Wuchs erzielen. Wenn nämlich die Lebensgeister nicht durch eine Masse von Nahrungsmitteln beschäftigt und in die Tiefe und Breite gedrückt werden, sondern vermöge ihrer natürlichen Leichtigkeit in die Höhe steigen, so strebt auch der Körper frei und leicht empor und gewinnt einen schlanken Wuchs. Eben dies scheint auch der Schönheit förderlich. Denn ein magerer und schlanker Körper fügt sich eher der Ausbildung der Glieder als ein dicker und wohlgenährter, der ihr wegen seiner Schwere widerstrebt. Doch die weitere Untersuchung der Ursachen dieser Erscheinung bleibe anderen überlassen.

Die Knaben hüteten sich bei ihren Diebstählen so sorg= fältig vor Entdeckung, daß man erzählt, es habe sich einer von einem jungen Fuchse, den er entwendet und unter den Mantel verborgen hatte, den Leib mit den Klauen und Zähnen aufreißen lassen, ohne daß er sich durch irgend ein Zeichen verrieth, bis er todt auf dem Platze blieb. Und dies kann man schon nach dem, was die Jünglinge noch in unsern Tagen thun, nicht unglaublich finden, denn manche derselben habe ich am Altar der Orthia*) unter den Streichen sterben sehen.

Nach der Mahlzeit befahl der Eiren auf einer Bank liegend dem einen Knaben, er solle singen, dem andern, er solle eine Frage beantworten, welche eine überlegte Antwort verlangte, z. B. wer ein vorzüglicher Mann sei? oder, welchen Werth diese oder jene Handlung habe? Dadurch gewöhnten sie sich schon frühe das Schöne und Edle zu erkennen und das Benehmen ihrer Mitbürger mit aufmerksamem Auge zu beobachten. Denn wenn einer auf die Frage, wer ist ein guter Bürger? oder, wer ist nicht zu loben? um die Antwort verlegen war, so betrachtete man dies als das Zeichen eines stumpfen, des Wetteifers im Guten unfähigen Gemüthes. Die Antwort mußte mit Gründen und Beweisen versehen sein, wobei man sich kurz und bündig ausdrücken mußte. Wer ohne Nachdenken antwortete, wurde vom Eiren zur Strafe in den Daumen gebissen. Oft strafte der Eiren die Knaben auch in Gegenwart der Eltern und der Obern, um eine Probe abzulegen, ob er bei seinen Strafen gerecht und vernünftig verfahre. Während er die Strafen vollzog, wurden keine Einwendungen gemacht; waren aber die Knaben abgetreten, so zog man ihn zur Verantwortung, wenn er mit zu großer Strenge oder mit zu viel Nachsicht und Milde verfahren war.

8. Lakonischer Ausdruck.

Sie lehrten auch die Knaben ihre Reden mit dem Salze eines beißenden und doch gefälligen Witzes zu würzen und in wenigen Worten viel zu sagen. Der eisernen Münze

---

*) Den alten Gebrauch, der Artemis Orthia jährlich einen durch's Loos bestimmten Spartiaten zu opfern, hatte Lykurg dahin gemildert, daß die Jünglinge am Altar dieser Göttin gegeißelt wurden.

zwar gab Lykurg, wie wir oben erzählt haben, bei großem
Gewichte nur geringen Werth; in die Münze der Rede da=
gegen legte er bei einfachen, wenigen Worten einen reichen
und tiefen Gehalt, indem er die Knaben durch langes
Schweigen zu kurzen Sinnsprüchen und treffenden Ant=
worten geschickt machte. Denn wie Ausschweifung kraftlos
macht, so hört man von Denen, die zu viel reden, ge=
meiniglich nur leeres, unverständiges Geschwätz. Als ein
Athener über die Kürze der lakonischen Schwerter spottete
und versicherte, die Gaukler könnten sie auf dem Theater
mit leichter Mühe verschlucken, so antwortete ihm der König
Agis: „Und doch wissen wir den Feind mit diesem kurzen
Schwerte gar wohl zu erreichen." So finde ich, daß der
lakonische Ausdruck, so kurz er scheint, doch die Sache trifft
und in die Seele der Hörer bringt.

Lykurg selbst hatte einen kurzen und sinnreichen Ausdruck,
wenn man nach den Aeußerungen urtheilen darf, welche
von ihm erzählt werden. Dieser Art ist zum Beispiel sein
Wort über die Regierungsform, da er einem Manne, der
eine demokratische Verfassung verlangte, erwiderte: **Geh
du doch mit gutem Beispiel voran und errichte die
Demokratie in deinem Hause!** Ferner seine Erklärung
über die Opfer, da er auf die Frage, warum er so geringe
und spärliche Opfer angeordnet, antwortete: **Damit wir
nie aufhören die Götter zu ehren.** Auch was er
über die Kampfspiele sagte, daß er den Bürgern nur
solche gestattet habe, wobei die Hand nicht aus=
gestreckt werde.*) Man trägt sich auch mit dergleichen
Antworten, die er seinen Landsleuten brieflich gegeben haben
soll; z. B. „Ihr fragt mich, wie können wir uns gegen
die Einfälle der Feinde sicher stellen? Wenn ihr arm

---

*) Das heißt, wo sich nicht einer für besiegt erklären müßte,
weil dies einem Spartiaten zu demüthigend und erniedrigend
wäre.

bleibt, und keiner mehr als der andere zu haben begehrt." Ein andermal schrieb er auf eine Anfrage wegen der Stadtmauer: „Glaubet nicht, daß eine Stadt ohne Mauer sei, die mit Männern statt mit Backsteinen eingefaßt ist."

Wie sehr die Weitschweifigkeit im Reden mißbilligt wurde, sieht man aus folgenden treffenden Aeußerungen. Als jemand zur Unzeit über Dinge von Bedeutung sprach, so sagte der König Leonidas zu ihm: „Mein Freund, du wendest das Nöthige unnöthig an." Charilaos, der Bruder=sohn des Lykurg, wurde einst gefragt, warum denn sein Oheim so wenige Gesetze gegeben habe. Er antwortete: „Die nicht viel Worte brauchen, bedürfen auch nicht vieler Gesetze." Man tadelte den Sophisten Hekatäos, daß er an der gemeinsamen Tafel, wozu er gezogen worden, nichts ge=sprochen habe. Archidamidas aber entgegnete: „Wer zu reden weiß, der weiß auch die Zeit dazu."

Daß auch ihre beißenden Aeußerungen nicht ohne ge=fälligen Witz waren, wie ich oben bemerkte, mag man aus folgenden Beispielen sehen. Als ein schlechter Mensch den Demaratos mit unnützen Fragen belästigte und wiederholt von ihm zu erfahren begehrte, wer der beste Spartiate sei, gab dieser endlich zur Antwort: „Der dir am wenigsten ähnlich ist." Agis hörte, wie einige die Eleer lobten, daß sie bei den olympischen Spielen so genau auf Ordnung und Gerechtigkeit hielten. „Das ist ja wohl etwas Großes," sagte er, „daß sie alle fünf Jahre einen Tag lang Gerech=tigkeit üben?" Einem Fremden, der zum Beweise seiner Vorliebe für die Spartiaten versicherte, daß er in seinem Lande Spartiatenfreund genannt werde, erwiderte Theopompos: „Vaterlandsfreund, o Fremdling, wäre schöner." Ein Athenischer Redner nannte die Lakedämonier „unwissende Menschen." „Du hast Recht," entgegnete Pleistonar, Pausanias' Sohn, „denn wir allein unter den Griechen haben nichts Böses von euch gelernt." Auf die Frage, wie viel der Spartiaten wären, versetzte Archidamidas: „Genug, mein Freund, den Feind vom Leibe zu halten."

Auch aus den Scherzreden kann man sehen, wie sie gewöhnt wurden, nichts Unnützes zu sagen, und kein Wort von sich hören zu lassen, das nicht einen der Aufmerksamkeit werthen Gedanken enthielt. Auf die Einladung einen Menschen zu hören, der den Gesang der Nachtigall nachahme, entgegnete einer: „Ich habe sie selbst gehört." Ein anderer, der folgende Inschrift las:

Die einst löschten tyrannische Macht, sie tödtete Ares,
An Selinus Thor sanken sie sterbend dahin —

rief darüber aus: „Es ist ihnen Recht geschehen; warum ließen sie die Tyrannei nicht verbrennen?" Ein Jüngling sagte zu jemand, der sich erbot, ihm Hähne zu geben, die sich zu Tode stritten, „nicht doch, gib mir vielmehr solche, die andere zu Tode streiten." Von dieser Art waren ihre sinnreichen Reden, daher einige den nicht übeln Gedanken geäußert haben: Lakonisiren sei nicht sowohl den Leibesübungen, als der Weisheit sich zu widmen.

Mit derselben Sorgfalt, mit welcher man die Knaben zur Einfachheit und Reinheit des Ausdrucks anleitete, lehrte man sie auch Lieder und Gesänge. Und auch diese hatten ihren Stachel, den Muth zu erregen und begeisterte Lust und Drang zu Thaten zu erwecken. Die Sprache war natürlich und ungeziert, der Inhalt ernst und bildend für die Sitten, größtentheils vom Ruhm und Glück derer, die im Kampfe für Sparta gefallen, oder von der Schmach der Feigen, die geflohen, und vom Jammer und Elend ihres Lebens. Manche enthielten auch den verschiedenen Altersstufen gemäß entweder Tugendgelübde oder das Lob eigener Tüchtigkeit. So bildeten sich bei ihren Festen drei Chöre nach den drei Altersstufen. Der Chor der Alten sang:

Wir waren Männer einst voll Muth und Tapferkeit.

Darauf erwiderte der Chor der Männer:

Wir sind es: hast du Lust, so komm heran, es gilt.

Nun sangen die Knaben, der dritte Chor:

Wir werden einst es sein, noch zehnmal tapferer.

Und so stand überall ihre Musik im Bunde mit ihrer Tapferkeit, ja der König brachte vor jedem Treffen den Musen ein Opfer dar, vermuthlich um die Krieger an ihre Erziehung und an die Dichtersprüche zu erinnern, und damit diese Göttinnen, den Kämpfenden nahe, sie zu denkwürdigen Thaten begeisterten.

9. Kriegszucht.

Im Kriege wurde die strenge Zucht zu Gunsten der jungen Leute gemildert. Man wehrte ihnen nicht, die Haare aufzuputzen und auf den Schmuck ihrer Waffen und Kleider Sorge zu verwenden, und hatte Freude daran, wenn sie gleich kampflustigen Rossen der Schlacht voll Ungeduld entgegenschnaubten. Daher schmückten sie denn ihr Haar, das sie gleich vom Eintritt in das Jünglingsalter an wachsen ließen, vorzüglich bei nahem Kampfe, so daß man es von Salben glänzend und künstlich geordnet sah; wobei sie sich auch auf eine Aeußerung Lykurgs beriefen, daß die Haare den Schönen schöner, den Häßlichen furchtbarer machen. Die Leibesübungen waren im Felde ebenfalls weniger mühsam, und man gestattete überhaupt den jungen Leuten eine weniger beschränkte und beaufsichtigte Lebensweise, so daß für sie allein unter allen Menschen der Krieg eine Erholung von den Vorübungen des Krieges war. Wenn sie in Schlachtordnung dem Feinde gegenüberstanden, so opferte der König eine Ziege und befahl, daß Alle sich bekränzen und die Flötenspieler den Marsch des Kastor blasen sollten; zugleich stimmte er selbst ein Lied zum Angriff an. Es war ein erhabenes und zugleich furchtbares Schauspiel, wenn sie so im Takte nach der Flöte einherzogen, nirgends eine Lücke in der Heersäule entstand, keine Bewegung von Furcht sich verrieth, sondern alle gefaßt und heiter unter Gesang und Spiel der Gefahr entgegen gingen. Denn es läßt sich denken, daß bei solcher Stim= mung weder Furcht noch Tollkühnheit aufkommt, daß aber ein fester Muth, frohe Hoffnung und Zuversicht auf höhern Beistand die Gemüther erfüllt. Der König wurde bei jedem Angriffe von einem Manne begleitet, der in einem der großen Kampfspiele*) der Griechen den Siegeskranz errungen hatte. Man suchte einst, wie erzählt wird, einen Spartiaten in Olympia durch sehr viel Geld zu bewegen, daß er sich des Kampfes enthielte. Da er es verweigerte und seinen Gegner mit großer Anstrengung niederkämpfte, so fragte ihn jemand: „Was hast du nun, o Lakedämonier, von deinem Siege?“ Er aber antwortete lächelnd: „Vor dem Könige wird in der Schlacht mein Posten sein.“

Wenn sie den Feind überwunden und geschlagen, so verfolgten sie ihn nur so lange, bis sie sich durch seine völlige Flucht des Sieges versichert hatten; dann zogen sie sich sogleich zurück. Denn sie glaubten, es sei unedel und griechischer Männer nicht würdig, das Schwert noch gegen Die zu gebrauchen, welche sich für besiegt bekennen und das Feld räumen. Und dieser Grundsatz war nicht weniger nützlich als edel und großmüthig. Denn da ihre Gegner wußten, daß sie nur die Kämpfenden tödteten, der Fliehenden aber schonten, so hielten sie es für rathsamer zu fliehen, als Stand zu halten. Lykurg selbst soll ein sehr tapferer Mann gewesen sein und mehrere Feldzüge mitgemacht haben. Doch war ihm der Krieg nicht das höchste Ziel, wie aus dem Umstande hervorgeht, daß er für die jedesmalige Dauer der

---

*) So hießen die Olympischen, Nemeischen, Isthmischen und Pythischen Spiele.

Olympischen Spiele, zu deren Stiftung er dem Iphitos behilflich war, einen allgemeinen Waffenstillstand einführte.

10. Leben der Erwachsenen.

Die strenge Zucht erstreckte sich selbst auf die Erwachsenen. Keiner durfte nach eigenem Gutdünken leben, sondern die Stadt war für sie gleichsam ein Lager, wo sie die vorgeschriebene Lebensweise beobachteten, immer für das gemeine Beste thätig waren und in all' ihrem Thun und Lassen den Grundsatz befolgten, daß sie nicht sich selbst, sondern dem Vaterlande angehören. Hatten sie keinen andern Auftrag, so nahmen sie die Knaben in Aufsicht und brachten ihnen nützliche Kenntnisse bei, oder gingen selbst bei den Aelteren in die Lehre. Denn es war dies einer der herrlichen und beneidenswerthen Vortheile, welche Lykurg seinen Mitbürgern verschaffte, daß sie der reichsten Muße genossen: jedes Handwerk war ihnen ja versagt, und der Gelderwerb, der mit mühevollem Sammeln und unruhiger Geschäftigkeit verbunden ist, mußte wegfallen, weil der Reichthum allen Werth und alle Bedeutung verloren hatte. Das Land bauten die Heiloten und entrichteten ihnen bestimmte Abgaben. Ein Spartiate, der sich an einem Gerichtstage zu Athen befand, erfuhr, daß man einen Bürger als Müßiggänger zur Strafe gezogen hätte, und daß er jetzt in Begleitung seiner Freunde, die den Schmerz über dieses Unglück theilten, voll Betrübniß nach Hause gehe. Da bat er die Umstehenden, sie möchten ihm doch den Mann zeigen, der bestraft worden sei, weil er als ein Freier lebe. So sehr verachteten sie die Arbeit des Handwerkers und den Gelderwerb als Sklavengeschäft. Die Prozesse waren natürlich zugleich mit dem Gelde verschwunden; denn es gab ja weder Reichthum noch Armuth, sondern alle genossen des gleichen Wohlstandes und lebten bei der Einfachheit ihrer Bedürfnisse ohne alle Sorgen. Tänze, Festlichkeiten und Gastmahle, Jagd, Leibesübungen und

Gespräche an den Sammelplätzen füllten die ganze Zeit aus, wenn sie nicht im Felde lagen.

Vor dem dreißigsten Jahre besuchte man den Markt nicht: man ließ die nöthigen Bestellungen der Hauswirth=schaft durch Verwandte und Freunde besorgen. Für die Aelteren aber war es schimpflich, wenn man sie beständig in solchen Angelegenheiten auf dem Markte sah, und sie nicht vielmehr den größten Theil des Tages bei den Uebungen und auf den Sammelplätzen zubrachten. Auf den letzteren versam=melte man sich zu anständiger Unterhaltung, wobei man nie eines Geld= oder Marktgeschäftes gedachte, sondern vorzüglich die edlen Handlungen lobte, die uneblen tadelte, und zwar mit Scherz und Lachen, um gelinde zurechtzuweisen und zu bessern. Lykurg selbst war gar nicht so finster: ja er hat, wie Sosibios erzählt, dem Lachen eine kleine Bildsäule ge=weiht, indem er weislich den Scherz als Würze einer müh=samen und strengen Lebensweise bei den Mahlzeiten und jenen anderen Zusammenkünften einführte. Ueberhaupt ge=wöhnte Lykurg seine Mitbürger also, daß sie einsam zu leben weder wünschten, noch vermochten, sondern gleich den Bienen sich immer an das Ganze hielten und mit einander um den Anführer sich zusammendrängten, in Begeisterung und edlem Wettstreit sich beinahe ihrer selbst entäußernd, und ganz allein dem Vaterlande angehörend.

Diese Gesinnung kann man auch aus manchen ihrer Aeußerungen erkennen. Als Pädaretos nicht unter die dreihundert*) aufgenommen wurde, so ging er mit heiterem Gesichte weg und sagte: er freue sich, daß Sparta Dreihundert habe, die besser seien als er. Peisi=stratidas, der mit einigen Andern als Gesandter an die Feldherren des Persischen Königs geschickt wurde, gab auf

---

*) Aus den vorzüglichsten Jünglingen wurden dreihundert ausgehoben, welche Ritter hießen und im Kriege dem Könige als Bedeckung dienten.

ihre Frage, ob sie für sich oder von Staatswegen gekommen wären, zur Antwort: „Geht es wie wir wünschen, von Staats wegen: geht es nicht, für uns."

Brasidas' Mutter, Argileonis, wurde von einigen Männern aus Amphipolis, die nach Sparta gekommen waren, besucht und fragte sie: ob Brasidas rühmlich und seines Vaterlandes würdig gestorben sei? Jene erhoben ihn mit den höchsten Lobsprüchen und sagten, Sparta habe keinen Mann, der ihm gleiche. Da entgegnete sie ihnen: „Nein, meine Freunde, das müßt ihr nicht sagen; Brasidas war tapfer und brav, aber Sparta hat viele Männer, die noch tapferer sind, als er."

Den Rath bildete zuerst Lykurg selbst, wie ich oben erzählte, aus denen, welche an seinem Unternehmen Theil genommen hatten; für die Folge aber verordnete er, daß an die Stelle eines Verstorbenen immer ein Mann gewählt werden sollte, der das sechzigste Jahr zurückgelegt hätte und den man unter Allen für den Tugendhaftesten erkennen würde. Dies wurde als der wünschenswertheste und wichtigste Gegenstand des Wettstreits betrachtet. Denn es galt hier nicht, daß man für den Schnellsten unter den Schnellen, nicht, daß man für den Stärksten unter den Starken erkannt wurde; sondern man wählte unter den Guten und Tugendhaften den Besten und Tugendhaftesten, der als Siegespreis für die Tugend auf sein ganzes Leben die Gewalt im Staate erhielt und zum Herrn über Leben und Tod, über Ehre und Schande, kurz über die wichtigsten Dinge ernannt wurde. Die Wahl geschah auf folgende Weise: Wenn das Volk versammelt war, so verschloß man einige dazu ausersehene Männer in ein benachbartes Haus, wo sie nichts sahen, noch gesehen wurden, und nur das Geschrei des versammelten Volkes vernahmen. Die Bewerber wurden einzeln nach dem Loose eingeführt und gingen stillschweigend durch die Versammlung. Die Eingeschlossenen hatten Schreibtafeln, auf welchen sie bei jedem die Stärke des Geschreis bezeichneten,

ohne zu wiſſen, wem es gelte, außer daß er als erſter
zweiter, dritter und ſo fort hereingeführt worden. Wem das
meiſte und ſtärkſte Geſchrei erſcholl, den riefen ſie zum Raths=
herrn aus. Mit einem Kranz auf dem Haupte hielt er
dann den Umgang in alle Tempel; viele Jünglinge folgten
ihm, bewunderten und lobten den Mann; auch viele Frauen,
die Loblieder auf ſeine Tugend ſangen und die Seligkeit
ſeines Lebens prieſen. Jeder ſeiner Verwandten ſetzte ihm
zu eſſen vor und ſagte: „Das iſt von der Bürgerſchaft
dein Ehrentiſch.“ Nach dem Umgang begab er ſich in den
gemeinſchaftlichen Speiſeſaal. Hier beobachtete man in allem
die gewöhnliche Ordnung, nur wurden ihm zwei Portionen
vorgelegt, von welchen er die eine bei Seite legte und auf=
bewahrte. Nach der Mahlzeit rief er von den an der Thüre
ſtehenden verwandten Frauen diejenige herbei, welche er am
meiſten ſchätzte, gab ihr die Portion und ſagte: „Ich ehre
dich mit dem, womit man mich geehrt.“ Und nun erhielt
auch ſie von den anderen Frauen Huldigungen und ein
Ehrengeleit.

Auch eine treffliche Leichenordnung wurde von Lykurg
gegeben. Für’s erſte erlaubte er, damit aller Aberglaube
verbannt würde, die Todten in der Stadt zu begraben, und
ihre Male dicht an den Tempeln zu haben. Die Jugend
ſollte frühe mit dieſem Anblick vertraut werden, daß ſie vor
dem Tode nicht ſcheute und zurückbebte, als verunreinige
man ſich, wenn man eine Leiche berühre oder über Gräber
wandle. Sodann ließ er nichts mit in’s Grab legen, ſon=
dern in rothem Tuche, auf Oelblätter gebettet wurde der
Todte beſtattet. Den Namen durfte man nicht auf das
Grabmal ſetzen, außer wenn ein Mann im Felde und eine
Frau als Prieſterin geſtorben war. Die Trauerzeit beſtimmte
er auf die kurze Friſt von elf Tagen; am zwölften mußte
ſie mit einem Opfer beſchloſſen werden, das man der Demēter
darbrachte. So ließ er nichts brach und unbenützt, ſondern

legte in jedes Verhältniß des Lebens eine Aufmunterung zum
Guten oder einen Tadel des Schlechten, und erfüllte die
Stadt mit einer Menge von guten Beispielen, deren beständiger Anblick von Kindheit an zur Tugend leiten und bilden
mußte. Daher gestattete er auch seinen Mitbürgern nicht,
nach Belieben außer Landes zu gehen und in der Fremde
umherzuschweifen, damit sie sich nicht an fremde Sitten
gewöhnten, die ungeregelte Lebensweise anderer Völker und
abweichende politische Grundsätze annähmen. Ja er wies
auch den Zulauf von Fremden ohne Zweck und was sich
heimlich einschleichen wollte, ab; nicht, wie Thukydides meint,
aus Besorgniß, sie möchten ihm die Verfassung nachbilden
und etwas Gutes ablernen; vielmehr, damit sie nicht Lehrer
des Bösen würden. Denn mit den fremden Gästen kommen
nothwendig auch fremde Reden; fremde Reden bringen neue
Ansichten; aus diesen aber entspringen mancherlei Begierden
und Bestrebungen, die mit der bestehenden Verfassung als
dem Grundton nicht zusammenstimmen. Deßwegen glaubte
er, die Stadt vor sittlicher Ansteckung noch mehr bewahren
zu müssen als davor, daß keine Seuchen von außen hereinkämen.

In diesem allen ist keine Spur von Unbill und Ungerechtigkeit, deren Lykurgs Gesetze von manchen beschuldigt
werden, welche sagen, sie wären wohl geeignet, tapfere, aber
nicht gerechte Männer zu bilden. Anders aber verhält es
sich mit dem heimlichen Kriege gegen die Heiloten, wenn er
wirklich, wie Platon und Aristoteles glauben, zu den Anordnungen Lykurgs gehört. Es verhielt sich damit also.
Die Vorgesetzten der Jünglinge schickten von Zeit zu Zeit
diejenigen, welche ihnen die Verständigsten schienen, auf das
Land hinaus, den einen da, den andern dorthin, mit Dolchen
und dem nöthigen Mundvorrathe, und weiter nichts. Diese
hielten sich bei Tag zerstreut in Schlupfwinkeln verborgen,
Nachts aber kamen sie auf die Straßen und erstachen jeden

Heiloten, der in ihre Hände fiel.*) Oft streiften sie auch in den Ortschaften umher und stießen die Muthigsten und Stärksten derselben nieder. Ja, Thukydides erzählt in seiner Geschichte des Peloponnesischen Krieges, daß eine Schaar Heiloten, welche von den Spartiaten als die tapfersten ausgesondert waren, kurz nachdem sie sich als Freigelassene bekränzt und einen Umgang zu den Tempeln gehalten, insgesammt verschwunden seien, mehr als zweitausend, und daß man weder damals noch in der Folge habe sagen können, welches Ende sie genommen. Aristoteles insbesondere behauptet, die Ephoren hätten immer gleich nach ihrem Amtsantritte den Heiloten Krieg angekündigt, damit man sie ohne Blutschuld tödten könnte.

Auch sonst war ihre Behandlung hart und grausam. Sie wurden sogar bisweilen gezwungen, sich mit ungemischtem Weine zu betrinken, und so in die Speisesäle geführt, damit sie den jungen Leuten zum abschreckenden Bilde der Trunkenheit dienten. Auch wurden sie zu unanständigen und lächerlichen Gesängen und Tänzen angehalten, während die Gesänge und Tänze der Freien ihnen untersagt waren. Daher erzählt man aus der Zeit des Krieges der Thebäer gegen die Lakedämonier, kriegsgefangene Heiloten hätten, als man ihnen befahl, die Lieder des Terpandros, des Alkman und des Spandon zu singen, sich geweigert, mit der Entschuldigung, ihre Herrschaften wollten es nicht. Wer mithin sagte, in Sparta sei der Freie im höchsten Grade frei und der Sklave im höchsten Grade Sklave, der hat den Unterschied ganz richtig aufgefaßt. Ich glaube jedoch, daß diese Grausamkeiten erst später aufkamen, vorzüglich nach dem großen Erdbeben, wo bekanntlich die Heiloten mit den Mes-

---

*) Die Zahl der Heiloten war nämlich viel größer als die der freien Spartiaten, und diese fürchteten ihre Uebermacht, wenn sie etwa einen Aufstand machen sollten. Daher diese Verfolgungen.

seniern über die Spartiaten herfielen, dem Lande sehr vielen Schaden zufügten und die Stadt an den Rand des Verderbens brachten. Denn ich möchte dem Lykurg eine solche Abscheulichkeit, wie der heimliche Krieg war, nimmermehr aufbürden, indem ich aus seiner sonstigen Milde und Gerechtigkeit auf seinen Charakter schließe, für welchen auch das Zeugniß des Gottes spricht.

11. Lykurgs letzte Reise.

Nachdem nun seine wichtigsten Anordnungen in den Gewohnheiten schon Grund und Wurzel hatten, und die Verfassung hinreichend erstarkt war, um sich selbst tragen und durch eigene Kraft erhalten zu können, so erfuhr er, was Platon von Gott sagt, der sich freute über die Welt, als sie nun war und sich zum ersten Schwunge bewegte: er fühlte eine innige Befriedigung über die Schönheit und Größe der Gesetzgebung, die nun in's Leben getreten war und ihre Bahn wandelte, und wünschte daher, so weit dies menschlicher Vorsicht möglich wäre, sie unvergänglich und unwandelbar auf die Nachwelt zu bringen. In dieser Absicht berief er eine allgemeine Versammlung und erklärte derselben, es sei nun zwar das Meiste, was zur Glückseligkeit und zum rechten Gedeihen der Stadt gehöre, im rechten Maße vorhanden, aber das Wesentlichste und Bedeutendste könne er ihnen nicht kund thun, ohne den Gott erst zu befragen. Sie sollten also bei den eingeführten Gesetzen beharren und nichts ändern oder aufheben, bis er von Delphi zurückkomme; denn alsdann werde er thun, was der Gott wolle. Damit waren alle einverstanden und hießen ihn des Weges gehen. Also nahm er den Königen und Rathsherren, sodann allen Bürgern den Eid ab, daß sie bei der eingeführten Verfassung treulich beharren wollten, bis er zurückgekehrt wäre. Damit reiste er nach Delphi ab.

Daselbst angekommen, brachte er seine Opfer dar und fragte, ob seine Gesetze gut und geeignet wären, Sparta

glücklich und tugendhaft zu machen. Und als der Gott
antwortete, seine Gesetze seien gut, und Sparta werde bei
Lykurgs Verfassung immer hoch in Ehren sein, so schrieb
er die Weissagung nieder und schickte sie nach Sparta. Dann
opferte er dem Gotte abermals und nahm Abschied von
seinen Freunden und seinem Sohne, entschlossen, die Spar=
tiaten ihres Eides nicht mehr zu entbinden, sondern hier
sein Leben freiwillig zu beschließen. Dies that er in einem
Alter, wo Beides schön ist, noch fortzuleben oder zur Ruhe
einzugehen, und im Genusse eines Glückes, das nichts zu
wünschen übrig ließ. Er starb also durch Enthaltung von
Speise, in dem Glauben, daß selbst der Tod des Patrioten
patriotisch und sein Ende nicht ein bloßes Leiden, sondern
thätig und verdienstlich sein müsse. Sei ihm ja doch nach
Vollendung des schönsten Werkes der Sterbetag in Wahrheit
ein Krönungstag seines Glückes. Den Mitbürgern aber
bestellte er in seinem Tode einen Schutzgeist all des Schönen
und Guten, das er ihnen im Leben zubereitet, da sie ge=
schworen, der Verfassung treu zu bleiben, bis er wiederkehre.
Und seine Hoffnung betrog ihn nicht. Fünfhundert Jahre
lang war Sparta an Ruhm und guter Ordnung Griechen=
lands erste Stadt. So lang blieb sie bei Lykurgs Gesetzen,
an welchen von vierzehn Königen nach ihm bis auf Agis,
Archidamos' Sohn, sich keiner die geringste Aenderung er=
laubte. Denn die Einführung der Ephoren machte die
Verfassung nicht schlaffer, sondern fester, und gab unter
dem Scheine das Volk zu begünstigen der Herrschaft der
Besten größere Kraft.

Unter der Regierung des Königs Agis fand das erste
Geld Eingang in Sparta, und mit dem Gelde kam auch
Habsucht und Begierde nach Reichthum, und zwar durch
Lysander, der für sich selbst dem Gelde nicht zugänglich
war, aber sein Vaterland mit der Liebe zu Reichthum und
Pracht ansteckte, indem er durch das Silber und Gold, das
er aus dem peloponnesischen Kriege zurückbrachte, Lykurgs

Gesetze untergrub. So lange diese bestanden, lebte Sparta nicht wie eine Stadt, sondern wie ein Wettkämpfer und Weiser. Wie die Dichter den Herakles mit einer Löwenhaut und Keule auf der Welt umherziehen lassen, den Uebermuth der Frevler und Tyrannen zu bestrafen: also waltete diese Stadt blos mit einem Geheimbriefe* und einem gemeinen Mantel über Griechenland, das gerne und bereitwillig ihr gehorchte, stürzte die unrechtmäßigen Fürstenthümer und Gewaltherrschaften in den Städten, schlichtete Fehden, stillte Empörungen, oft ohne einen einzigen Schild zu bewegen, blos durch Absendung eines Gesandten, dem sich Alles sogleich zu Willen fügte und zur Ordnung und Eintracht zurückkehrte, wie die Bienen, wenn sich die Königin zeigt. So groß war Sparta durch gesetzliche Ordnung und Gerechtigkeit.

Daher muß ich mich wundern, wie man sagen mochte, auf's Gehorchen habe sich der Spartiate verstanden, aber nicht auf's Befehlen. Die Antwort des Königs Theopompos, welcher auf die Bemerkung, Spartas Heil sei der Herrschergeist seiner Könige, entgegnete: nein, sondern der Geist des Gehorsams seiner Bürger, diese Antwort trifft jedenfalls nur die Hälfte der Wahrheit. Die Menschen verstehen sich ja nimmermehr zum Gehorsam gegen den, der nicht regieren kann. Das Gehorchen lernt sich vom Regenten, denn wer gut leitet, dem folgt man gern. Und wie es das Ziel der Reitkunst ist, das Pferd zahm und lenksam zu machen, so ist es das Meisterstück der Regierungskunst, den Untergebenen willigen Gehorsam einzuflößen. Die Lakedämonier aber flößten den andern Völkern nicht blos willigen Gehorsam ein, sondern sogar den Wunsch, von ihnen geleitet

---

*) Ein schmaler Riemen, um einen runden Stab gewickelt und so beschrieben, daß es nur der lesen konnte, welcher den Riemen um einen Stab von gleicher Größe wickelte. Dies that der Feldherr oder Gesandte, an welchen die Regierung schrieb. Der Riemen hieß Skytala.

und beherrscht zu werden. Schickte man doch zu ihnen und
erbat sich nicht Schiffe, oder Geld, oder Soldaten, sondern
einen einzigen Spartiaten zum Hauptmanne; und hatte man
einen solchen, so folgte man ihm mit aller Achtung, wie
die Sicilier dem Gylippos, die Chalkideer dem Brasidas,
und alle Bewohner von Asien dem Lysandros, Kallikratidas
und Agesilaos. Diese Männer nannte man Ordner und
Reformatoren der Völker und Regierungen, zu denen sie
berufen waren, und sah auf die Stadt der Spartiaten als
auf die Bildungsschule und Musteranstalt wohlgesitteten
Lebens und geordneter Regierung. Darauf scheint auch
Stratonikos anzuspielen, wenn er scherzweise verordnet und
befiehlt, „daß die Athener Mysterien und Festaufzüge feiern,
daß die Eleer Kampfrichter seien, als, die dies meisterlich
verstehen, und daß die Lakedämonier, wenn sich jene verfehlen,
mit Schlägen bestraft werden," wie wenn die letzteren die
verantwortlichen Zuchtmeister von ganz Griechenland wären.
Dies war nun freilich im Scherze gesagt. Aber der So=
kratiker Antisthenes äußerte über die Thebäer, als er sie
stolz sah auf ihren Sieg bei Leuktra, sie kämen ihm vor
wie Knaben, welche sich der Schläge rühmten, die sie ihrem
Hofmeister gegeben.

Doch war dies gewiß dem Lykurg zu seiner Zeit nicht
die Hauptsache, eine weithin herrschende Stadt zu hinter=
lassen. Vielmehr, weil er in Tugend und Einigkeit die
einzigen Quellen des Glückes sah für den Einzelnen wie
für den Staat, so richtete er bei allen Anordnungen sein
Augenmerk darauf, edlen Sinn, Genügsamkeit und Mäßi=
gung auf möglichst lange Dauer zu begründen. Dies legte
auch Platon seinem Staate zu Grunde, und Diogenes und
Zenon, und wer sich je mit Beifall an dem Gegenstande
versuchte; nur daß es eben Worte auf dem Papiere blieben,
während Lykurg nicht in Schriften und Worten, sondern in
Wirklichkeit eine unnachahmliche Verfassung an das Licht
brachte. So hat er denen, welche an der Ausführbarkeit

des vom Philosophen aufgestellten Ideals zweifelten, eine
ganze Philosophenstadt als Gegenbeweis vorgeführt, und
sein Name wird billig über den Namen aller Griechischen
Staatsmänner aller Zeiten erhoben. Deswegen sagt auch
Aristoteles, man ehre ihn nicht so, wie man ihn ehren sollte
in Sparta, wiewohl er auf's höchste geehrt wird. Denn er
hat einen Tempel daselbst, und man bringt ihm jährlich
Opfer dar, wie einem Gotte. Man erzählt auch, als seine
Gebeine in's Vaterland gebracht worden, sei ein Blitzstrahl
auf seinen Grabhügel gefallen, eine Erscheinung, die sich
außer bei diesem frömmsten Manne und größten Liebling
der Götter nur noch bei dem Dichter Euripides gezeigt
habe, als er zu Arethusa in Makedonien starb und begraben
wurde.

Gestorben ist Lykurg nach Einigen in Kirrha bei Delphi,
nach Anderen auf Kreta, wo die Einwohner sein Grab lange
Zeit an der Landstraße von Pergamia gezeigt hätten. Er
hatte, wie man sagt, einen einzigen Sohn Namens Antiöros,
welcher den Vater überlebte, aber keine Kinder hinterließ,
so daß mit ihm Lykurgs Geschlecht erlosch. Aber seine
Freunde und Verwandte schufen ihm gewissermaßen eine
Nachkommenschaft: sie bildeten nämlich einen Verein, der
lange fortdauerte und die Tage der Zusammenkunft Lykur=
gydes nannte. Aristokrates erzählt, Lykurgs Leichnam sei
von seinen Gastfreunden auf Kreta verbrannt und in das
Meer gestreut worden, denn er habe dies selbst verlangt aus
Vorsicht, damit nicht, wenn seine Gebeine einmal nach
Sparta gebracht würden, die Bürger, als wäre er zurück
und sie des Eides entbunden, die Verfassung ändern möchten.
So viel nun von Lykurg.

II.
Solon.

Gesetzgeber von Athen, 594 v. Chr.

---

1. Solons Jugend. Wahl des Berufes. Die sieben Weisen.

Solon war der Sohn des Erekestides, eines Atheners, der zwar dem Vermögen und Ansehen nach nur zur Mittelklasse der Bürger gehörte, aber aus einem der vornehmsten Häuser, aus dem des Kodros stammte. Seine Mutter war Geschwisterkind mit der Mutter des Peisistratos. Auch standen diese beiden Männer anfangs in sehr vertrautem Verhältniß. Solon's Vater war durch Menschenfreundlichkeit und Wohlthun im Vermögen heruntergekommen. Dem Sohne fehlte es nun zwar keineswegs an Freunden, die ihn gern mit Geld unterstützt hätten: allein er schämte sich von andern zu nehmen, da man in seinem Hause nur andere zu unterstützen gewohnt war. Und so ergriff er, noch ganz jung, die Handelschaft. Doch behaupten einige, er habe mit seinen Reisen nicht sowohl Gelderwerb, als Gewinn an Erfahrung und Kenntnissen beabsichtigt. Denn er war ein eifriger Verehrer der Weisheit und sagte noch in späten Jahren, daß er altere lernend ohn' Unterlaß. Reichthum aber war sein Götze nicht: er erklärt den, der das Leben froh genieße, für eben so reich als den,

der vollauf Silber und Gold hat,
Waizentragendes Land, dazu auch Rosse und Mäuler.

Doch sagt er anderswo:

Geld besäße ich gern, doch soll unrechtes Besitzthum
Ferne mir sein; es kommt immer die Strafe zuletzt.

Aber an sein Auskommen und die Befriedigung der wirklichen Bedürfnisse zu denken, ist dem rechtschaffenen Manne,
dem Freunde des Vaterlandes unverwehrt, wofern er nur
auf den Besitz des Ueberflüssigen keinen zu hohen Werth
legt. Zu jener Zeit war, um einen Ausdruck Hesiods zu
brauchen, Arbeit keine Schande, und ein Handwerk
führte keine Zurücksetzung nach sich; Handelschaft hatte auch
das Lob, daß sie Ausländisches heimisch mache, Freund-
schaftsbande mit Königen knüpfe, und mannigfaltige Er-
fahrungen und Kenntnisse verschaffe. Einige sind sogar
Erbauer großer Städte geworden, wie z. B. Protos, der
sich die Zuneigung der Gallier am Rhodanus erworben
hatte, der Gründer von Massilia wurde. Auch Thales und
Hippokrates, der Mathematiker, haben, wie man sagt, Handel
getrieben, und Platon hat durch Oel, das er in Aegypten
absetzte, sein Reisegeld erworben.

Man glaubt nun, der Hang Solons zum Aufwand,
sein üppiges Leben und die für einen Philosophen eben
nicht anständige Freiheit, mit welcher er in seinen Liedern
den Lebensgenuß anpreist, sei ihm vom Kaufmannsleben
angehangen, das für manche Noth und Fährlichkeit, die es
hat, auch seine Freuden und Genüsse fordert. Daß er sich
aber mehr zu den Armen, als zu den Reichen zählte, sieht
man aus folgenden Versen:

Mancher Gute ist arm, oft schmücket Reichthum den Schlechten,
  Doch wir neiden ihn nicht, tauschen nicht Tugend um
    Gold.

Wer die Tugend gewann, dem bleibet sie fest und beharret:
Aber voll Unbestand wechselt der Reichthum den Herrn.

Das dichterische Talent benutzte er anfangs, wie es scheint, nur zu scherzhafter Unterhaltung in den Mußestunden, ohne daß er daran dachte, es auf ernstere Gegenstände zu richten. In der Folge faßte er aber auch Sprüche der Weisheit in Verse und verwob viele politische Grundsätze in seine Gedichte, nicht um sie auf die Nachwelt zu bringen, sondern um seine Einrichtungen zu rechtfertigen, oder um den Athenern Er= mahnungen, Warnungen oder Verweise zu geben. Einige behaupteten sogar, er habe versucht, seine Gesetze in Verse zu bringen, wovon man folgenden Anfang aufbewahrt hat:

Laßt vor allem uns flehen zum Könige Zeus, dem Kroniden,
Daß er Ruhm verleihe und Segen diesen Gesetzen.

Was die Philosophie betrifft, so beschäftigte ihn vorzugsweise die Sittenlehre, sofern sie sich auf die öffentlichen Verhält= nisse bezieht, wie bei den meisten der damaligen Weltweisen der Fall war. In der Naturkunde ist er gar zu schlicht und altgläubig, und Thales scheint der einzige Weise jener Zeit gewesen zu sein, der in seinen Forschungen über das unmittelbare Bedürfniß hinausging. Die übrigen wurden wegen ihrer politischen Einsichten Philosophen genannt.

Man erzählt, es seien alle diese Weisen einmal in Delphi zusammengekommen, ein andermal in Korinth, wohin sie Periandros zu einem Gastmahl einlud. Hohen Ruhm verlieh ihnen das Herumgehen des Dreifußes, der bei allen die Runde machte, da ihn jeder mit rühmlicher Achtung einem andern zuschickte. Die Geschichte ist folgende. Fischer aus Kos hatten das Netz geworfen und Fremde aus Milet den Fang gekauft, noch ehe er sichtbar wurde. Hierauf zogen sie das Netz heraus, und zum Vorschein kam — ein gol= bener Dreifuß. Den hatte Helena, wie man sagt, auf ihrer Heimkehr aus Troja, einem alten Orakelspruche zufolge an dieser Stelle versenkt. Die Fremden geriethen mit den Fischern darüber in Streit; bald nahmen sich die Städte der Sache an, und am Ende entstand ein Krieg daraus,

bis Pythia beide Theile dahin beschied, sie sollten den Dreifuß
dem Weisesten geben. Nun wurde er zuerst an Thales nach
Milet geschickt, indem die Koer willig dem Einen Manne
darboten, was sie den sämmtlichen Milesiern mit den Waffen
in der Hand verweigert hatten. Weil aber Thales erklärte,
daß Bias von Priene weiser sei, als er, so wurde der
Dreifuß an Bias geschickt, von diesem sofort an den dritten,
als den Weiseren. So ging er herum, bis er von Hand
zu Hand abermals an Thales kam; zuletzt wurde er von
Milet nach Theben gebracht und dem Ismenischen Apollon
geweiht.

Aus dem Skythenlande kam Anacharsis nach Athen vor
Solons Wohnung, klopfte an und rief, ein Fremder sei da
und wolle Freundschaft und gastliches Verhältniß mit ihm
anknüpfen. Solon entgegnete ihm: „Es ist besser, daheim
Freundschaft zu schließen." — „Gut," versetzte Anacharsis,
„Du bist daheim, so nimm mich denn zum Freund und
Gaste an." Ueber die rasche und treffende Antwort ganz
entzückt, nahm ihn Solon freundlich auf und hatte ihn
längere Zeit bei sich, als er schon im öffentlichen Leben
thätig und mit der Gesetzgebung beschäftigt war. Als ihm
Solon hievon sprach, lachte Anacharsis über sein Bemühen,
wenn er sich einbilde, er werde der Gewaltthat und dem
Betrug in der Stadt Einhalt thun mit geschriebenen For=
meln: diese glichen ganz den Spinngeweben, sie hielten nur
den Schwachen und Kleinen fest, der hineinfalle, während
die Mächtigen und Reichen sie zerreißen würden. Darauf
sagte Solon, die Menschen hielten ja auch Verträge, wenn
die Verletzung keinem von beiden nützlich wäre; und seine
Gesetze richte er so zum Vortheil der Bürger ein, daß es
jedem einleuchten werde, er thue besser, sie zu befolgen, als
zu übertreten. Es ging aber freilich mehr, wie Anacharsis
ahnte, als wie Solon hoffte. Auch darüber drückte Ana=
charsis, als er einer Volksversammlung beigewohnt, sein
Befremden aus, daß bei den Griechen die verständigen Leute

zwar den Vortrag hielten, aber die einfältigen den Ausschlag gäben.

Als Solon zu Thales nach Milet kam, so verwunderte er sich, daß dieser an Ehe und Familienglück gar nie gedacht habe. Thales sagte für den Augenblick kein Wort, ließ einige Tage vorübergehen und bestellte dann einen Fremden, der sagen mußte, er komme gerade von Athen, welches er vor zehn Tagen verlassen. Auf Solons Frage, ob er etwas Neues von Athen mitbringe, antwortete der Mann, wie er angewiesen war: „Weiter nichts, als daß man einen Jüngling hinaustrug, den die ganze Stadt zu Grabe geleitete. Denn, wie sie sagten, war es der Sohn eines sehr angesehenen und durch Tugend hervorragenden Bürgers; er war aber nicht anwesend, sondern, wie es hieß, schon seit geraumer Zeit auf Reisen." — „Der Unglückliche!" rief Solon, „aber sage mir, wie hieß er denn?" — „Ich habe den Namen gehört," versetzte der Fremde, „aber er fällt mir nicht mehr bei; nur so viel weiß ich noch, daß von seiner Weisheit und Gerechtigkeit aller Mund voll war." So wurde ihm die Schreckensbotschaft mit jeder Antwort näher gebracht, bis er zuletzt in der äußersten Bestürzung dem Fremden selbst auf den Namen half und fragte, ob man den Verstorbenen Solon's Sohn genannt habe? Wie der Mann es bejahte, so schlug sich Solon vor den Kopf, sprach und geberdete sich als ein Verzweifelnder. Thales aber faßte seine Hand und sagte lachend: „Eben das, mein Solon, verleidet mir Ehe und Familienglück, was selbst deine Stärke zu erschüttern vermag. Doch laß dich das Gesagte nicht bekümmern, es ist alles erdichtet."

Allein es würde in der That wenig Verstand und Muth verrathen, aus Furcht vor dem Verlust auf das Unentbehrliche zu verzichten: denn so dürfte sich kein Mensch seines Geldes, seiner Ehre und Bildung freuen, aus Angst er möchte sie verlieren. Sehen wir doch, daß die Tugend selbst, der größte und köstlichste Schatz, bisweilen durch

Krankheit oder Gift zerstört wird. Thales selbst gewann durch seine Ehelosigkeit nicht an furchtloser Ruhe, wenn er nicht auch Vaterland, Freunde und Verwandte aufgab; davon war er aber so weit entfernt, daß man sogar behauptet, er habe seinen Schwestersohn Kybisthos an Kindesstatt ange=nommen. Weil nämlich das Herz den Hang zur Zärtlichkeit in sich trägt und wie zum Empfinden, Denken und Erinnern, so auch zum Lieben geschaffen ist, so wird der, welcher nichts Eigenes hat, von Fremdem angezogen und gefesselt; und wie bei einem Hause oder Gute, das ohne rechtmäßige Erben ist, so nisten sich Fremde und Unberechtigte, jenem Liebes=triebe sich anschmiegend, in seinem Herzen ein, nehmen es in Besitz und erwecken mit der Liebe auch Sorgen und Be=fürchtungen um ihretwillen. So kann man Männer sehen, welche mit entschiedenster Kälte über Ehe und Familienglück sprechen und hernach doch um die Kinder ihrer Haussklaven, wenn sie erkranken oder sterben, sich fast zu Tode grämen und unwürdige Klagen ausstoßen. Ja manche haben schon, wenn ihnen Pferde und Hunde fielen, alle Lust zum Leben verloren und ihre Betrübniß auf die unanständigste Art ge=äußert; während andere beim Verlust guter Kinder standhaft blieben und nichts Unwürdiges begingen, sondern sich bis zum Tode als vernünftige Männer zeigten. Denn nicht Liebe, sondern Schwachheit ist die Quelle unmäßiger Betrüb=niß und Furcht bei Menschen, welche sich nicht durch Grund=sätze der Vernunft gegen das Schicksal gewaffnet haben: deßwegen werden sie auch der gewünschten Güter, welche ihnen die Gegenwart darbietet, nimmer froh, da sie beständig die Zukunft quält mit Angst, Zittern und Zagen wegen des möglichen Verlustes. Man waffne sich nicht durch Armuth gegen den Unbestand des Reichthums, nicht durch ein freund=loses Leben gegen Freundesverlust, noch durch Kinderlosigkeit gegen den Tod von Kindern, sondern durch Vernunft gegen alles. Doch dies ist für den gegenwärtigen Anlaß mehr als genug über diesen Gegenstand.

2. Der Krieg um Salamis. Innere Unruhen.

Die Athener hatten mit den Bewohnern von Megara um den Besitz der Insel Salamis einen langen und schweren Krieg geführt. Sie waren dieses Krieges so müde gewor=den, daß sie bei Todesstrafe jedermann verboten, in einem Gesetzesvorschlag oder einer Rede auf die Eroberung der Insel anzutragen. Solon sah darin eine unerträgliche Schmach, und da er wahrnahm, daß viele junge Männer nur auf einen Anlaß zum Kriege warteten, indem sie des Gesetzes wegen den ersten Schritt nicht selbst zu thun wagten, so stellte er sich verrückt und ließ durch seine Leute in der Stadt ausbreiten, er sei irre geworden. Indessen machte er ein Gedicht, lernte es auswendig, um es frei vorzutragen, und sprang nun eines Tags auf den Markt mit einem kleinen Filzhut auf dem Kopfe. Und als viel Volk zusammenlief, stieg er auf den Stein des Herolbes und trug singend seine Elegie vor, welche also anfing:

Selbst als Herold komm ich vom schönen Salamiseiland,
Bringe ein schönes Lied vor das versammelte Volk.

Das Gedicht ist Salamis überschrieben und besteht aus hundert recht anmuthig gefaßten Versen. Als es abgesungen war, äußerten Solons Freunde laut ihren Beifall, und Peisistratos besonders ermahnte die Bürger mit eindringenden Worten, dem Rathe zu folgen. So wurde denn das Gesetz aufgehoben, Solon zum Feldherrn gewählt und der Krieg von neuem begonnen.

Die gewöhnlichste Erzählung von diesem Kriege lautet ungefähr folgendermaßen. Solon ging zu Schiff mit Peisi=stratos nach Kolias, Salamis gegenüber, wo gerade sämmt=liche Frauen nach urväterlicher Sitte der Demeter Opfer brachten. Von hier schickte er einen zuverlässigen Mann nach Salamis, der sich für einen Ueberläufer ausgab und die Megarer aufforderte, unverzüglich mit ihm nach Kolias

überzufahren, wenn sie die vornehmsten Frauen der Athener
in ihre Gewalt bekommen wollten. Die Megarer folgten
dem Rath und sandten ein Fahrzeug mit Bewaffneten ab.
Als Solon das Schiff von der Insel herüberrudern sah,
hieß er die Frauen aus dem Wege gehen; die noch unbär-
tigen Jünglinge aber mußten sich in ihre Röcke, Kopfbinden
und Schuhe verkleiden und mit Dolchen unter dem Gewande
am Ufer spielen und tanzen, bis die Feinde an's Land gestiegen, und das Schiff eine sichere Beute wäre. Alles
geschah, wie er befohlen. Die Megarer ließen sich durch den
Anblick täuschen, nahten dem Orte und sprangen, als gälte
es eine Wette, auf die vermeintlichen Frauen los, so daß
auch nicht einer entrann, und alle umkamen: die Athener
fuhren zur Insel hinüber und bekamen sie sogleich in ihre
Gewalt.

War nun Solon schon hierdurch angesehen und einfluß-
reich, so wurde er noch berühmter und gefeierter in ganz
Griechenland, als er seine Stimme für den Tempel zu
Delphi erhob und verlangte, man solle denselben in Schutz
nehmen und die Versündigungen der Einwohner von Kirrha
gegen den Sitz des Orakels nicht ungestraft lassen. Dieselben hatten nämlich einen dem Delphischen Apollon geweihten
Landstrich sich zugeeignet und Weihgeschenke aus seinem Tempel
geraubt. Solon glaubte nun, daß es die Sache von ganz
Griechenland sei, diesen Frevel zu bestrafen: er wandte sich
daher an die Versammlung der Abgeordneten der verschiedenen
Staaten, die Amphictyonen, und mahnte zum Kriege gegen
die Stadt Kirrha. Die Amphictyonen beschlossen den Krieg,
und Kirrha wurde zerstört.

Eine andere Versündigung war in Athen selbst vorgekommen und verwirrte die Stadt. Kylon und seine Anhänger waren bei einem Aufstand unterlegen und hatten ihre
Zuflucht in den Tempel der Athene genommen. Hier standen sie unter dem Schutze der Göttin und waren vor jeder
Verfolgung sicher. Nun beredete sie aber der Archon

Megakles, herabzukommen und vor Gericht zu erscheinen. Sie banden einen Faden an dem Throne fest, auf welchem die Göttin saß, und kamen, sich an demselben haltend, bis zum Tempel der hehren Göttinnen (Erynnien): da riß der Faden durch Zufall. Megakles und seine Amtsgenossen ließen sie jetzt ergreifen, als verwerfe die Göttin ihr Flehen, die einen wurden außerhalb des Tempels gesteinigt, die andern an den Altären, zu welchen sie geflohen waren, niedergemacht; Gnade fand nur, wer den Schutz ihrer Frauen anrief. Nun wandte sich die Stimmung des Volkes gegen die Verfolger: sie wurden die Verfluchten genannt und verabscheut, und die Geretteten von Kylons Partei gewannen wieder Macht und befehdeten unaufhörlich die Anhänger des Megakles. Da nun gerade damals die Hitze des Streites den höchsten Grad erreicht, und das ganze Volk Partei genommen hatte, so trat Solon, bereits ein Mann von Ansehen, mit den vornehmsten Athenern auf und bewog die sogenannten Verfluchten durch Vorstellungen und Bitten, sich der Entscheidung eines Gerichtes zu unterwerfen, das aus dreihundert der rechtschaffensten Bürger bestehen sollte. Myron, aus der Gemeinde Phlya, war der Ankläger, und die Männer wurden verurtheilt: wer noch lebte, wurde des Landes verwiesen, die Gebeine der Todten ausgegraben und über die Grenze geworfen.

Während dieser Unruhen wurden die Athener von den Megarern angegriffen, verloren den Hafen Nisäa und mußten Salamis wieder verlassen. Zugleich zitterte die Stadt in abergläubischer Furcht wegen der Erscheinung von Gespenstern, und die Wahrsager fanden in den Eingeweiden der Opferthiere die Andeutung großer Sünden und sühnungsbedürftiger Verbrechen. So wurde denn Epimenides aus Kreta berufen, der siebente unter den Weisen, wie einige von denen zählen, welche den Perianbros ausschließen. Er kam und lehrte die Athener größere Einfachheit beim Gottesdienst und Mäßigung in der Trauer. Das Wichtigste aber war, daß

er die Bürgerschaft durch Sühnen und Reinigungen entsün=
digte und folgsamer machte dem Rufe zur Eintracht. Da=
durch leistete er dem Solon, mit welchem er in freundschaft=
liche Verhältnisse trat, einen großen Dienst und bahnte seiner
Gesetzgebung den Weg. Hochgefeiert schied er von Athen
ohne von dem vielen Gelde und den großen Belohnungen,
die man ihm anbot, etwas anzunehmen: er nahm nichts
mit, als einen Zweig des heiligen Oelbaums, den er sich
ausgebeten hatte.

3. Drei Parteien in Athen.

Nach allen diesen Unruhen fiel Athen in den alten
Streit wegen der Verfassung zurück und trennte sich in
eben so viele Parteien, als das Land verschiedene Theile
hatte. Das Gebirgsvolk war ganz demokratisch, die von
der Ebene ganz aristokratisch; die dritten, Bewohner der
Küste, verlangten eine mittlere und gemischte Form der
Regierung und ließen keine der anderen Parteien das Ueber=
gewicht erlangen. Weil auch gerade die Ungleichheit zwischen
den Armen und Reichen auf's höchste gestiegen war, so stand
es sehr mißlich um die Stadt, und man meinte, nur von
der unumschränkten Gewalt eines Einzigen sei Herstellung
der Ruhe und Ordnung zu erwarten. Denn das ganze
gemeine Volk war den Reichen verschuldet. Ein Theil
desselben baute zu ihrem Vortheil das Land und mußte ihnen
den sechsten Theil des Ertrages entrichten; man nannte
daher solche Leute Sechsfröhner und Lohnbauern (Theten);
andere, die sich selbst verpfändet hatten, fielen den Gläubigern
als Eigenthum zu und mußten Sklavendienste thun, an
Ort und Stelle oder im Auslande, wohin man sie verkaufte.
Viele sahen sich gezwungen ihre leiblichen Kinder zu ver=
kaufen — denn kein Gesetz verbot es — oder das Land
zu verlassen, um sich der Härte ihrer Gläubiger zu entziehen.
Da trat die Mehrzahl der Stärkeren zusammen und forderten

einander auf, dies nicht länger zu dulden, sondern einen
zuverlässigen Mann an die Spitze zu stellen, die wegen
Schuldrückständen den Gläubigern Verfallenen in Freiheit
zu setzen, das Land neu zu vertheilen und überhaupt die
Verfassung umzugestalten.

4. Solon schreitet zur Gesetzgebung. Erleichterung der Schuldner.

Nun wandten sich die Verständigsten unter den Athenern
an Solon, denn sie sahen, daß ihn allein durchaus kein
Vorwurf traf: er nahm weder an dem ungerechten Verfahren
der Reichen Theil, noch war er in der Noth der Armen
befangen. Sie baten ihn bringend, er möchte sich des Staates
annehmen und den Unruhen ein Ende machen. Zwar
behauptet Ein Geschichtschreiber, Solon habe sich aus eigenem
Antrieb dazu entschlossen und um die Stadt zu retten sich
gegen beide Theile einen Betrug erlaubt, indem er insgeheim
den Armen Theilung des Landes, den Reichen Sicherung
ihrer Kapitalien versprochen. Allein Solon selbst versichert,
er habe erst nach vielem Bedenken das Ruder des Staates
ergriffen, weil er die Habsucht der einen und den Uebermuth
der andern Partei gefürchtet. Genug, er wurde nach dem
Rücktritt des Philombrotos zum Archon, Friedensstifter und
Gesetzgeber gewählt, womit beide Parteien zufrieden waren,
die Reichen, weil er Vermögen, die Armen, weil er eine
wohlwollende Gesinnung hatte. Man sagt, daß auch ein
längst umlaufendes Wort von ihm: wird jedem, was
ihm gebührt, so entsteht kein Krieg — den Begü-
terten sowohl, als den Unbegüterten gefallen habe, indem
jene hofften, sie würden nach Verdienst und Würdigkeit,
diese, sie würden nach Maß und Zahl das Gebührende
erlangen.

Bei diesen großen Hoffnungen beider Parteien boten ihm
die Häupter mit dringender Bitte die Alleinherrschaft an und
forderten ihn auf, in einer Stadt, welche völlig in seiner

Gewalt sei, mit größerer Kühnheit zu verfahren. Selbst viele der parteilosen Bürger, die wohl sahen, wie mühsam und schwierig es sein würde, durch bloße Vorstellungen und Gesetze die Lage der Dinge zu ändern, waren nicht abgeneigt, dem Staate Ein Oberhaupt in der Person des gerechtesten und verständigsten Mannes zu geben. Nach einigen wäre auch dem Solon folgender Spruch zu Delphi geworden:

Setze dich mitten in's Schiff und lenke steuernd das Ruder,
Sieh' es bieten die Hand viel Männer Athens dir zur Hilfe.

Am meisten wurde er von seinen Freunden getadelt, daß er des bloßen Namens wegen die Alleinherrschaft fliehe; sie würde ja durch die edlen Eigenschaften dessen, der sie über= nähme, sogleich zu einem rechtmäßigen Königthum, wie neulich in Mitylene, wo man den Pittakos zum Alleinherrn erwählt hätte.

Allein dies alles machte seinen Vorsatz nicht wanken. Seinen Freunden entgegnete er, wie man sagt, die Allein= herrschaft sei ein schönes Landhaus, allein sie habe keinen Ausgang. Auch an Spott fehlte es nicht von Seiten derer, welche seine Bedenken gegen die Annahme der Herrschaft nicht begriffen. Aber Solon setzte sich auch darüber hinweg und wies standhaft die unbeschränkte Alleinherrschaft zurück.

In seiner Gesetzgebung aber verfuhr er nicht allzuscho= nend, sondern furchtlos und ohne Rücksicht auf das Verlangen der Mächtigen wie auf die Wünsche derer, die ihn gewählt hatten. Doch bedachte er klug, wie weit er seine Mitbürger durch Vorstellungen zu überreden vermöchte, oder wie weit sie sich Gewalt gefallen lassen würden. Denn er wollte Gewalt und Recht verbinden. Daher er später auf die Frage, ob er den Athenern die besten Gesetze gegeben hätte, antwortete: Die beßten, welche sie sich geben ließen.

Wenn Neuere bemerken, daß die Athener mit vieler Feinheit gehässige Dinge mit anständigen und angenehmen Schmeichelnamen zu verhüllen wissen, so scheint Solons Klugheit hievon das erste Beispiel gegeben zu haben, denn er nannte die Aufhebung der Schulden Entlastung (Seisachtheia). Es war nämlich sein erster Schritt, daß er alle vorhandenen Schulden aufhob und für die Zukunft das Pfandrecht auf den Leib des Schuldners für ungiltig erklärte. Doch erzählen einige, Solon habe nicht völlige Erlassung der Schulden, sondern nur eine Herabsetzung des Zinsfußes angeordnet; die Armen haben sich damit zufrieden gegeben und dieses menschenfreundliche Gebot mit der zugleich angeordneten Vergrößerung der Maße und Erhöhung des Geldwerthes Entlastung genannt. Er ließ nämlich aus drei und siebenzig alten Drachmen hundert neue prägen, und die Drachmen neuen Fußes galten so viel als die alten, so daß die Schuldner bei ihren Zahlungen sieben und zwanzig am Hundert gewannen. Allein die meisten behaupten, die Entlastung habe in völliger Aufhebung der Schulden bestanden, und damit stimmen auch einige Stellen in Solons Gedichten überein, worin er sich rühmt, daß er von den zuvor verpfändeten Gütern

Die zahlreich aufgesteckten Marken * weggetilgt;
Die Güter, die verpfändet waren, sind nun frei.
Auch sagt er, er habe von den an ihre Gläubiger verfallenen Bürgern die einen aus der Fremde heimgeführt,

— — Die schon kein Attisch Wort
Mehr sprachen, irrend in der weiten Welt umher;
Die andern hier im Land die Schmach der Sklaverei
Erduldend — —
habe er frei gemacht.

---

*) Der Schuldner mußte bei dem Hause oder Acker, worauf er Geld entlehnt hatte, eine Marke setzen, auf welcher der Name und die Summe geschrieben standen.

Es soll ihm übrigens bei dieser Sache ein höchst unangenehmer Vorfall begegnet sein. Als er die Aufhebung der Schulden beschlossen hatte, und auf eine geeignete Rede und schickliche Einladung sann, eröffnete er den vertrauteren Freunden, daß er den Grundbesitz nicht ändern wolle, aber die Schulden aufzuheben gesonnen sei. Kaum hatten diese es gehört, als sie dem Bekanntwerden des Planes voreilend eine Menge Geldes von den Reichen aufnahmen und sich große Landgüter zusammenkauften. Als nun die Verordnung erschien, behielten sie die Güter in Besitz und gaben den Gläubigern das Geld nicht zurück, wodurch Solon in den schlimmen Ruf gerieth, als gewänne er mit, statt mitzuverlieren. Allein diese Beschuldigung wurde bald beseitigt, denn es fand sich, daß er fünf Talente (das Attische Talent = 1447 Th. 16 Gr. oder 2605 fl. 50 kr.) ausstehen hatte, die er dann vor allen anderen dem Gesetze gemäß erließ. Jene Freunde aber wurden von nun an Schuldbiebe genannt.

Dennoch war kein Theil mit ihm zufrieden: die Reichen schmerzte die Aufhebung der Schulden, die Armen sahen es mit noch größerem Verdrusse, daß ihre Hoffnung auf neue Theilung der Ländereien und völlige Gleichstellung des Vermögens nach dem Vorbilde der Lykurgischen Verfassung nicht in Erfüllung gegangen. Allein jener, ein Sprößling des Herakles, und im Besitze königlicher Macht, war durch gewaltsame Mittel dahin gelangt, diesen Grundstein der öffentlichen Wohlfahrt und Eintracht zu legen, daß von den Bürgern keiner mehr arm oder reich war. Dies Ziel konnte Solon freilich nicht erreichen, denn er war ja nur ein Mann aus dem Volke und hatte nur über beschränkte Mittel zu gebieten. Was aber irgend in seiner Macht stand, das brachte er auch zu Stande, ganz allein auf den guten Willen und das Vertrauen seiner Mitbürger gestützt. Daß er bei den meisten anstieß, weil sie ganz anderes gehofft, bezeugt er selbst mit folgenden Versen:

Lamey, Plutarch.   4

Stolze Hoffnung einst die Herzen schwellte, doch nun füllt
sie Grimm,
Und mit schelem Auge blicken all' auf mich als ihren Feind.

Es dauerte jedoch nicht lange, bis sie die Zweckmäßig-
keit seiner Verordnungen einsehen lernten; jetzt vergaßen sie
ihrer einseitigen Beschwerden und brachten ein gemeinschaft-
liches Opfer, dem sie den Namen Entlastungsopfer gaben.
Auch ernannten sie Solon zum Gesetzgeber und Verbesserer
ihrer Verfassung, in der Weise, daß sie ihm nicht blos dieses
und jenes, sondern ohne Ausnahme alles anheimstellten,
Aemter, Gerichte, Volks- und Rathsversammlungen, so wie
das erforderliche Vermögen, die Mitglieder und die Zeit
der Zusammenkünfte zu bestimmen und von dem Bestehenden
aufzuheben oder beizubehalten, was er für gut fände.

5. Aufhebung der Gesetze des Drakon. Die Bürger in vier Klassen getheilt.

Zuvörderst hob er nun die sämmtlichen Gesetze des
Drakon wegen der Härte und Größe der Strafen auf, mit
Ausnahme derer, welche den Mord betrafen. Denn es
war beinahe auf alle Vergehungen nur Eine, die Todesstrafe gesetzt, so daß schon, wer des Müssiggangs überwiesen
war, sterben mußte, und der Gemüse- und Obstdieb gerade
so büßte, wie der Tempelräuber und Mörder. Daher war
die Bemerkung treffend, welche später Demades gemacht hat,
Drakon habe seine Gesetze nicht mit Tinte, sondern mit Blut geschrieben. Drakon selbst, sagt man,
erwiderte auf die Frage, warum er die meisten Vergehungen
mit dem Tode bestrafe: er glaube, daß die kleinen Vergehungen diese Strafe verdienten, für die großen aber habe
er keine größere finden können.

Sodann veranstaltete Solon eine Schätzung der Bürger:
er wollte den Vermögenden den Zutritt zu allen öffent-

lichen Aemtern wie bisher erhalten, an der Gesetzgebung aber dem bisher ausgeschlossenen Theil des Volkes Theil geben. Wer fünfhundert Maß trockene und flüssige Früchte ärndtete, kam in die erste Klasse und hieß ein Funfhun= dertscheffler. In die zweite Klasse stellte er, welche ein Pferd halten konnten oder dreihundert Maß ärndteten; ihr Name war: zur Ritterschaft Steuernde. Zwei= spänner nannte er die Bürger der dritten Klasse, ver= muthlich, weil sie zwei Maulthiere hielten; sie ärndteten zweihundert Maß. Die übrigen hießen Taglöhner (Theten); sie durften kein Amt verwalten und hatten nur als Mit= glieder der Volksversammlungen und der Gerichtshöfe an der Regierung Antheil. Anfangs schien diese Betheiligung unbedeutend, in der Folge aber erwies sie sich als außer= ordentlich wichtig, denn die meisten Streitfragen kamen vor die Geschworenen, da Solon auch bei solchen Sachen, über welche die Beamten zu erkennen hatten, eine Berufung an das Volksgericht erlaubte. Auch soll der dunkle und viel= deutige Ausdruck seiner Gesetze die Macht der Gerichtshöfe vergrößert haben. Denn da die Gesetze nicht geeignet waren, Streitende mit einander zu vergleichen, so bedurfte man nothwendig immer der Richter; und da alle Streitigkeiten vor diese kommen mußten, standen sie gewissermaßen über den Gesetzen. Solon gibt sich selbst wegen dieser Gleich= stellung Beifall, wenn er sagt:

Ich ertheilte dem Volk so viel an Macht ihm gebühret,
   Nicht zu viel der Ehr' gab ich, zu wenig ihm nicht.
Aber die Einfluß hatten und die hoch ragten durch Reichthum,
   Denen sollte mir auch nimmer zu nahe geschehen.
Und ich stand und deckte mit mächtigem Schilde die beiden,
   Keinem Theile ich gönnt' über das Rechte den Sieg.

Um jedoch der Schwachheit des armen Volkes noch mehr Schutz zu gewähren, erlaubte er jedem Genugthuung zu fordern auch für das Unrecht, das ein anderer litt.

4*

Wenn also einer geschlagen oder beschädigt wurde, oder sonst Gewalt litt, so durfte, wer konnte und wollte, den Beleidiger anklagen und gerichtlich verfolgen: ein schöner Wink des Gesetzgebers für die Bürger, wie Glieder Eines Körpers mit einander zu fühlen und zu leiden. Man gedenkt auch einer Aeußerung Solons, in welcher sich derselbe Sinn ausspricht. Er soll nämlich auf die Frage, welche Stadt für die beste und glücklichste zu halten sei, erwidert haben: „Diejenige, in welcher das Unrecht von dem, der nichts davon zu leiden hat, nicht minder als von dem Gekränkten verklagt und zur Strafe gezogen wird."

6. Der Areiopāgos. Der Rath der Vierhundert. Einzelne Gesetze.

Aus den jährlichen Archonten hatte Solon den Rath auf dem Areiopagos gebildet, dem Hügel des Ares, westlich von der Burg. In diesem Rathe saß natürlich auch er selbst, als vormaliger Archon. Weil er aber sah, daß die Menge noch immer in Gährung war, und die Aufhebung der Schulden sie frech und trotzig gemacht hatte, so bildete er noch einen zweiten Rath, in welchen er aus jedem der vier Stämme hundert Männer wählte: sie sollten die Vorberather des Volkes sein und nichts ohne vorgängige Prüfung an die Volksversammlung gelangen lassen. Jenen oberen Rath aber ernannte er zum allgemeinen Aufseher und zum Beschützer der Gesetze, in der Ueberzeugung, die Stadt werde von zwei Senaten, wie von so viel Ankern gehalten, nicht so leicht ein Spiel von Wind und Wellen sein, und das Volk eine festere Haltung gewinnen.

Unter den übrigen Gesetzen Solons fällt dasjenige besonders auf, das den, welcher bei Unruhen zu keiner Partei hält, mit dem Verluste der bürgerlichen Rechte bestraft. Allein er will, scheint es, man solle nicht lau und gleichgiltig für das gemeine Wohl nur sich und das seinige sicher stellen und wohl gar eine Ehre darin suchen, daß man die Noth und Bedrängnisse des Vaterlandes nicht theile: man müsse im Gegentheil ohne Zögern die beste und gerechteste Partei ergreifen, mitwagen und mithelfen, statt in Ruhe und Sicherheit die Befehle des Siegers zu erwarten.

Bei den Ehen hob er die Mitgift gänzlich auf, ausge= nommen wo die Braut die einzige Erbin ihrer Eltern war, und so als Erbtochter besonderen Vorzug hatte. Gewöhn= lich durfte die Braut nur drei Kleider und einiges Geräth von geringem Werth in das Haus ihres Gatten bringen. Denn er wollte die Ehe nicht als Lohndienst oder Markt= waare angesehen wissen, sondern als einen Bund, durch welchen sich Mann und Weib zu Elternfreude, Liebeshuld und Freundschaft vereinigen.

Lobenswerth ist das Verbot Solons, Verstorbenen Uebels nachzureden. Denn ein frommer Sinn achtet die Abgeschie= denen heilig; die Billigkeit schont Derer, welche nicht mehr sind, und ein Herz, welches sein Vaterland liebt, duldet Verewigung des Hasses nicht. Desgleichen verbot er, einen Lebenden zu schmähen im Tempel, vor Gericht, vor der Obrigkeit und bei der Feier öffentlicher Spiele. Wer dage= gen fehlte, mußte drei Drachmen an den Beleidigten und zwei andre in die Staatskasse bezahlen. Denn wie es roh und ungezogen ist, seinen Zorn nirgends zu beherrschen, so ist es schwer und für manche unmöglich, es an allen Orten zu thun; und ein Gesetz muß doch immer nach der Mög= lichkeit eingerichtet sein, um wenige mit Erfolg zu strafen, und nicht viele ohne Erfolg.

Auch das Gesetz wegen der Vermächtnisse erhielt vielen Beifall. Vorher waren dieselben gar nicht gestattet, sondern Haus und Vermögen des Verstorbenen mußten durchaus bei der Familie bleiben. Solon erlaubte, wenn keine Kinder da wären, das Vermögen nach Belieben zu vermachen, gab dadurch der Freundschaft den Vorzug vor der Verwandtschaft, der Liebe vor den Banden der Natur, und machte dadurch das Vermögen erst recht zum Eigenthum des Besitzers. Doch erlaubte er die Vermächtnisse nicht schlechthin und ohne alle Einschränkung, sondern nur dann, wenn sie bei gesunden Sinnen verfaßt worden, und ohne daß Zaubermittel, Zwang oder Verführung dabei mitgewirkt.

Er gab auch ein Gesetz über das Ausgehen der Frauen, über Trauer und Feste, um alle Unordnungen und Mißbräuche davon zu entfernen. Eine Frau durfte, wenn sie ausging, nicht mehr als drei Kleider mitnehmen, an Speise und Trank für nicht mehr als einen Obolos und keine Rohrmatte über Ellengröße; des Nachts sollten sie nur fahren, unter Vortragung einer Fackel. Das Zerkratzen des Gesichts, das Schlagen an Brust und Hüfte, das Absingen von Klageliedern und Heulen bei fremden Leichen stellte er ab. Man sollte keinen Ochsen als Todtenopfer schlachten, nicht mehr als drei Kleider in's Grab mitgeben und nicht an fremde Gräber gehen, außer bei einer Bestattung.

In Betracht aber, daß die Bevölkerung der Stadt täglich mehr anwuchs, indem die Menschen nach Belieben von allen Seiten daselbst zusammenströmten, ungeachtet der Unfruchtbarkeit des mageren Bodens; und in weiterem Betrachte, daß die Seefahrer kein Land besuchen, das ihnen nichts zum Tausche bietet, ermunterte Solon die Bürger, sich den Künsten zu widmen, und verordnete in dieser Absicht, daß ein Sohn, welchen der Vater zu keiner Kunst angehalten, nicht verpflichtet sein sollte, ihm Unterhalt zu geben. Lykurg konnte allerdings die Bürger von allen mühsamen und niedrigen Arbeiten befreien, denn er übertrug sie den Heiloten, und zudem war das Land groß genug, um doppelt so viel Menschen zu ernähren; und so durfte er allerdings die Kunst der Waffen die einzige sein lassen, die seine Bürger zu treiben hatten. Solon aber paßte seine Gesetze mehr den Umständen, als die Umstände den Gesetzen an: er sah wohl, daß das Land selbst seine Anbauer nur spärlich nährte, einen müßigen Haufen aber unmöglich unterhalten konnte; und so setzte er

die Gewerbe in Achtung und beauftragte den Areiopagos ein
wachsames Auge auf die Erwerbsquellen eines jeden zu haben
und die Müssiggänger zu bestrafen. Dagegen wurde Kraft
und Rüstigkeit belohnt: wer bei den Isthmischen Spielen
gesiegt, der sollte hundert, ein Sieger in Olympia fünf=
hundert Drachmen zum Geschenk erhalten. Wer einen Wolf
erlegte, bekam fünf Drachmen, für eine Wölfin wurde eine
Drachme gegeben. Jenes war der Werth eines Ochsen,
dieses der Werth eines Schafes. Den Krieg gegen die
Wölfe haben die Athener von den ältesten Zeiten her geführt,
da ihr Land sich mehr für Viehzucht, als für Ackerbau
eignet. Daher auch einer der vier Stämme der Stamm der
Aigikoren heißt, weil sie sich mit dem Weiden der Heerden
beschäftigten. Die drei andern hießen Hopliten (Krieger),
Ergaden (Gewerbtreibende) und Gedeonten (Landleute),
und es ist viel wahrscheinlicher, daß diese Namen von den
Beschäftigungen herrühren, als von vier Söhnen des Jon.
Weil das Land nicht wasserreich war, und die meisten
sich an gegrabene Brunnen halten mußten, so verordnete
Solon, wo innerhalb eines Hippikon, d. h. des Raumes von
vier Stadien ein öffentlicher Brunnen sei, solle man sich
desselben bedienen, bei größerer Entfernung aber nach eigenem
Wasser graben. Fände man jedoch auf eigenem Grund und
Boden in einer Tiefe von zehn Klaftern kein Wasser, so
dürfte man bei dem Nachbar täglich zweimal einen sechs=
mäßigen Eimer füllen; denn er glaubte der Noth aushelfen,
aber nicht die Trägheit versorgen zu müssen. Ebenso
bestimmte er für Pflanzungen die Entfernung mit vieler
Sachkenntniß: in der Regel sollte sich eine Pflanzung fünf
Fuß vom Nachbar fern halten, Feigen= und Oelbäume aber
neun, weil diese ihre Wurzeln weiter verbreiten und nicht
für jedes Gewächs die beste Nachbarschaft sind; denn sie
nehmen die Nahrung weg und haben eine Ausdünstung, die
manchen Pflanzen schädlich ist. Wer eine Grube oder einen
Graben mache, solle sich von fremdem Grund und Boden

eben so weit entfernt halten, als er tief gehe; Bienenstöcke
sollen dreihundert Fuß vom älteren Stande des Nachbars
stehen.

Von den Früchten des Landes erlaubte er nur das Oel
an Fremde zu verkaufen, die Ausfuhr der übrigen untersagte
er. Die Uebertreter dieses Gesetzes sollte der Archon feierlich
verfluchen oder selbst eine Strafe von hundert Drachmen
bezahlen. Wahrscheinlich war in alten Zeiten auch die Ausfuhr der Feigen verboten, und die Angeber der dawider
Handelnden wurden Sykophanten (Feigenangeber) genannt.

Er gab auch ein Gesetz über den Schaden, den Thiere
zugefügt haben. Er verordnet unter andern, den Hund, der
jemand gebissen, an einem Halsband von vier Ellen Länge
auszuliefern: ein für die Sicherheit sehr zweckmäßiger Gedanke.

In dem Gesetze über die Ertheilung des Bürgerrechts
verstattete er Fremden nur dann Zutritt, wenn sie auf ewig
aus ihrem Vaterlande verwiesen waren oder mit ihrer ganzen
Habe nach Athen übersiedelten um ein Gewerbe zu treiben.
Offenbar wollte er also nur solche Einwanderer, die aus
Noth oder freiem Entschluß jedenfalls fest in Athen blieben.

Eigenthümlich ist auch das Gesetz, welches die öffentlichen
Opfermahlzeiten der Gemeinden und Stämme betrifft, welche
Solon Parasitien nannte: er gestattet nicht, daß einer
sich zu oft dabei einfinde, bestraft aber den, welcher nicht
will, wenn es an ihm ist. Denn jenes sei Gierigkeit, dieses
Verachtung der Bürgerschaft.

Alle diese Gesetze sollten auf hundert Jahre Kraft haben. .
Sie wurden auf hölzerne Tafeln geschrieben, die sich in
einem viereckigen Verschlage drehen ließen. Einige geringe
Ueberreste wurden noch zu meiner Zeit im Prytaneion aufbewahrt. Der Senat schwor einen Eid, Solons Gesetze
aufrecht zu halten, und insbesondere jeder der sechs letzten
von den neun Archonten, welche man Thesmotheten oder
Gesetzgeber nannte, legte am Heroldsstein auf dem Markte

ben Eid ab und gelobte, eine goldne Bildsäule von seiner Größe in Delphi zu weihen, wenn er die Verfassung irgend= wie verletze.

7. Solons Reisen. Kroisos. Aisôpos.

Nach Einführung der Gesetze kamen zu Solon Tag für Tag Leute mit Lob und Tadel, oder auch mit dem Rathe, irgend etwas in die Tafeln aufzunehmen oder wegzulassen; andere wandten sich an ihn mit Anfragen, Erkundigungen und Bitten, er möchte ihnen dieses und jenes erläutern und den eigentlichen Sinn angeben. Da er nun sah, daß es Zeitverderb wäre, sich damit abzugeben, und gehässig, es abzulehnen; und da er überhaupt wünschte, den Verlegen= heiten auszuweichen und seinen mit nichts zufriedenen, tadelsüchtigen Mitbürgern aus dem Wege zu gehen — denn, wie er selbst sagt:

In dem schwierigen Werk allen gefallen ist schwer!

so nahm er sein früheres Gewerbe als Schiffspatron zum Vor= wande des Reisens und verließ Athen, nachdem er sich von den Athenern Urlaub auf zehn Jahre erbeten. Diese Zeit, hoffte er, würde hinreichen, sie an seine Gesetze zu gewöhnen.

Zuerst kam er nach Aegypten und verweilte wie er selbst sagt:

Wo sich mündet der Nilstrom, nah der Kanobischen . Küste.

Eine Zeitlang stand er auch in Verkehr mit den gelehrtesten Aegyptischen Priestern; sie waren es, welche ihm die Sage von der großen Insel Atlantis mittheilten, welche im Westen von Afrika lag und in Einem Tage in's Meer sank. Solon versuchte nachher die Sage den Griechen in einem Gedichte bekannt zu machen. Hierauf segelte er nach Kypros, und erlangte die Achtung und Freundschaft des dortigen Königs in besonders hohem Grade. Philokypros, so hieß derselbe, bewohnte eine nicht gar große Stadt, welche eine feste Lage, aber rauhen und schlechten Boden hatte. Da nun ihr zu Füßen eine schöne Ebene lag, so bewog ihn Solon, die Stadt dahin zu versetzen und sie dadurch angenehmer und größer zu machen. Er leitete auch selbst den Bau und half zur Bequemlichkeit und Sicherheit die besten Anstalten treffen, so daß dem Philokypros Ansiedler in Menge zuströmten, und die übrigen Könige eifersüchtig wurden. Er nannte die Stadt, welche vorher Aipeia (die Hohe) hieß, dem Solon zu Ehren Soloi. Er selbst gedenkt der Anlegung dieser Stadt in seinen Elegien, wo er den Philokypros also anredet:

> Und nun mögest du lange, der Solier fürstlicher Herrscher,
>   Glücklich bewohnen die Stadt, glücklich die Söhne
>   nach dir.
> Aber mich führe auf hurtigem Schiff vom kundbaren
>   Eiland
>   Aphrodite im Kranz ohne Gefährde zurück.
> Ob dem Baue der Stadt verleihe sie Gunst mir und
>   Rückkehr
>   In das heimische Land, kränze mit Ehre mein Haupt.

Den Besuch bei Kroisos wollen einige wegen der Zeit= rechnung zum Märchen machen. Allein eine so berühmte, durch so viele Zeugen bestätigte Erzählung, die noch dazu mit Solons Charakter ganz übereinstimmt und seiner erha= benen Denkungsart und Weisheit vollkommen würdig ist, glaube ich nicht zu Gunsten gewisser angeblicher „Leitfaden für die Zeitrechnung" verwerfen zu müssen, da ja die Tau= sende, welche sich mit Verbesserung derselben beschäftigt haben, bis auf diesen Tag es nicht vermochten, die vielen Wider= sprüche aufzulösen. Solon kam also, wie man erzählt, auf Einladung des Kroisos nach Sardes, und hier erging es ihm, wie jenem Binnenländer, der zum erstenmal an die See reiste. So oft dieser einen Fluß sah, meinte er, es sei das Meer; und so glaubte Solon am königlichen Hofe

in jedem Beamten, den er in prächtigem Schmuck unter
einer Schaar von Begleitern und Trabanten einherstolziren
sah, den König zu erblicken. Endlich ward er vor Kroisos
selber geführt, welcher alles an sich trug, was er an Edel=
steinen, köstlich gefärbten Kleidern und kunstvollem Gold=
geschmeide Seltenes, Prächtiges und Bewundernswürdiges zu
besitzen glaubte, denn er wollte einen recht erhabenen und
prachtvollen Anblick gewähren. Solon aber stand ruhig dem
Könige gegenüber und verrieth weder durch Mienen noch
durch Worte etwas von dem Eindruck, welchen derselbe
erwartete; im - Gegentheil konnten feinere Beobachter wohl
bemerken, daß er diese alberne Eitelkeit und kleinliche Prah=
lerei verachte. Da ließ ihn der König überall herumführen,
ihm die Schatzkammern seines Reichthums öffnen und alle
übrige Pracht und Herrlichkeit zeigen, was im Grunde ganz
überflüssig war, da man ja blos ihn selbst zu sehen brauchte,
um ein Urtheil über seine Denkweise zu gewinnen. Als
nun Solon alles betrachtet hatte, und wieder hereingeführt
wurde, fragte ihn Kroisos, ob er auf der Welt je einen
glücklicheren Mann gesehen? Solon antwortete, er habe
einen gesehen, seinen Mitbürger Tellos; drauf erzählte er,
dieser Tellos sei ein rechtschaffener Mann gewesen und mit
Hinterlassung geachteter Söhne, auch eines für alle Nothdurft
zureichenden Vermögens, als Held den ruhmvollen Tod für
das Vaterland gestorben.

Jetzt hielt ihn Kroisos schon für einen sonderbaren,
ungebildeten Mann, weil er das Glück nicht nach dem Ge=
wichte des Goldes und Silbers wäge, sondern Leben und
Tod eines geringen Privatmannes über so große Macht und
Herrschaft stelle. Gleichwohl fragte er ihn noch einmal, ob
er nach dem Tellos noch einen glücklicheren Menschen kenne?
Solon bejahte es wiederum und nannte den Kleobis und
Biton, zwei Muster brüderlicher und kindlicher Liebe: als
einst die Ochsen nicht zu gehöriger Zeit bei der Hand waren,
spannten sie sich selbst an den Wagen und zogen ihre Mutter

in den Tempel der Juno, deren Priesterin sie war; die
entzückte Mutter wurde von allen Bürgern glücklich gepriesen.
Als sie hierauf geopfert und getrunken, standen sie am folgenden Tage nicht mehr auf: man fand sie entseelt, und es
war ihnen nach dem Genusse so großen Ruhmes ein sanfter,
schmerzloser Tod geworden.

„Und uns," rief jetzt Kroisos voll Zorn, „rechnest Du
gar nicht zu der Zahl der Glücklichen?" Solon wollte ihm
nicht schmeicheln, aber auch seinen Unwillen nicht noch mehr
reizen; er antwortete: „O König der Lydier, uns Griechen
hat die Gottheit alles in bescheidenem Maße gegeben; und so
haben wir denn auch in unserer Mittelmäßigkeit keinen glänzenden und königlichen Witz, sondern, wenn ich so sagen soll,
einen treuherzigen Bürgerverstand, der im Hinblick auf die
mannigfaltigen Wechsel, welche das Leben immer hat, auf die
gegenwärtigen Güter uns nicht stolz werden und keines Mannes Glück bewundern läßt, so lang es noch der Veränderlichkeit
ausgesetzt ist. Denn die Zukunft birgt für jeden Menschen
mannigfache Schicksale in ihrem Schooße, und wir nennen
nur den glücklich, welchem es die Gottheit bis an's Ende
wohl ergehen läßt. Einen Mann glücklich preisen, der noch
lebt und den Gefahren des Lebens noch unterworfen ist,
wäre eben so eitel und nichtig, als wenn man einen noch
während des Wettkampfes als Sieger ausriefe und mit dem
Kranze schmückte." Nach diesen Worten ging Solon hinweg;
er hatte den König gekränkt, ohne ihn klüger zu machen.

Auch den Fabeldichter Aisopos hatte Kroisos eingeladen,
und derselbe genoß großer Auszeichnung bei Hofe. Er hatte
Mitleid mit Solon, daß ihm so gar nichts Freundliches zu
Theil wurde; er wollte ihm einen guten Wink geben und
sagte: „Lieber Solon, mit Königen muß man so selten oder
so gefällig als möglich reden." — „Nicht doch," versetzte
Solon, „sondern so selten oder so gut als möglich."

Damals also dachte Kroisos gering von Solon. Als
er aber im Kampfe mit Kyros unglücklich war, seine Stadt

verlor und gefangen bei lebendigem Leibe verbrannt werden
sollte, und schon im Angesicht aller Perser und vor den
Augen des Kyros gefesselt auf dem Scheiterhaufen stand:
da rief er mit lautester Stimme dreimal: O Solon! Voll
Verwunderung ließ ihn Kyros fragen, welcher Mensch oder
Gott denn der Solon wäre, den er in seiner letzten Noth
allein anrufe. Kroisos verhehlte nichts und sagte: „Dieser
Mann war einer der Weisen Griechenlands; ich berief ihn
zu mir, nicht um etwas zu hören oder zu lernen, was mir
zu wissen noth that, sondern damit er meine Herrlichkeit
sähe und zu Hause verkündigte, deren Verlust in der That
ein größeres Uebel, als der Besitz ein Glück gewesen ist.
Denn Schall und Traum war das Glück des Besitzes, aber
nun sich mein Schicksal wendet, schlägt es in furchtbares
Leiden und unheilbare Noth aus. Und darum ermahnte
mich jener Mann, indem er von der damaligen Zeit auf
diese schloß, das Lebensende im Auge zu behalten und nicht
in trügerischer Einbildung mein Herz dem Stolz und Uebermuth hinzugeben."

Diese Antwort wurde dem Kyros gemeldet, und da er
weiser war als Kroisos, auch die Wahrheit der Lehre Solons
in einem auffallenden Beispiele vor Augen sah, so setzte er
den Kroisos nicht blos in Freiheit, sondern erwies ihm
auch, so lange er lebte, viele Ehre. So hatte Solon den
Ruhm, durch Einen Spruch den einen König vom Tode
errettet, den andern weiser gemacht zu haben.

8. Heimkehr und Lebensende.

In Athen aber lagen unterdessen in Solons Abwesenheit alle mit einander in Streit. Das Haupt des Volkes
vom platten Lande war Lykurg, die Küstenbewohner hatten
Megakles, den Sohn des Alkmäon, zum Führer, und die
vom Berge, meist Taglöhner, die den Reichen am meisten
gram waren, hatten den Peisistratos an ihrer Spitze. Man

ließ zwar die Gesetze noch gelten, doch sah man schon ihrem Umsturz entgegen, denn alle wünschten eine andere Verfassung und hofften nicht etwa Gleichstellung mit den andern, sondern das Uebergewicht und gänzlichen Sieg über ihre Gegner zu erringen.

So standen die Sachen, als Solon nach Athen zurück kam. Es wurde ihm zwar von allen Achtung und Ehre erwiesen, allein er hatte bei seinem hohen Alter weder Kraft noch Lust, öffentlich zu reden und zu handeln wie sonst. Dafür suchte er durch Unterredungen mit den Häuptern der Parteien Einigkeit und Ruhe herzustellen, und besonders Peisistratos schien ihm willig das Ohr zu leihen. Dieser Mann hatte etwas Anziehendes und Empfehlendes im Umgang, war ein Wohlthäter der Armen und selbst gegen Feinde gemäßigt und billig denkend. Was ihm von Natur nicht eigen war, davon wußte er sich so geschickt den Schein zu geben, daß man ihm noch größeres Vertrauen schenkte, als den Männern, die solche Eigenschaften wirklich besaßen. Man schätzte ihn allgemein als einen besonnenen und bescheidenen Mann, der die Gleichheit über alles liebe und jedem gram sei, der an dem Bestehenden rüttle oder nach Neuerungen strebe; denn dadurch täuschte er die Menge. Solon aber durchschaute bald sein Inneres und entdeckte zuerst, was er im Sinn hatte. Doch warf er darum keinen Haß auf ihn, sondern suchte seine Leidenschaft durch Vorstellungen zu mäßigen und sagte öfters zu ihm selbst und anderen, wenn man nur die Begierde, der erste zu sein, aus seinem Herzen verbannen und die Neigung zur unumschränkten Gewalt heilen könnte, so würde es keinen Mann geben, der mehr zur Tugend geschaffen und ein besserer Bürger wäre.

Um diese Zeit fing Thespis bereits an, der Tragödie eine veränderte Gestalt zu geben. Er führte zwischen die bisher allein üblichen Chorgesänge das Zwischenspiel ein, das irgend eine bedeutende Handlung der Vorzeit darstellte.

Die Neuheit der Sache zog alles Volk herzu; doch fand dabei noch kein Wettstreit um einen Siegespreis statt. Solon, der von Natur ein Freund des Hörens und Lernens war und jetzt als Greis noch weit mehr dem Scherz und Zeitvertreib, ja auch den Freuden der Tafel und der Tonkunst sich hingab, sah ebenfalls dem Thespis zu, der nach damaliger Sitte selbst spielte. Nach der Vorstellung aber wandte er sich an Thespis und fragte ihn, ob er sich nicht schäme, vor so vielen Menschen so den Lügner zu machen. Thespis antwortete, es sei ja nichts Böses, im Spiele solche Dinge zu sagen und vorzustellen; da schlug Solon mit seinem Stocke heftig auf den Boden und sagte: „nun, bald werden wir solches Spiel, wenn wir es loben und ehren, auch in unserem Handel und Wandel finden."

Als aber Peisistratos von eigener Hand verwundet sich in einem Wagen auf den Markt führen ließ und das Volk aufreizte, als hätten ihn seine Feinde wegen seiner patriotischen Gesinnung hinterlistig überfallen, und viele fand, die sich darüber ereiferten und schrieen, trat Solon nahe zu ihm hin und sagte: „Nicht gut, o Sohn des Hippokrates, spielst du die Rolle des Homerischen Odysseus (Od. 4, 244 ff.); denn er verwundete sich, die Feinde zu täuschen: du thatest es, deine Mitbürger zu betrügen." Der große Haufe zeigte sich jedoch bereitwillig, den Peisistratos in Schutz zu nehmen, und es wurde eine Volksversammlung gehalten, in welcher Ariston den Vorschlag machte, man solle dem Peisistratos fünfzig mit Keulen bewaffnete Männer zur Leibwache geben. Solon trat zwar auf und brachte vieles dagegen vor, ungefähr auf die Art, wie er sich in seinen Gedichten äußert:

Auf die Zunge ihr seht und die Reden des schmeichelnden
Mannes.
Jeder von euch, er folget der Spur des listigen Fuchses,
Und in allen gesammt wohnt ein verblendeter Sinn.

Er sah aber bald, daß die Armen den Wunsch des Peisistratos zu gewähren entschlossen waren; sie tobten so heftig, daß die Reichen feige davon liefen. Da zog er sich ebenfalls zurück, indem er sagte, daß er verständiger sei als jene, und muthiger als diese: verständiger als die, welche nicht merken, worauf es abgesehen sei; muthiger als die, welche es merken, aber sich fürchten, der Tyrannei entgegenzutreten. Nachdem nun das Volk den Vorschlag bestätigt hatte, sah es auch nicht so genau auf die Zahl der Keulenträger, sondern ließ den Peisistratos so viele zusammenbringen und halten, als er wollte, bis er am Ende die Burg einnahm. Als dies geschehen und die Stadt in großer Bestürzung war, ergriff Megakles mit den übrigen Alkmäoniden schleunig die Flucht; Solon aber, obgleich er hoch betagt und ohne alle Unterstützung war, erschien doch auf dem Markte und hielt eine Rede, in welcher er die Bürger theils wegen ihrer Unbesonnenheit und Feigheit schalt, theils aufforderte und beschwor, von der Freiheit nicht zu lassen. Dabei sagte er auch jene so berühmt gewordenen Worte: „Vorhin war es euch leichter, die Tyrannei, die noch im Keimen war, zu unterbrücken; jetzt ist es größer und ehrenvoller, die erwachsene und erstarkte Tyrannei zu zerstören und auszutilgen.“ Aber die Furcht verschloß seinen Vorstellungen den Eingang, und er ging nach Hause, ergriff die Waffen, stellte sich in voller Rüstung auf die Straße und sagte: „Ich habe, so viel in meinen Kräften stand, Vaterland und Gesetze vertheidigt.“ Von nun an verhielt er sich ruhig, und als seine Freunde ihm zur Flucht riethen, folgte er ihnen nicht, sondern schrieb Gedichte und schalt die Athener:

Wenn euch Bitteres traf, das eure Thorheit verschuldet,

O so klaget darum nimmer die Götter mir an.

Von euch selbst empfing er die Macht, ihr gabt ihm die Waffen,

Und nun ward euch zum Lohn schmählicher Knechtschaft Geschick.

Viele warnten ihn deßhalb und sagten, er werde noch vom Tyrannen getödtet werden. Und als sie ihn fragten, worauf er sich denn verlasse, daß er so tollkühn sei, antwortete er: Auf das Alter. Und in der That, Peisistratos bewies ihm, sobald seine Macht befestigt war, alle Achtung und Zuneigung. Er ließ ihn häufig zu sich bitten und wußte ihn so sehr zu gewinnen, daß er sogar sein Rathgeber wurde und manchen seiner Schritte gut hieß. Denn Peisistratos hielt die meisten Gesetze Solons aufrecht, ging in Befolgung derselben mit gutem Beispiele voran und nöthigte seine Freunde dazu; ja als er einmal vor dem Areiopagos des Mordes angeklagt wurde, erschien er, bereits im Besitze der unumschränkten Gewalt, ganz bescheiden, um sich zu vertheidigen; der Ankläger aber blieb aus. Er gab auch selbst einige neue Gesetze, namentlich auch das, nach welchem die im Kriege Verstümmelten auf Staatskosten unterhalten werden.

Einige Jahre nachdem Peisistratos die Alleinherrschaft errungen, starb Solon. Daß man seine Asche, nachdem er verbrannt worden, auf der Insel Salamis umher zerstreut habe, ist eine ungereimte Fabel, die durchaus keinen Glauben verdient, ob sie gleich von angesehenen Schriftstellern, namentlich auch von dem Philosophen Aristoteles, erzählt wird.

III.

Themistokles.

534—469 v. Chr.

---

1. Jugendjahre.

Themistokles' Herkunft war eben nicht glänzend: denn sein Vater Neokles, aus der Gemeinde Phrear, dem Stamme Leontis, gehörte nicht zu den Männern von höherem Ansehen in Athen; von mütterlicher Seite war er ein Halbgrieche, wie der Vers sagt:

Thrakischem Blute entsproß Abrotonon, aber sie rühmt sich

Daß sie, Hellas, dir deinen Themistokles gab.

Nun besuchten die Jünglinge von halbfremder Abkunft die Schule Kynosarges vor dem Thore: sie war dem Herakles geweiht, weil auch er nicht vollbürtig unter den Göttern war, sondern von einer sterblichen Mutter abstammte. Themistokles suchte einige Jünglinge von edler Abkunft zu bereden, unten in Kynosarges mit ihm in die Schule zu gehen. Und da dies wirklich geschah, so scheint er durch diese List die Scheidewand zwischen Halbgriechen und Vollbürtigen aufgehoben zu haben.

Schon als Knabe war er äußerst lebhaft, ein sinniger Kopf, der sich zu hohen Dingen und für den Staat berufen fühlte. Hatte er eine Freistunde oder Feierabend, so spielte er nicht und ließ sich nicht gehen wie die andern Knaben,

sondern man sah ihn in sich vertieft auf Reden sinnen und
sie im Kopfe ordnen. Der Gegenstand derselben war Anklage
oder Vertheidigung eines Kameraden. Daher auch sein Lehrer
oft sagte: „Aus dir, Knabe, wird nichts Gemeines, sondern
jedenfalls etwas recht Gutes oder Schlimmes." Die Unter=
richtszweige, welche Bildung der Sitten, angenehmes, geselliges
Talent und feinen Anstand bezwecken, trieb er ungern und
lässig: was aber den Verstand schärfen und zu Geschäften
bilden konnte, das vernachlässigte er nicht und war im
Gefühle seiner Kraft aufmerksamer, als man von seinem
Alter erwarten durfte. So kam es denn, daß er später in
den so genannten artigen, feinen Zirkeln die Spötterei der
Gebildetseinwollenden mit dem stolzen Bescheide zurückweisen
mußte: auf's Lautenstimmen und Harfengeklimper verstehe er
sich schlecht, gebe man ihm aber eine Stadt klein und unan=
sehnlich, so wolle er sie angesehen und groß machen. Viel
Einfluß übte auf ihn Mnesiphilos von Phrear, ein Weiser
nach dem Sinne jener Zeit, der sich Staatsklugheit und
Geschäftsverstand zur Aufgabe machte und als ein eigenes
Studium noch von Solons Zeiten her fortpflanzte. Dies
ist dieselbe Weisheit (Sophia) von welcher bald hernach die
Sophisten sich ihren Namen gaben, aber sie thaten viel
Rabulisterei hinzu und verkehrten die frühere Geschäftsschule
in eine Wortschule.

Themistokles war, bis die Jugend in ihm vertobt hatte,
ungleich und wetterwendisch, er ließ der Natur ihren Lauf
ohne Zucht und Regel, machte rechts und links gewaltige
Sprünge und lief manchmal seitab den Irrweg. Er hat
dies nachmals selbst eingestanden und brachte gern das
Gleichniß von den wildesten Fohlen an, welche die besten
Pferde werden, wenn sie die gehörige Zucht und Abrichtung
erhalten. Was aber manche noch hinzufügen, sein Vater
habe ihn enterbt, und die Mutter sei über diese Beschimpfung
des Sohnes schwermüthig geworden und habe sich selbst
entleibt, das ist wohl Erdichtung. Im Gegentheil erzählen

5*

anbere, sein Vater habe, um ihm den Staatsdienst zu ver=
leiben, auf die alten Galeeren am Strande hingewiesen, die
nun da liegen, und kein Mensch sehe sie mehr an: denn
gerade so mache es das Volk seinen Führern, wenn man sie
nicht mehr brauche.

2. Er gewinnt das Volk zur Gründung einer Seemacht.

Aber rasch und mächtig zog ihn das öffentliche Leben
in seine Wirbel, und entschieden überwog der Ehrgeiz. Er
wollte gleich der erste sein und bot dem Hasse der Großen,
die in der Stadt den Ton angaben, eine kecke Stirne,
besonders dem Aristeides, Lysimachos' Sohn, der in allem
den entgegengesetzten Weg ging. Doch glaubt man, seine
Feindschaft gegen denselben habe von einem Streite in den
Jugendjahren ihren Ursprung genommen, und die Verschie=
denheit des Lebens und Charakters habe den Riß nur größer
gemacht. Denn von Natur gemäßigt und von den reinsten
Sitten, wie Aristeides war, ein Mann, der unbekümmert um
Volksgunst und Ehre seine Schritte ganz nach bestem Gewissen
mit Bedacht und Schonung jedes Rechtes that, mußte er
dem Themistokles, wenn dieser das Volk bald zu diesem,
bald zu jenem aufregte und gewaltige Neuerungen auf die
Bahn brachte, sich oft entgegensetzen und dem Wachsthum
seiner Größe Einhalt thun. Denn dieser glühte für den
Ruhm und war aus Ehrgeiz so voll Drang nach hohen
Thaten, daß man ihn schon in früher Jugend, nach der
Schlacht bei Marathon gegen die Perser, als die Waffenthat
des Miltiades auf Aller Lippen war, immer in sich gekehrt
und versunken sah: bei Nacht ließ es ihn nicht schlafen, von
Trinkgelagen wollte er nichts mehr wissen, und fragte man
verwundert, woher die Umwandlung käme, so war die
Antwort: „Des Miltiades Siegesmal läßt mich nicht
schlafen." Denn er sah in jener Niederlage der Perser bei

Marathon nicht wie die andern des Kampfes Ende, sondern nur ein Vorspiel größerer Anstrengungen, wozu er sich zum Heil von ganz Griechenland wie ein Ringer beständig übte und die Stadt vorbereitete, fernher schon erwartend was kommen sollte.

Für's erste nun, da die Athener den Ertrag der Silber= gruben von Laurion unter sich zu theilen pflegten, wagte er allein vor dem Volke mit dem Antrage aufzutreten, man sollte mit diesem Gelde, auf die Bürgergabe von zehn Drachmen verzichtend, lieber Schiffe bauen zum Kriege mit Aegina. Dies war nämlich gerade in Griechenland der heftigste Kampf, und die Aegineten beherrschten mit ihrer zahlreichen Flotte die See. Auch fand Themistokles so eher Eingang, da er nicht das Schreckbild des Dareios und der Perser heraufbeschwor (denn diese waren ja so ferne und ein Ueberfall von ihnen wurde nicht ernstlich gefürchtet), sondern den Haß und die Eifersucht seiner Mitbürger gegen Aegina zeitgemäß für die Ausrüstung benutzte. So wurden denn von den besagten Geldern hundert Kriegsschiffe erbaut, die dann auch gegen Xerxes in Kampf geführt wurden.

Sofort brachte er allmählig und unvermerkt die ganze Kraft der Stadt auf das Meer, weil sie zu Lande nicht einmal den Nachbarn gewachsen sei, im Besitz einer Seemacht aber sowohl den Barbaren die Spitze bieten, als über Griechenland herrschen könnte; und machte, wie Platon sagt, standhafte Wehrmannen zu Schiffern und Seeleuten, was ihm den Vorwurf zuzog, er habe dem Bürger Speer und Schild genommen und das Volk von Athen zum Matrosen= kissen und zur Ruderstange erniedrigt. Er trug dabei über Miltiades, der ihm widersprach, den Sieg davon. Ob nun diese seine Politik der Reinheit und Eigenthümlichkeit der Verfassung Eintrag gethan oder nicht, stellen wir einem tiefer zu begründenden Urtheil anheim. Daß aber damals den Griechen das Heil vom Meere kam und eben diese Schiffe das gesunkene Athen wieder aufrichteten, das hat der

ganze Verlauf und Xerxes selber erwiesen. Denn so wenig
auch sein Heer zu Lande gelitten hatte, so räumte er doch
nach verlorener Seeschlacht als dem Kampfe nicht mehr
gewachsen das Feld und ließ Mardonios meines Erachtens
mehr zur Deckung des Rückzugs als zur Unterjochung
Griechenlands zurück.

Nach Gelderwerb, sagen die einen, habe er aus Neigung
zur Freigebigkeit sehr eifrig getrachtet: denn als Freund von
Opfermahlen und glänzendem Aufwand für Gäste habe er
immer reicher Geldmittel bedurft. Dagegen bezüchtigen ihn
andere Stimmen des Kargens und niedrigen Geizes, daß
er sogar von Eßwaaren was man ihm schickte, verkauft
habe; so habe er auch dem Pferdehändler Philides, der ihm
ein Füllen, das er wünschte, nicht geben wollte, drohend
gesagt, er werde ihm bald sein Haus zum hölzernen Pferde
machen: womit er hätte andeuten wollen, daß er dem Manne
Familienzwist und Prozesse mit Verwandten erregen wolle.
Ehrgeizig war er wie kein anderer. Noch als junger Mann
von keiner Bedeutung lag er dem gefeierten Lautenspieler
Epikles so lange an, bis er seine Uebungen bei ihm an-
stellte: und dies that er aus keinem anderen Grunde, als
weil er begierig war nach der Ehre, daß viele sein Haus
suchten und bei ihm aus und ein gingen. Zu Olympia
wollte er es dem Kimon gleich thun mit seiner Bewirthung
unter prächtigen Zelten und in anderem Prunk und Aufwand,
aber hier legte er wenig Ehre ein. Denn jenem, jung wie
er war und aus einem großen Hause, glaubte man so etwas
gestatten zu müssen: er aber, der sich noch mit nichts her-
vorgethan und dazu ohne Mittel sich über Gebühr anzu-
strengen schien, wurde obendrein ein windiger Prahlhans
gescholten. Dagegen trug er den Preis davon mit einem
tragischen Chor, was damals schon ein Gegenstand des
Ehrgeizes und der Eifersucht war. Zum Andenken des
Sieges weihte er eine Tafel mit der Inschrift: Themistokles
von Phrear war Chorage, Phrynichos Dichter, Adeimantos

Archon. Der Mann des Volkes zu werden mußte ihm gelingen, denn er konnte jeden Bürger im Augenblick mit Namen anreden und war unparteiisch als Richter im Rechts= streit über mein und dein. So gab er dem Simonides von Keos auf ein unbescheidenes Ansinnen, das ihm derselbe als oberstem Kriegsbeamten machte, zur Antwort: Mit un= harmonischem Singen wärest du kein guter Sänger, und ich mit gesetzwidrigem Verfahren kein feiner Beamter. Ein andermal verspottete er denselben Simonides, als sei er nicht bei Trost, daß er die Korinther, Bewohner einer großen Stadt, schmähte und sich abbilden lasse mit seinem häßlichen Gesichte. — Wie er nun stieg und beim Volke in Gunst war, arbeitete er so lange gegen Aristeides, bis er es dahin brachte, daß er verbannt wurde.

3. Ausbruch des Perserkrieges, Themistokles Feldherr.

Als aber der Meder bereits aus Oberasien herabzog gegen Griechenland, und man sich zu Athen über die Wahl eines Feldherrn berieth, traten, wie man erzählt, im Hin= blick auf die furchtbare Gefahr alle Anderen freiwillig zurück; nur Epikydes, ein gewaltiger Volksredner, aber von Herzen feig und bestechlich, meldete sich, und es stand zu erwarten, daß er die meisten Stimmen erhalten würde. Da wog Themistokles, damit nicht alles zu Grunde gehe, wenn der Feldherrnstab in solche Hände käme, mit Geld den Ehrgeiz des Mannes auf. Man lobt auch sein Verfahren gegen den Mann, der in der Gesandtschaft des Königs von Persien beider Sprachen kundig das Wort führte, um Erde und Wasser zu begehren. Er ließ nämlich denselben, den Dol= metscher, ergreifen und bewirkte durch einen Volksbeschluß seine Hinrichtung, weil er sich unterstanden, despotischem Ansinnen griechischen Ausdruck zu leihen. Ebenso lobt man, was er gegen Arthmios von Zeleia that, denn auf

Themistokles' Antrag wurde dieser auf Kind und Kindeskinder für ehrlos erklärt, weil er das Gold von Medien an die Griechen übermachte. Doch sein größtes Werk war Beilegung der hellenischen Fehden und Versöhnung der Städte mit einander. Er bewog sie wegen des Krieges ihre Streitigkeiten bei Seite zu legen, wobei ihm Chileus aus Arkadien, wie man sagt, den eifrigsten Beistand leistete.

Sobald er den Oberbefehl übernommen hatte, suchte er die Bürger zu bewegen, daß sie zu Schiffe gingen, die Stadt dahinten ließen und dem Feinde zur See begegneten, je weiter von Griechenland, desto besser. Da dies jedoch lebhaften Widerspruch fand, so führte er ein großes Heer mit den Spartiaten nach Tempe, um dort die Grenze Thessaliens zu decken, denn man versah sich damals noch nicht eines Einverständnisses mit den Persern. Aber dieses Unternehmen scheiterte, Thessalien ging über und alles hielt zum Feinde bis nach Boeotien. Jetzt richtete Athen seine Blicke mit Themistokles mehr auf die See und schickte ihn mit der Flotte nach Artemision, um die Meerenge zu sperren. Nun wollten die anderen Griechen den Eurybiades und die Spartiaten an ihrer Spitze haben; Athen aber meinte niemand über sich erkennen zu dürfen, weil es mehr Schiffe stellte als die anderen alle zusammen. Themistokles erwog die Gefahr und überließ nicht nur für seine Person den Oberbefehl an Eurybiades, sondern beruhigte auch die Athener mit dem Versprechen, daß er ihnen, wenn sie sich in diesem Kriege tapfer hielten, Griechenland für alle Zukunft ohne Widerrede folgsam machen wolle. Darum schreibt man auch die Rettung Griechenlands vorzüglich seinem Verdienste zu: Athen insbesondere verdankt ihm den Ruhm eines doppelten Sieges, erstens den der Tapferkeit über die Feinde und zweitens den des Edelmuths über die Bundesgenossen. Die feindliche Flotte fuhr vor Aphetä an. Eurybiades erschrak vor der Menge der ihm gegenüberstehenden Schiffe, und als er noch von zweihundert anderen hörte, die über Skiathos herumsegelten um Euböa, wollte er eilends zurück in's Innere von Griechenland, sich an den Peloponnes halten und seine Flotte noch mit dem Landheer umgeben. Denn er hielt die königliche Seemacht für ganz unangreifbar. Da schickten die Euböer in der Angst, man möchte sie im Stiche lassen, Pelagon mit großen Summen und unterhandelten heimlich mit Themistokles. Dieser nahm das Geld und gab, wie Herodot erzählt, einen Theil davon dem Eurybiades und seinem Anhang. Ein Talent gab er dem Architeles, dem Hauptmann des heiligen Schiffes, welcher unter den Lands= leuten sein erbittertster Gegner war. Derselbe drang nämlich auf die Abfahrt, weil er die Löhnung für seine Mannschaft nicht aufzutreiben wußte: Themistokles reizte seine Leute noch mehr auf, bis sie sich zusammenrotteten und ihm das Abendbrod vom Tische nahmen. Wie er nun darüber ärgerlich war und sich dem Verdrusse hingab, erhielt er von Themistokles ein Kästchen mit Brod und Fleisch zum Abend= essen und unten darin ein Talent Silbers mit der Auf= forderung, er möchte sich's jetzt schmecken lassen und morgen die Schiffsmannschaft bedenken; sonst werde er ihn vor den Bürgern anklagen, daß er Geld vom Feinde habe.

4. Das Gefecht bei Artemision.

Die Gefechte dort in der Meerenge mit der persischen Flotte entschieden zwar für das Ganze nicht viel, aber sie waren als Probe von wesentlichem Nutzen für die Griechen; denn sie machten hier durch die That im Kampfe die Er= fahrung, daß weder die Menge der Schiffe, noch Prunk und Glanz der Schiffszeichen, noch prahlendes Geschrei und barbarischer Schlachtgesang etwas Furchtbares für Männer habe, die ihren Feind zu fassen wissen und herzhaft ein= hauen; man müsse nur gar nicht darauf achten, sondern den Leuten selbst zu Leibe gehen und es Mann gegen Mann

mit ihnen ausfechten. Dies scheint auch Pindaros richtig
einzusehen, wenn er von der Schlacht bei Artemision sagt:

Wo Athens Jünglinge der Freiheit glänzenden Grundstein
gelegt.
Der Muth ist ja in der That der Anfang des Sieges.

Artemision ist die Küste von Euböa, welche sich über
Hestiäa hinauf gegen Norden erstreckt: gegenüber liegt im
Lande des alten Philoktetes zunächst Olizon. Hier findet
sich ein nicht großer Tempel der Artemis mit dem Beinamen
die Oestliche, und um ihn wachsen Bäume und stehen Säulen
von weißem Stein im Kreise: reibt man die Hand an diesem
Steine, so entdeckt man Safran=Geruch und Farbe. Und
auf einer der Säulen stand folgende Inschrift:

Mannichfaltiges Volk aus Asiatischen Landen
Haben die Söhne Athens hier auf der Höhe des Meers
Einst im Kampfe besiegt und nach Medischer Schaaren
Vernichtung,
Dieses Denkmal Dir, Artemis, weihend gesetzt.

Auch zeigt man am Ufer eine Stelle mitten im Dünen=
sand, wo aschiger grauer Staub wie von Kohlen tief hinab
vorkommt, und hier, glaubt man, haben sie die Schiffs=
trümmer und die Todten verbrannt.

Als aber von den Thermopylen die Kunde bei Arte=
mision einlief, Leonidas sei gefallen und Xerxes zu Land der
Pässe Meister, zogen sie sich zurück nach dem Innern von
Griechenland, die Athener als die letzten im Zuge voll des
hohen Gefühles ihrer tapferen Thaten. Und im Vorbeifahren
ließ Themistokles, wo er eine dem Feind unumgängliche
Anfurt oder Bucht sah, mit großer Schrift in die Steine,
die er gerade fand oder auch um die Ankerplätze und
Brunnen erst hinstellen ließ, Aufforderungen an die Jonier
eingraben, womöglich überzutreten zu ihnen, ihren Stamm=
vätern und den Vertheidigern ihrer Freiheit, oder doch im

Gefechte dem Barbarenvolke zu schaden und zu seiner Verwirrung mitzuwirken. Dies, hoffte er, sollte die Jonier zum Abfall oder doch in Verlegenheit bringen, indem sie den Persern verdächtig würden. Wie dann aber Xerxes über Doris herab in Phokis eindrang und die Städte niederbrannte, rührte sich kein Grieche, so sehr die Athener baten, man solle ihm doch zum Schutze von Attika nach Böotien entgegenziehen, wie sie zur See nach Artemision beigefahren. Niemand gab ihnen Gehör, sondern man nahm sich des Peloponnesos an, suchte alle Streitkräfte innerhalb der korinthischen Landenge zu versammeln und verschanzte dieselbe von einem Meere zum andern. Da ergriff die Athener Wuth über den Verrath, zugleich Mißmuth und Niedergeschlagenheit, daß sie so ganz vereinzelt seien. Denn zu streiten mit so vielen Hunderttausenden, daran dachten sie nicht. Was aber jetzt einzig Noth that, die Stadt zu räumen und sich in die Schiffe zu setzen: davon wollten die meisten nichts hören, da sie keines Sieges bedürften und Rettung undenkbar sei, wo man die Tempel der Götter und die Gräber der Ahnen preisgebe.

5. Athen preisgegeben. Schlacht bei Salamis.

Wie denn da Themistokles keinen Rath mehr wußte, das Volk durch menschliche Beweggründe für seine Absicht zu gewinnen, so suchte er ihnen mit Wunderzeichen und Orakeln beizukommen, wie man auf der tragischen Bühne Maschinen in Bewegung setzt. Als Wunder nahm er das Ereigniß mit der Schlange, die in jenen Tagen aus dem Heiligthum der Athene verschwunden sein soll. Und als die Priester zur allgemeinen Kenntniß brachten, daß die Opferbissen, die man ihr täglich vorsetzte, unberührt blieben, so deutete er es dahin, Athene habe die Stadt verlassen, um ihnen zum Meere voranzugehen. Ebenso benutzte er auch den bekannten Orakelspruch, um das Volk für seinen Plan zu gewinnen, indem er sagte: die Mauer von Holz bedeute nichts anderes als die Schiffe: eben darum nenne auch der Gott Salamis göttlich und nicht unselig oder fluchbelaben, als werde davon ein großes für die Griechen glückseliges Ereigniß den Namen erhalten. Und als sein Rath siegte, trug er in der Volksversammlung darauf an, die Stadt dem Schutze ihrer Schirmherrin Athene zu befehlen, dann sollen die Dienstfähigen alle an Bord gehen, die Kinder, Frauen und Knechte aber in Sicherheit bringen, so gut jeder könne. Dieser Antrag ging durch, und die Athener flüchteten nun Aeltern und Weiber größtentheils nach Troizen, wo sie eine sehr freundliche Aufnahme fanden: es wurde nämlich beschlossen, sie auf Kosten der Stadt zu unterhalten und jedem täglich zwei Obolen zu geben. Die Kinder sollten Obst und Weintrauben überall nehmen dürfen, und zudem wurden Lehrer für sie besoldet. Der Antragsteller war Nikagoras.

Denen, die in den Kampf zogen, gab der Rath vom Areiopagos jedem acht Drachmen. Auch wird erzählt, als die Athener in den Peiräeus hinabzogen, sei die Gorgolarve am Bilde der Göttin verloren gegangen. Themistokles habe sich gestellt, als ob er sie suchte und eine Menge Geldes unter den Geräthschaften der Ausziehenden versteckt gefunden: das sei dann vertheilt worden, und so habe, wer sich einschiffen ließ, mehr als genug zu seiner Beköstigung gehabt.

Die Einschiffung der Stadt war einerseits das beweglichste Schauspiel, andrerseits erfüllte es mit Bewunderung ihres hohen Muthes, wenn sie die Aeltern anders wohin sandten, selbst aber standhaft gegen alles Jammern und Weinen der Frauen und die Umarmungen der Kinder nach Salamis hinüberfuhren. Doch beklagt man auch viele, die Alters halben in der Stadt zurückblieben. Selbst die zahmen in der Gesellschaft des Menschen lebenden Thiere machten einem das Herz recht weich, wenn sie winselnd und trauernd mit ihren Herren bis an das Schiff nebenher sprangen.

Namentlich sei ein Hund, der sich von Xanthippos, dem Vater des Perikles, nicht trennen konnte, in's Meer ge=sprungen, neben der Galeere hergeschwommen, auf Salamis angelangt und erschöpft auf der Stelle todt geblieben. Noch zeigt man das sogenannte Hundsmal, unter welchem er liegen soll.

Dies war groß von Themistokles. Und groß war er auch in dem Verhalten gegen Aristeides, das er jetzt einschlug. Aristeides war vor dem Kriege durch Themistokles' Ränke verbannt worden; jetzt sah der letztere, wie die Bürger den=selben vermißten und besorgt waren, er möchte sich im Un=muth zum Feinde wenden und die Sache Griechenlands zu Grunde richten: da machte er beim Volke den Vorschlag, es solle den nur auf eine Zeit lang Verbannten die Rück=kehr offen stehen und gestattet sein, mit Rath und That Griechenlands Wohlfahrt im Verein mit den anderen Bür=gern zu fördern.

Eurybiades, der kraft des Vorrangs von Sparta den Oberbefehl über die Flotte hatte, sah mit Angst dem Kampf entgegen: er wollte die Anker lichten und an den Isthmos fahren, wo auch die Landmacht des Peloponnesos versammelt war. Da widersetzte sich Themistokles, und es wurden jene berühmten Worte gewechselt. Eurybiades sagte: „Höre, Themistokles, beim Kampfspiele bekommt Schläge, wer vor der Zeit in die Schranken tritt." „Ja," sprach Themi=stokles, doch, wer zurückbleibt, keinen Kranz." Und wie jener den Stock zum Schlagen aufhob, sagte Themistokles: „Schlag zu, nur höre." Diese Fassung machte auf Eury=biades so viel Eindruck, daß er ihn reden ließ. Themistokles legte ihm nun von neuem seine Gründe vor, und als einer sagte, es zieme nicht, daß der Heimathlose die Seßhaften lehren wolle ihre Städte zu verlassen und preiszugeben, so wandte er sich mit den Worten gegen ihn: „Elender, wir haben ja wohl die Häuser und Mauern stehen lassen, weil wir nicht dem Leblosen zu lieb Knechte werden wollten; wir

haben aber die größte Griechenstadt an den zweihundert
Galeeren, die euch jetzt noch hilfreich zur Seite stehen, wenn
ihr euch damit wollt retten lassen. Geht ihr aber und
laßt uns noch einmal im Stich, so wird man in Griechenland bald von den Athenern hören, daß sie wieder eine
freie Stadt haben und kein schlechteres Land als sie verloren." Diese Worte machten Eurybiades nachdenklich:
es ergriff ihn die Furcht, die Athener möchten sie verlassen
und davongehen. Auch der Eretrier wollte etwas gegen ihn
vorbringen, aber Themistokles sagte: „Wie, wollt auch ihr
vom Kriege reden, die ihr wie der Tintenfisch wohl einen
Degen habt, aber kein Herz."

Bei einigen liest man auch, während Themistokles so
vom Verdecke des Schiffes herab gesprochen, habe man eine
Eule rechtsher über die Schiffe fliegen und sich auf das
Tauwerk setzen sehen: dies habe sie vorzüglich für den Plan
gewonnen und zu einer Seeschlacht bereit gemacht. Aber
als nun die Flotte des Feindes sich Attika näherte, die
Phalerischen Gestade rings bedeckte, und der König selbst
mit dem ganzen Landheer unten am Meere erschien, und
man alle seine Macht beisammen sah: da war den Griechen
alles entfallen, was Themistokles gesagt hatte, und die
Peloponnesier schauten wieder nach ihrem Isthmos hin, voll
Unwillen wenn einer anders redete. Es wurde beschlossen
in der Nacht abzuziehen, und die Steuerleute hatten schon
Befehl zur Abfahrt. Wie ärgerte sich da Themistokles über
die Griechen, daß sie den Vortheil ihrer Stellung, die enge
Bucht lassen wollten, sich in ihre Städte zu zerstreuen —
bis er jenen Anschlag mit dem Sikinos ersonnen und angelegt.
Sikinos war ein kriegsgefangener Perser, aber dem Themistokles ergeben und der Erzieher seiner Kinder. Diesen schickte
er insgeheim an Xerres ab mit der Botschaft: „Der Athenische
Feldherr Themistokles tritt auf die Seite des Königes über:
er macht unverweilt die Anzeige, daß die Griechen entfliehen
wollen, und räth ihm, sie nicht entwischen zu lassen, sondern

während sie von ihrem Landheer getrennt und voll Angst sind, über sie herzufallen und die Flotte zu vernichten." Das nahm der König als wohlwollende Mittheilung mit Freuden an, und es erging sogleich an die Schiffshauptleute der Befehl, mit zweihundert Galeeren unverzüglich in die See zu stechen, die übrigen sofort zu bemannen, den Sund in der Runde ganz zu umstellen und den Raum zwischen den Inseln zu sperren, auf daß kein Mann vom Feind entrinne.

Was hier vorging, bemerkte zuerst Aristeides, Lysimachos' Sohn: er kam vor Themistokles' Zelt, so wenig er sein Freund war, denn er war ja auf sein Anstiften verbannt gewesen; und als Themistokles heraustrat, meldete er ihm, sie seien eingeschlossen. Jener, der seinen edlen Sinn schon kannte und des Besuchs zur Stunde froh war, entdeckte ihm das mit dem Sikinos und forderte ihn auf, die Griechen, die ihm mehr Vertrauen schenkten, mit zu bereden und dahin zu bringen, daß sie in dem engen Meere sich schlügen. So ging denn Aristeides, einverstanden mit Themistokles, bei den anderen Feldherren und Hauptleuten umher zum Kampfe aufzuregen. Noch wollten sie aber nicht glauben, als ein Tenisches Schiff, von Panaitios befehligt, zu ihnen überging und die Einschließung meldete: da trieb denn Kriegsmuth und Nothwendigkeit zugleich die Griechen zur Schlacht.

Mit Tagesanbruch setzte sich Xerxes auf eine Anhöhe an der Grenze von Megaris zunächst der Küste, um die Flotte und ihre Schlachtlinien zu überschauen. Der Stuhl, den er sich hinstellen ließ, war von Gold; um ihn standen viele Schreiber, welche aufzeichnen sollten, was in der Schlacht geschehe. Dem Themistokles aber wurden, wie er am Admiralschiff opferte, drei Kriegsgefangene vorgeführt, reizend schön von Gestalt und mit Kleidern und Goldschmuck herrlich angethan. Man sagte, es seien die Söhne des Autarktos und der Sandauke, der Schwester des Königs. Dieselben sah der Seher Euphrantides, und als gerade die Flamme

groß und hell vom Opfer emporschlug und zugleich ein
vorbedeutungsvolles Niesen rechter Hand gehört wurde, faßte
er Themistokles' Hand und hieß ihn die Jünglinge opfern
und alle drei mit Gebet dem roheffenden Dionysos weihen:
denn so werde Heil und Sieg den Griechen werden.
Themistokles erschrak ob dem großen, furchtbaren Propheten=
wort; aber wie es bei großen Gefahren und in schweren
Nöthen geht, daß man vom Uebernatürlichen eher als vom
Natürlichen sein Heil erwartet — die Menge rief einstimmig
den Gott an, führte die Gefangenen zum Altar und erzwang,
daß das Opfer vollbracht wurde, wie der Seher befohlen
hatte. So erzählt Phanias, ein Philosoph von Lesbos, der
in den Büchern der Geschichte nicht unbewandert ist.

Ueber die Anzahl der Persischen Schiffe drückt sich der
Dichter Aischylos in dem Trauerspiele die Perser, wie einer,
der die Sache weiß, mit Bestimmtheit aus:

> Dem Xerres, denn ich weiß es, war der Schiffe Zahl
> Ein tausend; dann noch zweimal hundert sieben, die
> Des schnellen Laufs sich rühmten: so verhält es sich.

Die Schiffe der Athener aber, hundert achtzig an der
Zahl, hatten jedes achtzehn Streiter auf dem Verdeck:
darunter vier Schützen, die übrigen schwer bewaffnet. Themi=
stokles scheint die Zeit nicht minder gut als den Ort ersehen
zu haben: er wandte seine Schiffe nicht eher gegen den
Feind, als bis die Stunde kam, wo der Wind allemal frisch
aus der See und die Brandung im Sunde hochgeht. Den
flachen, niederen Schiffen der Griechen schabete das nichts;
die Persischen aber mit ragendem Hintertheil, hochgewölbtem
Verdeck nnd schwer zu lenkender Wucht drehte die anstürzende
Woge und bot sie mit der Seite den Griechen dar, die nun
scharf daran gingen und sich an Themistokles hielten, als
der am besten sähe, was frommte; zumal da auf ihn des
Xerres Admiral Ariamenes aus seinem großen Schiffe wie
von einem Thurme herab mit Pfeil und Speere schoß, gar

ein braver Mann und von des Königs Brüdern bei weitem
der beste und der rechtlichste. Doch wurde er von Ameinias
aus Dekeleia und von Sofikles aus Pedieia, als die Schiffe
Spitz' an Spitze hart zusammenstoßend mit den Schnäbeln
von Erz sich enterten, und er schon ihren Dreiruderer erstieg,
muthig empfangen und mit den Speeren in das Meer
hinabgestoßen. Seinen Leichnam, der unter den Schiffs=
trümmern umhertrieb, erkannte Artemisia und brachte ihn
zu Xerxes.

Während aber die Schlacht so tobte, erzählt man, sei
hell ein Licht von Eleusis her aufgegangen und das Thria=
sische Gefilde bis zum Meer hinab voll Getönes und Rufes
gewesen, als hielten viele Menschen zuhauf den Festzug des
mystischen Jakchos; eine Staubwolke aber, die aus der
rufenden Menge allmählig vom Lande aufstieg, schien dann
wieder zu sinken und sich auf die Schiffe zu lagern. Andre
wollten gespenstische, geharnischte Männergestalten sehen, von
Aegina die Hände vor Griechenlands Flotte breitend: man
glaubte die Aeakiden seien's, die man vor der Schlacht
angerufen hatte. Wer aber das erste Schiff nahm, war
Lykomedes, ein Athenischer Schiffsführer: er riß die Schiffs=
zeichen ab und weihte sie Apollo dem Lorbeerträger. Die
andern aber, an Menge den Feinden gleich, weil diese an
dem engen Orte nur theilweise herankommen konnten und
wider einander stießen, schlugen sie, nachdem ihr Widerstand
bis Abend angehalten hatte, und gewannen den schönen und
weltberühmten Sieg, den keine andere Seeschlacht weder von
Griechen noch von Barbaren, überstrahlt; Dank sei's der
Tapferkeit und dem Muthe der Kämpfer insgemein, so wie
dem Geiste und der Meisterschaft des Themistokles.

6. Nach der Schlacht.

Nach der Schlacht versuchte Xerxes noch, voll Erbitterung
und Kampfbegier, mittelst eines Dammes durch den Sund

die Griechen mit dem Landheer auf Salamis anzugreifen.
Themiſtokles aber trug, um Ariſteibes auszuholen, als ſeine
Meinung vor, man ſollte mit den Schiffen nach dem
Hellespont fahren und die Brücke zerſtören: damit wir, ſagte
er, Aſien in Europa fahen. Doch Ariſteibes ereiferte ſich
und ſprach: „Bisher nahm der Feind unſer Kriegen, als
wäre es Scherz. Schließen wir ihn aber auf Griechenland
ein und treiben den Mann an der Spitze ſo großer Macht
zur Nothwehr: ſo wird er nimmer unter goldenem Dach
müßig dem Streite zuſehen ſondern alles daranſetzen und
wegen der Gefahr überall gegenwärtig die begangenen Fehler
wieder gut machen und ſich beſſer bedenken, wo für ihn
alles auf dem Spiele ſteht. Mit nichten alſo, Themiſtokles,
dürfen wir,“ ſagte er, „die Brücke, die dort iſt, abbrechen,
lieber wo möglich noch eine dazu bauen, um den Menſchen
ſchleunigſt aus Europa fortzuſchaffen.“ — „Gut,“ ſagte
Themiſtokles; „iſt das unſer beſtes Ermeſſen, ſo müſſen wir
jetzt alle auf Mittel und Wege denken, wie man ihn des kürzeſten
los werde aus Griechenland.“ — Die andern ſtimmten bei;
und ſo ſchickte er einen der Hofkämmerlinge, den er unter
den Gefangenen ausfindig gemacht, mit Namen Arnakes,
dem Könige anzuſagen, die Griechen hätten beſchloſſen mit
ihrer ſiegreichen Flotte in den Hellespont hinaufzufahren und
die Brücke zu zerſtören: nun rathe Themiſtokles wohlmeinend,
der König möchte ſich beeilen, daß er an ſein Meer und
hinüberkomme: Themiſtokles wolle unterdeſſen die Verbündeten
aufhalten, daß ſie ihn nicht mehr einholten. Dieſe Botſchaft
ſetzte den Barbaren ſo in Angſt, daß er den Rückzug
ſchleunigſt antrat. Und wie richtig die Rechnung war, die
Themiſtokles mit Ariſteibes machte, wies ſich an Marbonios
aus, da vor Platää im Entſcheidungskampfe mit einem ſo
kleinen Theile von Xerres Macht noch alles auf der Spitze
ſtand.

Wie nun unter den Städten nach Herodot Aegina ſich
am rühmlichſten auszeichnete, ſo erkannten alle, wie ſchwer

es der Neid auch zuließ, dem Themistokles den ersten Preis. Denn als sie nach der Meerenge zurückgekehrt waren, und die Anführer am Altare zur Abstimmung schritten, gab zwar jeder das erste Lob sich selbst, doch gleich das zweite dem Themistokles. Und die Lakedämonier führten ihn nach Sparta, und wie sie dem Eurybiades den Preis der Tapferkeit gaben, so ertheilten sie ihm den Preis der Weisheit mit einem Olivenkranz. Außerdem machten sie ihm den schönsten Wagen in der Stadt zum Geschenk und ließen ihn mit einem Gefolge von dreihundert Jünglingen bis an die Grenze geleiten. Und zu Olympia, am nächsten Feste, als Themistokles zur Rennbahn kam, soll alles nicht mehr nach den Wettkämpfern, sondern den ganzen Tag nur auf ihn gesehen und ihn mit Begeisterung und unter Händeklatschen den Fremden gezeigt haben: so daß er in der Freude seines Herzens den Freunden gestand, seine Anstrengungen für Griechenland seien belohnt.

Denn Ehrgeiz war nach allem der Grundzug in seinem Wesen. Als erwählter Admiral der Stadt that er weder Privat= noch Amtsgeschäfte einzeln ab: alles wurde auf den Tag der Abfahrt verschoben, damit er dann auf einmal in vielseitigster Thätigkeit und mit Leuten aller Art im Verkehre groß dastünde und überall eingreifend. Und bei Besichtigung der Leichen, die am Strande lagen, ging er an den goldenen Spangen und Halsketten, die sie anhatten, vorüber: den Freund aber, der ihm folgte, machte er darauf aufmerksam und sagte: „Heb' es für dich auf, denn du bist nicht Themistokles." Von den Athenern meinte er ein andermal, sie ehrten ihn nicht und achteten ihn nicht hoch: wie bei einem Platanenbaum suchten sie in Sturm und Wetter bei ihm Schutz; habe sich's aber aufgehellt, gleich berupften und behieben sie ihn. Und als ihm ein Bürger von Seriphos sagte, er habe nicht sich, sondern der Stadt seinen Ruhm zu danken, antwortete er: „Wohl wahr, ich wäre als Bürger von Seriphos nicht berühmt geworden; du aber auch als

6 *

Athener nicht." Ein andermal wollte ein Feldherr, der dem
Staate wesentlich gedient zu haben meinte, sich vor Themi=
stokles rühmen und die eigenen Thaten mit den Thaten
desselben zusammenstellen. Da erzählte dieser, wie einst das
Nachfest mit dem Festtage gezankt und gesagt, daß jener voll
Unruhe und Mühe sei, an ihm genieße erst alles die berei=
teten Speisen in Muße; und wie der Festtag darauf entgegnet
habe: du hast Recht; aber wenn ich nicht gewesen, so wärest
du wohl nicht: und wäre so damals, sagte er, ich nicht
gewesen, wo bliebet ihr jetzo? Von seinem Sohne, der bei
der Mutter und mittelbar auch bei ihm allen Muthwillen
durchsetzte, sagte er scherzweise, der sei in Griechenland der
Gewaltigste: den Griechen nämlich gebiete Athen, den Athenern
er, ihm die Mutter und der Mutter ihr Sohn. Und wie
er in allem etwas Eignes haben mußte, so ließ er bei dem
Verkauf eines Gutes mitausrufen, einen guten Nachbar habe
es auch. — Unter den Freiern um seine Tochter zog er
den Rechtschaffenen dem Reichen vor, indem er sagte: er
sehe mehr auf einen Mann, der Geld, als auf Geld, das
einen Mann brauche. So ungefähr war seine Art, sich in
sinnvollen Sprüchen auszudrücken.

7. Neubau und Befestigung der Stadt.
Anfeindungen.

Von jenen Thaten ging er dann frisch an den Neubau
und die Befestigung der Stadt, wobei er die Einsprache der
Ephoren von Sparta nach dem Berichte des Theopompos
mit Geld, nach der gewöhnlichen Annahme mit List entkräftete.
Er trat nämlich in Sparta unter dem Namen eines Gesandten
auf. Und als die Spartiaten ihm vorhielten, daß man die
Stadt befestige, leugnete er und hieß sie in Athen an Ort
und Stelle den Augenschein einholen: damit gewann er erstens
so viel Zeit als über der Reise verstrich, und zweitens sollten
ihm diese Abgeordneten in Athen für seine Sicherheit bürgen.

So geschah es wirklich. Denn als nun die Lakedämonier die Wahrheit erfuhren, fügten sie ihm kein Leid zu, sondern entließen ihn mit verhaltenem Zorn. Sofort richtete er den Peiräeus ein, die glückliche Lage zum Hafen benutzend, und kehrte das System der alten Könige Athens gewissermaßen um, indem er dem ganzen Staate die Richtung nach der See gab. Jene wollten die Bürger dem Meer entfremden und an den Ackerbau gewöhnen: deßhalb verbreiteten sie die Sage von Athene, wie in ihrem Streite mit Poseidon der Oelbaum, den sie den Richtern zeigte, ihr den Sieg gewonnen habe. Dagegen hat Themistokles — nicht wie der Komiker Aristophanes sagt, der Stadt den Peiräeus angeknetet, sondern vielmehr die Stadt an den Peiräeus, das Land an die See gehängt. Und dies hob die Macht des Volkes dem Adel gegenüber und machte es übermüthig, indem die Gewalt an Bootsknechte, Rudermeister und Steuerleute kam. Darum wurde auch die Rednerbühne auf der Pnyx, die so stand, daß sie gegen das Meer hin sah, späterhin von Seiten der Dreißiger landeinwärts gekehrt, indem sie glaubten, die Seeherrschaft sei die Wurzel der Volksgewalt, und der Bauer lasse sich die Oligarchie eher gefallen.

Doch ging Themistokles in seinen Absichten auf die Seeherrschaft noch weiter. Die griechische Flotte lag, nachdem sie den Xerxes abgetrieben, über den Winter bei Pagasä: da ließ Themistokles in einer Rede vor den Athenern verlauten, er wisse eine Unternehmung, welche gut und heilsam wäre, nur lasse sich nicht vor der Menge davon reden. Es wurde beschlossen, daß er es dem Aristeides allein sagen solle: wenn dieser es gut hieße, sollte er es ausführen. Da entdeckte Themistokles dem Aristeides, er gedenke das Schiffslager der Griechen zu verbrennen; und dieser brachte dem Volke die Erklärung: es gebe nichts Nützlicheres, aber auch nichts Ungerechteres als den Anschlag des Themistokles. Darauf hin geboten die Athener dem Themistokles davon abzustehen.

Als die Lakedämonier im Amphiktyonenrathe darauf antrugen, daß die Städte, welche nicht gegen die Meder mitgestritten hätten, von der Bundesversammlung ausgeschlossen werden sollten: fürchtete er, jene möchten, wenn sie Thessalien und Argos, dazu auch Theben vom Bundestage verdrängt hätten, die sämmtlichen Stimmen in ihre Gewalt bekommen und in allem ihren Willen durchsetzen. Er nahm sich daher der Städte an und brachte die Pylagoren auf andre Ansichten, indem er zu bedenken gab, wie nur ein und dreißig Städte an dem Kriege Theil genommen hätten, und wie darunter die Mehrzahl ganz unbedeutend sei. Nun wäre es doch arg, wenn das übrige Griechenland vom Bunde ausgeschieden und die Versammlung von den zwei oder drei größten Städten abhängig würde. Damit brachte er vollends die Lakedämonier gegen sich auf, weshalb sie auch den Kimon durch Auszeichnungen hoben, um dem Themistokles einen Nebenbuhler entgegenzustellen.

Aber auch bei den Verbündeten machte er sich verhaßt, indem er von Insel zu Insel fuhr und Geld von ihnen eintrieb. Was gab es nach Herodot nur auf Andros, wohin er auch mit Forderungen kam, für Rede und Antwort! „Ich komme," erklärte er, „mit zwei Göttern, der Güte und der Gewalt." Worauf man ihm zur Antwort gab, man habe hier auch der großen Götter zwei, die Armuth und die Noth, und diese erlauben nicht, ihm Geld zu geben.

Empfindlicher greift ihn der Liederdichter Timokreon von Rhodos an, daß er andern um Geld aus der Verbannung geholfen, ihn aber troß Freundschaft und Gastfreundschaft der Habsucht aufgeopfert habe. Er sagt:

Wenn du Pausanias mir rühmst, Xanthippos oder Leotychides,
Rühm' Aristeides ich, den besten Mann, der je vom heiligen
Athen gekommen;
Themistokles, den hasset Leto, ihn den Lügner, den Ruch-
losen, den Verräther, der Timokreon

Den Freund um schnöden Golds Gewinn nicht in das
   heimische Jalysos führt,
Nein drei Talente Silbers nimmt und wegschifft in's
   Verderben.
Dem hilft er wider Recht nach Haus, den stößt er fort,
   den mordet er, die Taschen
Sich heimlich füllend. Auf dem Isthmos hielt er zum Ge=
   lächter offne Tafel, und gab kaltes Fleisch.
Sie aber aßen mit dem Wunsch: es möge kein Frühling
   dem Themistokles mehr blüh'n.

Timokreon soll nämlich wegen Verbindung mit den
Medern verwiesen worden sein und Themistokles zu seiner
Verurtheilung mitgewirkt haben. Als nun auch dieser als
Mederfreund angeklagt wurde, machte Timokreon Folgendes
auf ihn:
So schwört denn nicht Timokreon allein dem Meder den
   Eidschwur:
Nein, es gibt noch andere Schelmen. Nicht nur ich bin
   langgeschweift,
'S gibt im Wald noch sonsten Füchse.

8. Verbannung.

Und schon hörte ihn unter seinen eigenen Mitbürgern der
Neid so gerne anschwärzen, daß er genöthigt war, seine
Thaten öfter vor dem Volk zu erwähnen. Da man ihm
das übel nahm, sagte er: „Seid ihr's denn satt, das Gute
fort und fort von denselben Händen zu nehmen?" Auch
stieß er bei dem Volke mit dem Bau des Tempels der
Artemis an, welche er die beste Rathgeberin benannte,
als habe er der Stadt und Griechenland den besten Rath
gegeben. Der Tempel kam nicht weit von seinem Hause
in das Viertel Melite zu stehen, wohin jetzt der Henker die
Gerichteten wirft und die Kleider und Stricke derer trägt,

die sich selbst erhängt oder sonst getödtet haben. In diesem Tempel der besten Rathgeberin stand noch zu meinen Zeiten ein kleines Bild von Themistokles, dem man den Helden, der er nicht nur dem Geiste nach gewesen, auch auf dem Gesichte ansieht. So verbannten sie ihn denn, sein Ansehen und seine Ueberlegenheit zu vernichten, durch das Scherben=gericht, wie sie es mit allen thaten, deren Uebermacht sie drückend fanden und mit der volksthümlichen Gleichheit für unverträglich hielten. Denn diese Verbannung war nicht sowohl Strafe als Trost und Herzenserleichterung für den Neid, der sich der Erniedrigung des Hervorragenden freute und seiner Bosheit durch diese Entziehung von Bürgerrecht und Ehre Luft machte.

Als er nun des Landes verwiesen in Argos lebte, gab die Geschichte mit Pausanias seinen Feinden Gelegenheit zu neuem Angriff. Leobotes, der Sohn des Alkmäon von Agraula, klagte ihn des Hochverraths an, und Sparta blieb seinerseits nicht müßig. So befreundet Pausanias mit Themistokles war, so hatte er doch seine hochverrätherischen Schritte früher vor demselben geheim gehalten: nun er ihn aber mit Verdruß vom Ruder entfernt sah, forderte er ihn getrost zur Theilnahme an den Unternehmungen auf, ließ ihn die Briefe des Königs sehen und reizte ihn gegen die Griechen auf, als gegen schlechte und undankbare Menschen. Themistokles wies jedoch das Ansinnen zurück und verbat sich alle Gemeinschaft; nur verrieth er gegen niemand das Geheimniß, geschweige, daß er Anzeige davon machte: mag er nun gedacht haben, er werde schon von selbst abstehen, oder es werde sein abenteuerliches und verwegenes Trachten sonst auf eine Art an den Tag kommen. So warfen dann, als Pausanias hatte sterben müssen, Briefe und Papiere, die sich darüber fanden, Verdacht auf Themistokles; und die Lakedämonier schrieen gegen ihn, und die Neider unter seinen Mitbürgern klagten ihn förmlich an, worauf er sich, da er nicht anwesend war, nur schriftlich vertheidigte,

vorzüglich mit dem, was man ihm früher zur Last gelegt
hatte. Er, der nach der Ansicht seiner Feinde immer nur
zu befehlen trachte und weder Lust noch Willen habe, sich
befehlen zu lassen, werde sich und Griechenland doch wohl
nie an Barbaren und Feinde verkauft haben. So schrieb
er nach Athen. Nichts desto weniger ließ sich das Volk
von seinen Anklägern bestimmen Häscher zu senden, die ihn
ergreifen und vor ein Gericht der Griechen stellen sollten.

Er erfuhr es aber noch und setzte nach Kerkyra über,
wo man ihm zu einigem Dank verbunden war. Denn er
hatte als ihr Schiedsrichter in einem Streite, den sie mit
Korinth hatten, die Sache dahin beigelegt und entschieden,
daß Korinth zwanzig Talente bezahlen und die Insel Leukas
als beiderseitige Kolonie mit ihnen zu gleichen Theilen haben
sollte. Von da flüchtete er nach Epirus. Indem er die
Athener und Lakedämonier auf den Fersen hinter sich hatte,
that er hier einen wahren Verzweiflungsschritt: er warf sich
dem Molosserkönig Admet in die Arme, welcher von Themistokles einst in den Tagen seines Glanzes mit einem Ge-
suche an die Athener so schnöde abgewiesen worden war, daß
er's demselben noch nicht vergessen konnte; Admet machte auch
kein Hehl daraus und äußerte sich, daß ihm Themistokles dafür
büßen solle, wenn er sich betreten ließe. Doch graute dem
letzteren auf seiner jetzigen Flucht mehr vor frischem Bürger-
haß als vor altem Königsgroll; also bot er sich diesem
selbst dar, indem er den Schutz Admets auf eine eigne,
ungewöhnliche Weise anflehte. Mit dem Knaben des Königs
auf dem Arm ließ er sich am Heerde nieder: ein Bitten,
das für die Molosser das dringendste und einzig fast nicht
abzuschlagen ist. Einige sagen, Phthia, die Gemahlin des
Königs, habe dem Themistokles diesen Fußfall so angegeben
und ihren Sohn zu ihm an den Heerd gesetzt: andre,
Admetos habe selbst die tragische Scene mit veranstalten
und spielen helfen, um vor seinen Verfolgern sagen zu
können, es sei Gewissenssache für ihn, den Mann nicht aus-

zuliefern. Dorthin schickte ihm auch unter der Hand Epi=
krates von Acharnä Frau und Kinder aus Athen nach,
wofür Kimon in der Folge diesen vor Gericht zog und
dessen Hinrichtung bewirkte. So erzählt Stesimbrotos. Nur
vergißt dieser Geschichtschreiber, oder läßt er den Themistokles
diesen Umstand vergessen, wenn er gleich nachher von einer
Fahrt nach Sicilien redet, wo Themistokles bei dem Fürsten
Hieron um die Hand seiner Tochter angehalten mit der Ver=
heißung, ihn zum Herrn von Griechenland zu machen, und
erst wie Hieron den Antrag abwies, sich nach Asien gewandt
habe.

Daß dies geschehen, ist nicht wahrscheinlich. Erzählt
doch Theophrast in seinem Buche über das Königthum von
Themistokles, er habe sich, als Hieron Pferde zum Wett=
rennen nach Griechenland schickte und ein · prachtvolles Zelt
aufschlagen ließ, vor ganz Griechenland dahin ausgesprochen,
man sollte dem Tyrannen das Zelt in Stücke reißen und
seine Pferde nicht mitrennen lassen. Auch sagt Thukydides,
er sei von Pydna am jenseitigen Meere, wohin er sich zu
Land begeben, abgefahren, ohne daß man auf dem Schiffe
gewußt hätte, wer er wäre: der Wind habe es gegen Naros
getrieben, das die Athener eben belagerten. · In dieser Ver=
legenheit habe er sich dem Schiffsherrn und dem Steuer=
mann zu erkennen gegeben und dieselben durch Bitten und
Drohen gezwungen vorbeizufahren und nach Asien zu steuern.
Er sagte nämlich, er würde vor den Athenern gegen sie
zeugen und angeben, sie hätten ihn von Anfang an wohl
gekannt und um Geld und gute Worte an Bord genommen.

Von seinem Gelde floß ihm noch manches durch Freundes=
hand heimlich nach Asien hinüber zu: was aber entdeckt
und eingezogen wurde, betrug hundert Talente. Ehe er
das Staatsruder ergriff, hatte Themistokles nicht drei Talente
Werthes besessen.

9. Themistokles in Asien. Sein Tod.

Als er vor Kyme landete und da von vielen hörte, daß man an der Küste Jagd auf ihn mache (denn der König hatte zweihundert Talente auf seinen Kopf gesetzt, und das war ein einträglicher Fang für Leute, denen jeder Gewinn recht ist), so entwich er nach Aigä, einem Aeolischen Städtchen, wo ihn Niemand kannte als sein Gastfreund Nikogenes, der unter den Aeoliern das größte Vermögen besaß und mit den Persischen Großen bekannt war. Bei ihm hielt er sich einige Tage verborgen und wurde dann in einem Prachtwagen, mit Vorhängen dicht verschlossen, wie es bei den Reisen persischer Frauen üblich ist, nach Persien befördert. Fragte jemand unterwegs die Begleitung, so bekam er zur Antwort, ein Frauenzimmer reise an den Persischen Hof.

Thukydides' Angabe daß Xerres schon todt gewesen und Themistokles vor seinem Sohne erschienen sei, stimmt mit der Zeitrechnung am besten überein. Er begab sich zuerst zum Obersten Artaban und meldete sich als Grieche, der den König in hochwichtigen Angelegenheiten zu sprechen wünsche. Die Antwort lautete: „die Gebräuche der Menschen, o Fremdling, sind verschieden: den einen gilt dies, den anderen jenes für schön, allen aber, vaterländische Sitten in Ehre zu halten. Euch nun geht, wie man hört, Freiheit und Gleichheit über alles. Dagegen gilt bei uns als das Schönste von allem Schönen, das wir haben, daß man einen König verehrt und in ihm ein Abbild der allerhaltenden Gottheit anbetet. Willst du also nach unserer Weise deine Kniee beugen, so darfst du den König schauen und anreden: bedünkt es dir aber nicht, so werden andre deine Botschaft an ihn bestellen. Denn ein König gibt hier zu Land niemanden Gehör, als wer vor ihm niederkniet." Auf dieses Bedeuten erwiederte Themistokles: „Ich bin ja gekommen, o Artaban, um den Ruhm und die Macht des Königs zu mehren; so werde ich mich auch euren Sitten fügen, da es

Gott, der Persien erhöht hat, so gefällt; und es werden durch mich sich noch mehr Kniee vor dem Könige beugen als jetzt. So störe dies auch die Eröffnungen nicht, die ich vor den Thron zu bringen gedenke." „Doch wen," fragte Artaban, „melden wir als den Griechen, der hierhergekommen? ein gewöhnlicher, das höre ich wohl, ist es nicht." — „Das wolle," versetzte Themistokles, „niemand vor dem Könige wissen, Artaban." So erzählt es Phanias. Eratosthenes, in seiner Schrift über den Reichthum, erwähnt auch noch der Verwendung einer Griechin aus Eretria, die am Persischen Hofe lebte, wodurch dem Themistokles der Zutritt zu dem Obersten und die Unterredung mit ihm geworden sei.

Als er nun beim Könige eingeführt war, kniete er zuerst nieder, dann stand er schweigend, bis der König dem Dolmetscher befahl zu fragen, wer er sei? Nachdem nun der Dolmetscher diese Frage gethan hatte, sprach er: „Es naht sich dir, o König, Themistokles von Athen, landesflüchtig und von den Griechen verfolgt, dem zwar die Perser viel Leids gedenken, aber des Guten noch mehr, da er sie nicht verfolgen ließ, als Griechenland gerettet war und die eigene Erhaltung nun auch eine Rücksicht auf euch gestattete. Ich habe nun keine andere Gedanken, als wie sie meinem jetzigen Schicksal entsprechen, und bin bereit sowohl die Gnade versöhnter Huld zu erkennen, als noch unverziehene Kränkung abzubitten. Du aber nimm meine Feinde zu Zeugen, wie gut ich es mit Persien meinte, und mache lieber mein Unglück zum Spiegel deiner Großmuth als zum Ziele deines Grimmes. Rettest du mich, so rettest du in mir einen Flehenden, der sich in deinen Schutz begibt: tödtest du mich, so tödtest du einen Mann, der ein Feind der Griechen geworden ist." Um diese Anrede noch durch höheres Ansehen zu unterstützen, erwähnte Themistokles noch des Spruches, den er vom Zeus zu Dodona erhalten hatte, „er solle zu des Gottes Namens= bruder gehen." In diesem Geheiß habe er die Hinweisung auf ihn erkannt, denn beide seien und heißen sie große

Könige. Der Perser hörte zu, ohne zu antworten, doch
voll Bewunderung seines Geistes und kühnen Muthes. Und
seinen Freunden gegenüber wünschte er sich Glück als zu
dem höchsten Gewinn: es möge nur Ahriman, sagte er, die
Feinde immer so mit Blindheit schlagen, daß sie die Besten
von sich stoßen. Dann habe er den Göttern geopfert und
sofort ein Trinkgelag angestellt und Nachts vor Freuden
mitten im Schlafe dreimal gerufen: „Ich habe den The=
mistokles von Athen."

Mit Tagesanbruch aber beschied er ihn vor den versam=
melten Hof. Die Blicke der Höflinge wurden finster, sobald
man den Namen des Fremdlings wußte; sie äußerten laut
ihren Unwillen, und Themistokles konnte sich nichts Gutes
weissagen. Ja der Oberste Roxanes sagte, als Themistokles
an ihm vorbei auf den Thron zu ging, unter allgemeinem
Schweigen mit einem verhaltenen Seufzer: „Schlange von
einem Griechischen Gleißner, des Königs Rachegeist hat dich
hierher geführt." Als er aber vor den König trat und ihn
mit Kniebeugung verehrte, sagte derselbe grüßend und mit
freundlichen Worten, er sei ihm schon zweihundert Talente
schuldig: denn da er sich selbst stelle, empfange er billig den
Preis, der auf seine Einlieferung gesetzt gewesen. Und noch
viel mehr als das versprach er und hieß ihn gutes Muthes
sein und frei vom Herzen weg über Griechenland reden.
Themistokles antwortete, es sei mit der Rede des Menschen
wie mit den buntgewirkten Teppichen: wenn sie ausgebreitet
werden, zeigen sie wie diese die Gestalten, die sich verdecken
und entstellen, wenn sie zusammengelegt werden; es sei ihm
daher Zeit nöthig. Dem König gefiel die Vergleichung, und
er befahl ihm, eine Frist zu bestimmen. Themistokles erbat
sich ein Jahr, erlernte in demselben genügend die persische
Sprache und unterredete sich nun unmittelbar mit dem
Könige. Außerhalb des Hofes war man der Ansicht, er
habe sich nur über die Griechischen Angelegenheiten ausge=
sprochen: weil aber zur selbigen Zeit viele Veränderungen

am Hofe und in der Umgebung des Hofes vorgingen, fiel
der Haß der Großen auf ihn, als habe er sich unterstanden,
sich auch über innere Angelegenheiten gegen den König
auszulassen. Denn er wurde ungleich höher geehrt als
je ein Ausländer: der König zog ihn auf Jagden und
im Palast zu Fest und Freude zu. Zuletzt kam er sogar
zur Königin Mutter, durfte ihr Gesellschaft leisten; ja
der König erlaubte ihm sogar, den Unterricht der Magier
zu hören.

Als der gewesene Spartiatenkönig Demarātos, der sich eine
Gnade ausbitten sollte, verlangte, mit dem königlichen Turban
auf dem Haupte durch Sardes fahren zu dürfen, faßte ihn
Mithropaustes, der Vetter des Königs, bei der Hand mit
den Worten: „Der Fürstenhut hätte ja kein Hirn zu bedecken,
und du wirst auch mit dem Donner in den Händen doch
kein Zeus." Der König aber wies das Begehren unwillig ab
und schien unerbittlich zu zürnen; aber Themistokles' Fürbitte
begütigte und versöhnte ihn. Auch unter den späteren
Königen, unter welchen die Persische Regierung mit den
Griechen in nähere Berührung kam, soll es, so oft man
der Dienste eines Griechen bedurfte, in dem Schreiben allemal
geheißen haben, er werde bei ihnen noch höher stehen als
Themistokles. Seinerseits hat sich Themistokles, wie man
sagt, als er nun hoch gestiegen und allgemein gefeiert war,
an prächtiger Tafel einmal zu seinen Kindern folgenderweise
ausgesprochen: „Kinder, mit uns wäre es aus, wenn's nicht
schon aus wäre." Die meisten Geschichtschreiber berichten,
daß ihm drei Städte angewiesen worden seien, Magnesia,
Lampsakos und Myus, für Brod, Wein und Zugemüse:
andre aber geben fünf an, indem Perkote und Palaistepsis
für seinen Aufwand für Bett und Kleidung bestimmt gewesen
wären.

Auf dem Weg an's Meer hinab, wohin ihn seine Bestimmung gegen Griechenland nun führte, hielt ein Perser,
Namens Epiryas, Statthalter von Oberphrygien, auf ihn.

Derselbe hatte längst Peisidier gedungen ihn zu ermorden, wenn er in der Stadt Leontokephalon (Löwenhaupt) über= nachten würde. Nun wird erzählt, dem Themistokles sei, als er um Mittag schlief, die Mutter der Götter im Traum erschienen und habe gesagt: „Themistokles, fliehe des Löwen Haupt, daß dich kein Löwe faßt. Mir bedinge ich dafür „Mnesiptolema." Dies machte den Themistokles besorgt, und nachdem er der Göttin seine Andacht verrichtet hatte, wich er von der Heerstraße ab, nahm einen andern Weg und lagerte Nachts an einem andern Ort. Es war aber eines der Lastthiere, die das Gezelt trugen, in einen Fluß ge= fallen, und die Dienerschaft hatte die nassen Tücher zum Trocknen aufgespannt: da rannten die Peisidier mit Mord= gewehr rasch an, hielten die Trockenwäsche, die sie im Mondschein nicht recht sahen, für das Zelt des Themistokles und glaubten ihn darin ruhend zu finden. Doch kaum waren sie da und wollten das Tuch aufheben, so überfiel und ergriff sie die Wache. Der Gefahr solchergestalt ent= ronnen, stiftete er der Kybele für ihr so wunderbares Er= scheinen in Magnesia einen Tempel und machte seine Tochter Mnesiptolema zur Priesterin in demselben.

Als er nach Sardes kam und bei müßiger Weile die prachtvollen Tempel und die reichen Weihgeschenke betrachtete, erblickte er im Tempel der Kybele auch die sogenannte Wasserträgerin, ein zwei Ellen hohes Mädchenbild von Erz, das er selbst als Brunnenaufseher in Athen bei Entdeckung der Diebe, die das Wasser ableiteten, von den Strafgeldern zu frommem Zweck hatte fertigen lassen. Sei es nun, daß ihm die Gefangenschaft dieses Weihebildes zu Herzen ging, oder daß er den Athenern zeigen wollte, wie viel sein An= sehen in den Landen des Königs gelte: kurz, er wandte sich an den Statthalter von Lydien mit der Bitte, die Jungfrau nach Athen zu verabfolgen. Das nahm der Barbar übel auf, und weil er mit einem Bericht an den König drohte, nahm Themistokles in der Angst seine Zuflucht zum Harem

und beschwor noch den Sturm durch klingende Empfehlung
bei seinen Frauen; für die Zukunft aber nahm er sich besser
in Acht, da er sich schon auch vor dem Neide der Perser
zu fürchten hatte. Denn er lebte zu Magnesia im Genusse
reicher Einkünfte lange Zeit ruhige Tage in hohem Ansehen
wie die vornehmsten Perser, während der König im inneren
Asien beschäftigt für die Griechischen Angelegenheiten wenig
Aufmerksamkeit hatte. Nun aber kam Aegyptens Abfall,
bei welchem die Athener mithalfen; die hellenischen Galeeren,
die bis nach Kypros und Kilikia hinauffuhren, und Kimons
Seeherrschaft forderten zur Gegenwirkung heraus, daß ihm
Griechenland nicht über den Kopf wüchse. Und als sich
nun Kriegsvölker in Bewegung setzten und schon Feldherren
versandt wurden und nach Magnesia Boten an Themistokles
einliefen und königliche Befehle, aufzustehen wider Griechen=
land und jetzt Wort zu halten: da ließ er sich nicht überwäl=
tigen vom Groll gegen sein Vaterland, nicht verführen durch
seine hohe Stellung. Vielleicht zweifelte er an der Mög=
lichkeit des Gelingens, denn Griechenland hatte damals
überall große Feldherren, und Kimon führte ihm Tage
überschwenglichen Glückes herauf; hauptsächlich aber achtete
er seinen eigenen Ruhm und jene früheren Trophäen zu
hoch, als daß er sie jetzt durch entgegengesetzte Schritte hätte
beflecken können. Und so faßte er den löblichen Entschluß,
das Leben durch ein würdiges Ende zu krönen: er opferte
den Göttern, lud noch die Freunde zum letzten Händedruck
zusammen und trank sich, nach der gewöhnlichen Angabe
mit Ochsenblut, nach einigen mit schnellwirkendem Gifte den
Tod. Dies that er zu Magnesia, nachdem er fünf und
sechzig Jahre gelebt, und zwar die meiste Zeit an der Spitze
von Staatsgeschäften und Kriegsheeren. Ueber diesem Ent=
schluß zu sterben und seiner Ausführung soll der König,
als er es hörte, den Mann noch höher geachtet und seinen
Freunden und Angehörigen sich fortwährend huldreich er=
zeigt haben.

Drei Söhne hat Themistokles hinterlassen von Archippe, einer Tochter Lysandros' von Alopeke: Archeptolis, Polyeuktos und Kleophantos. Des letzteren erwähnt auch der Philosoph Platon als eines sehr guten Reiters, der aber auch weiter nichts geworden. Von den zwei Aeltesten war Neokles noch als Kind an einem Pferdebiß gestorben, den Diokles nahm der Großvater Lysandros an Kindesstatt an. Töchter hatte er auch mehrere, und Mnesiptolema aus zweiter Ehe heirathete ihr Bruder Archeptolis, da er nicht von derselben Mutter war: die Italia nahm der Chier Pantheides, die Sybarys Nikomedes von Athen: die Nikomache holte sich Phrasikles, der Brubersohn des Themistokles, als dieser schon todt war, über's Meer in Magnesia bei den Brüdern ab und zog auch Asia auf, die jüngste von all den Kindern.

Sein Grabmal prachtvoll erbaut steht in Magnesia auf dem Markte; was aber die Gebeine betrifft, so darf man dem Andokides nicht glauben, der in dem Buche „an die Freunde" sagte, die Athener haben sie heimlich weggebracht und in alle Winde gestreut, eine Lüge, die nur die Oligarchen gegen das Volk erbittern soll. Der Erdbeschreiber Diodor bemerkt in seiner Schrift über Denkmale, doch mehr vermuthungsweise als mit Bestimmtheit: vor dem Hafen Peiräeus an dem Vorgebirge des Alkimos biege sich's wie ein Arm vor, und fahre man um diesen in die stille Bucht hinein, so sei da eine geräumige Plattform nnd auf derselben das altarförmige Grab des Themistokles. Er meint, auch der Komiker Platon spreche dafür in den Worten:

Dein Grabeshügel, schön am heitern Ort erhöht,
Wird von Kauffahrers Ruf begrüßt sein weit umher,
Wird, was hinaus und was herein fährt, übersehn
Und, ringt die Flott' im Wettkampf, mit das Spiel beschau'n.

Für die Nachkommen des Themistokles haben sich in Magnesia gewisse Vorrechte bis auf unsre Zeit erhalten, und es genoß sie noch der Athener Themistokles, der beim Philosophen Ammonios mein vertrauter Freund geworden ist.

IV.

Pelopidas.

Befreite Theben im J. 379; starb im J. 364 v. Chr.

---

1. Daß ein Feldherr muthig aber nicht verwegen sein solle.

Es gibt Leute, welche den Wagehals im Kriege rühmen und seine Tollkühnheit für Muth ausgeben. Dagegen war Cato der Ansicht, es sei ein Unterschied, die Tapferkeit hoch halten oder das Leben gering achten. Und er hatte Recht. Davon ist jener Raufbold, der bei Antigonos diente, ein Beispiel. Es war ein übel aussehender, kränklicher Mensch, und als ihn der König fragte, warum er doch so blaß sei, gestand er ein heimliches Leiden ein. Der König empfahl ihn nun auf's angelegentlichste den Aerzten und hieß sie alle mögliche Sorgfalt aufbieten, wenn irgend zu helfen sei. Er genas, — und jetzt war unser Held gar nicht mehr der Mann auf dem Platze, der die Gefahr mit Ungestüm aufsucht, so daß die Veränderung selbst den Antigonos unangenehm überraschte. Auch verhehlte der Mensch den Grund gar nicht: „Du hast mich, o König," sagte er, „durch Erlösung von den Leiden, die mir das Leben verleideten, zur Memme gemacht."

So dachte wohl auch jener Sybarite, welcher von den Spartiaten sagte, es sei kein Wunder, daß sie in Schlachten den Tod suchen um all der Plackerei und einer solchen

7*

Lebensart los zu werden. Den Sybariten freilich, diesem
in Wohlleben und Ueppigkeit erschlafften Volke, konnte es
scheinen als haßten die das Leben, welche aus edlem Drang
und Ehrbegierde den Tod nicht scheuten. Den Spartiaten
aber verlieh Tugend beides, heiter zu leben und auch zu
sterben, wie die Grabschrift sagt:

> Die hier starben, sie sahen nicht im Leben noch Sterben
>   die Schönheit,
>   Sondern in dem, daß schön beiderlei werde vollbracht.

Denn es ist keine Schande den Tod zu meiden, sofern
der Selbsterhaltungstrieb nicht zur Feigheit wird; noch ein
Ruhm ihn zu erleiden, wenn Lebensverachtung mit im Spiel
ist. Deswegen führt Homer die unverzagtesten, streitbarsten
Männer stets schön und gut gewappnet zum Kampfe heran.
Und die griechischen Gesetzgeber setzten auf Schildwegwerfen
Strafe, nicht auf Verlust von Schwert oder Speer: sie
deuten damit an, daß jeder mehr darauf bedacht sein müsse
sich vor Schaden zu schützen als dem Feind Schaden zuzu-
fügen, zumal ein Anführer.

Iphikrates pflegte zu sagen, die leichten Truppen stellten
die Hände vor, die Reiterei die Füße, die eigentliche Phalanx
Brust und Rumpf, den Kopf der Feldherr. Daher scheint
dieser, wenn er mit abenteuerlicher Verwegenheit handelt,
nicht sowohl sein als aller zu vergessen, deren Heil auf ihm
beruht; und ebenso im entgegengesetzten Falle. Kallikratidas,
so groß er sonst war, hatte daher Unrecht, wenn er dem
Wahrsager, der ihm Vorsicht empfahl, weil das Opfer
seinen Tod anzeige, entgegnete, daß Sparta nicht an
Einem hange. Denn als Soldat zur See oder zu Land
war Kallikratidas freilich nur Einer: als Feldherr aber trug
er die Stärke aller vereint in sich; also konnte er, da mit
ihm so viel unterging, nicht für Einen gelten.

Treffender war die Aeußerung die der greise Antigonos
vor einem Seetreffen bei Andros that. Man sagte ihm,

daß der feindlichen Schiffe weit mehr seien; da frug er: „Wie viele denkst du, daß ich aufwäge?" Das sprach er in dem hohen, richtigen Gefühl seiner Erfahrung, seines Muthes und der Herrscherwürde, deren erste Pflicht die Erhaltung dessen ist, der all das andere hält.

Damit stimmt auch ein schönes Wort des Timotheos überein. Als einst Chares den Athenern die Narben an seinem Leibe und den von einem Speere durchstochenen Schild zeigte, sprach jener: „Ich aber habe mich gar sehr geschämt, als bei der Belagerung von Samos ein Pfeil neben mir niederfiel, weil ich als Feldherr einer so großen Heeresmacht mich zu jugendlich bloßgestellt hatte." Wo freilich das Wagniß des Feldherrn den Ausschlag gibt für das Ganze, da soll er rücksichtslos Leib und Leben daran wagen, unbekümmert um den Einwurf, daß ein braver Feldherr an Altersschwäche oder doch im Alter sterben müsse: wo aber im günstigen Falle wenig gewonnen, im ungünstigen alles verloren ist, da verlangt kein Mensch vom Feldherrn Soldatenstreiche, die mit Gefahr für ihn verbunden sind.

Diese Vorbemerkung drängte sich mir auf bei der Lebensbeschreibung des Pelopidas, eines großen Mannes, der auf eine tadelnswerthe Art den Tod fand. Er führte sein Schwert meisterhaft; er war als ausgezeichneter Feldherr der Stolz seines Landes; er überwand in offener Feldschlacht das zu Wasser und zu Land gebietende Sparta: aber er opferte sich auf und verspritzte sein Blut ohne Noth, wo es gerade an der Zeit gewesen wäre, Leben und Wirksamkeit eines solchen Anführers zu erhalten.

2. Pelopidas' Jugend; seine Freundschaft mit Epaminondas.

Pelopidas, der Sohn des Hippokles war, wie Epaminondas, aus einem angesehenen Geschlecht in Theben. Im

Wohlstand aufgewachsen und früh schon Erbe eines glän=
zenden Hauses fühlte er sich gedrungen, den Armen, die
dessen würdig waren, zu helfen: er wollte damit zeigen, daß
er wirklich Herr und nicht Sklave seines Geldes sei. Denn
die meisten machen vom Reichthum, wie Aristoteles sagt,
vor ärmlichem Geize gar keinen, oder aus Schwelgerei einen
verkehrten Gebrauch, und so bleiben sie stets Knechte, diese
der Lüste, jene der Sorgen. Machten sich nun die anderen
Freunde seine Freigebigkeit und Güte dankbar zu Nutz, so
war Epaminondas allein zu keiner Theilnahme am Genusse
seines Reichthums zu bewegen. Seinerseits aber theilte Pe=
lopidas die Armuth des Anderen: er gefiel sich in schlichter
Tracht und einfacher Kost, in unermüdeter Abhärtung und
anspruchslosem Felddienste. Er glich darin dem Kapaneus
in Euripides' Schutzflehenden, „der zu leben viel gehabt,
doch niemals stolz auf Reichthum war." Pelopidas hätte
sich geschämt mehr auf seinen Leib zu verwenden als der
unbemitteltste Thebäer. Und wenn sich Epaminondas die
angestammte Armuth durch Plilosophie und dadurch, daß
er sich früh zum ehelosen Stand entschloß, erträglicher machte,
so traf Pelopidas zwar eine glänzende Verbindung und hatte
auch Kinder, aber doch kümmerte er sich darum nicht mehr
um Geldsachen, und da er alle seine Zeit dem Staate
widmete, so nahm sein Vermögen ab. Als aber die Freunde
tadelnd zu ihm sagten, er verabsäume ein Nothwerk, nämlich
den Gelderwerb, so erwiederte er: Nothwerk, ja bei Gott,
für diesen Nikodemos, und wies auf einen blinden Krüppel.
  Sie waren für jegliche Tüchtigkeit gleich befähigt, nur
daß Pelopidas mehr an Leibesübungen, Epaminondas mehr
am Lernen Freude fand. In den Freistunden erholte sich
der Eine auf Ringplätzen und Jagden, der Andere an philo=
sophischem Gespräch. Von allem Schönen aber, das beide
zierte, erscheint dem sinnigen Beobachter als das Schönste
die Liebe und Freundschaft, welche unter so manchem Kampf
in Feldherrenamt und Staatsgeschäften von Anfang bis zu

Ende unerschütterlich zwischen ihnen bestand. Denn wenn man sieht, wie bei Aristeides und Themistokles, bei Kimon und Perikles, bei Niklas und Alkibiades das öffentliche Leben voll Haber, Neid und gegenseitiger Eifersucht war, und nun des Pelopidas Wohlwollen und Achtung vor Epaminondas erwägt, so mag man die Letzteren wohl mit Recht Waffen- und Amtsbrüder nennen, nicht jene, die beständig mehr mit einander als mit dem Feinde um den Sieg rangen.

Der wahre Grund dieser Eintracht lag zunächst in ihrem Edelmuth: sie warben mit ihrem Verdienste nicht um Ehre und Geld, an die hängt sich der böse, zänkische Neid; nein, frühe durchglüht von göttlicher Liebe und dem Streben, das Vaterland groß und herrlich zu machen, lernten sie jeden glücklichen Erfolg des Einen als Beiden angehörig zu diesem Zwecke zu benützen. Insgemein glaubt man jedoch, ihre innige Freundschaft schreibe sich hauptsächlich von dem Feld= zuge vor Mantinea *) her, den sie mit den damals noch befreundeten und verbündeten Spartiaten unter den Thebäischen Bundestruppen machten. Sie standen unter dem schweren Fußvolk den Arkadiern gegenüber und kämpften neben ein= ander. Als der Spartiatische Flügel, zu welchem sie ge= hörten, wich und sich schon alles zur Flucht wandte, leisteten sie Schild an Schild dem andringenden Feinde noch Wider= stand. Pelopidas stürzte mit sieben Brustwunden nieder, über eine Menge Leichen von Freund und Feind: da stand Epaminondas, obgleich er den Freund verloren gab, vorauf für dessen Leib und Waffen ein. Entschlossen eher zu sterben, als Pelopidas so liegen zu lassen, bot er allein gegen viele Trutz. Doch schon war auch er erschöpft, mit einem Speer an der Brust, durch einen Hieb am Arm verwundet, als der Spartiatenkönig Agesipolis vom andern Flügel zu Hilfe kam und beiden noch unverhoffte Rettung brachte.

---

*) Vermuthlich 386 v. Chr.

3. Wie die Aristokraten zu Theben die Uebermacht über die Demokraten gewinnen.

Nicht lange nachher änderte sich die Gesinnung der Lakedämonier: sie behandelten zwar die Thebäer zum Schein als Freunde und Bundesgenossen, in der That aber sahen sie scheel zu dem Geist und Gedeihen der Stadt, und insbesondere war ihnen der Verein des Ismenias und Androkleidas verhaßt: er stand im Rufe, freisinnig und demokratisch zu sein, und Pelopidas war Mitglied desselben. Unter diesen Umständen bearbeiteten Archias, Leontidas und Philippos, reiche, hochfliegende Aristokratenköpfe den Spartiaten Phöbidas auf seinem Durchmarsche, plötzlich die Kadmeia *) zu besetzen, ihre Gegner zu verbannen und zu Gunsten Spartas die Regierung in die Hand Weniger zu legen. Phöbidas ging darauf ein. Und kaum war er durch unvermutheten Ueberfall am Thesmophorienfeste **) Herr der Burg geworden, so ergriff man Ismenias, schleppte ihn nach Sparta und richtete ihn kurz darauf hin. Pelopidas, Pherenikos, Androkleidas und viele andere wurden durch Heroldsruf auf der Flucht in die Acht erklärt: nur Epaminondas durfte bleiben, weil man ihn Dank der Philosophie nicht für unternehmend hielt und wegen seiner Armuth als unvermögend verachtete.

Die Spartiaten setzten nun zwar Phöbidas ab und straften ihn um hunderttausend Drachmen ***) aber die Kadmeia hielten sie nichts desto weniger besetzt. Ganz Griechenland wunderte sich über den Widerspruch, daß man den Thäter strafe und die That bestätige. Den Thebäern aber blieb bei dem Verlust

---

*) Die Burg zu Theben, von Kadmos, dem Erbauer der Stadt, so genannt.

**) Die Thesmophorien wurden zu Ehren der Demeter gefeiert, der Stifterin gesetzlicher Ordnung.

***) 43,430 fl. 27 kr., wenn attische Drachmen (zu 26 kr.) gemeint sind.

ihrer vaterländischen Verfassung unter dem Joch eines Archias
und Leontidas nicht einmal eine Hoffnung der Zwingherr=
schaft irgend wieder los zu werden: sie war ja von Spartas
Obmacht geschirmt und unüberwindlich, wenn man nicht etwa
dessen Land= und Seemacht bräche. Gleichwohl blieb Leontidas
nicht ruhig: er kundschaftete aus, daß die Flüchtlinge in
Athen lebten, daß sie beim Volke wohlgelitten seien und bei
Ehrenmännern in Achtung stünden. Da ließ er Androkleidas
durch unerkannte Hand ermorden; der Anderen fehlte man.
Dazu kam von Sparta ein Schreiben nach Athen: man
solle die Flüchtlinge als gemeinschaftliche Feinde der Bundes=
genossenschaft ausweisen statt sie aufzunehmen und anzureizen.
Den Athenern aber schien das unmenschlich, vermöge der
milderen Gesinnung, die sie von ihren Ahnen ererbt; dann
waren sie auch den Thebäern zu Dank verpflichtet, denn
durch ihre Hilfe zumeist war das Athenische Volk wieder zu
seinen Rechten gekommen; auch hatte Theben jedem Böotier
feierlich Hören und Sehen verboten, wenn ein Athener zum
Kampf gegen die Tyrannen Waffen durch Böotien trüge.
Und so bedrängten sie keinen der Thebäischen Flüchtlinge.

4. Pelopidas an der Spitze der Vertriebenen.

Obwohl Pelopidas unter den Flüchtlingen einer der
jüngsten war, so trat er doch als der thätigste unter ihnen
auf. Er feuerte sie einzeln an und sprach ihnen in ihren
Versammlungen aufmunternde Worte: es sei Schmach und
Sünde gleichgiltig zuzusehen wie das Vaterland von Fremden
besetzt in Knechtschaft schmachte, und hier in Athen, zufrieden
nur das Leben davon zu bringen, von Volksbeschlüssen abzu=
hangen und jedem fußfällig zu huldigen, der reden und das
Volk beschwatzen könne. Sollte man nicht vielmehr im
Hinblick auf Thrasybulos' kühnen und edlen Vorgang für
die höchsten Güter eine Unternehmung wagen? Wie jener
einst aus Theben aufgebrochen um die Tyrannen in Athen

zu stürzen, so könnten sie jetzt aus Athen gen Theben ziehen
um die Freiheit wieder aufzurichten.

Solche Sprache fand Eingang. Sie schickten heimlich
nach Theben und gaben den zurückgebliebenen Freunden
Nachricht von ihrem Entschlusse. Diese stimmten bei, und
Charon, der in hohem Ansehen stand, versprach das Haus
offen zu halten; Phyllidas aber wußte sich bei den Kriegsobersten Archias und Philippos die Stelle eines Schreibers
zu verschaffen. Auch hatte Epaminondas die Jugend längst
mit Selbstgefühl erfüllt; sie mußten ihm auf den Turnplätzen
mit Spartiaten ringen: und wenn er sie dann siegesstolz
sah, so schalt er, sie sollten sich lieber schämen, da sie aus
Feigheit so viel schwächerer Leute Knechte seien.

Der Tag der Ausführung war bestimmt. Therenikos
sollte mit der gesammten Schaar im Thriasischen Felde*)
warten, nur einige der Jüngsten dürften sich voraus in die
Stadt wagen: im Fall diesen vom Feind etwas geschähe,
wollten die Anderen alle sorgen, daß ihren Kindern und
Eltern das Nöthige nicht fehle. Zu diesem Abenteuer erbot
sich erst Pelopidas, dann Mellon, Damokleidas und Theopompos, Männer aus den ersten Häusern, die sich bei aller
gegenseitigen Freundschaft und Treue immer um den Preis
der Ehre und Tapferkeit stritten. Diese nahmen nun, ihrer
zwölf, herzlichen Abschied von den Zurückbleibenden, sandten
Botschaft voraus an Charon und machten sich in kurzen
Mänteln, mit Jagdhunden und Richtstangen auf den Weg,
damit niemand Argwohn fassen, sondern jeder, der ihnen
begegnete, denken möchte, sie schweiften ohne weitere Absicht
nur der Jagd wegen umher. Wie nun ihr Bote zu
Charon kam und meldete, daß sie unterwegs seien, so blieb
er, der Entscheidung nahe, fest in seinem Entschlusse und

*) Die Thriasische Ebene, von dem Orte Thria so genannt,
lag in Attika, wo es, nördlich von Eleusis, an Böotien grenzt.

hielt als ein Mann von Wort sein Haus offen. Nicht so
ein gewisser Hipposthenidas, kein schlechter Mann, sondern
vaterländisch gesinnt und den Verbannten zugethan, aber
nicht so muthig als es der entscheidungsvolle Augenblick und
das vorliegende Wagniß erforderte. Ihm schwindelte vor der
Größe des Unternehmens, es wurde ihm jetzt erst klar, daß sie
sich eigentlich an Spartas Hoheit wagten und im Vertrauen
auf nichtige Hoffnungen heimatloser Leute sich unterfingen diese
große Macht zu stürzen: da ging er still nach Hause und schickte
einen Freund an Mellon und Pelopidas mit dem Rathe, sie
sollten für jetzt nach Athen zurückkehren und die Ausführung
auf bessere Zeit verschieben. Der Abgesandte hieß Chlidon. Der
lief eilends nach Hause, führte sein Pferd heraus und suchte
nur noch den Zaum. Seine Frau sagte in der Verlegenheit,
wie er sich nicht fand, sie habe ihn einem Bekannten gegeben;
es kam zu Scheltworten und zu Reden von schlimmer Vorbedeutung, indem das Weib ihm und dem, der ihn absende,
Fluch auf den Weg wünschte. Kurz Chlidon brachte den
halben Tag damit hin, gab im Aerger und weil ihn der
Vorfall bedenklich machte, die Reise ganz auf und dachte an
was andres. So nahe daran war es, daß der schönsten
Heldenthat gleich anfangs der Augenblick entschlüpft wäre.

Pelopidas aber und seine Begleiter theilten sich und
schlichen als Bauern verkleidet noch bei Tage der Eine da,
der Andre dort in die Stadt. Eine anhebende Luftverän-
derung hatte Wind und Schneegestöber gebracht, und da
vor dem Unwetter alles in die Häuser geflüchtet war, wurden
sie desto weniger entdeckt. Nur die Betheiligten empfingen
die Ankommenden und brachten sie schnell in Charons Haus.
Es waren mit den Flüchtlingen ihrer acht und vierzig.

Mit den Tyrannen verhielt es sich folgendermaßen.
Phyllidas, der Schreiber, spielte wie gesagt überall im Ein-
verständniß mit den Flüchtlingen. Er hatte schon vor langer
Zeit auf jenen Tag dem Archias und dessen Genossen ein
Gastmahl und Gelage zugesagt und that, was er nur konnte,

um sie von Lustbarkeit recht erschöpft und weinberauscht an die Schwerter zu liefern. Noch waren sie aber im trunkenen Muthe nicht allzuweit, als ein unverbürgtes, dunkles Gerücht verlautete, die Flüchtlinge seien in der Stadt versteckt. Und obgleich Phyllidas dem Gespräch eine andre Wendung gab, so schickte doch Archias einen· Diener ab, er solle Charon vor die Kriegsobersten rufen. Er meldet dies mit Bestürzung denen im Hause: alle meinten im ersten Augenblick, man habe ihren Anschlag entdeckt, und sie seien insgesammt ver= loren, ehe sie nur eine Probe ihres edlen Muthes hätten geben können. Dennoch wurde beschlossen, Charon sollte Folge leisten und sich arglos der Behörde stellen. Er war sonst mannhaft und unerschrocken, jetzt aber machte ihn die Sorge um die Anderen verzagt, und zugleich bekümmerte es ihn tief, es möchte Verdacht der Verrätherei auf ihn fallen, wenn so viele edle Bürger umkämen. Wie er nun gehen wollte, holte er seinen Sohn aus dem Frauengemach; es war ein vor allen seines Alters schöner und kräftiger Knabe; er gab ihn in Pelopidas' Hand und erklärte, er dürfe, wenn man Arglist und. Verrath an ihm erfände, ohne Schonung nach Kriegsrecht mit dem Kinde verfahren. Manchem entfielen hier Thränen ob dem Schmerz und dem Ehrgefühl des Charon. Alle aber betrübte es, daß er einen für elend genug und durch die Noth des Augenblicks so herabgekommen halte, Argwohn oder·irgend eine Schuld auf ihn zu werfen: sie baten ihn, den Sohn ganz aus dem Spiel zu lassen, damit wenigstens er der Tyrannei sicher entrinne und in ihm der Stadt und den Freunden ein Rächer nachbleibe. Charon sagte aber, er entferne den Sohn nicht, denn es könne kein schöneres Loos für ihn geben als mit dem Vater und so vielen Freunden mit Ehren zu sterben. Hierauf rief er die Götter an, umarmte alle mit stärkenden Abschieds= worten und ging dahin, in sich gekehrt, den Ausdruck des Gesichtes und den Ton der Stimme auf undurchdringliche Verleugnung seines Vorhabens berechnend.

Als er nun an der Thüre war, trat Archias mit
Philippos heraus und sprach: „Ich höre, Charon, daß sich
Leute eingeschlichen und in der Stadt versteckt haben, und
daß etliche Bürger es mit ihnen halten." Charon war zuerst
bestürzt, doch fragte er, wer die Eingeschlichenen und wer
die Hehler seien; und wie ihn die Unsicherheit in Archias'
Erklärung vermuthen ließ, die Anzeige sei von niemand
Unterrichtetem geschehen, sprach er: „Sehet nur zu, daß ihr
euch nicht durch leeres Gerede beunruhigen lasset. Doch ich
will mich auch auf Kundschaft legen, denn es ist wohl gut
nichts gering zu achten." Phyllidas, der unterdessen auch
herausgekommen war, gab diesen Worten Beifall, führte den
Archias wieder hinein und schenkte ihm vom besten Weine
tüchtig ein. Zu Hause fand Charon die Männer bereit
nicht sowohl zu Siegeshoffnung als zum Ehrentode hoch auf
Feindesleichen: er that nur Pelopidas und seinen nächsten
Freunden die Wahrheit kund, die Uebrigen berichtete er von
anderen Dingen, die Archias geredet habe, mit Lügen.

Noch war aber das erste Ungewitter kaum vorüberge-
zogen, so führte ihr Unstern den Männern ein zweites
herauf. Es kam aus Athen von dem Hierophanten *) Archias
an den Namensbruder Archias, der sein Gast- und Herzens-
freund war, ein Mann mit einem Briefe, der nicht leeren
oder muthmaßlichen Verdacht enthielt, sondern, wie sich später
fand, mit klaren Worten alles berichtete, was im Werke
war. Jetzt aber war Archias trunken, als der Bote vor
ihn kam und seinen Brief mit den Worten übergab: „Der
mich schickte, bittet dich, dies sogleich zu lesen, denn es stehen
dringliche Sachen darin." Da sagte Archias mit Lächeln:
„Auf morgen also die Sorgen." Damit nahm er den
Brief, schob ihn unter sein Kissen und ließ sein Ohr wieder

---

*) So hieß der vornehmste Priester bei den Eleusinischen
Mysterien.

dem Phyllidas, mit dem er ein Gespräch begonnen hatte.
Diese Rede hat sich denn auch bis auf den heutigen Tag
in sprüchwörtlichem Gebrauche bei den Griechen erhalten.

Die Zeit zur That schien jetzt gekommen. Sie brachen
in zwei Abtheilungen auf: Pelopidas und Damokleidas
wandten sich gegen Leontidas und Hypates, welche nahe
bei einander wohnten; Charon und Mellon zogen gegen
Archias und Philippos. Sie hatten Frauenkleider über
die Harnische und dichte Kränze von Oel= und Fichten=
zweigen auf dem Kopf, um das Gesicht zu beschatten.
Deshalb erhob die Gesellschaft auch, sobald sie an der Thüre
des Saales erschienen, ein rauschendes Händeklatschen, als
wenn die Frauen angekommen wären, die man noch zum
Nachtisch erwartete. Als sie aber im Saale rings um=
schauten, jeden der Gäste scharf in's Auge faßten, die
Schwerter zogen und über die Tische hin auf Archias und
Philippos losstürzten, da war es nur allzuklar, wer sie
waren. Wer sich von Phyllidas rathen ließ, blieb ruhig
am Platze: die meisten aber setzten sich mit den Kriegs=
obersten zur Wehr und wurden im Rausch ohne Mühe er=
schlagen.

Einen härteren Stand hatte Pelopidas mit seinen Be=
gleitern, denn sie gingen auf einen nüchternen, starken
Mann, den Leontidas. Er schlief schon, und sein Haus
war geschlossen; so mußten sie lange pochen, bis man sie
hörte. Endlich kam der Diener und schob den Riegel auf:
da stürmte mit dem ersten Ruck der Thüre alles hinein
und rannte über den Pförtner weg dem Schlafgemach zu.
Leontidas aber merkte aus dem Lärm und Laufen, was
vorging, sprang aus dem Bett und zog das Schwert; er
vergaß jedoch, die Lichter zu löschen und im Dunkel die
Männer auf einander selbst fallen zu lassen. Sichtbar im
hellen Lichte stellte er sich ihnen an der Schwelle seines
Gemachs entgegen und stach den Ersten, der hereinkam, den
Kephisodoros nieder. Nachdem der gefallen war, wurde

Leontidas mit Pelopidas handgemein, ein Kampf, den die enge
Thüre und der schon todt zu ihren Füßen liegende Kephiso=
doros ungemein erschwerte. Doch siegte Pelopidas, und so=
bald er hier fertig war, ging er stracks mit seinen Gefährten
gegen Hypates. Sie drangen gleicher Weise in das Haus,
und da er ihrer schnell gewahr wurde und sich zu den
Nachbarn flüchtete, so jagten sie ihm auf der Ferse nach,
ergriffen ihn und gaben ihm den Tod.

Nach gethaner Arbeit vereinigten sie sich mit Mellons
Schaar. Und nun schickten sie zuerst Botschaft nach Attika
an ihre dort gebliebenen Unglücksbrüder. Dann riefen sie
die Bürgerschaft auf zur Freiheit. Um sie zu waffnen,
nahm man die Rüstungen, die man in den Hallen fand,
und brach in die Werkstätten von Lanzenschäftern und
Schwertfegern ein. Auch Epaminondas und Gorgidas er=
griffen die Waffen und zogen zu Hilfe, begleitet von vielen
der Jungen und vom Kern der Aelteren. Schon war die
ganze Stadt im Aufruhr, überall Lärmen und Licht um
die Häuser, allgemeines Hin= und Herrennen. Noch hatte
sich aber die Menge nicht versammelt: erschrocken über die
Vorgänge und ohne sichere Kenntniß der Dinge warteten
sie den Morgen ab. Deswegen rechnete man es den Haupt=
leuten der Spartiaten zum Fehler, daß sie nicht sogleich hin=
zuliefen und angriffen; denn die Besatzung betrug an fünf=
zehnhundert Mann, und aus der Stadt schlossen sich viele
an sie an. Aber sie blieben über dem Geschrei und den
Feuern und den überallherströmenden Volksmassen ruhig auf
ihrer Burg liegen und begnügten sich, diese zu behaupten.
Und mit Tagesanbruch waren die Verbannten aus Attika
in Waffen da, und das Volk versammelte sich zur Landes=
gemeinde. Da führten Epaminondas und Gorgidas den Pelo=
pidas und dessen Freunde herein, umgeben von den Priestern,
welche die heilige Binde emporhielten und die Bürger für
das Vaterland und die Götter zur Hilfe aufriefen. Bei
dem erhebenden Anblick stand die Versammlung auf und

empfing die Männer als Wohlthäter und Retter mit Hände=
klatschen nnd Zuruf.

5. Pelopidas als Böotarch.

Sofort wurde Pelopidas mit Mellon und Charon zum
Böotarchen*) erwählt. Er belagerte sogleich die Burg und
ließ von allen Seiten Sturm laufen, um die Kadmeia von
Lakedämoniern zu säubern, ehe noch ein Heer von Sparta
käme. Er bewilligte ihnen freien Abzug, und so klein war
der Vorsprung, den er durch sein rasches Verfahren gewann,
daß den Heimziehenden schon in Megara Kleombrotos mit
starker Heeresmacht begegnete. Die Spartiaten aber zogen
die drei Oberbeamten, die in Theben gewesen, zur Strafe:
Herippidas und Arkesos büßten mit dem Tode; der dritte,
Lysanoridas sollte eine große Geldsumme erlegen, entwich
aber aus dem Peloponnes.

Diese That, durch Männermuth und gefährliches Erkühnen
ein Seitenstück zu der des Thrasybulos, auch vom Glück
mit demselben Erfolge gekrönt, nannte Griechenland die
Schwester derselben. Denn nicht leicht sind andre zu nennen,
die in so kleiner Zahl so viele, so verlassen gegen so Mäch=
tige durch Kühnheit und Geist den Sieg gewannen und
ihrem Vaterlande so große Wohlthäter wurden. Noch mehr
Ruhm aber verlieh der That der ganze Umschwung der
Dinge, dessen Anfang sie war. Denn der ganze Krieg,
der Spartas Hoheit stürzte und seiner Oberherrschaft zu
Land und zu Wasser ein Ende machte, hat er sich nicht
aus jener Nacht entzündet, in welcher Pelopidas ohne Wall,
Mauer oder Burg zu stürmen, blos selbzwölfe in ein Haus

---

*) Böotarchen sind die obersten Beamten des Böotischen
Bundes, elf an der Zahl, gewöhnlich nur zwei davon aus der
Stadt Theben.

zurückkehrend die, wenn ich in Bildern die Wahrheit reden soll, für ewig unzerreißbar gehaltenen Ketten Spartiatischer Obmacht zerhieb und sprengte?

Es schien jetzt um die Sache der Thebäer schlimm zu stehen: die Athener kündigten ihnen die Bundesgenossenschaft auf in der Angst vor dem Spartatenheere, das in Böotien einfiel: ja sie zogen die Böotischgesinnten vor Gericht und verurtheilten sie theils zum Tode, theils zu Verbannung und Geldbuße; und nun wollte überhaupt Niemand mehr den Thebäern helfen. Zum Glück war Pelopidas mit Gorgidas Böotarch. Um Athen wieder mit Sparta zu entzweien, spannen sie List. Der Spartiate Sphodrias, ein gefeierter Kriegsmann aber sonst ein flüchtiger Kopf, voll Schwindeleien und unbesonnenen Ehrgeizes, war mit Trup=pen vor Thespiä zurückgelassen worden, um die aufzunehmen und zu unterstützen, welche von Theben abfallen würden. An diesen schickt Pelopidas insgeheim einen befreundeten Kaufherrn mit Geld und Zuspruch, der ihn mehr als das Geld bewog: er solle lieber auf große Dinge denken und sich, ehe sich die Athener dessen versehen, durch unvermutheten Ueberfall des Peiräeus bemächtigen: nichts werde Sparta so erwünscht sein, als Athen in seine Gewalt zu bekommen; und Theben, das ihm wegen Verrätherei grolle, werde sich nicht beeilen, Hilfe zu bringen. Die Sache fand wirklich Anklang bei Sphodrias: er stellt sich an die Spitze der Truppen und fällt bei Nacht in Attika ein. Und obwohl er nur bis Eleusis kam, — denn da sank seinem Kriegs=volk der Muth, und er mußte nach Thespiä zurückkehren, — so hatte er sich doch verrathen und den Spartiaten keinen schlechten Krieg angerichtet.

Jetzt halfen die Athener auf's eifrigste wieder den The=bäern: sie versicherten sich des Meeres, fuhren überall umher und nahmen alles, was zum Abfall von den Lakedämoniern geneigt war, mit offenen Armen auf. Die Thebäer ihrerseits schlugen sich in Böotien mit den Spartiaten Schlag auf

Schlag, und waren auch die Gefechte an sich unbedeutend,
so bedeutete ja die Schule und Uebung desto mehr, wo der
Muth angefacht und die Kräfte gestählt wurden. Denn der
tägliche Kampf erzeugte Gewandtheit und Selbstachtung.
In diesem Sinne soll auch der Spartiate Antalkidas zu
Agesilaos gesagt haben, als derselbe verwundet aus Böotien
heimkam: „Du bekommst doch ein schönes Lehrgeld von den
Thebäern daß du sie wider Willen das Kriegführen und
Fechten gelehrt hast." Der wahre Lehrmeister war aber
nicht sowohl Agesilaos, als diejenigen, die mit Klugheit und
zur rechten Zeit die Thebäer wie junge Hunde erst anbeißen,
dann, nachdem sie die Siegesfreude geschmeckt hatten, in
Sicherheit den Rückzug nehmen ließ. Unter diesen zeichnete
sich besonders Pelopidas aus. Denn seit seiner ersten Wahl
zum Feldhauptmann ward er Jahr für Jahr zu den höchsten
Aemtern ernannt und war entweder als Anführer der heiligen
Schaar oder meistens als Böotarch bis zu seinem Tode
thätig.

Bei Platää also und bei Thespiä, wo auch Phöbidas blieb,
der die Kadmeia genommen hatte, erlitten die Spartiaten
Niederlagen und mußten sich zurückziehen. Auch bei Tanagra
schlug er ihrer viele aus dem Feld und erlegte den Vogt
Panthoides. Diese Kämpfe erhoben zwar die Sieger zu
stolzem Muthe, aber der überwundene Theil fühlte sich nicht
eben sehr gedemüthigt. Waren es doch keine förmlichen
Schlachten im offenen Felde, sondern nur gut angelegte
Ausfälle, Märsche vor- und rückwärts, wo man bei Angriff
und Handgemenge im Vortheil blieb.

6. Pelopidas als Anführer der heiligen Schaar.

Aber bei Tegyra begab sich ein Kampf, den man ein
Vorspiel von Leuktra nennen kann. Dies Gefecht setzte
Pelopidas in hohe Achtung, denn es benahm den Mitfeld-

herrn jeden Anhalt zum Streit über den Lorbeer und ließ
dem Feind keine Beschönigung der Niederlage übrig. Die
Stadt Orchomenos hatte nämlich die Partei der Spartiaten
ergriffen und zur Sicherheit zwei von ihren Regimentern zu
Fuß aufgenommen: darum hatte er es längst auf diese
Stadt abgesehen und wartete nur auf die gelegene Zeit.
Nun hörte er, die Besatzung habe in Lokris zu thun bekommen und rückte mit der heiligen Schaar und wenigen
Reitern aus, denn er hoffte Orchomenos leer zu treffen.
Als er aber der Stadt näher gekommen war und fand, daß
eine Ablösung der Besatzung aus Sparta gekommen sei, nahm
er seinen Rückzug über Tegyra rings um den Fuß des
Gebirgs, wo allein gangbare Straße war. Vor der Stadt
stieß er auf die Lakedämonier, die in der entgegengesetzten
Richtung aus Lokris zurückkamen. Kaum sah man sie aus
dem engen Paß hervorkommen, als einer zu Pelopidas
sprang und schrie: „Wir sind auf den Feind gerathen."
„Warum nicht er auf uns?" sagte Pelopidas und ließ
schnell die Reiterei aus der Nachhut vorrücken zum ersten
Angriff. Er war der Zuversicht, den an Zahl überlegenen
Feind gewiß zu durchbrechen und zog seine dreihundert
Schwerbewaffneten dicht zusammen. Es waren aber zwei
Regimenter zu Fuß. Ein Regiment heißt bei den Spar-
tiaten Mora: Ephoros gibt die Mora auf fünfhundert,
Kallisthenes auf siebenhundert, Polybios und andere auf
neunhundert Mann an. Die Anführer der Spartiaten,
Gorgoleon und Theopompos gingen getrost auf die Thebäer
los, aber gerade an der Stelle, wo sie standen war der
Angriff besonders wild und stürmisch, und so zerschmetterten
sie sich zuerst den Kopf an Pelopidas. Und wie dann ihre
Umgebung unter den Streichen der Thebäer fiel, gerieth
das ganze Heer in Schrecken und theilte sich zu beiden
Seiten vor dem Feinde, als wollte er nur geradeaus im
Sturme durchbringen. Doch als Pelopidas die Gasse nur
dazu benutzte, um in die noch geschlossenen Reihen einzu-

8*

bringen und mörderisch durchbrach, da lief alles in wilder
Flucht. Das Nachsetzen ging aber nicht weit, denn die
Thebäer scheuten die Nähe von Orchomenos und der dort
liegenden Ablösung. Sie verfolgten ihren Vortheil so weit,
als es die Vollständigkeit des Sieges erheischte, und bis sie
durch das ganze geschlagene Heer durchgedrungen waren.
Dann richteten sie ein Siegesmal auf und zogen mit den
Rüstungen der Erschlagenen hochgemuth in die Heimath.
Waren doch die Lakedämonier in so mancher Schlacht mit
Griechen und Ausländern noch nie, wo sie die Mehrzahl
waren, ja nicht einmal bei gleicher Zahl geschlagen worden.
Daher war ihr Selbstgefühl unwiderstehlich; und da kein
Gegner sich getraute mit gleicher Zahl vor Spartiaten zu
bestehen, so war jeder, mit dem sie zusammentrafen, schon
durch sein Vorurtheil verzagt. Diese Schlacht erst lehrte
auch die anderen Griechen, daß nicht der Eurotas allein,
noch der Bezirk von Babyka bis Knakion *) streitbare Männer
hervorbringt, sondern daß jede Stadt, wo die Jugend sich
vor der Schande schämen, ein Herz zur Ehre fassen und
den Schimpf viel mehr als die Gefahr fliehen mag, dem
Feinde höchst furchtbar ist.

Die „heilige Schaar,“ welche diesen Sieg errungen
hatte, soll Gorgidas geschaffen haben. Sie bestand aus
dreihundert erlesenen Männern, denen die Stadt Kost und
Wohnung gab. Weil sie auf der Kadmeia lagen, hießen
sie auch die Burgschaar. Sie standen in unverbrüchlicher
Treue einander zur Seite und sollen unüberwindlich geblieben
sein bis zur Schlacht von Chäroneia, wo Philippos vor
Rührung und Bewunderung in Thränen ausbrach, als er
die Dreihundert daliegen sah, Mann an Mann, alle mit
der Todeswunde in der Brust.

---

*) Der Platz wo nach Lykurgs Bestimmung die Volks-
versammlungen der Spartiaten gehalten wurden.

Gorgidas hatte sie anfänglich in die vordersten Reihen vertheilt, und ohne sie durch eine Auszeichnung kenntlich zu machen, auf der ganzen Linie der Schwerbewaffneten voran gestellt. Seit aber ihre Tapferkeit im geschiedenen Kampfe vor Tegyra, wo ihre Kraft zur Gesammtwirkung vereinigt war, sich so glänzend bewährt hatte, wollte sie Pelopidas nicht mehr trennen und zerreißen, sondern hielt sie zusammen, um mit ihnen wie mit Eines Leibes Gliedern die Bahn der Ehre zu brechen. Denn wie die Pferde am Wagen schneller laufen, als wenn sie allein gehen, nicht weil der stärkere Andrang die Luft leichter durchschneidet, sondern weil der Wetteifer den Muth erweckt: so versprach er sich von den Tapfern im Vereine die zweckmäßigste und schnellste Wirkung, weil einer dem andern die Wette glänzender Thaten bietet.

7. Die Schlacht bei Leuktra.

Damals also erhob Sparta, mit ganz Griechenland ausgesöhnt, allein Krieg gegen Theben; König Kleombrotos war mit zehntausend Mann Fußvolk und tausend Reitern eingefallen und drohte den Thebäern nicht etwa allein mit Wiederherstellung des früheren Zustandes, sondern geradezu mit Vernichtung des Staates und Zerstreuung des Volks. Solcher Schrecken war noch nie über Böotien gekommen. Wie da Pelopidas vom Hause Abschied nahm und seine Gattin ihn herausbegleitete und unter Thränen bat, sich ja zu erhalten, gab er die Antwort: „Weib, das muß man den Gemeinen empfehlen, dem Hauptmann aber, daß er die Andern erhalte." Und als er im Lager angekommen war und die Böotarchen nicht Eines Sinnes fand, trat er zuerst dem Epaminondas bei, der auf eine Schlacht mit dem Feinde antrug; er war zwar nicht Böotarch, aber als Oberster der heiligen Schaar hatte er ein gewichtiges Wort, wie es einem Manne zukam, der so viel zur Befreiung des Vaterlandes gethan hatte.

Nachdem nun der kühne Wurf beschlossen war und sie um Leuktra den Lakedämoniern gegenüber lagerten, sah Pelopidas im Traum ein Gesicht, das ihn gar sehr beunruhigte. In der Ebene von Leuktra*) sind nämlich die Grabmäler der Töchter des Skedasos, die man von dem Orte auch die Leuktrerinnen nennt: denn allda hatten sie, von Fremdlingen aus Sparta mißhandelt, ihre Grabstätte gefunden. Ihr Vater hatte zu Sparta die Bestrafung der Frevler verlangt; als er aber kein Recht fand, hatte er Fluch auf die Spartiaten herabgerufen und sich bei den Gräbern der Jungfrauen entleibt. Die Lakedämonier wurden von Zeit zu Zeit durch Orakelsprüche und Weissagungen gewarnt, auf der Hut zu sein wegen der Leuktrer Blutschuld; aber die wenigsten verstanden sie, da man über die Oertlichkeit ungewiß war: denn auch in Lakonien heißt ein Städtchen am Meere Leuktron, und bei Megalopolis in Arkadien ist ein Ort gleichen Namens.

Dem Pelopidas aber däuchte, wie er im Lager schlief, als sehe er die Jungfrauen an den Grabsteinen klagen und den Spartiaten fluchen, und Skedasos heiße ihn, wenn er den Feind besiegen wolle, seinen Töchtern eine blonde Jungfrau schlachten. Das Gebot erschien ihm grauenhaft und entsetzlich: er stand auf und theilte es den Wahrsagern und den Obersten mit. Einige derselben verlangten, man solle unnachsichtlich Folge leisten; sie beriefen sich auf Beispiele aus alter und neuer Zeit: auf Menökeus, Kreons Sohn; auf Makaria, die Tochter des Herakles; auf den von Spartiaten erwürgten Pherekydes, den Weisen, dessen Haut einem Spruche gemäß die Könige aufbewahren, auf Leonidas, der sich dem Orakel zufolge eigentlich für Griechenland geopfert; endlich auch auf die Menschenopfer, die Themistokles vor der Seeschlacht bei Salamis dem rohessenden Bakchos dargebracht

---

*) Wahrscheinlich zwischen Thespiä und Platää in Böotien.

hätte: lauter Vorgänge, für die der Erfolg Zeugniß gebe. Dagegen sei der Feldzug des Agesilaos ruhmlos geblieben und habe keinen Erfolg gehabt, weil er zu weichherzig war, dem Begehren der Göttin, die ihm vor Aulis im Traum erschien, zu willfahren und die Tochter zum Schlachtopfer zu bewilligen.

Die Andern sagten im Gegentheil, es könne keinem der höheren Wesen ein so wild=verbrecherisches Opfer gefallen: es säßen ja keine Typhonen und Giganten, sondern ein Allvater der Menschen und Götter auf dem Thron; es sei Thorheit an Geister zu glauben, die so niedrig wären, daß sie sich an Menschenblut und Mord weiden könnten; wenn es je solche gäbe, so wären sie gewiß ohne Macht und verdienten keine Aufmerksamkeit: denn so finstre und abge=schmackte Gelüste entständen nur aus Schwäche und Bosheit der Seele.

In solchen Verhandlungen stand der Kriegsrath, und Pelopidas sah nirgends Auskunft, als ein von der Heerde entsprungenes weibliches Füllen durch das Lager daherrannte und im vollen Lauf gerade vor ihnen sich stellte. Die feurig glänzenden Mähnen, der Muthwillen und das hoffärtige, herzhafte Gewieher zog aller Augen und Ohren auf sich; aber der Seher Theokritos, wie aus einem Traum erwachend, rief laut dem Pelopidas zu: „Da kommt dir, du Glücklicher, das Opfer gegangen; warten wir keiner anderen Jungfrau, sondern nimm und brauche die, welche dir Gott sendet." Sofort griffen sie das Fohlen, führten es auf die Gräber der Jungfrauen, segneten es ein, bekränzten und schlachteten es mit Freuden und verbreiteten die Kunde vom Gesichte des Pelopidas und seinem Opfer im ganzen Lager.

Nun kam die Schlacht. Epaminondas schob sein Fuß=volk schräg zur Linken vor, damit der rechte Flügel der Spartiaten möglichst von den anderen Griechen getrennt würde, denn er gedachte Kleombrotos zu werfen, indem er ihm in Masse und mit Nachdruck in die Flanke fiele. Sobald

der Feind dieses Manöver bemerkte, fing er auch an, seine
Stellung zu verändern: er wollte rechtshin schwenken und
sich so entfalten, daß Epaminondas mit Uebermacht umringt
und eingeschlossen würde. Aber in diesem Augenblicke rückte
Pelopidas vor, faßte die dreihundert zusammen und kam im
Sturmschritt heran. Noch ehe Kleombrotos die Kolonne
ausdehnen oder wieder sammeln und die Glieder schließen
konnte, machte jener seinen Angriff auf die Lakedämonier,
die noch ohne haltbaren Stand durch einander rannten.
Und doch waren die Spartiaten, die ausgelernten Meister in
aller Kriegskunst, auf nichts so gut eingeübt, als nicht irre
zu werden, wenn sich die Schlachtordnung auseinanderschlägt,
sondern jedem, der sich dazu findet, zum Neben= oder Hinter=
manne zu nehmen und sich anzuschließen, um gemeinsam jede
Gefahr zu bestehen. Hier aber machte Epaminondas mit
der auf einen Theil gerichteten Phalanx und des Pelopidas
unglaublich schnell und kühn geführter Streich ihre stolzen
Künste dergestalt zu Schanden, daß ein Fliehen und ein
Fallen über die Spartiaten kam, wie noch nie zuvor.
Darum ärndtete er auch, ohne Böotarch zu sein, als Anführer
einer kleinen Schaar gleichen Ruhm mit Epaminondas, dem
Oberfeldherrn aller Streitkräfte.

8. Der Einfall in den Peloponnes.

In den Peloponnes fielen sie beide als Böotarchen ein.
Sie machten Elis, Argos und ganz Arkadien, ja selbst einen
großen Theil Lakoniens von Sparta abtrünnig und zogen
fast die ganze Bevölkerung an sich. Doch nun war tiefer
Winter, man stand am kürzesten Tag und der letzte Monat
war beinahe abgelaufen: mit Anfang des ersten Monates
aber mußten andere den Befehl übernehmen; der Tod stand
darauf, wenn die vorigen ihn nicht abgaben. Theils aus
Achtung vor diesem Gesetze, theils weil sie dem Winter gern
entflohen wären, wollten die anderen Böotarchen nach Haus

eilen. Pelopidas aber stimmte mit Epaminonlas anders: sie begeisterten die Landsleute, zogen gegen Sparta, gingen über den Eurotas, nahmen viele Städte und verwüsteten an der Spitze von siebzig tausend Griechen, wovon nicht der zwölfte Theil Thebäer waren, das ganze Land bis zum Meere hin. Kein Beschluß der Bundesbehörde, sondern lediglich der Ruhm dieser Männer bewirkte es, daß alle Bundesgenossen ihrem Befehle schweigend gehorchten. Denn die ursprünglichste und haltbarste Grundlage aller Regierungs= gewalt ist, daß sie dem Hilfebedürftigen Hilfe gewähren kann: wenn auch der Seereisende bei hellem Himmel oder in der Bucht vor Anker dem Steuermanne barsch und unhöflich begegnet, so blickt er doch, so bald Sturm und Noth eintritt, auf ihn und hat an ihm den Trost der Hoffnung. So hatten auch die von Argos, Elis und Arkadien in den Rathsversammlungen immer mit den Thebäern um den Vorrang zu zanken und zu streiten: im Augenblick der Gefahr und der Entscheidung aber folgten sie den Feldherrn derselben mit freiwilligem Gehorsam. In diesem Feldzuge vereinigten sie ganz Arkadien in Eine Macht; sie entrissen das Messenische Land den Klauen der Spartiaten, legten Ithome an und führten die alten Bewohner wieder zurück. Auf dem Heimwege schlugen sie noch die Athener, als sie sich in den Engpaß bei Kenchreiä legten und ihnen den Durchgang wehren wollten.

9. Der Neid.

Alles war mit Achtung erfüllt vor solchem Heldenthum und bewunderte solches Glück: nur daheim bei ihren Lands= leuten war mit ihrem Ruhme der Neid groß gewachsen und bereitete ihnen keinen schönen noch würdigen Empfang. Auf den Tod wurden sie angeklagt bei ihrer Rückkunft, weil sie mit Verletzung des Gesetzes, nach welchem die Böo= tarchen im ersten Monat, Bukation genannt, den Befehl an andere abtreten sollen, sich noch vier volle Monate zugelegt, in welchen sie jene Thaten in Messene, Arkadien und Lakonien vollbracht hatten. Pelopidas wurde zuerst vor Gericht gestellt und hatte den schwersten Stand, doch wurden schließlich beide freigesprochen. Epaminondas hatte von jeher die Geduld im Staatsberufe für einen wesentlichen Bestandtheil männlicher Seelenstärke gehalten und ertrug diesen bübischen Proceß mit Gelassenheit; Pelopidas dagegen mit seiner hitzigeren Natur ließ sich von Freunden aufreizen, sich an den Widersachern zu rächen. Er ergriff dazu folgenden Anlaß.

Der Redner Menekleidas war zwar auch einer von jenen gewesen, die sich mit Pelopidas und Mellon in Charons Hause versammelten: weil er aber nicht gleicher Anerkennung in Theben genoß, so verwandte er nach seinem unbändigen, boshaften Charakter seine rednerischen Gaben auf Ränke und Verlästerung der Besseren und ruhte auch nach jenem Rechtsstreite nicht. Es gelang ihm wirklich den Epaminondas von der Böotarchenwürde zu verdrängen und seinen Einfluß auf lange Zeit zu schwächen. Doch vermochte er nicht Pelopidas dem Volk zu entleiden. Dafür suchte er ihn mit Charon zu verfeinden. Wie der Neid gewöhnlich den, über welchen er sich nicht stellen kann, wenigstens unter andre herabzusetzen sucht, so machte er viel Aufhebens von Charons Verdienst, er rühmte überall sein Feldherrntalent und seine Siege. Ja er gedachte dem Reitergefecht bei Plataä, das am Tag vor der Leuktrischen Schlacht unter Charons Banner gewonnen worden war, ein Denkmal zu stiften. Androkydes von Kyzikos malte in Theben an einem Schlachtstücke, das seine Vaterstadt bei ihm bestellt hatte. Unterdessen erfolgte der Abfall dieser Stadt und der Krieg trat ein, da behielt Theben das Bild, dem nicht mehr viel zu seiner Vollendung fehlte. Menekleidas suchte nun die Bürger zu bereden, auf dieses Kunstwerk den Namen Charon zu setzen, und das sollte den Ruhm des Epaminondas und

Pelopidas verdunkeln. Es war eine jämmerliche Großthuerei neben so viel glänzenden Kriegsthaten sich mit einem vereinzelten Siegesabenteuer hervorzuthun, wo ein bedeutungsloser Gerondas von Sparta mit vierzig anderen geblieben, sonst aber nichts Erhebliches geschehen sein soll. Pelopidas griff diesen Vorschlag als ordnungswidrig an und wies nach, daß es in Theben nicht Brauch sei, ausschließlich einzelne auszuzeichnen, sondern man habe allezeit dem Vaterlande gemeinsam den Ruhm des Sieges gewahrt. Und während er in der ganzen Verhandlung das Lob des Charon nicht sparte, entlarvte er in Menekleidas den neidischen, boshaften Menschen und fragte die Thebäer, ob denn sie nichts brav gemacht hätten? Das Ende war, daß Menekleidas zu einer Geldstrafe verurtheilt wurde, deren Größe ihm unerschwinglich war und ihn später zum Versuch eines Aufstandes verleitete. Auch solche Dinge eröffnen einen Blick in das Leben der Menschen.

10. Die Begebenheiten in Thessalien und Makedonien. Der Tyrann von Pherä.

Alexander, der Tyrann von Pherä, lag im Kriege mit einem großen Theile von Thessalien und ging mit Planen um, die das ganze Land bedrohten. Da traten die Thessalischen Städte mit Theben in Unterhandlung: sie baten um einen Hauptmann und bewaffneten Zuzug. Diese Aufgabe übernahm Pelopidas, denn einerseits war es ihm unmöglich, seine Kraft und Wissenschaft brach liegen zu lassen, andrerseits mußte er, wo Epaminondas waltete, sich für entbehrlich erkennen.

Kaum war er in Thessalien eingerückt, als sich Larissa ergab und Alexander um gütliche Vermittelung bat. Pelopidas leitete sie bereitwillig ein und suchte den Tyrannen zu einem guten, rechtlichen Oberhaupt Thessaliens zu bekehren. Doch bald fing der Arzt an am Tiger zu verzweifeln; Klage auf Klage lief ein über seine Grausamkeit, Unzucht und Habgier, und so machte er sich mit seinen Trabanten davon und entging dem entbrennenden Grimme des Pelopidas. Thessalien war nun seinen Dränger los, und Pelopidas verließ es in tiefster Ruhe und Eintracht.

Denn jetzt brach er nach Makedonien auf. Ptolemäos lag mit Alexander, dem König des Landes, im Streit, und beide riefen Pelopidas als Schiedsrichter herbei zu Schutz und Schirm der Sache, die er als die gerechte befinden würde. Er schlichtete den Streit, eröffnete den Vertriebenen die Heimkehr, nahm Philippos, den Bruder des Königs, mit noch dreißig Knaben aus den angesehensten Häusern als Geißeln und brachte sie nach Theben. Er wollte Griechenland zeigen, wie weit sich der Einfluß der Thebäer erstrecke durch den Ruhm ihrer Macht und den Glauben an ihre Rechtlichkeit. Dies war Philippos, der den Griechen nachmals die Freiheit bestritt, jetzt aber als Knabe in Theben bei Pammenes zu Tische ging. Deswegen glaubte man auch, er habe sich den Epaminondas zum Vorbild genommen; und er mag wohl den kriegerisch durchgreifenden Unternehmungsgeist, der von den Vorzügen des Mannes nur ein kleiner Theil war, von ihm abgesehen haben: aber an der Selbstbeherrschung, Gerechtigkeit, Seelengröße und Milde, die jenen wahrhaft groß machten, hatte Philippos weder ursprünglich noch angebildeter Weise Theil.

Unterdessen erscholl von Thessalien wieder Klage gegen Alexander von Pherä, weil er den Landfrieden gebrochen, und Pelopidas wurde mit Ismenias als Gesandter abgeordnet. Er erschien ohne eigenes Heergefolge und war keines Krieges gewärtig, im Nothfall mußte er sich auf die Truppen stützen, welche die Thessalier selbst stellen konnten. Nun war es aber auch in Makedonien wieder unruhig geworden: Ptolemäos hatte den König aus dem Wege geräumt und den Thron bestiegen; der Anhang des Ermordeten rief den Pelopidas. Er wollte sogleich einschreiten, stellte sich in

Ermanglung eigener Truppen an die Spitze von Söldnern, wie er sie gerade fand, und zog stracks gegen Ptolemäos. Dieser verleitete, als sie nun nahe bei einander waren, die Söldner mit Geld zum Uebertritt; doch kam er aus Achtung vor dem berühmten Namen dem Pelopidas als seinem Herrn und Meister entgegen, bewillkommte ihn und versprach die Krone den Brüdern des Verstorbenen aufzubehalten und mit Theben gleiche Freunde und Feinde haben zu wollen. Zur Sicherheit gab er seinen Sohn Philorenos und fünfzig Leute aus seinem Anhang als Geißeln, und Pelopidas schickte sie nach Theben. Er war voll Unmuths über die Verrätherei der Söldner, und da er hörte, daß sie die Hauptniederlage ihrer Habe sammt Weibern und Kindern in Pharsalos hätten, durch deren Besitznahme er den Frevel genugsam strafen könne, sammelte er ein Häuflein Thessalier und zog nach dieser Stadt. Kaum aber war er dahin gekommen, als der Tyrann Alexander auch mit bewaffneter Macht erschien. In der Meinung, er komme zu seiner Verantwortung, begaben sich Pelopidas und Ismenias, obwohl sie ihn als einen mordbefleckten Verbrecher kannten, persönlich zu ihm, denn als Thebäer von solchem Rang und Namen glaubten sie sich vor jeder Unbill sicher. Der aber sieht sie nicht sobald herankommen, ohne Waffen und Geleite wie sie waren, als er sie festnimmt und sich der Stadt Pharsalos bemächtigt. Seine Unterthanen ergriff Grauen und Furcht: wessen sollte er sich nach so dreister Gewaltthat nicht vermessen? Denn es war zu erwarten, daß er von nun an mit den Leuten und den Verhältnissen so umspringen werde, als sei sein Kopf nun doch einmal verwirkt.

Die Thebäer, entrüstet über diese Vorgänge, schickten sogleich ein Heer in's Feld, aber Epaminondas bekam nicht den Befehl, denn sie grollten ihm. Indessen hatte der Tyrann den Pelopidas nach Pherä geschleppt. Anfangs ließ er jedermann mit ihm verkehren, weil er dachte, das Unglück habe ihn demüthig und mürbe gemacht. Da tröstete denn

Pelopidas die jammernden Pheräer mit der Aussicht auf den gewissen Sturz des Tyrannen und ließ ihm selber sagen, es sei Unverstand, daß er die armen, unschuldigen Unterthanen Tag für Tag martere und morde und ihn am Leben lasse, von dessen Entkommen er sich doch unmittelbar der Rache versehen müsse. Verwundert über so stolze Zuversicht spricht Alexander: „Warum eilt es dem Pelopidas mit dem Tode?" Worauf dieser antworten ließ: „Damit es mit dir um so schneller ende, wenn du Gott noch verhaßter geworden bist als jetzt." Darauf hin wurde denn aller Besuch bei Pelopidas verboten. Aber Thebe, Jasons Tochter und Alexanders Gemahlin, fühlte sich durch die Erzählungen der Wache von Pelopidas hohem Heldengeiste angezogen und fand ein Vergnügen daran, den Mann zu sehen und zu sprechen. Und als sie zu ihm kam und nach Frauenart den großen Charakter in so tiefem Elend nicht sogleich durchschaute, wohl aber aus Haar, Gewand und Nahrung seine traurige, unwürdige Lage erkannte, gingen ihr die Augen über. Pelopidas verwunderte sich anfangs und besann sich, wer die Frau wohl sei. Und wie er sie erkannte, redete er sie als Tochter Jasons an, denn er hatte mit ihrem Vater in vertrauter Freundschaft gestanden. Sie sagte: „Mich jammert dein Weib." „Und du mich," sprach er, „daß du, ohne an Ketten zu sein, es mit Alexander aushältst." Dies Wort ging dem Weibe in's Herz, denn es ward ihr schon lange schwer, den Frevelmuth des Unmenschen zu ertragen. Und so wurde sie durch wiederholten Besuch bei Pelopidas und offenes Bekenntniß ihres Grams im Stillen voll Verachtung, Gift und Galle auf Alexander.

Da aber die Thebäischen Feldherren mit ihrem Einfall in Thessalien nichts ausrichteten, sondern durch Unglück oder aus Ungeschick mit Schande zurückkamen, strafte sie die Stadt, jeden um zehntausend Drachmen, und schickte Epaminondas mit Heeresmacht. Ganz Thessalien war in Be-

wegung, am Ruhme des Feldherrn sich aufrichtend, und
dem Tyrannen schien die letzte Stunde geschlagen zu haben,
denn seine eigenen Hauptleute und Getreuen überkam die
Furcht, und der Geist des Aufruhrs ergriff die Unterthanen
in schadenfroher Erwartung, daß man jetzt die Bestrafung
des Tyrannen erlebe. Allein dem Epaminondas lag mehr
an der Rettung des Pelopidas als an seinem eigenen Ruhme:
er besorgte, Alerander möchte im Gedränge der Noth und
in der Verzweiflung am eigenen Heil sich wie ein reißendes
Thier gegen jenen wenden. Und so ließ er seinen Donner
nur über ihn hinrollen: ihn rings umkreisend bearbeitete
und bedrängte er den Tyrannen mit drohendem Zögern
also, daß er weder stolze Vermessenheit in ihm aufkommen
ließ, noch seine Galle und Tigerhaftigkeit reizte. Denn er
wußte wohl, mit welchem Hohn gegen Ehre und Gewissen
der Wütherich verfuhr: er hatte Menschen lebendig begraben
lassen; andere waren in Eber= und Bärenhäute eingenäht
und dann ihm zur Kurzweil theils von Jagdhunden, die
er hetzte, zerrissen, theils erschossen worden. In seinen getreuen Bundesstädten Meliböa und Skotussa ließ er die
Volksversammlung von seinen Bewaffneten umstellen und
alle Waffenfähigen umbringen. Den Speer, womit er seinen
Oheim Polyphron ermordet hatte, weihte und bekränzte er
und opferte ihm als einem Gotte, den er Tychon, d. h. den
Treffer nannte. Als er einmal im Theater die Troerinnen
des Euripides aufführen sah, lief er plötzlich weg: er ließ
den Schauspielern sagen, sie sollten nur weiter spielen und
nicht schlechter als zuvor; denn er habe sich nicht aus Mißfallen an ihrem Spiele entfernt, sondern weil er sich vor
den Unterthanen schämte, wenn man ihn, der sich keines
seiner Schlachtopfer je erbarmt, über die Leiden der Hekuba
und Andromache weinen sehe.

Jetzt aber eingeschüchtert vom bloßen Namen und Kriegsruhm des Epaminondas

„Zog unser Hahn geduckt die stolzen Flügel ein"

und ließ sich eilends bei ihm entschuldigen. Doch gewann es jener nicht über sich, mit einem solchen Menschen Frieden und Freundschaft für Theben abzuschließen: er ging nur auf einen Monat Waffenstillstand ein, ließ sich Pelopidas und Ismenias ausliefern und trat den Rückzug an.

11. Pelopidas am Persischen Hofe.

Damals knüpften Sparta und Athen mit dem Persischen Hofe Unterhandlungen an zu einem Bündnisse. Da wollte Theben, sobald es davon hörte, nicht zurückbleiben und ordnete mit gar weiser Rücksicht auf seinen Ruhm Pelopidas als seinen Gesandten zu diesem Kongresse ab. Schon auf der Durchreise durch die Statthalterschaften des Königs wurde der berühmte Mann überall hoch gefeiert. Denn der Ruhm seiner an Sparta verdienten Kränze war weithin nach Asien gedrungen, und der zuerst von der Leuktrer Schlacht erschollene Ruf hatte sich wachsend durch immer neue Siege bis in die weiteste Ferne verbreitet. Wie er sodann bei Hofe auftrat, zog er die Aufmerksamkeit der Statthalter, der Obristen und Hauptleute auf sich: das sei der Mann, sagten sie voll Bewunderung, der Land und Meer von Lakedämoniern gereinigt und Sparta, welches jüngst noch in seinem Agesilaos die Kriegsfahne gegen den großen König und die Perser um Susa und Ekbatana erhob, unter den Taygetos an den Eurotas zurückgewiesen habe. Das war nun dem Artarerres ein Wohlgefallen, und er bewunderte seinen Ruhm um so unumwundener und zeichnete ihn um so ehrenvoller aus, weil er das Ansehen haben wollte, als kämen die größten Männer herbei um sein Glück zu preisen und seiner Macht zu huldigen. Wie er ihn aber auch von Angesicht erblickte und in seiner Sprache mehr Kraft als in der Attischen, und mehr Einfalt als in der Rede der Spartiaten fand, gewann er ihn noch lieber: mit königlichem Sinn offenbarte er seine Achtung vor dem

Manne und ließ die anderen Botschafter wohl erkennen, wer
ihm am meisten galt. Früher hatte er den Spartiaten
Antalkidas vor allen Griechen durch seine Gnade ausge=
zeichnet; er hatte den Kranz, den er beim Pokal aufgehabt,
in Duftöl eingetaucht und demselben überschickt. Dem
Pelopidas erwies er so übergroße Höflichkeit nicht, aber er
sandte ihm die landesüblichen Gaben auserlesen und reichlich
und gab seinen Vorstellungen Gehör: er bestätigte die Unab=
hängigkeit Griechenlands, Messenes Wiederherstellung und
Thebens Freundschaft mit dem Könige, die als von den
Vätern ererbt gelten sollte. Mit diesem Bescheide reiste
er ab, ohne von den Geschenken etwas anzunehmen, außer
was etwa Gnaden= und Liebeswerth hatte. Damit stellte
er wohl die anderen Botschafter in Schatten. Den Tima=
goras wenigstens erwartete zu Athen das Todesurtheil:
wenn für unverschämte Bestechlichkeit, von Rechtswegen.
Denn er nahm nicht allein Gold und Silber, sondern
auch ein kostbares Tischlager mit und eigene Diener, weil
die Griechen die kunstreiche Behandlung desselben nicht
verstünden; dazu noch achtzig Kühe nebst Melkern, wobei er
vorgab, daß ihm für eine Unpäßlichkeit die Kuhmilch Bedürf=
niß wäre. Schließlich machte er noch die Heimreise in einem
Hängebett, und den Trägerlohn bezahlte der König mit vier
Talenten. Doch war es zunächst wohl nicht dieses Geschenk=
nehmen, was die Athener empörte; wenigstens lachte das
Volk, als einmal Epikrates, der Bärtige, ohne die eigene
Empfänglichkeit für die königlichen Gaben in Abrede zu
stellen erklärte, er wolle einen Antrag stellen, daß man statt
der neun Archonten alljährlich neun Botschafter aus der
ärmeren Bürgerklasse an den König sende, damit sie durch
seine Geschenke in den Wohlstand kämen. Ihr Schmerz
war vielmehr, daß den Thebäern alles nach Wunsch geworden,
und sie vergaßen dabei in Anschlag zu bringen, daß bei
einem Manne, der sich dem jeweiligen Waffenglück zuneigte, alle
Kunst der Rede dem Ruhm des Pelopidas erliegen mußte.

So war denn auch diese Gesandtschaftsreise für ihn, als
er wieder da war, keine geringe Empfehlung: er hatte ja
die Wiederherstellung von Messene und die Selbständigkeit
des übrigen Griechenlands durchgesetzt. Und weil Alexander
von Pherä wieder sein altes Wesen trieb, dem Thessalischen
Bunde viele Städte entriß, den Phthioten, den gesammten
Achäern und dem Volke der Magnesier Besatzung auflegte,
so schickten die Städte, sobald sie von der Rückkehr des
Pelopidas hörten, eine Gesandtschaft an die Thebäer mit der
Bitte um Hilfsvölker unter seiner Anführung.

12. Sein letzter Feldzug.

Die Thebäer willfahrten gern, und schnell war alles in
Bereitschaft. Schon wollte der Feldherr aufbrechen, als sich
die Sonne verfinsterte und Dunkel am Tage die Stadt
bedeckte. Wie nun Pelopidas alles über diese Erscheinung
betroffen sah, hielt er es nicht für gut die erschreckten Leute
zum Ausrücken zu nöthigen und glaubte das Leben von
siebentausend Bürgern nicht auf's Spiel setzen zu dürfen: er
brach nur mit dreihundert freiwilligen Reitern und einigen
Miethsoldaten auf und zog damit den Thessaliern zu Hilfe,
obgleich es die Wahrsager nicht zulassen und die Bürgerschaft kein Herz dazu fassen wollte. Denn ihr Glaube sah
in dem Himmelszeichen eine Bedeutung, es mußte sich auf
ein erlauchtes Haupt beziehen. Er aber gedachte der erlittenen
Schmach und dürstete nach Rache an Alexander; auch war
es ihm nach seinen Unterredungen mit Thebe, der Gemahlin
des Tyrannen, wahrscheinlich, daß er den Hof in innerer
Zerrüttung antreffen werde. Noch mehr begeisterte ihn die
Schönheit der That zum edelsten Ehrgeiz: während Sparta
dem Tyrannen Dionys auf Sicilien Hauptleute und Vögte
sandte; während Athen von Alexander Sold bezog und ihn
als seinen Wohlthäter in Erz aufstellte, wollte er den Griechen

zeigen, wie Theben allein für die Unterdrückten das Schwert führe und die ruchlose Tyrannei in Griechenland stürze.

Zu Pharsalos hielt er Heerschau um stracks auf Alexander loszugehen. Als dieser sah, daß nur wenige Thebäer um Pelopidas waren und daß sein eigenes Fußvolk das Thessalische an Zahl um mehr als das doppelte übertraf, zog er ihm bis in die Nähe von Pharsalos nach Thetidion entgegen. Auf die Nachricht, daß der Tyrann mit vielen Leuten heranrücke, spricht Pelopidas: „Desto besser, dann schlagen wir auch ihrer mehr." Mitten zwischen den Heeren in der Gegend, die Kynoskephalä heißt, lagen einige Hügel hoch und steil neben einander; beide trachteten, sich derselben mit dem Fußvolk zu bemächtigen. Seine Reiterei, stark und tapfer, ließ Pelopidas auf die feindlichen Reiter ansprengen. Sie warf dieselben und jagte den Fliehenden in die Ebene nach. Aber oben auf den Höhen erschien Alexander; das Thessalische Fußvolk rückte zu spät an und hatte nun gegen eine feste und hohe Stellung Sturm zu laufen, seine Vordersten fielen und die Anderen konnten nichts ausrichten. In diesem Augenblick rief Pelopidas seine Reiter zurück und ließ sie auf den Feind, wo er Fronte bot, ansetzen. Er selber nahm flugs den Schild, stürzte in den Kampf um die Hügel und erfüllte vorwärts dringend alles mit solcher Kraft und Begeisterung, daß der Feind ganz andere, an Leib und Seele verwandelte Leute anrücken zu sehen vermeinte. Zwei, drei Stürme schlug Alexander noch ab: da er aber das Fußvolk unermüdlich anbringen und die Reiterei von ihrer Jagd umkehren sah, wich er und zog sich Schritt für Schritt zurück. Da stand nun Pelopidas still: er überschaute von den Höhen das ganze Feindesheer, zwar noch nicht auf der Flucht aber schon in voller Verwirrung. Er suchte nach allen Seiten Alexander mit seinen Blicken. Und als er ihn nun erschaute, wie er auf dem rechten Flügel die Söldner sammelte und ermuthigte, war seine Vernunft des Zornes nicht Meister: er loderte bei dem Anblick auf, und indem er

9*

sich und den Feldherrnstab der Leidenschaft hingab, sprengte er weit über die Andern alle vor und forderte mit lautem Rufe den Tyrannen zum Kampfe auf. Doch der hielt dem Sturme nicht Stand, sondern verkroch sich hinter schirmende Hellebarden. Die vordersten Söldner, die ihm die Spitze boten, warf Pelopidas zurück und mancher fiel unter seinen Streichen. Aber die Masse stach ihn mit ihren langen Speeren durch die Rüstung über und über wund, und als die Thessalier voll ängstlicher Besorgniß von den Hügeln zu Hilfe eilten, da war er bereits gefallen. Die ansprengende Reiterei jagte alles Fußvolk des Tyrannen in die Flucht und füllte weithin die Wahlstatt mit Leichen. Mehr als dreitausend lagen am Boden.

Die anwesenden Thebäer trugen Leid um den Todten wie um einen Vater, sie nannten ihn ihren Retter und Führer zum höchsten, schönsten Glücke. Aber noch mehr Liebe bezeigten ihm die Thessalier und Bundesgenossen, in ihrem Schmerze überboten sie die Ehre, die menschlichem Heldenthume gebührt. Denn wie man sagt, schnallte von allen, die des Tages Arbeit getheilt hatten, keiner den Panzer ab, als man seinen Tod erfuhr, keiner zäumte ein Pferd aus, keiner ließ sich seine Wunde verbinden: alle wallten mit schweißtriefendem Harnische zu dem Todten, als ob er noch fühlte, man schichtete die Beute der Schlacht rings um den Leichnam auf, man schor die Mähnen, man schor sich das eigene Haar. Mancher ging weg in sein Zelt ohne Feuer anzumachen oder etwas zu sich zu nehmen. Schweigen und Niedergeschlagenheit herrschte im ganzen Lager, als hätte man nicht den herrlichsten, größten Sieg erfochten, nein als wären sie von dem Tyrannen zu dauernder Knecht= schaft überwunden. Und aus den Städten erschienen auf die Traueranzeige die Behörden, Jünglinge, Knaben und Priester zum Ehrenempfang der Leiche und legten Trophäen, Kränze und vollständige goldene Rüstungen auf die Bahre.

Wie nun der Leib sollte begraben werden, traten Thes=

faliens Aelteste heran und ersuchten die Thebäer ihnen die Bestattung zu überlassen: „Bundesgenossen," sagte ihr Sprecher, „wir bitten euch um diese Vergünstigung: sie ziert und tröstet uns in tiefem Leid. Nicht im Leben ja werden wir Thessalier den Pelopidas geleiten, noch dem Fühlenden die gebührende Ehre erweisen; aber dürfen wir den Leichnam berühren und ihm mit eigener Hand die letzte Liebe thun, so werden wir damit unsre Ueberzeugung offenbaren, daß Thessalien mehr als Theben von diesem Verluste betroffen wird: ihr habt nur den besten Feldherrn, wir aber leider auch die Freiheit mit ihm eingebüßt. Denn wie dürften wir euch fernerhin noch um einen Heerführer bitten, da wir Pelopidas nicht wiedergegeben?" Die Thebäer ließen sich den Wunsch gefallen.

Wohl nie ist eine Leichenfeier herrlicher gewesen, wenn man die Herrlichkeit nicht in Elfenbein und Gold und Purpurpracht findet wie Philistos, der sich zu hohem Schwung begeisterte beim Begräbniß des Dionysios; und dieses war doch nur der theatralische Schluß zum großen Trauerspiel seiner Tyrannei. So ließ der große Alexandros beim Tode Hephästions nicht nur Rosse und Maulthiere scheeren, sondern auch die Zinnen auf den Mauern abstoßen, damit auch die Städte in sichtbarer Trauer statt der früheren Wohlgestalt ein kahles und demüthiges Aussehen annähmen. Aber ein solches Machtgebot, das mit Zwang und Drang durchgeführt wird, den Gefeierten zum Gegenstande des Neides, den Nöthigenden verhaßt macht, konnte nicht Ehre und Huld, sondern nur orientalischen Schwulst und aufgeblasenen Uebermuth kund geben, da man an schalen Unwerth den Ueberfluß vergeudete. Wenn dagegen ein einfacher Bürger, im fremden Lande Todes verlichen, fern von Weib und Kindern und Anverwandten, auf niemandes Bitten, niemandes Dringen von so vielen Völkern und Städten in die Wette mit Ehrengepräng im Siegeskranze zu Grabe geleitet ward, — der scheint offenbar die Krone der Ver-

klärung davon getragen zu haben. Ist doch der Tod des
Glücklichen, wie Aesop oft sagte, nicht herb, sondern selig,
da er die schönen Thaten der Edlen an sicheren Ort rettet
und sie dem Wechsel des Glückes entreißt. Desto treffender
war der Gruß, den ein Spartiate dem Olympischen Sieger
Diagoras zurief, als derselbe zu Olympia Kinder und
Kindeskinder im Kranze gesehen: „Stirb, Diagoras: gen
Himmel wirst du doch nicht fahren.“ Aber die Olympischen
und Pythischen Siege alle zusammen wird man, denke ich,
nicht mit Einer der Heldenthaten in Vergleichung bringen
wollen, deren Pelopidas so viele mit glückgekröntem Muthe
vollbrachte, er, der die meisten Tage in Ehren und Ruhm
verlebt hatte und am Ende, zum dreizehntenmale Böotarch,
im Heldenkampfe, der dem Tyrannenblute galt, den Tod
für die Freiheit Thessaliens gestorben ist.

Sein Tod setzte zwar die Bundesgenossen tief in Trauer,
doch höher noch in Vortheil. Denn sobald die Thebäer von
Pelopidas' Ende hörten, rückten sie rachebürstend zu Felde
mit siebentausend Mann Fußvolk und siebenhundert Reitern;
Malkites und Diogeiton waren die Anführer. Sie fanden
Alexander gedemüthigt, seine Kraft gebrochen; und so zwangen
sie ihn, den Thessaliern die Städte, die er von ihnen hatte,
herauszugeben; Magnesia, Phtiotis und die Achäer frei zu
lassen und seine Besatzung herauszuziehen; auch mußte er
einen leiblichen Eid schwören, dem Thebäischen Heerbann
überallhin Folge zu leisten. Und damit ließen sich die
Thebäer abfinden. Wie aber bald nachher die Götter für
Pelopidas an ihm Vergeltung übten, das will ich zum
Schlusse noch erzählen.

Pelopidas hatte zuerst der Gemahlin Alexanders, Thebe,
die Augen geöffnet, daß sie sich nicht zu scheuen brauchte
vor dem blendenden Außenwerk der Tyrannei, denn die
Waffenmacht der Söldnerschaar könnte ja für sie in ihrer
Stellung kein Gegenstand der Furcht sein. Sodann trat sie
voll Grauen vor seiner Treulosigkeit und voll Abscheu vor

seiner Grausamkeit in's Einvernehmen mit ihren drei Brü=
dern Tisiphonos, Pytholaos und Lykophron. Die ganze
Wohnung des Tyrannen war die Nacht über mit Wachen
besetzt, nur vor dem Schlafgemach im oberen Stock hielt
ein Kettenhund Wacht, jedermann furchtbar außer ihnen
selbst und einem vom Gesinde, der ihm das Futter gab.
Wie sie nun zur That schreiten wollte, hielt die Frau ihre
Brüder schon am Tage nahebei in einer Kammer verborgen.
Dann ging sie wie immer zu Alexander hinein, welcher
schon schlief. Nach einer Weile kam sie wieder heraus und
befahl dem Diener, den Hund hinauszuthun, denn der Herr
wolle ungestört schlummern. Sie selbst belegte die Treppe
mit Wolle, damit sie unter den Tritten der Jünglinge kein
Geräusch gebe. Sofort führt sie die schwertgerüsteten Brüder
herauf und stellt sie vor die Thüre: drauf geht sie hinein,
nimmt das zu seinen Häupten hängende Schwert herab und
zeigt es zum Beweise, daß der Mann fest schlafe. Doch
zagen die Jünglinge; da schilt sie und betheuert mit Heftig=
keit, sie wolle selbst Alexander wecken und den Anschlag
verrathen, wenn sie zögern. So zwingt sie dieselben mit
Scham und Furcht herein, stellt sie um das Bett und leuchtet
mit der Lampe. Da faßte ihn der Eine an den Füßen
fest, der Andere bog an den Haaren den Kopf zurück, und
der Dritte gab ihm den Todesstreich.

Betrachtet man das schnelle Ende, so darf man vielleicht
sagen, daß er glimpflicher, als billig war, gestorben sei:
darin aber, daß er unter den Tyrannen allein oder doch
zuerst durch sein eigen Weib umgekommen, und daß die
Pheräer seinen Leib im Tode noch schmählich herumwarfen
und mit Füßen traten, fand er den verdienten Lohn seiner
Missethaten.

V.

Timoleon.

Geb. zu Korinth um 410, gestorben zu Syrakus
337 v. Chr.

---

1. Die Verhältnisse auf Sicilien vor der Ankunft des Timoleon.

Die Syrakuser waren in schlimmer Lage. Dion hatte zwar den Tyrannen Dionys vertrieben, aber er war bald nachher durch Meuchelmord umgekommen. Die Männer, welche mit ihm die Freiheit hatten erringen wollen, wurden uneins unter einander und so gerieth die Stadt aus den Händen eines Tyrannen immer wieder in die eines andern und wurde unter der Menge seiner Leiben beinahe zur Einöde. Auch im übrigen Sicilien war manche Gegend durch die Kriege bereits gänzlich verwüstet und entvölkert, und die meisten Städte befanden sich in der Gewalt von allerlei Fremden und Soldaten ohne Sold, welche gar bereitwillig waren, die Herrscher zu wechseln. Unter diesen Umständen konnte Dionys im zehnten Jahr mit einer gedungenen Schaar den damaligen Gebieter von Syrakus, Nysäos, verjagen und sich wieder zum Tyrannen aufwerfen. Hatte er zuvor durch eine geringe Macht die größte Gewaltherrschaft, die man je gesehen, wider Erwarten verloren, so wurde er jetzt noch unerwarteter aus einem Flüchtling Herr seiner Vertreiber. Wer nun von den Syrakusern in der Stadt blieb, trug das Joch des Tyrannen, der, sonst schon nicht mild, jetzt durch das erlittene Unglück zur äußersten Härte gereizt war. Die Edelsten und Angesehensten aber warfen sich Hiketes, dem Fürsten der Leontiner, in die Arme und übertrugen ihm den Oberbefehl im Kriege; nicht daß er besser gewesen wäre, als die ausgemachtesten Tyrannen, sondern weil sie keine andre Zuflucht hatten, und weil ihnen sein syrakusisches Blut nebst dem Besitz einer dem Zwingherrn gewachsenen Macht Vertrauen einflößten.

Als nun aber die Karthager mit einer großen Flotte nach Sicilien kamen und wie eine schwere Gewitterwolke die Insel bedrohten, so beschlossen die geängsteten Sicilier, eine Gesandtschaft nach Griechenland abzuordnen und die Korinther um Hilfe anzusprechen. Diesen Beschluß faßten sie nicht nur wegen der Verwandtschaft*), oder weil ihnen die schon bei vielen Gelegenheiten empfangenen Wohlthaten Vertrauen einflößten, sondern auch im Hinblick auf die Freiheitsliebe und den Tyrannenhaß, welche die Korinther überall und zu allen Zeiten zeigten. Sie hatten ja die meisten und bedeutendsten ihrer Kriege nicht für Herrschaft und Vergrößerung geführt, sondern für Griechenlands Freiheit. Hiketes aber, der zur Unterjochung, nicht zur Befreiung der Syrakuser den Feldherrnstab zu führen gedachte, hatte bereits heimlich mit den Karthagern unterhandelt; öffentlich jedoch gab er den Syrakusern Beifall und beauftragte die Gesandten auch in seinem Namen nach dem Peloponnes zu reisen: nicht als hätte er gewünscht, daß Hilfe dorther käme, sondern für den wahrscheinlichen Fall, daß die Korinther, durch die griechischen Unruhen zu sehr beschäftigt, den Beistand verweigern würden, hoffte er den Karthagern desto leichter die Gewalt in die Hände zu spielen und an ihnen Bundes=

---

*) Syrakus eine Kolonie von Korinth (732 v. Chr.). Thuk. VI, 3.

genoſſen und Mitſtreiter mehr gegen die Syrakuſer als
gegen den Tyrannen zu bekommen. Dies kam bald nachher
an den Tag.

Die Korinther aber, für das Wohl ihrer Pflanzſtädte
und namentlich der Syrakuſer ſtets eifrig beſorgt und damals
zufällig durch keine Störung in Griechenland gehindert,
ſondern in Frieden und Ruhe lebend, beſchloſſen, als die
Geſandten kamen, eilig Hilfe zu ſenden. Als man nun
einen Feldherrn ſuchte, und die Bürger, welche ſich hervor
zu thun ſtrebten, von den Behörden bezeichnet und in Vor=
ſchlag gebracht wurden, ſo erhob ſich einer aus der Menge
und nannte Timoleon, des Timodemos Sohn, der an den
öffentlichen Geſchäften keinen Theil mehr nahm und weder
Hoffnungen noch Entwürfe der Art hegte; nein, offenbar
hatte ein Gott es jenem Mann in den Sinn gegeben: ſo
freundlich lächelte dem Timoleon die Huld des Glückes
gleich bei ſeiner Wahl, mit ſo hoher Gunſt begleitete es
fortan ſeine Thaten und verherrlichte ſeine Tapferkeit.

2. Timoleon vor ſeiner Sendung nach Syrakus.

Timoleons Eltern waren Timodemos und Demariſte, beide
ſehr angeſehen in Korinth. Er ſelbſt war voll Vaterlands=
liebe und von ſeltener Milde, nur im Haß gegen Tyrannei
und Bosheit heftig. Für den Krieg beſaß er von Natur
ſo ſchön und harmoniſch verbundene Eigenſchaften, daß aus
den Thaten des Jünglings große Klugheit, aus denen des
Greiſes nicht geringerer Muth hervorleuchtete. Sein älterer
Bruder Timophanes aber war gerade das Gegentheil von
ihm, voll Unbeſonnenheit und mit Herrſchgier angeſteckt von
ſchlechten Vertrauten und kriegsluſtigen Fremdlingen, welche
den kühnen, Gefahr liebenden Krieger, wofür er allgemein
galt, immer umgaben. Durch letztere Eigenſchaft auch ſeinen
Mitbürgern empfohlen, wurde er als tapferer, unternehmender

Mann öfters an die Spitze des Heeres gestellt. Dabei war ihm Timoleon sehr nützlich: er verdeckte die Fehler, die jener machte oder milderte doch deren schlimmen Eindruck, während er, was die Natur jenem Empfehlendes gegeben, hervorhob und in das günstigste Licht setzte.

In dem Treffen der Korinther gegen die Argiver und Kleonäer, wo Timoleon in den Reihen der Schwerbewaffneten stand, gerieth Timophanes als Reiterobrist in die äußerste Gefahr. Sein Pferd erhielt eine Wunde und schleuderte ihn unter die Feinde hinein. Die meisten seiner Gefährten flohen bestürzt; die kleine Zahl der Zurückbleibenden hielt sich nur mit Noth gegen den zahlreichen Feind. Wie nun Timoleon den Unfall bemerkte, eilte er in vollem Laufe hinzu, deckte mit seinem Schilde den zu Boden gestreckten Timophanes, faßte viele Wurfspieße und Schwerthiebe mit Brust und Waffen auf, trieb endlich den Feind zurück und rettete den Bruder.

Als in der Folge die Korinther aus Besorgniß, die Bundesgenossen möchten sich, wie schon einmal geschehen war *), ihrer Stadt bemächtigen, vierhundert Söldner zu unterhalten beschlossen, vertrauten sie den Befehl über dieselben dem Timophanes. Dieser ging, unbekümmert um Ehre und Pflicht, sogleich darauf aus, sich die Stadt unterwürfig zu machen, ließ viele der vornehmsten Bürger ohne Urtheil und Recht hinrichten und erklärte dann sich selbst zum Tyrannen. Timoleon sah in tiefer Betrübniß die Schlechtigkeit des Bruders als sein eigenes Unglück an und versuchte deshalb ihn durch Vorstellungen zu bewegen, daß er der wahnsinnigen und verderblichen Leidenschaft sich entschlüge und seine Fehltritte bei den Bürgern möglichst vergütete. Da er sich aber mit Verachtung zurückgewiesen sah,

---

*) Von den Argivern im sogenannten korinthischen Kriege, 393 v. Chr. In diese Zeit fällt vermuthlich auch die eben erwähnte Schlacht.

so verband er sich mit einem seiner Verwandten, Aischylos, dem Bruder der Gattin des Timophanes und einem seiner Freunde, dem Wahrsager Satyros, und ging mit ihnen nach wenigen Tagen wieder zum Bruder auf die Burg. Die drei Männer stellten sich um ihn her und baten flehentlich, er möchte doch einmal sich besinnen und umkehren. Wie aber Timophanes sie zuerst verlachte, dann in Zorn und Drohungen ausbrach, so trat Timoleon einige Schritte von ihm zurück, verhüllte sein Gesicht und blieb weinend stehen, während jene die Dolche zückten und ihn auf der Stelle niedermachten.

Als die That ruchbar wurde, so lobten zwar die Gut= gesinnten in Korinth Timoleons Haß gegen das Böse und seine Großherzigkeit, daß ihm bei aller Sanftmuth und Verwandtenliebe dennoch das Vaterland mehr gegolten als sein Haus, Ehre und Recht mehr als das Nützliche, da er den Bruder, welchen er als wackeren Kämpfer für das Vaterland gerettet, als hinterlistigen Unterdrücker getödtet habe. Die Feinde der Volksherrschaft aber heuchelten zwar Freude über den Tod des Tyrannen, schalten aber die That Timoleons als gottlos und gräuelhaft und versetzten ihn dadurch in tiefe Schwermuth. Als er nun vollends erfuhr, daß auch seine Mutter voll Erbitterung gräßliche Worte und schauberhafte Flüche gegen ihn ausstoße, und sie, wie er hinging, ihr Herz zu besänftigen, seinen Anblick nicht ertragen konnte, sondern ihm das Haus verschloß, da versank er in so große Betrübniß und Geisteszerrüttung, daß er sich durch Enthaltung von Speise zu tödten beschloß. Da aber seine Freunde es durch alle möglichen Bitten und Zwangsmittel verhinderten, so faßte er den Vorsatz, in völliger Abge= schiedenheit zu leben, gab alle Staatsgeschäfte auf und trieb sich in den ersten Zeiten, ohne je nach der Stadt zu kommen, nur seinem Grame lebend, in den einsamsten Gegenden des Landes umher.

So wird unser Urtheil, wenn ihm nicht Vernunft und Philosophie Festigkeit und Kraft zur That verleihen, gar

leicht erschüttert und umgestürzt durch werthlosen Beifall oder
Tadel, der uns an unseren Schlüssen irre macht. Offenbar
muß nicht nur die That schön und gerecht sein, sondern auch
die Ansicht, nach der sie vollbracht wird, unerschütterlich fest
stehen, damit wir überlegt handeln und nicht — wie die
Schlemmer, welche sättigende Speisen mit heißer Begierde
verschlingen, sehr bald vor Ueberladung Ekel empfinden —
so über vollbrachte Thaten, weil der Glanz ihrer Schönheit
sich in unserer Seele trübte, in schmähliche Muthlosigkeit
versinken. Denn Reue macht auch die schöne That zur
häßlichen, während der aus Einsicht und Ueberlegung hervor-
gegangene Vorsatz, selbst wenn die That übel abläuft, sich
nicht ändert.

So sagte Phokion, der Athener, als Leosthenes' Plane,
denen er sich widersetzt hatte, zu gelingen schienen, und er
die Athener voll freudigen Stolzes über den Sieg Dankopfer
bringen sah: „er wünsche wohl, dies gethan, aber doch, jenes
gerathen zu haben."

Und noch kräftiger äußerte sich der Lokrier Aristeides,
ein Freund Platons; der ältere Dionysios hatte eine seiner
Töchter zur Frau begehrt und zur Antwort erhalten: „lieber
wolle er sie todt, als in der Ehe mit einem Tyrannen
sehen." Kurze Zeit darauf ließ Dionys seine Kinder hinrichten und fragte höhnisch: „ob er über die Verheirathung
seiner Tochter noch ebenso denke?" und Aristeides erwiderte:
„Das Geschehene schmerzt mich, aber das Gesagte reut mich
nicht." Doch dessen ist vielleicht nur höhere, vollendetere
Tugend fähig.

Aber Timoleons Schmerz über die That, war es nun
Trauer um den Todten, oder Schaam vor der Mutter, hatte
sein Gemüth so gänzlich zerrüttet, daß er in einem Zeitraum
von beinahe zwanzig Jahren kein wichtiges oder öffentliches
Geschäft berührte. Wie er nun genannt wurde, und das
Volk ihn mit freudigem Beifall erwählte, so erhob sich
Telekleides, damals an Macht und Ansehen der erste Mann

in der Stadt, und ermunterte Timoleon, das Unternehmen brav und rühmlich durchzuführen. „Denn wenn du,“ sprach er, „den Krieg mit Ehre führst, so werden wir glauben, du habest einen Tyrannen, wenn mit Unehre, du habest einen Bruder getödtet.“

3. Timoleon wird nach Syrakus gesandt.

Während nun Timoleon die Anstalten zur Abfahrt traf und Soldaten sammelte, lief ein Schreiben von Hiketes an die Korinther ein, das seine zweideutige Gesinnung und Verrätherei entdeckte. Kaum hatte er nämlich die Gesandten abgeschickt, als er offen zu den Karthagern übertrat und mit ihnen darauf ausging, den Dionys aus Syrakus zu vertreiben, um selbst Tyrann zu werden. Und in der Besorgniß, die frühere Ankunft einer Hilfsmacht und eines Feldherrn aus Korinth möchte ihm die Gelegenheit dazu rauben, schickte er einen Brief an die Korinther des Inhalts, sie sollten sich die Mühe und den Aufwand einer Fahrt nach Sicilien ersparen und sich dieser Gefahr überheben, zumal da die Karthager es wehrten und mit vielen Schiffen ihrer Flotte auflauerten: er selbst habe sie, durch Korinths Zögerung gezwungen, zu seinen Bundesgenossen gegen den Tyrannen gemacht.

Dieser Brief wurde öffentlich vorgelesen und wenn auch vorher ein oder der andere Korinther wenig Wärme für den Feldzug hatte, so entzündete jetzt der Unwille gegen Hiketes alle Gemüther, so daß sie Timoleon eifrig mit allen Bedürfnissen versorgten und die Anstalten zur Abfahrt förderten.

Als nun die Flotte segelfertig und die Soldaten mit dem Nöthigen versehen waren, kam es den Priesterinnen der Persephone im Traume vor, als ob die Göttinnen*) sich

---

*) Persephone und ihre Mutter Demeter, die meist zusammen verehrt wurden.

zu einer Reise anschickten und erklärten, sie wollten mit
Timoleon nach Sicilien segeln. Deßhalb rüsteten auch die
Korinther eine heilige Galeere mit dem Namen „Schiff
der Göttinnen" aus. Timoleon selbst aber begab sich
nach Delphi, dem Gotte zu opfern, wo ihm beim Hinab=
steigen in das Heiligthum ein Zeichen wurde. Unter den
dorthängenden Weihgeschenken löste sich eine Binde, flog
herab und legte sich, mit Kränzen und Siegesgöttinnen bunt
durchwirkt, dem Timoleon um das Haupt, gerade als würde
er von dem Gotte bekränzt und zu der Unternehmung geleitet.

Mit sieben Korinthischen Schiffen und zwei Korzyräi=
schen, wozu die Leukadier das zehnte fügten, zog er ab
(345 v. Chr.). Und eben hatte er Nachts bei günstigem
Winde die hohe See gewonnen, als es ihm vorkam, wie
wenn der Himmel sich unversehens über seinem Schiff öffnete
und eine Masse hellleuchtenden Feuers ausströmte. Daraus
stieg dann eine Fackel empor, ähnlich der bei Mysterien, lief
in der gleichen Richtung mit ihnen hin und senkte sich gerade
nach der Gegend Italiens, wohin die Steuerleute ihre Richtung
nahmen. Die Wahrsager fanden in diesem Gesichte eine
Bekräftigung des Traumes der Priesterinnen; denn als
Zeichen ihrer Theilnahme an dem Feldzuge hätten die
Göttinnen den Glanz vom Himmel strahlen lassen; sei ja
doch Sicilien der Persephone heilig, wie denn die Mythen
besagen, daß auch die Entführung derselben*) dort geschehen,
und die Insel bei der Hochzeit ihr zur Morgengabe geschenkt
worden sei.

4. Wie Timoleon zu Rhegium die Gegner überlistet.

So ermunternd waren also der Götter Zeichen für die
Flotte, welche schnellen Laufs die offene See durchschnitt

---

*) Persephone (lat. Proserpina) wurde von Pluton, dem
Gotte der Unterwelt entführt und mußte sich entschließen, seine
Gemahlin zu werden.

und dann längs der Küste Italiens weiter segelte. Die Nachrichten von Sicilien aber machten Timoleon sehr ver=legen, seine Soldaten mißmuthig. Hiketes hatte den Dionys in einem Treffen besiegt, Syrakus größtentheils eingenommen und den Tyrannen in die Burg und die sogenannte Insel eingeschlossen, wo er ihn nun mit Hilfe der Syrakuser belagerte und rings mit Schanzen umgab, während die Karthager dafür sorgen sollten, daß Timolon nicht auf Sicilien lande, damit sie, seiner entledigt, die Insel in Ruhe mit einander theilen könnten. Diese schickten also zwanzig Dreiruderer nach Rhegium*), auf welchen sich Gesandte des Hiketes an Timoleon befanden, mit Anträgen, die ganz seinem Thun entsprachen. Denn es waren artige Vorspiege=lungen und Ausreden bei schlechten Absichten. Sie verlangten nämlich, Timoleon solle, wenn es ihm beliebe, für seine Person zu Hiketes kommen, als Rathgeber und zum Mit=genusse aller gewonnenen Erfolge, die Schiffe und Soldaten aber nach Korinth zurücksenden, da der Krieg seiner Beendigung sehr nahe, auch die Karthager entschlossen seien, die Ueberfahrt zu verwehren und Gewalt mit Gewalt zu vertreiben.

Als nun die Korinther diese Botschafter in Rhegium trafen und die Punier in geringer Entfernung vor Anker sahen, erbitterte sie so frecher Hohn; alle Gemüther waren erfüllt von Zorn gegen Hiketes und von Besorgniß für die Sicilier; denn diese schienen offenbar zu Kampfpreisen bestimmt, um Hiketes für den Verrath, die Karthager für das Geschenk der Tyrannei zu belohnen. Allein es schien unmöglich, hier bei Rhegium die Schiffe der Barbaren zu überwältigen, die, doppelt so stark als ihre Flotte, ihnen den Weg sperrten, dort in Syrakus das Heer des Hiketes zu besiegen, das zu befehligen sie gekommen.

Indessen erwiederte Timoleon in einer Zusammenkunft

---

*) Rhegium, jetzt Reggio, in Unteritalien, an der Meerenge von Sicilien.

mit den Gesandten und den Befehlshabern der Karthager in gelassenem Tone: „er füge sich in ihre Forderungen — denn was könnte auch Weigerung fruchten? er wünsche jedoch in Gegenwart einer Griechischen, beiden Theilen befreundeten Bürgerschaft, der Rheginer, diese ihre Erklärungen zu hören und die seinigen zu geben, dann wolle er sich entfernen. Dies erfordere seine Sicherheit, auch würden sie ihren Versprechungen zu Gunsten der Syrakuser um so treuer bleiben, wenn ein Volk Zeuge ihrer Zusagen wäre." Das spiegelte er ihnen vor, um die Ueberfahrt durch List zu bewerkstelligen, und alle Vorsteher der Rheginer unterstützten den schlauen Plan, da sie die Leitung der Staaten Siciliens in den Händen der Korinther zu sehen wünschten und die Nachbarschaft der Barbaren fürchteten.

Sie beriefen also eine Versammlung und verschlossen die Thore, um die Bürger von jedem anderen Geschäfte abzuhalten. Dann traten sie vor dem Volk auf und hielten langgedehnte Reden, einer nach dem andern, immer über den nämlichen Gegenstand und zu keinem anderen Zwecke, als die Zeit leer hinzubringen, bis die Schiffe der Korinther abgegangen wären. Dadurch ließen sich die Karthager ohne Argwohn in der Versammlung hinhalten, weil auch Timoleon zugegen war und die Leute glauben machte, er würde im nächsten Augenblick aufstehen und auch einen Vortrag halten. Wie man ihm aber heimlich meldete, daß die anderen Galeeren abgefahren und nur die seinige zurückgeblieben sei, um ihn zu erwarten, so schlich er durch die Menge: die bei der Rednerbühne stehenden Rheginer halfen ihn verbergen, und so kam er zum Meere hinab und schiffte eilig davon.

5. Landung auf Sicilien.

Ihr Landungsplatz auf Sicilien war Tauromenion *). Der Fürst dieser Stadt, Andromachos, hatte sie schon lange

---

*) Zwischen Messene und Katana, jetzt Taormini.

eingeladen, und sie fanden bei ihm die beste Aufnahme. Es war dies der Vater des Geschichtschreibers Timäos *), der beste unter den damaligen Machthabern Siciliens: er regierte seine Mitbürger nach Recht und Gesetz und zeigte sich immer als abgesagten Feind der Tyrannen. Deswegen überließ er dann auch damals dem Timoleon seine Stadt als Waffenplatz und bewog die Bürger, sich den Korinthern im Kampfe für Siciliens Befreiung als Mitstreiter anzuschließen.

Wenn aber die Karthager in Rhegium nach der Abfahrt Timoleons und Entlassung der Volksgemeinde sehr ungehalten waren, sich überlistet zu sehen, so gaben sie dadurch nur den Rheginern Anlaß zu der scherzhaften Frage: ob sie denn als Phönicier **) an Trug und Täuschung keine Freude hätten?" Sie schickten nun auf einer Galeere einen Gesandten nach Tauromenium, der mit der Grobheit eines rohen Barbaren in einer langen Unterredung den Andromachos bedrohte, wenn er die Korinther nicht augenblicklich hinausjage: zuletzt zeigte er den Rücken seiner Hand, kehrte sie dann wieder um und rief aus: „so sei jetzt seine Stadt, und so wollte er sie machen." Andromachos lachte und gab nichts weiter zur Antwort, als daß er die Hand wie jener jetzt mit dem Rücken, jetzt flach hinhielt und ihm befahl, hinwegzufahren, wenn er nicht wolle, daß sein Schiff statt so, bald so stehe.

Diketes aber rief auf die Nachricht von Timoleons Ueberfahrt voll Angst viele Galeeren der Karthager herbei, wo dann die Syrakuser gänzlich an ihrer Rettung verzweifelten, da sie den Hafen in den Händen der Karthager sahen, die

---

*) Von seiner Geschichte Siciliens sind nur wenige Bruchstücke vorhanden.

**) Die Phönicier, von welchen Karthago eine Pflanzstadt war, und besonders die Karthager selbst galten für höchst betrügerisch. Bei den Römern war daher punische Hinterlist, punische Treulosigkeit zum Sprichwort geworden.

Stadt von Hiketes besetzt, die Burg in Dionysios Gewalt, während Timoleon im Städtchen Tauromenion wie auf schmalem Rande an Sicilien hing, mit geringer Hoffnung und schwachen Kräften. Hatte er doch nichts weiter als tausend Soldaten und den für sie erforderlichen Unterhalt. Auch trauten die Städte nicht, bei ihrem tiefen Elend und bitteren Ingrimm gegen alle Führer von Soldatenschaaren, wegen der Treulosigkeit des Kalippos *) und Pharax, die, jener aus Athen, dieser aus Sparta, beide vorgaben, sie kämen Sicilien zu befreien und die Tyrannen zu vertilgen, aber so hausten, daß die Tyrannei mit ihren Leiden den Siciliern als goldene Zeit erschien; ja, wer in der Knecht=schaft gestorben war, galt für glücklicher, als wer die Frei=heit erlebte.

6. Erste Waffenthat bei Abranon. Dionys ergiebt sich an Timoleon.

Sie dachten nun, der Korinther werde um nichts besser sein: man gebrauche da wieder dieselben Kunstgriffe und Lockspeisen und wolle sie durch schöne Hoffnungen und freund=liche Zusagen kirre machen, damit sie statt des alten einen neuen Gebieter sich gefallen ließen. Darum wiesen sie voll Argwohn die Aufforderungen der Korinther zurück, mit Ausnahme der Bürger von Abranon**). Dies war eine kleine Stadt, dem Abranos, einem in ganz Sicilien hoch=verehrten Gotte heilig. Die Einwohner waren miteinander in Zwiespalt gerathen: ein Theil rief den Hiketes mit den Karthagern herbei, der andere schickte nach Timoleon. Es traf sich nun bei der beiderseitigen Eile, daß beide zu der=selben Zeit dort anlangten. Allein Hiketes brachte fünf=

---

*) Der Mörder Dions.

**) Auf der südwestlichen Seite des Aetna, am Flusse Abranos.

tausend Soldaten mit, und Timoleons ganze Macht belief
sich auf nicht mehr als zwölfhundert Mann. Mit diesen
war er von Tauromenion aufgebrochen, das dreihundert=
vierzig Stadien (8½ Meilen) entfernt liegt; er hatte den
ersten Tag nur einen kleinen Theil des Weges zurückgelegt
und sich dann gelagert: am folgenden aber setzte er seinen
Marsch auf beschwerlichen Wegen mit großer Schnelligkeit
fort, und schon neigte sich der Tag, als er vernahm, Hiketes
komme eben bei dem Städtchen an und schlage dort sein
Lager auf. Die Hauptleute und Obristen hießen nun die
Vordersten Halt machen, um die Soldaten durch etwas Essen
und Ruhe für den Kampf zu stärken. Allein Timoleon
eilte herbei mit der Bitte, dies ja nicht zu thun, sondern
rasch vorzurücken, um den Feind zu überfallen, der jetzt, wo
er eben Halt gemacht und sich mit den Zelten und dem
Abendessen beschäftige, gewiß in Unordnung sei. Indem
er so sprach, ergriff er den Schild und zog vor allen her,
als zu gewissem Sieg.

Die andern folgten mit frohem Muth, und nachdem sie
den Zwischenraum von etwas mehr als dreißig Stadien
(¾ Meilen = 1½ Stunde) zurückgelegt hatten, fielen sie
über den Feind her; der nicht sobald ihre Ankunft inne
ward, als er voll Bestürzung die Flucht ergriff. Daher
wurden denn nicht viel mehr als dreihundert getödtet, doppelt
so viele aber zu Gefangenen gemacht, und das Lager einge=
nommen. Die Adraniten öffneten jetzt ihre Thore, um sich
mit Timoleon zu verbinden, wobei sie mit Schauder und
Staunen erzählten, beim Beginne der Schlacht seien die
heiligen Pforten des Tempels von selbst aufgesprungen, und
man habe die Lanze des Gottes oben an der Spitze beben
und sein Gesicht von vielem Schweiße triefen sehen.

Dies bedeutete aber wohl nicht blos den damaligen
Sieg, sondern auch die nachfolgenden Thaten, welche dieser
Kampf glücklich eröffnete. Denn sofort schlossen sich einige
Städte durch Abgeordnete dem Timoleon an; auch Mamerkos,

Tyrann von Katana, ein kriegerischer und durch Reichthum
vielvermögender Mann trat mit ihm in Bund. Was aber
das Wichtigste war, Dionys selbst, aller Hoffnung beraubt
und nahe daran, der Belagerung zu erliegen, verachtete den
nun geschlagenen Hiketes: gegen Timoleon aber voll Be=
wunderung, übergab er ihm und den Korinthern' durch Ab=
geordnete seine eigene Person und die Burg.

Timoleon schickte nun, um das unverhoffte Glück zu
benützen, die Korinther Eukleides und Telemachos in die
Burg, und vierhundert Soldaten, nicht alle auf einmal,
noch offen, — das war nicht möglich, weil die Kinder da=
vor Wache hielten — sondern heimlich und in kleinen Ab=
theilungen ließ er sie hineinschleichen. Die Soldaten nahmen
die Burg und den Palast des Tyrannen in Besitz, mit allen
Vorräthen von Kriegsbedürfnissen. Denn es fanden sich
nicht wenige Pferde darin, Kriegsmaschinen jeder Art und
eine Menge von Geschossen; auch lagen siebzigtausend Schilde
von lange her dort aufgehäuft; dabei hatte Dionys zwei=
tausend Soldaten, die er mit allem andern dem Timoleon
übergab.

Dionys selbst aber versah sich mit Geld, ging in Ge=
sellschaft weniger Freunde zu Schiff, indem er Hiketes' Auf=
merksamkeit täuschte, und kam in's Lager des Timoleon.
Jetzt zum erstenmal erschien er als demüthiger Privatmann
und wurde auf Einem Schiffe, mit wenig Geld nach Korinth
geschickt *): im Schooße der größten und glänzendsten aller
Zwingherrschaften geboren und erzogen, hatte er sie selbst
zehn Jahre lang behauptet, zwölf Jahre war er nach Dions
Unternehmung in Kämpfen und Kriegen umhergeworfen
worden, und so Arges er auch als Tyrann verübt, hatte er
doch noch Aergeres zu erdulden. Mußte er doch sehen, wie

---

*) Er war seinem Vater, Dionys dem Aelteren, 368 ge=
folgt; 357 wurde er von Dion, 343 von Timoleon seiner Gewalt
beraubt.

seine Söhne ermordet, seine Töchter entehrt, seine Schwester, die zugleich seine Gattin war, geschändet und auf's grausamste mißhandelt, dann mit den Kindern umgebracht und in's Meer gestürzt wurde.

Als aber Dionys nach Korinth gekommen, war kein Grieche, der ihn nicht zu sehen und zu sprechen wünschte: die einen strömten herbei voll Schadenfreude über sein Unglück, um den vom Schicksal zu Boden geworfenen Mann gleichsam mit Füßen zu treten; andere zog Theilnahme und Trauer über solchen Wechsel zu ihm, und sie erkannten in den feinen, unserem Auge kaum sichtbaren Fäden der menschlichen Schicksale die Macht einer geheimen, göttlichen Hand. Denn jene Zeit hat kein Werk, weder der Kunst noch der Natur hervorgebracht, das diesem Werke des Schicksals gleich kam, daß der, der noch eben Siciliens Tyrann gewesen, sich zu Korinth in Garküchen umhertrieb, oder in Salbebuden saß, in Schenken schlechten Wein trank, sich auf öffentlicher Straße herumzankte, die Sängerinnen die Melodie der Lieder lehrte und über Theatergesänge auf's ernstlichste mit ihnen stritt. Manche glaubten nun zwar, Dionys thue das in langer Weile, aus natürlichem Hange zur Nachlässigkeit und zu Ausschweifungen: andre jedoch waren der Meinung, es sei eine Maske, die er mit Verleugnung seiner besseren Natur schlau angenommen: wenn er seine Muße schlecht anwende, so wolle er dadurch unbedeutend erscheinen, um nicht bei den Korinthern Furcht oder Argwohn zu erregen, als ob er mit der Veränderung seines Schicksals unzufrieden über herrschsüchtigen Planen brüte.

Man erzählt auch mehrere Aeußerungen von ihm, nach denen er sich nicht unwürdig in seine Lage zu schicken wußte. Zum Beispiel, als er auf seiner Ueberfahrt nach Leukas kam, das wie Syrakus eine Pflanzstadt von Korinth war, so sagte er, es gehe ihm gerade wie jungen Leuten, die sich schlimm aufgeführt: wie diese in Gesellschaft ihrer Brüder gutes Muthes seien, die Väter aber scheu vermeiden, so würde er voll Scham vor der Mutterstadt lieber hier bei ihnen wohnen.

Als ihn zu Korinth ein Fremder wegen des Umgangs mit dem Philosophen, den er als Tyrann geliebt, auf ziemlich plumpe Art verhöhnte, und am Ende die Frage that: „was er denn von der Weisheit Platons für Gewinn gehabt?" gab er zur Antwort: „Glaubst du, Platon habe mir nichts genützt, da ich den Wechsel des Glücks so ertragen kann?"

Unter andern fragte ihn der Musiker Aristorenos, „was denn die Ursache seines Unwillens gegen Platon gewesen sei?" Dionys gab zur Antwort: „so viele Uebel die Tyrannei habe, sei doch das allergrößeste, daß keiner von den soge= nannten guten Freunden freimüthig rede; von diesen sei er um Platons Freundschaft gebracht worden."

Ein andermal, als ein Witzling, um ihn zu verspotten, beim Eintritt in sein Zimmer das Gewand ausschüttelte, wie bei Tyrannen geschieht *), vergalt er den Spott mit der Aufforderung, dies beim Fortgehen zu thun, damit er nichts von da hinwegtrage.

Philipp der Makedonier **) hatte bei einem Gelage mit verstellter Wißbegierde die Rede auf die Lieder und Trauer= spiele gebracht, welche der ältere Dionys hinterlassen, und gab vor, er könne nicht begreifen, wann derselbe für solche Arbeiten Zeit gefunden; da schickte ihn Dionys nicht übel heim mit den Worten: „Wann du und ich und alle soge= nannte Glückliche beim Becher zu sitzen pflegten."

Platon sah den Dionys nicht mehr zu Korinth, denn er war bereits gestorben (348 v. Chr.). Diogenes von

---

*) Namentlich war es bei Dionysius üblich gewesen: es sollte dadurch gezeigt werden, daß man keine Waffe im Kleid verborgen habe.

**) Vermuthlich 337 v. Chr., wo Philipp zu Korinth einen vereinigten Landtag der Griechen hielt, um Krieg gegen die Perser beschließen zu lassen.

Sinope aber rief, als er ihm zum erstenmal begegnete: „Wie unwürdig lebst du, Dionys." Da aber dieser stille stand und sagte; „Es ist schön von dir, Diogenes, daß du mich Unglücklichen bemitleidest," so erwiderte Diogenes: „Was? glaubst Du, ich bedaure dich? Nein, ich bin voll Grimm, daß du, eine solche Sklavenseele, werth in der Thrannenburg, wie dein Vater, grau zu werden und zu sterben, hier mit uns in Scherz und Freude dein Leben hin= bringst." Halte ich nun damit die Klagen zusammen, welche Philistos in der Geschichte des älteren und jüngeren Dionys über das Schicksal der Töchter des Leptines *) ausstößt, daß sie aus dem herrlichen Stande der Gewaltherrschaft in niedrige Verhältnisse herabgesunken, so glaube ich das Jammergeschrei eines Weibes über den Verlust von Salbenfläschchen, Purpur= kleidern und Geschmeide zu hören. Solche Züge werden wohl Leser, die Aufmerksamkeit und Muße haben, nicht unpassend für Lebensbeschreibungen, noch unnütz finden.

7. Hiketes dingt Mörder gegen Timoleon.

So außerordentlich indeß das Unglück des Dionys er= schien, so war doch das Glück des Timoleon nicht minder wunderbar. Erst fünfzig Tage war er auf Sicilien gelandet, als er die Burg von Syrakus gewann und den Dionys in den Peloponnes fortschickte. Dies hob auch den Muth der Korinther, daß sie ihm zweitausend Mann Schwerbewaffnete zu Fuß und zweihundert Reiter sandten. Diese kamen bis Thurii **); als sie aber dort die Ueberfahrt unmöglich fanden, weil die Karthager das Meer mit vielen Schiffen besetzt hielten und dadurch gezwungen waren, die gelegene

---

*) Wahrscheinlich ein Bruder des älteren Dionys, dessen Familie die Vortheile der Gewaltherrschaft mitgenossen hatte.

**) An der Südwestseite des Tarentinischen Meerbusens auf der Stelle, wo 510 v. Chr. Sybaris zerstört worden war.

Zeit abzuwarten, so machten sie von ihrer Muße den edelsten Gebrauch: während nämlich die Bürger von Thuril gegen die Bruttier (im heutigen Kalabrien) zu Felde zogen, nahmen sie jene Stadt in Obhut und bewachten dieselbe so treu und gewissenhaft, als wäre es ihre eigene Vaterstadt.

Hiketes hielt inzwischen die Burg von Syrakus belagert und schnitt den Korinthern die Zufuhr ab: gegen Timoleon aber gewann er zwei Söldner zum Meuchelmord und schickte sie heimlich nach Abranon. Hier lebte er, der auch sonst keine Leibwache um sich zu haben pflegte, jetzt vollends im Vertrauen auf den Schutzgott des Ortes ganz frei von Furcht und Argwohn ruhig unter den Abraniten. Die ausgeschickten Mörder erfuhren von ungefähr, daß er gerade opfern wolle und kamen, die Dolche unter den Kleidern verborgen, in den Tempel, mischten sich unter die Leute, die um den Altar standen, und traten allmählig immer näher hinzu. Und eben wollten sie einander ermuntern an's Werk zu gehen, da haut jemand den einen von ihnen über den Kopf, und als dieser fiel, mochte der Gefährte des Erschlagenen so wenig als der Thäter ruhig bleiben: dieser sprang mit dem Schwert in der Hand auf einen hohen Felsen, und jener umfaßte den Altar und rief: „er wolle alles entdecken, wenn ihm Timoleon Gnade verspreche." Seine Bitte wurde gewährt und nun bekannte er gegen sich und den Getödteten, daß sie zu Timoleons Ermordung ausgesandt worden.

Unterdessen führten andere auch jenen vom Felsen herab, während er schrie: „Ich bin kein Verbrecher, ich habe mit Fug und Recht den Menschen getödtet, der vordem meinen Vater in Leontini erschlug." Auch fand er Zeugen in mehreren Anwesenden, die zugleich das weise Walten des Schicksals bewunderten, wie es eines durch das andere in Bewegung setzt, alles von fernher zusammenführt und mit scheinbar ganz fremdartigen und in keinem Verhältniß stehenden Dingen verbindet, und so immer was hier das

Ende ist, dort zum Anfang macht. Die Korinther beschenkten daher den Mann mit zehn Minen (⅙ Talent = 241 Thlr.) zum Dank, daß er dem Schutzgeiste Timoleons seinen gerechten Haß geliehen und den längst gehegten Groll nicht eher ausgelassen,· als bis er so durch glückliche Fügung die Privatrache mit der Rettung jenes Mannes verband. Das Glück der Gegenwart aber und die schöne Aussicht, welche es in die Zukunft öffnete, ermunterte die Anwesenden, Timoleon als einen heiligen Mann und gottgesandten Retter Siciliens zu verehren und über sein Leben zu wachen.

8. Hiketes ruft die Karthager gegen Timoleon herbei.

Als nun Hiketes nach diesem mißlungenen Versuch viele sich mit Timoleon verbinden sah, zürnte er sich selbst, daß er von der so großen Karthagischen Macht, als hätt' er sich ihrer zu schämen, nur im Kleinen und verstohlen Gebrauch mache, indem er schleichend und unter der Hand die Bundeshilfe hereinführe, und rief ihren Feldherrn Mago mit der ganzen Flotte herbei. Dieser kam dann, ein furchtbarer Anblick, mit einhundert fünfzig Schiffen, nahm den Hafen ein, setzte sechzigtausend Mann Landtruppen aus und lagerte sich in Syrakus, so daß alle meinten, die längst vorhergesagte und gefürchtete Vernichtung Hellenischer Bildung unter Barbarenherrschaft komme jetzt über Sicilien. Denn so viele Kriege auch die Karthager schon. auf der Insel geführt hatten, niemals war ihnen zuvor gelungen Syrakus einzunehmen: jetzt aber, wo Hiketes sie aufnahm und ihnen die Schlüssel überliefert hatte, sah man die Stadt in ein Barbarenlager verwandelt. Dabei befand sich die Korinthische Besatzung der Burg in angstvoller, bedrängter Lage: die Lebensmittel gingen ihnen aus, und sie litten, seit die Häfen gesperrt waren, empfindlichen Mangel; dazu mußten sie sich in Arbeiten und Kämpfen rings um die Mauern und gegen alle Arten von Rüstzeug und Belagerungskünsten beständig theilen.

Doch Timoleon schaffte Hilfe. Er schickte Getreide aus Katana in kleinen Fischerbooten und leichten Nachen, welche besonders bei starkem Winde, wenn die Schiffe der Barbaren wegen der hochgehenden See von einander entfernt lagen, heimlich zwischen denselben hindurchschlüpften. Als Mago und Hiketes dies bemerkten, beschlossen sie, Katana zu erobern, weil von dorther den Belagerten die Lebensmittel zukamen, und verließen Syrakus mit dem Kern ihrer Macht. Der Korinther Neon, der die Belagerten befehligte, bemerkte nun von der Burg herab, daß die zurückgebliebenen Feinde nur nachlässig und sorglos Wache hielten, warf sich plötzlich über die Zerstreuten her, schlug in die Flucht, was nicht unter seinem Schwerte blieb, und bemächtigte sich der soge= nannten Achradina, welche für den stärksten und unbezwing= barsten Bezirk des gewissermaßen aus einer Vereinigung mehrerer Städte bestehenden Syrakus gehalten wurde. Mit Lebensmitteln und Geld wohlversehen, wie er nun war, räumte er den Ort nicht, um sich auf die Burg zurückzu= ziehen, sondern versicherte sich desselben durch Verstärkung der Ringmauern und durch Schanzen, die ihn mit der Burg verbanden. Mago und Hiketes waren bereits nahe bei Katana, als ein Reiter von Syrakus sie einholte und ihnen die Einnahme der Achradina hinterbrachte. In ihrer Be= stürzung kehrten sie eilig wieder um, ohne die Stadt, gegen welche sie zogen, nehmen, oder die, welche sie inne gehabt, behaupten zu können.

9. Neue Hilfstruppen aus Korinth.

Diese Erfolge kann nun zwar Klugheit und Tapferkeit dem Glücke noch einigermaßen streitig machen: was aber nachher geschah, ist wohl ganz allein als Werk des Glückes zu betrachten. Die in Thurii stehenden Korinthi=

schen Truppen beschlossen theils aus Furcht vor den Galeeren
der Karthager, die ihnen dort unter Hanno auflauerten,
theils weil die See schon viele Tage von Stürmen aufgeregt
war, den Landweg durch Bruttium einzuschlagen: und in=
dem sie bald gute Worte, bald Gewalt bei den Barbaren
gebrauchten, gelangten sie glücklich nach Rhegium hinab,
während die See noch heftig stürmte. Der Karthagische
Admiral, welcher die Korinther nicht erwartete und vergeblich
dazuliegen meinte, hatte sich unterdessen eine, wie er dachte,
sehr schlaue Kriegslist ersonnen, um den Feind zu berücken:
er hieß das Schiffsvolk sich bekränzen, schmückte die Galeeren
mit Griechischen Schilden und Purpurmänteln, segelte so
nach Syrakus und fuhr mit lautem Ruderschlag, Hände=
klatschen und Lachen an der Burg vorbei, indem er rief:
„er komme vom Sieg über die Korinther, habe sie bei
ihrer Ueberfahrt erwischt und gänzlich überwunden." Er
gedachte dadurch den Belagerten alle Hoffnung zu rauben.
Indeß er aber dieses alberne Possenspiel trieb, waren die
Korinther aus dem Bruttischen nach Rhegium hinabgekommen,
und da hier niemand Wache hielt und bei unvermuthet
eingetretene Windstille der Sund glatt und wellenlos da
lag, so bestiegen sie rasch die Fähren und Fischernachen,
welche sich vorfanden, fuhren ab und schifften hinüber nach
Sicilien — mit solcher Sicherheit und bei so völliger Ruhe
des Meeres, daß die Pferde den Fahrzeugen zur Seite
schwimmend an den Zügeln nachgezogen wurden.

Wie nun alle übergesetzt und mit Timoleon vereinigt
waren, nahm er sogleich Messene ein und rückte dann in
Schlachtordnung gegen Syrakus, mehr im Vertrauen auf
sein Glück und die bisherigen Erfolge, als auf seine Macht;
denn er hatte nicht mehr als viertausend Mann.

Erfüllte jedoch schon die Nachricht von seinem Anrücken
Magos Gemüth mit Unruhe und Bangigkeit, so machte ihn
folgender Vorgang noch bedenklicher. In den Sümpfen um
die Stadt, welche viel süßes Wasser aus Quellen, vieles

auch aus Teichen und in's Meer strömenden Flüssen auf=
nehmen, lebt eine Menge von Aalen, und wer dazu Lust
hat, findet hier stets einen ergiebigen Fang. Die beider=
seitigen Miethsoldaten gingen daher, wenn sie während der
Waffenruhe Zeit hatten, mit einander auf diese Beute aus.
Ja, als Griechen und sofern sie keinen Grund zu Privat=
feindschaft hatten, kamen sie bei aller Tapferkeit in den
Gefechten, sobald die Waffen ruhten, zusammen und besprachen
sich mit einander. So unterredeten sie sich auch damals bei
gemeinschaftlichem Fischfang voll Bewunderung für die natür=
lichen Vorzüge jenes Meeres und den Reichthum der Gegenden,
als ein Korinthischer Söldner sagte: „Und eine Stadt von
solcher Größe und mit so herrlichen Vorzügen geschmückt
begehrt ihr, die ihr Griechen seid, in eine Barbarenstadt
zu verwandeln und die Annäherung dieser Karthager, des
abscheulichsten und blutdürstigsten der Völker, zu fördern,
gegen die man sich im Gegentheil viele Sicilien zu Vor=
mauern wünschen sollte. Oder meinet ihr, daß sie von
Herakles' Säulen und dem Atlantischen Ocean ein Heer
gesammelt und hierher geführt, um für Hiketes' Herrschaft
zu streiten? Wahrlich, hätte Hiketes den Geist eines Feld=
herrn, er würde nicht die Stammväter dieser Stadt vertreiben
und die Feinde gegen das Vaterland herbeiführen, sondern
durch freundliches Einverständniß mit Timoleon und den
Korinthern alle ihm gebührende Ehre und Macht erlangen.“
Diese Reden wurden von den Miethsoldaten im Lager ver=
breitet und dadurch bei Mago, der längst einen Vorwand
suchte, Verdacht des Verrathes erweckt. So sehr ihn daher
Hiketes auch bat, er möchte doch bleiben, und erinnerte,
wie viel stärker sie seien als der Feind, so gewann er doch
die Ueberzeugung, daß ihre Ueberlegenheit an Zahl von
Timoleons Tapferkeit und Glück weit überwogen werde,
lichtete sofort die Anker, fuhr ab nach Afrika und ließ
Sicilien gegen alle menschliche Berechnung schimpflich aus
den Händen.

10. Syrakus wird erstürmt.

Am folgenden Tage erschien Timoleon mit schlagfertigem Heere. Wie sie nun den Abzug der Feinde erfuhren und die Ankerplätze verlassen sahen, mußten sie lachen über Magos Feigheit, liefen in der Stadt umher und schrieen, wer ansage, wohin die Karthagische Flotte vor ihnen geflohen sei, solle eine gute Belohnung erhalten.

Hiketes aber war noch voll Kampflust. Weit entfernt, die Stadt aus seinen Klauen zu lassen, hielt er die wohl verschanzten, schwer angreifbaren Bezirke, welche er inne hatte, fest umklammert. Timoleon theilte daher seine Macht, um selbst, wo es die heißeste Arbeit galt, am Flusse Anapos den Angriff zu machen, während eine andere Abtheilung unter den Befehlen des Korinthers Isias von der Achradina aus stürmen mußte. Den dritten Haufen führte Dinarchos und Demarātos, welche die spätere Hilfsmannschaft aus Korinth gebracht hatten, gegen die steile Nordseite Epipolä.

Wenn nun bei gleichzeitigem Angriffe von allen Seiten Hiketes' Leute überwältigt und in die Flucht geschlagen, die Stadt mit Sturm erobert und durch Verjagung der Feinde schnell unterworfen wurde, so wird dies billig der Tapferkeit der Soldaten und dem Geiste des Feldherrn zugeschrieben: daß aber kein Korinther fiel, keiner eine Wunde bekam, das zeigte die Glücksgöttin als ihr eigenes Werk, gleichsam in einem Wettstreite mit der Trefflichkeit Timoleons, damit die Erzählung von ihren Gunstbezeugungen noch größere Bewunderung erregte als sein Verdienst. Und wirklich verbreitete sich das Gerücht im Augenblick durch ganz Sicilien und Italien, ja ganz Griechenland ertönte binnen weniger Tagen von der herrlichen That, so daß die Stadt Korinth, noch ungewiß ob die Flotte ihre Fahrt vollendet, zu gleicher Zeit der Männer glückliche Ankunft und den Sieg erfuhr. So günstig war der Gang des Unternehmens und mit so viel Glanz erhöhte das Glück durch Schnelligkeit diese Thaten.

11. Wiederherstellung der Stadt.

Nun aber Timoleon sich der Burg bemächtigt hatte, ließ er sich nicht wie Dion durch die Schönheit und Pracht des Platzes zur Schonung desselben verleiten. Er wollte den Verdacht vermeiden, der jenem schlimmen Ruf und endlich den Untergang gebracht, und ließ durch Heroldsruf verkündigen: es möge, wer von den Syrakusern wolle, mit eisernem Geräthe kommen und die Tyrannenfeste zerstören helfen. In der Ueberzeugung, daß dieser Heroldsruf, dieser Tag der Freiheit sicherster Anfang sei, kamen alle hinauf und zerstörten nicht allein die Burg sondern rissen auch die Häuser und Grabmäler der Tyrannen nieder. Und sofort ließ Timoleon den Platz eben machen und die Gerichtssäle darauf erbauen, denn es sollte sich zur Freude der Bürger die Volksherrschaft auf den Trümmern der Tyrannei erheben.

War aber Timoleon auch Herr der Stadt, so fehlte es ihm an Bürgern, denn die einen waren in den Kriegen und inneren Unruhen umgekommen, die anderen vor den Tyrannen geflohen. Auf dem veröbeten Markt in Syrakus war eine solche Fülle tiefen Grases aufgesproßt, daß die Pferde darin weideten, während die Hüter daneben im Grünen lagen; die anderen Städte aber, äußerst wenige ausgenommen, wimmelten von Hirschen und wilden Schweinen, so daß müßige Leute oft in den Vorstädten und um die Mauern her jagten; auch wollte keiner von denen, die in den Schanzen und Burgen wohnten, der Einladung in die Stadt herabzukommen Folge leisten: Haß und Abscheu gegen Markt, Staatsgeschäfte und Rednerbühne erfüllte alle Gemüther, denn von daher waren ihnen die meisten Tyrannen erwachsen.

Unter diesen Umständen beschlossen denn Timolon und die Syrakuser, Korinth in einem Schreiben zu ersuchen, es möchte Ansiedler aus Griechenland nach Syrakus schicken. Das Feld wäre ja sonst ungebaut liegen geblieben. Dazu stand man in Erwartung eines schweren Krieges aus Afrika:

denn man hatte erfahren, daß die Karthager den Leichnam Mago's, der sich selbst entleibt, aus Unwillen über sein Verhalten im Feldherrnamte an das Kreuz geschlagen hätten und nun ein großes Heer zusammenzögen, um in der guten Jahreszeit nach Sicilien hinüberzugehen.

Als dieses Schreiben Timoleons überreicht wurde, und zugleich Syrakuser Abgeordnete erschienen mit der Bitte, die Korinther möchten sich der Stadt annehmen und von neuem das Verdienst ihrer Gründung erwerben, waren diese weit entfernt, den dargebotenen Vortheil zu ergreifen und sich die Stadt zuzueignen: sie ließen erst bei den heiligen Kampf= spielen der Griechen und in den besuchtesten Festversamm= lungen durch Herolde bekannt machen, daß die Korinther die Gewaltherrschaft in Syrakus zerstört, den Gewaltherrn ver= trieben hätten und jetzt die Syrakuser und wer sonst in Sicilien Lust habe einluden, die Stadt frei und unabhängig zu bewohnen und das Land nach gleichen und gerechten Grundsätzen zu theilen. Sodann sandten sie auch Boten nach den verschiedenen Gegenden Kleinasiens und auf die Inseln, wo sich, wie sie erfahren hatten, eine große Zahl der Flüchtlinge zerstreut aufhielt, und ließen sie auffordern, insgesammt nach Korinth zu kommen, da ihnen die Korinther auf eigene Kosten sicheres Geleit, Fahrzeuge und Führer nach Syrakus geben würden. Diese Bekanntmachung erwarb der Stadt den verdientesten und schönsten Ruhm, und man pries sie in die Wette, daß sie von Tyrannen befreie, aus Barbarenhänden errette und den Bürgern ihr Land zurückgebe.

Indeß waren die, welche in Korinth zusammenkamen, zu schwach an Zahl. Sie baten daher um Verstärkung durch Ansiedler aus Korinth und dem übrigen Griechenland, und so gingen ihrer nicht weniger als zehntausend nach Syrakus unter Segel. Bereits hatten sich auch aus Italien und Sicilien viele bei Timoleon gesammelt, und als die Zahl sich auf sechzigtausend belief, vertheilte er das Land unter sie; die Häuser aber verkaufte er um eintausend Talente

(1,447,681 Thlr.), doch so, daß er den alten Syrakusern das Recht des Vorkaufs bei den ihrigen einräumte. Dadurch verschaffte er denn auch dem Staate Geld, woran er namentlich für die Bedürfnisse des Krieges so sehr Mangel hatte, daß man selbst die Bildsäulen verkaufte, wobei über jede abgestimmt wurde, und Ankläger auftraten wie gegen Menschen, die vor Gericht stehen. Alle traf das Verdammungsurtheil: die einzige Bildsäule des alten Tyrannen Gelon wurde, wie man sagt, verschont, in dankbarer Anerkennung des Sieges den er bei Himera über die Karthager gewonnen hatte (480 v. Chr.).

Während so die Stadt wieder auflebte und sich durch die von allen Seiten her zusammenströmenden Bürger bevölkerte, beschloß Timoleon, auch die übrigen Städte zu befreien und die Gewaltherrschaft in Sicilien gänzlich auszurotten. So zog er gegen ihre Gebiete und zwang zuerst den Hiketes zum Abfall von den Karthagern und zu dem Versprechen, seine Burgen niederzureißen und als Privatmann in Leontini zu leben. Dann ließ er dem Tyrannen von Apollonia und vielen anderen Städtchen, Leptines, der, von gewaltsamer Gefangennehmung bedroht, sich selbst ergab, Schonung angedeihen, schickte ihn aber nach Korinth: denn er dachte, es sei ein schönes Schauspiel für die Griechen, die Tyrannen Siciliens als arme Verbannte in der Mutterstadt zu sehen.

Kehrte er nun auch für sich selbst nach Syrakus zurück, um das Verfassungsgeschäft zu betreiben und mit den aus Korinth gekommenen Gesetzgebern Kephalos und Dionysios die wirksamsten und schönsten Anordnungen zu treffen, so schickte er, damit die Söldner sich in Feindesland bereicherten und etwas zu thun hätten, den Dinarchos und Demaratos in's Gebiet der Karthager, wo sie den Barbaren viele Städte abwendig machten und nicht nur selbst die Hülle und Fülle hatten, sondern auch Geld zum Krieg aus der Beute sammelten.

12. Neuer Krieg mit Karthago.

Unterdessen setzten die Karthager nach Lilybäon über mit einem Heere von siebenzigtausend Mann, zweihundert Galeeren und hundert Frachtschiffen, welche Kriegsmaschinen, Streitwägen, große Vorräthe von Lebensmitteln und die andern Bedürfnisse führten. Sie wollten jetzt nicht mehr einzelne Theile angreifen, sondern die Griechen mit Einem Mal aus ganz Sicilien verjagen. War doch die Macht genügend, Sicilien zu bezwingen, auch wenn es nicht durch sich entkräftet und voll Zerrüttung gewesen wäre. Wie sie nun hörten, daß ihr Gebiet verwüstet werde, wandten sie sich sofort voll Zorn gegen die Korinther. Ihre Führer hießen Hasdrubal und Hamilkar.

Auf die Nachricht davon, welche pfeilschnell nach Syrakus gelangte, geriethen die Syrakuser in solche Bestürzung über die furchtbare Macht, daß von so vielen Tausenden kaum dreitausend es wagten, die Waffen zu ergreifen und sich um Timoleon zu sammeln. Der Miethsoldaten aber waren es viertausend, und auch von diesen kehrten unterwegs an tausend feiger Weise wieder um: „Denn Timoleon," sagten sie, „ist nicht bei Sinnen, nein, er raset, trotz seiner Jahre, wenn er mit fünftausend Mann zu Fuß und tausend Reitern gegen siebzigtausend Feinde zieht und seine Leute acht Tagreisen weit von Syrakus entfernt, daß sie auf der Flucht keinen Schutz, im Tode kein Begräbniß finden können." Timoleon aber achtete es für ein Glück, daß diese Memmen sich vor der Schlacht verrathen hatten, die andern befestigte er durch ermunternde Worte und führte sie in Eile zu dem Flusse Krimesos (heute San Bartolomeo), wo sich, wie er gehört hatte, auch die Karthager zusammenzogen.

Als er einen Hügel hinanzog, auf dessen Gipfel sie die ganze Macht des Feindes erblicken sollten, begegneten ihnen Maulthiere mit Eppich beladen. Da wollte es die Soldaten bedünken, es sei ein schlimmes Zeichen, weil man die Grab=

mäler mit Eppich zu bekränzen pflegt: weswegen auch von einem gefährlich Kranken sprichwörtlich gesagt wird: der braucht Eppich. Um sie nun von der abergläubischen Furcht zu befreien und die düsteren Ahnungen zu entfernen, ließ Timoleon den Zug halten, sprach zu ihnen, wie es der Augenblick verlangte, und sagte insbesondere, daß ihnen hier der Kranz schon vor dem Siege gebracht werde und von selbst in die Hände komme. Dies war eine Anspielung auf die Sitte der Korinther, die Sieger bei den Isthmischen Spielen mit dem für heilig und uralt geachteten Eppich= kranze zu schmücken. Denn damals war noch bei den Isthmischen Spielen, wie jetzt bei den Nemeischen, Eppich der Siegeskranz; vor nicht gar langer Zeit ist es der Fichten= kranz geworden. Nach jener Anrede an die Soldaten nahm Timoleon von dem Eppich und bekränzte sich zuerst, worauf die Anführer und die Gemeinen dasselbe thaten. Jetzt sahen die Wahrsager zwei Adler heranfliegen, deren einer in seinen Krallen eine zerrissene Schlange trug, der andere mit lautem Geschrei hinter ihm herflog: sie zeigten es den Soldaten, und alle wandten sich mit Gebet und Flehen an die Götter.

13. Die Schlacht am Krimesos.

Es war gerade die Zeit des Sommeranfangs und mit dem Ausgang des Monats Thargelion (Mai) nahte man schon der Sonnenwende. Der dichte Nebel, der sich aus dem Flusse erhob, barg zuerst das Gefild in Dunkel und ließ nichts vom Feinde sichtbar werden: nur ein dumpfes, verworrenes Getöse stieg beim Aufbruch eines so großen Heeres aus der Ferne zum Hügel empor. Als aber die Korinther den Hügel erstiegen hatten, dann stille standen, die Schilde niederlegten und rasteten, wurden die Dünste von der höher steigenden Sonne nach oben gezogen, die trübe Luft sammelte sich an den Bergen und umhüllte, zu Wolken verdichtet, deren Spitzen: da klärte sich die Land=

11 *

schaft zu ihren Füßen auf, der Krimesos kam zum Vor=
schein, und die Feinde zeigten sich dem Auge, wie sie eben
übergingen, voran die Wagen furchtbar zum Kampfe aus=
gerüstet, hinter diesen zehntausend Schwerbewaffnete mit weißen
Schilden. Daß dies geborne Karthager wären, ließ der
Glanz ihrer Waffen, die Langsamkeit und Ordnung ihres
Zuges vermuthen. Indem nun nach denselben die anderen
Völkerschaften hinzuströmten und in verwirrtem Gedränge
den Uebergang bewerkstelligten, so erkannte Timoleon, daß
der Fluß ihnen erlaube, von dieser Menge gerade so viele
zu trennen, als sie selbst in der Schlacht sich Feinde gegen=
über haben wollten. Er hieß seine Soldaten hinabschauen,
wie die Schlachtordnung durch den Strom zerrissen, die einen
bereits übergesetzt seien, die anderen sich dazu anschickten, und
beorderte alsbald den Demaratos, sich mit der Reiterei auf
die Karthager zu werfen, um ihre Reihen zu verwirren, be=
vor sie dieselben gehörig bilden könnten. Sobann zog er
selbst in die Ebene hinab. Er stellte die anderen Sicilischen
Griechen mit einer geringen Zahl Söldner gemischt auf die
Flügel, umgab sich im Mittelpunkt mit den Syrakusern und
den tapfersten der Miethsoldaten und wartete eine Weile,
um zu sehen, was die Reiter ausrichten würden.

Als er aber bemerkte, daß diese wegen des Hin= und
Herfahrens der Wagen vor der Spitze des Heeres mit den
Karthagern nicht handgemein werden konnten, sondern, wenn
sie nicht in Verwirrung gerathen wollten, eine Schwenkung
um die andere machen mußten, um dann immer von neuem
anzusprengen: so hob er den Schild empor und rief das
Fußvolk auf, ihm muthig zu folgen, wobei seine Stimme
eine ungewöhnliche übermenschliche Stärke zu haben schien,
sei es, daß sein Gemüth von Begeisterung und Kampflust
heftig bewegt so gewaltige Anstrengung hervorrief, oder
daß ein Gott, wie damals den meisten vorkam, zu gleicher
Zeit die Stimme erhob. Als sie nun sein Befehlswort
rasch mit Geschrei beantworteten und ihm zuriefen, er solle

sie ungesäumt vorwärts führen, so befahl er den Reitern, sich seitwärts an der Reihe der Wagen hinzuziehen und dem Feind in die Flanke zu fallen: er selbst läßt die vordersten Kämpfer Schild an Schild gedrängt sich zusammenschließen und stürzt dann unter dem Schall der Trompeten auf die Karthager.

Die Karthager hielten gegen den ersten Angriff wacker Stand: die Geschosse prallten zurück von den eisernen Panzern und ehernen Helmen, womit sie bedeckt waren, und an den hohlen Schilden, die sie vorhielten. Als man aber zum Schwertkampf schritt, wo Geschick so viel gilt als Stärke, da erschollen plötzlich von den Bergen furchtbare Donnerschläge, und flammende Blitze brachen zumal hervor. Sodann senkte sich das um die Hügel und Berggipfel hängende finstere Gewölk mit Regen, Wind und Hagel auf den Wahlplatz herab und umströmte die Griechen vom Rücken her, während den Barbaren Sturm und Platzregen in das Gesicht schlug und die Blitze rasch nacheinander ihre Augen blendeten. Da war denn vieles, wodurch die Feinde litten, besonders die ungeübten: am nachtheiligsten aber wirkte ohne Zweifel das Krachen des Donners und das Geklirre der von den Wasserströmen und dem Hagel gepeitschten Waffen, das die Befehle der Anführer übertönte. Da überdies die Karthager keine leichte Wehr trugen, sondern, wie gesagt, in schweren Rüstungen steckten; so war ihnen der Morast und das ihre Rockschöße füllende Wasser hinderlich: sie bewegten sich schwer und mühselig im Kampf, wurden von den Griechen leicht zu Boden geworfen und vermochten nicht, wenn sie fielen, mit den Waffen sich wieder aus dem Koth aufzurichten.

Der Krimesos, von den Regengüssen schon hoch angeschwellt, wurde nämlich durch die Menge der Uebersetzenden aus seinen Ufern gedrängt, und das Gefilde umher, in das viele Thäler und Schluchten münden, war von regellos einherströmenden Bächen bedeckt, welche den Karthagern durch ihre reißende Gewalt viel zu schaffen machten.

Endlich, da der tobende Sturm nicht nachließ und das erste Glied vierhundert Mann stark von den Griechen auf= gerieben war, wandte sich die Menge zur Flucht. Viele wurden in der Ebene erreicht und niedergemacht, viele kamen im Flusse mit den noch Herüberkommenden in's Gedränge und wurden von seinen Wellen niedergerissen und verschlungen; noch viel mehrere, welche den Hügel zu gewinnen suchten, streckten die nachsetzenden leichten Krieger zu Boden. Unter zehntausend Gefallenen sollen dreitausend Karthager gewesen sein: ein großer Verlust für die Stadt, die keinen Bürger hatte, der an Adel, oder Reichthum, oder Ruhm sie über= troffen hätte.

Auch kennt die Geschichte keinen Fall, wo in Einer Schlacht so viele Karthagische Bürger geblieben wären. Denn sie ließen ihre Schlachten meistens durch Libyer, Spanier und Numidier ausfechten und so floß bei ihren Niederlagen nur fremdes Blut.

Die Griechen erkannten aus der Beute den vornehmen Stand der Gefallenen. Erz und Eisen wurde beim Plündern kaum beachtet: so groß war die Menge des Silbers, so groß die Menge des Goldes; denn auch das Lager sammt dem Gepäcke fiel, nachdem sie über den Fluß gesetzt, in ihre Hände. Den größten Theil der Gefangenen behielten die Soldaten insgeheim für sich: doch wurden fünftausend öffentlich angegeben. Auch zweihundert Streitwägen wurden erbeutet. Den schönsten und glänzendsten Anblick bot in= dessen das Zelt Timoleons, rings umhäuft mit Beute aller Art, namentlich waren tausend Panzer von ausgezeichneter Arbeit und Schönheit und zehntausend Schilde zur Schau aufgestellt. Bei so kleiner Zahl der Plündernden und so reicher Beute wurde kaum erst am dritten Tage nach der Schlacht das Siegeszeichen errichtet.

Zugleich mit der Nachricht vom Siege schickte Timoleon die schönsten Stücke von der Waffenbeute nach Korinth, denn seine Vaterstadt sollte von allen Menschen bewundert

werden, wenn sie in dieser einzigen Stadt Griechenlands
die vorzüglichsten Tempel nicht im Schmucke Griechischer
Beute sähen, nicht unerfreuliche Denkmale von Verwandten=
mord und Siegen über Volksgenossen als Weihgeschenke
darin erblickten: nein, Rüstungen, die sie Barbaren abge=
nommen, und die mit den herrlichsten Inschriften neben der
Tapferkeit auch die Gerechtigkeit der Sieger bezeugten, „daß
die Korinther und ihr Feldherr Timoleon als Befreier der
Griechen Siciliens den Göttern diese Zeichen ihrer Dank=
barkeit von der Karthagischen Beute geweiht hätten.“

14. Timoleons Streifzüge gegen die kleineren Tyrannen.

Hierauf ließ Timoleon die Miethstruppen in Feindes
Land zurück, um das Gebiet der Karthager auszuplündern,
er selbst begab sich nach Syrakus. Dort gebot er jenen
tausend Söldnern, die ihn vor der Schlacht verlassen hatten,
Sicilien zu räumen, und zwang sie, sich noch vor Sonnen=
untergang aus Syrakus zu entfernen. Sie fuhren nach
Italien hinüber und fanden da durch Bundesbruch der
Bruttier den Untergang: solche Strafe des Verraths hat
die Gottheit über sie verhängt.

. Aus Neid über die glücklichen Fortschritte Timoleons,
oder aus Furcht, es möchte ihm gegen Tyrannen keine Zu=
sage, kein Vertrag gelten, schlossen nun Mamerkos, der
Tyrann von Katana, und Hiketes mit den Karthagern ein
Bündniß und forderten sie auf, ein Heer und einen Feld=
herrn zu senden, wenn sie nicht gänzlich aus Sicilien
verjagt werden wollten. So kam Giskon mit siebenzig Schiffen,
auf denen sich auch eine Abtheilung Griechischer Söldner
befand. Denn die Karthager, welche nie zuvor Griechen
im Solde gehabt, bewunderten sie jetzt als die unwider=
stehlichsten und bravsten aller Menschen. Als diese alle sich
im Gebiet von Messene vereinigt hatten, erschlugen sie vier=

hundert Söldner, die Timoleon zu Hilfe geschickt hatte, und
rieben im Gebiet der Karthager bei dem Orte Hierä (am
Krimesos) durch einen Hinterhalt die Söldner auf, welche
der Leukadier Euthymos befehligte. Gerade dadurch aber
wurde Timoleons Glück auf's glänzendste verherrlicht. Denn
diese Leute gehörten zu denen, welche mit Philobēmos aus
Phokis und mit Onomarchos Delphi erobert und an dem
Tempelraube Theil genommen hatten *). Von jedermann
also gehaßt und wegen des Fluches, der auf ihnen ruhte,
gemieden, irrten sie im Peloponnes umher und wurden von
Timoleon nur aus Mangel an anderen Soldaten ange=
nommen. Als sie nun nach Sicilien gekommen, blieben sie
in allen Schlachten, wo sie unter ihm kämpften, Sieger:
als sie aber nach Vollführung vieler großer Kämpfe zum
Beistand andrer von ihm ausgesandt wurden, gingen sie zu
Grunde und wurden aufgerieben, nicht alle zusammen,
sondern in einzelnen Haufen. Denn die Strafe wurde in
Angemessenheit zu Timoleons Glück über sie verhängt, damit
die Guten von der Züchtigung der Bösen keinen Schaden
litten. So geschah es, daß die Huld der Götter gegen
Timoleon bei den fehlgeschlagenen Unternehmungen nicht
minder als bei den glücklichen bewundert wurde.

Das Volk in Syrakus aber wurde durch den Spott
der Tyrannen heftig gereizt. Mamerkos nämlich, der sich
gar viel darauf zu gut that, daß er Gedichte und Trauer=
spiele schrieb, prahlte gewaltig mit dem Sieg über die
Söldner und ließ auf die erbeuteten Schilde, die er den
Göttern weihte, die höhnende Inschrift setzen:

Diese mit Elfenbein, Gold, Bernstein, Purpur geschmückten
   Schilder erbeuteten wir, dürftige Schildchen am Arm.

---

*) Im Jahr 355 v. Chr. bemächtigten sich die Phoker auf
Philodemos' (sonst Philomelos') und seines Bruders Onomarchos'
Anstiften des Schatzes im Tempel zu Delphi: daraus entstand
der heilige Krieg, den Philipp von Makedonien 346 beendigte.

Balb darauf, als Timoleon nach Kalauria *) gezogen war, fiel Hiketes in's Syrakusische Gebiet, verübte viel Muth= willen und Grausamkeit und zog endlich gerade an Kalauria vorüber voll Verachtung gegen Timoleon mit seinen wenigen Soldaten. Dieser ließ ihn eine Strecke weit vorrücken und jagte ihm dann mit Reitern und Leichtbewaffneten nach. Hiketes bemerkte es, als er bereits über den Damyrias gegangen war, und stellte sich längs des Ufers auf, um den Feind zurückzuweisen, wozu ihm die Schwierigkeit des Uebergangs und die Steilheit beider Ufer Muth machte.

Unter den Hauptleuten Timoleons aber entbrannte ein wunderbarer Streit und Wetteifer, worüber sich der Angriff verzögerte: denn da wollte keiner dem andern den Vorrang lassen, jeder wollte zuerst übersetzen, um im Kampfe der vorderste zu sein, und indem sie einander wegbrängten und voreilten war an keine Ordnung beim Uebergang zu denken. Um nun das Loos entscheiden zu lassen, nahm Timoleon von jedem Hauptmann einen Ring, warf alle in sein Ober= kleid und zeigte, nachdem er sie gemischt, den zuerst heraus= gekommenen vor — und von ungefähr fand sich ein Sieges= zeichen in dem Stein ausgeschnitten. Bei diesem Anblick erhoben die jungen Männer helles Jubelgeschrei und warteten nun die weitere Verlosung nicht mehr ab, sondern so geschwind jeder konnte, stürmten sie hinüber und gingen den Feinden zu Leibe. Die aber hielten dem Ungestüm nicht Stand, sondern ergriffen die Flucht, büßten allesammt die Waffen ein und ließen tausend Todte auf dem Platze.

Nicht lange hernach überzog Timoleon das Land der Leontiner und bekam den Hiketes, dessen Sohn Eupolemos und den Reiterobersten Euthymos, die von ihren Soldaten gebunden zu ihm geführt wurden, lebendig in seine Gewalt. Hiketes und der Jüngling mußten als Tyrannen mit dem Leben büßen. Aber auch Euthymos, ein so tapferer und

---

*) Ein ganz unbekannter Ort.

kühner Krieger er war, fand doch kein Mitleid, weil er
einer Schmähung gegen die Korinther beschuldigt war. Er
soll nämlich zu den Leontinern, als die Korinther gegen sie
ausgezogen waren, in einer Volksrede gesagt haben:

> Nichts Furchtbares oder Bedenkliches ist geschehen, wenn
> Eine Korinthische Frauenschaar aus ihren Häusern ging *).

So sehr liegt es in der Natur der meisten Menschen,
daß sie durch schlimme Worte heftiger gereizt werden, als
durch böse Thaten: denn Schimpf ist ihnen empfindlicher
als Schaden, und sich thätlich zu wehren wird im Krieg
als Nothwehr zugestanden: Schmähungen aber scheinen aus
einem Uebermaß von Haß oder Bosheit zu fließen.

Nach Timoleons Rückkehr stellten die Syrakuser die
Frauen und Töchter vom Hause des Hiketes in der Volks=
versammlung vor Gericht und verurtheilten sie zum Tod.
Und es gilt dies für die mindest lobenswerthe That des
Timoleon; denn hätte er es hindern wollen, so wären, meint
man, diese Frauen nicht so umgekommen. Vermuthlich nahm
er sich ihrer deßhalb nicht an, weil er dem Grimme der
Bürger diese Opfer der Rache für Dion, der einst Dionysios
vertrieben, nicht entziehen mochte. Denn Hiketes ist es, der
Dions Schwester, seine Tochter Aristomache und den noch
unmündigen Sohn desselben lebendig in's Meer versenkte,
wie in Dions Leben geschrieben ist.

Hierauf zog er gegen Mamerkos in Katana, gewann
am Bache Abolos, wo jener in förmlicher Schlacht ihm die
Spitze bot, den entschiedensten Sieg und erschlug mehr als
zweitausend Mann, von denen ein großer Theil Punier
waren, von Giskon zu Hilfe gesandt. Jetzt baten die Karthager
um Frieden und erhielten ihn auf die Bedingungen, daß sie
das Land jenseits des Lykos (westlich von Agrigent) behalten;

---

*) Eine Art Parodie des 214. Verses in der Medea des
Euripides.

benjenigen, welche aus demselben nach Syrakus übersiedeln
wollten, mit Vermögen und Familie freien Abzug gestatten,
und sich vom Bündniß mit den Tyrannen lossagen sollten.
Mamerkos, dem darüber Hoffnung und Muth entsank, segelte
zwar nach Italien hinüber, um ein Lukanisches Heer gegen
die Syrakuser und Timoleon herbeizuführen: da aber seine
Begleiter die Galeeren umwandten, nach Sicilien zurückkehrten
und Katana dem Timoleon in die Hände lieferten, so blieb
ihm nichts übrig, als bei Hippon, dem Tyrannen von Messene,
Schutz zu suchen.

Als nun Timoleon gegen beide anrückte und sie zu
Wasser und zu Land belagerte, wollte Hippon zu Schiff
entwischen, wurde aber gefangen und den Messeniern ausge=
liefert, welche dann zur Hinrichtung des Tyrannen als zum
schönsten Schauspiel die Kinder aus den Schulen in's Theater
führten und ihn mit vielen Martern tödteten. Mamerkos
ergab sich selbst an Timoleon, auf die Bedingung sich vor
den Syrakusern verantworten zu dürfen, ohne daß Timoleon
als Ankläger auftrete. Nach Syrakus geführt trat er vor
dem Volke auf und suchte eine Rede vorzutragen, die er
schon vor langer Zeit verfaßt hatte. Als er aber von hefti=
gem Getümmel empfangen die Versammlung unerbittlich sah,
warf er den Mantel ab, rannte mitten durch den Schauplatz
und stieß den Kopf mit aller Macht wider eine Bank, um
so den Tod zu finden. Allein dieses Ende ward ihm nicht
zu Theil, sondern er ward noch lebend weggeführt und erlitt
die Strafe, welche Straßenräuber trifft.

15. Hohe Ehren und Lebensende des Timoleon.

Auf diese Art also zerstörte Timoleon die Gewaltherr=
schaften und machte dem Krieg ein Ende. Ja auf der
ganzen Insel, die er durch Elend verwildert und von ihren
Bewohnern verabscheut getroffen hatte, verbreitete er so viel
Bildung und so allgemeines Wohlbehagen, daß neue Ansiedler

dahin schifften, von wo zuvor die Bürger sich geflüchtet
hatten. Wurden doch Agrigent und Gela, zwei große Städte,
welche nach dem attischen Krieg (unter Alkibiades 415) von
den Karthagern zerstört worden waren, damals wieder auf=
gebaut, jene von der Gesellschaft des Megellos und Pheristos,
welche aus Elis, diese von der des Gorgos welche aus
Leos (einer der kykladischen Inseln, dem attischen Vor=
gebirg Sunion gegenüber) dahin segelten und die alten
Bürger wieder sammelten. Und diesen gewährte Timoleon
nicht blos bei dem Anbau Sicherheit und Ruhe nach so
großem Kriege, sondern auch sonst mit dem bereitwilligsten
Eifer alle mögliche Unterstützung, so daß sie ihn als Gründer
ihrer Städte verehrten. Und da auch die andern alle gleiche
Gesinnung gegen ihn hegten, so schien kein Friedensschluß,
keine Gesetzgebnng, keine neue Ansiedlung, keine Staatsver=
fassung Beifall zu verdienen, wenn Timoleon nicht daran
Theil nahm und gleich dem Meister, der bei einem Kunst=
werke die letzte Hand anlegt, den Reiz gottgefälligen Schmuckes
hinzufügte.

Denn so viel große Männer unter den Griechen zu
seiner Zeit auch lebten, und so herrliche Thaten sie vollbrachten,
ein Timotheos, Agesilaos, Pelopidas und, den Timoleon am
meisten zum Vorbild nahm, Epaminondas: so wurde doch
der Glanz ihrer Thaten durch einen gewissen Anstrich von
Gewaltthätigkeit und mühsamer Anstrengung getrübt, so daß
einigen sogar Tadel und Reue folgten. Aber unter Timoleons
Thaten findet sich, abgesehen von dem Gewaltschritt gegen
den Bruder, auch nicht eine, bei der man nicht, wie Timäos
sagt, jene Worte des Sophokles ausrufen könnte: ihr Götter
welche Kypris oder welcher Eros hat da mitgewirkt? denn
gleichwie die Werke jener zwei Kolophonier, des Dichters
Antimachos und des Malers Dionysios, zwar Kraft und
Schwung haben, doch gezwungen und mühsam scheinen,
dagegen Nikomachos' Gemälde und Homers' Verse mit aller
Kraft und Anmuth auch den Schein der Leichtigkeit und

mühcloſer Schöpfung verbinden: ſo wird, wer mit Epaminondas'
und Agaſilaos' Kriegszügen voll Mühſal und ſchwerer Kämpfe
die durch ebenſoviel Leichtigkeit als Schönheit ausgezeichneten
Heldenthaten Timoleons zuſammenſtellt, bei echter und gerechter
Schätzung urtheilen, daß die letzteren zwar nicht Werk des
Glückes, aber des beglückten Verdienſtes ſeien.

Timoleon ſelbſt jedoch ſchrieb alles, was ihm gelang,
dem Glücke zu. Denn in Briefen an ſeine Freunde daheim
und in Reden an das Volk zu Syrakus äußerte er oft,
er wiſſe der Gottheit Dank, daß ſie ihre Abſicht Sicilien zu
retten gerade durch ihn zur Ausführung gebracht. Auch
errichtete er in ſeinem Hauſe der Glücksgöttin eine Kapelle
und brachte derſelben Opfer dar, das Haus ſelbſt weihte er
dem **heiligen Genius**. Er bewohnte nämlich ein Haus,
das ihm die Syrakuſer zum Ehrengeſchenk für ſeine Heer=
führung auserleſen hatten, wie ſie ihm auch das angenehmſte
und ſchönſte Landgut gegeben. Auf dieſem brachte er die
meiſte Zeit in der Stille des Privatlebens zu mit Gattin
und Kindern, die er von Korinth herbeigerufen hatte. Denn
er kehrte nicht mehr nach Hauſe zurück, miſchte ſich nicht
in die Händel Griechenlands und gab ſich nicht dem Neide
ſeiner Mitbürger Preis, eine Klippe, an welcher die meiſten
Feldherrn aus unerſättlicher Begier nach Ehre und Macht
ſcheitern: ſondern er blieb dort im Genuſſe der Güter, die
er ſelbſt geſchaffen hatte, worunter das größte war, ſo viele
Städte und Hunderttauſende von Menſchen durch ſeine
Bemühung beglückt zu haben.

Da aber nicht nur jeder Schopflerche, wie Simonides
ſagt, eine Haube erwachſen muß, ſondern auch jeder Volks=
herrſchaft ein boshafter Ankläger, ſo machten ſich auch an
Timoleon zwei Demagogen, Laphyſtios und Demänetos.
Laphyſtios brachte eine Klage gegen ihn vor und verlangte,
daß er Bürgſchaft ſtelle. Das Volk erhob darüber großen
Lärm und wollte es verhindern. Aber Timoleon rief, eben
deßwegen habe er ſich aus freiem Willen ſo vielen Anſtren=

gungen und Gefahren unterzogen, damit jeder Syrakuser die
Gesetze für sich geltend machen könne. Demänetos beschuldigte
ihn vor der Volksversammlung vieler Fehler, die er als
Feldherr begangen habe: Timoleon gab ihm keine Antwort,
sondern sagte, er sei den Göttern Dank schuldig, daß sie
sein Gebet erhört und ihm die Freude gegönnt hätten, die
Syrakuser im Besitz der Redefreiheit zu sehen.

Nachdem also Timoleon, wie allgemein anerkannt wurde,
die größten und schönsten Thaten unter den Griechen seiner
Zeit ausgeführt und in solchen Unternehmungen, zu denen
die Beredtsamkeit der Sophisten bei den Nationalversamm=
lungen der Griechen beständig ermahnte, allein Lorbeeren
erworben; nachdem er den Uebeln, welche damals das alte
Griechenland trafen, durch Fügung des Glückes rein und
unbefleckt vorher entrückt worden; nachdem er sich den Barbaren
und Tyrannen tapfer und furchtbar, den Griechen und
Freunden gerecht und gütig bewiesen; nachdem er endlich die
meisten Siegesdenkmale ohne Trauer und Thränen der Mit=
bürger aufgestellt und Sicilien, ehe noch acht Jahre verflossen,
von immerwährenden inneren Uebeln und Krankheiten befreit
seinen Bewohnern übergeben hatte — fühlte er, schon in
vorgerücktem Alter, sein Gesicht stumpf werden, und bald
trat völlige Blindheit ein, nicht durch eigene Schuld noch
durch eine Laune des Schicksals, sondern die Ursache war
wohl eine erbliche Anlage und der mit dem Alter eingetretene
graue Staar. Denn nicht wenige sollen auf ähnliche Weise
in höherem Alter durch solch allmähliges Absterben des
Augsternes erblindet sein. Doch berichtet Athanis, noch
während des Krieges gegen Hippon und Mamerkos im Lager
zu Mylä habe der graue Staar seine Augen ergriffen; seine
Blindheit sei von jedermann bemerkt worden, doch habe er
darum die Belagerung nicht aufgehoben, sondern den Krieg
beharrlich fortgesetzt, bis er die beiden Tyrannen in seine
Gewalt bekommen. Gleich nach seiner Rückkehr nach Syrakus
aber habe er den Oberbefehl niedergelegt und die Bürger um

Entschuldigung gebeten, da jetzt alles zum schönsten Ziele gelangt wäre.

Daß nun er selbst sich ohne Murren in sein Schicksal fügte, mag uns eben nicht so sehr wundern: bewundernswerth aber ist die Verehrung und Dankbarkeit, welche die Syrakuser dem blinden Manne bewiesen. Nicht blos ihn selbst ehrten sie häufig durch achtungsvolle Besuche, auch jeden dort verweilenden Fremden führten sie in sein Haus und auf sein Gut damit er ihren Wohlthäter schaute, voll stolzer Freude, daß er die so glänzende Rückkehr nach Griechenland, welche seine Thaten ihm bereitet hätten, verschmähte, um bei ihnen sein Leben zu beschließen.

So viele höchst glänzende Ehrenbezeugungen in Beschlüssen und Handlungen ihm erwiesen wurden, so zeichnet sich doch besonders der Beschluß des Syrakuservolkes aus, so oft sie mit Auswärtigen in Krieg geriethen, wollten sie einen Korinther zum Feldherrn wählen. Welch schönen Anblick gewährte auch die Ehre, die man ihm jedesmal in der Volksversammlung erwies! Während sie nämlich das Gewöhnliche für sich selbst abmachten, riefen sie zu den wichtigeren Berathschlagungen den Timoleon herbei. Dann kam er mit einem Zweigespann über den Markt in's Theater gefahren; und indem der Wagen, auf dem er sitzen blieb, hineinkam rief das Volk mit Einer Stimme grüßend seinen Namen: Timoleon erwiderte ihren Gruß, und nachdem er den Glückwünschen und Lobsprüchen einige Zeit vergönnt, hörte er den Gegenstand der Berathung und sprach seine Meinung aus. Hatte alsdann die Versammlung derselben beigepflichtet, so führten seine Diener den Wagen durch das Theater zurück, die Bürger begleiteten ihn mit Zuruf und Händeklatschen und berathschlagten dann für sich über die sonstigen Angelegenheiten.

So verlebte der Greis geehrt und geliebt wie ein gemeinsamer Vater seine Tage, bis ihm eine kleine Unpäßlichkeit, durch Altersschwäche verschlimmert, den Tod brachte.

Einige Tage wurde den Syrakusern Zeit gelassen für die Anstalten zur Bestattung, den Landbewohnern und Fremden, um sich zu versammeln. Dann wurde ihm eine glänzende Leichenfeier gehalten. Jünglinge, vom Volke gewählt, trugen das prachtvoll geschmückte Todtenbett über die Trümmer des dionysischen Palastes. Als Geleite folgten viele tausend Männer und Frauen, und wenn die Kränze auf aller Haupt und die weißen Gewänder einen festlichen Anblick gewährten, so zeigten die Wehklagen und Thränen, die sich mit den Seligpreisungen des Mannes mischten, nicht eitles Ehrengepränge, noch obrigkeitlich angeordnete Pflichterweisung, sondern echte Trauer, die aus dankerfülltem, liebendem Herzen kam.

Zuletzt als die Bahre auf den Scheiterhaufen gestellt war, las Demetrios, der unter den Herolden jener Zeit die stärkste Stimme hatte, folgende öffentliche Erklärung ab:

„Das Volk von Syrakus bestattet hier Timoleon, Timodemos' Sohn von Korinth, mit einem Aufwande von zweihundert Minen *) und hat auf ewige Zeiten Gesangfeste, Wettrennen und Turnspiele zu seinem Ehrengedächtniß verordnet, weil er die Tyrannen gestürzt, die Barbaren überwunden, die größten der zerstörten Städte wieder bevölkert und den Sicilischen Hellenen die Gesetze zurückgegeben hat."

Die Asche setzten sie auf dem Markte bei; und in der Folge führten sie einen Säulengang umher, bauten Turnsäle daran und übergaben das Ganze unter dem Namen Timoleontéon den Jünglingen als Uebungsplatz. Die Bürger aber genossen bei der Staatsverfassung und den Gesetzen, welche er gegeben, längere Zeit eines ungestörten Wohlergehens.

---

*) Die syrakusische Mine zu vierzig attischen Drachmen genommen, beträgt diese Summe 1933 Thlr. 8 Gr.

VI.

Alexandros*).

König von Makedonien 336 bis 323 v. Chr.

---

1. Jugendjahre.

Indem wir das Leben des Königs Alexandros schreiben, müssen wir die Leser bitten es nicht zu tadeln, wenn wir der Menge seiner ruhmvollen Thaten wegen nicht jede einzelne aufführen und sie auch nicht ausführlich, sondern in sehr abgekürzter Weise erwähnen. Wir schreiben ja nicht ausführliche Geschichte, sondern Schilderungen des Lebens und Charakters bedeutender Männer: Tugend oder Laster offenbart sich aber nicht immer in den Thaten die am meisten hervorleuchten; vielmehr stellt oft eine geringfügige Handlung oder Rede, auch ein Scherz den Charakter deutlicher dar als Schlachten mit unzähligen Todten und ruhmreiche Belagerungen von Städten. Wie also die Maler von Bildnissen die Aehnlichkeit in den in die Augen fallenden, charakteristischen Zügen des Antlitzes wiedergeben und die übrigen ganz wenig beachten, so sei uns gestattet ein Abbild des Lebens unseres Helden zu geben, indem wir mehr in die charakteristischen Offenbarungen seines Innern eindringen und sie zur Darstellung seines eigenthümlichen Wesens verwenden, große Thaten aber, Kämpfe und Schlachten andern zu erzählen überlassen.

---

*) Von Dr. Rauch in Rastatt übersetzt und bearbeitet.

Alexandros' Vater war Philippos der Zweite, König von Makedonien, seine Mutter Olympias, Tochter des Molosserkönigs Neoptolemos. Herakles ist sein Ahnherr von väterlicher, Achilleus von mütterlicher Seite. Philippos soll, als er noch selbst in jüngeren Jahren war, die verwaiste Jungfrau bei der Mysterienfeier auf Samothrake lieb gewonnen und mit Einwilligung ihres Bruders Arymbas geheirathet haben. Noch vor ihrer Vermählung mit ihm träumte Olympias, sie werde unter dem Rollen des Donners vom Blitze getroffen; von dem Schlage lodere ein wildes Feuer auf und erlösche erst, nachdem es sich, in Flammen ausgebrochen, überall hin verbreitet hatte. Traumdeuter legten dies so aus, daß sie einst Mutter eines sehr kriegerischen Sohnes würde. Es wurde aber Alexandros am sechsten Tage des Monats Hekatombaion *), welchen die Makedonier Loos nennen, geboren, an demselben Tage, an welchem zu Ephesos der Tempel der Artemis verbrannte. Und zwar hielten die Wahrsager zu Ephesos diese Zerstörung des Tempels für das Vorzeichen eines zweiten Unglücks, liefen sich in's Antlitz schlagend durch die Straßen und riefen, jener Tag habe Asien großes Unheil und Verderben geboren. Dem Philippos jedoch, der gerade Potidaia eingenommen hatte, kamen zu derselben Zeit drei Botschaften zu: die eine, die Illyrier seien von Parmenion in einer großen Schlacht besiegt worden; die andere, er habe zu Olympia im Wettrennen den Preis davongetragen; die dritte endlich betraf Alexandros' Geburt. Natürlich war er in großer Freude darüber, und die Seher erhöhten sie noch durch den Ausspruch, der zu gleicher Zeit mit den drei Siegen geborene Knabe werde unüberwindlich sein.

Den Ausdruck seiner äußern Gestalt zeigen am besten

---

*) Der Hekatombaion entspricht ungefähr dem Juli; nach andern fällt Alexandros' Geburt auf den Boedromion (September) des J. 356 v. Chr.

die von Lysippos gefertigten Bildsäulen, von dem allein er auch abgebildet werden wollte. Denn die leichte Neigung seines Halses nach links, welche später viele Freunde und Nachfolger Alexandros nachahmten, und die Weichheit seines Blicks behielt jener Künstler sorgfältig bei. Apelles aber, der Alexandros mit dem Donnerkeile des Zeus malte, gab ihm nicht seine natürliche Farbe, sondern malte ihn bräunlicher und dunkel. Er war aber, wie man sagt, weiß an Farbe, doch spielte die Weiße besonders an der Brust und im Antlitz in's Purpurrothe. Nach den Denkwürdigkeiten des Aristoxenos dufteten die Ausdünstung seiner Haut, der Athem seines Mundes und überhaupt das Fleisch seines Körpers so lieblich, daß seine Unterkleider ganz darnach rochen. Ursache davon war vielleicht die heiße, feurige Natur seines Körpers; denn der Wohlgeruch entsteht nach der Meinung des Theophrastos von dem Kochen des Feuchten durch Wärme, wie auch die trockenen und von der Sonne durchglühten Gegenden die gewürzigsten Kräuter in größter Menge hervorbringen: es vertilgt nämlich die Sonne die Feuchtigkeit, die Grundlage der Fäulniß. Es machte aber auch, wie es scheint, die Körperhitze Alexandros zum Trunke geneigt und aufbrausend. Doch bewies er sich schon als Knabe bei aller sonstigen Leidenschaftlichkeit in allen sinnlichen Genüssen höchst mäßig und fest gegen jede Verführung; um so gewaltiger war im Vergleich zu seinem Alter seine nur auf Edles und Großes gerichtete Ehrliebe. Denn er liebte nicht jeden und auf jede Weise gewonnenen Ruhm, wie Philippos, der sich durch geschickte Redner in Prunkreden preisen und die in Olympia erhaltenen Wagensiege auf Münzen prägen ließ; sondern, als ihn Personen seiner Umgebung fragten, ob er nicht zu Olympia im Wettlauf mitkämpfen wolle — er war nämlich sehr schnellfüßig —, erwiderte er: „Ja, wenn ich Könige zu Mitwettkämpfern hätte!" Ueberhaupt scheint er über die Athleten anders als seine Zeitgenossen gedacht zu haben; denn während

12*

er sehr viele Wettkämpfe von tragischen Schauspielern, Flötenbläsern, Sängern zur Cither und Rhapsoden *), auch Jagden aller Art und Rappierfechten veranstaltete, hielt er weder einen Wettkampf von Faustkämpfern noch von Pankratiasten **) anders als mit Gleichgiltigkeit.

Als er Gesandte des Perserkönigs in Philippos' Abwesenheit bewirthete, nahm er, mit ihnen bekannt geworden, durch seine Freundlichkeit und dadurch, daß er keine kindischen und läppischen Fragen that, sondern nach der Länge der Wege und der Beschaffenheit des Marsches in das innere Asien forschte, und wie sich der König in Kriegen halte und wie die Stärke und Macht der Perser sei, sie so sehr für sich ein, daß ihn jene bewunderten und die gepriesene Thatkraft des Philippos für nichts achteten im Vergleich zu des Knaben Trieb und Drang nach großen Thaten. Daher war er auch, so oft die Nachricht kam, Philippos habe eine bedeutende Stadt erobert oder in einer ruhmvollen Schlacht gesiegt, nicht sehr heiter, sondern sagte zu seinen Gespielen: „Ihr Knaben, mein Vater wird Alles vorwegnehmen und mir mit euch keine große und ruhmvolle That zu vollbringen übrig lassen." Denn da er nicht nach Lust und Reichthum strebte, sondern nach männlicher Tüchtigkeit und Ruhm, so glaubte er um so weniger durch eigene Kraft vollbringen zu können, je mehr er von seinem Vater als Erbe erhalten würde. Wie daher Philippos' Macht wuchs, fürchtete er, derselbe erschöpfe alle kriegerischen Unternehmungen, er wollte aber nicht eine Regierung voll Reichthum und Ueppigkeit und Genüsse, sondern voll Kämpfe und Kriege und Ringen nach Ehre übernehmen.

Wie natürlich hatte er viele Aufseher und Lehrer, allen war Leonidas vorgesetzt, ein Mann ernsten Sinnes und

---

*) Die Rhapsoden sangen besonders Homerische Gedichte.
**) Die Pankratiasten verbanden den Faustkampf mit dem Ringkampf.

Verwandter der Olympias, der für sich selbst für sein schönes
Amt den Namen eines Knabenlehrers nicht verschmähte, von
den Andern aber seines Ansehens und der Verwandtschaft
mit Olympias wegen Erzieher und Leiter des Alexandros
genannt wurde. Der Akarnane Lysimachos aber, der sich
Schein und Namen eines Pädagogen anmaßte, hatte sonst
nichts Geistreiches; weil er aber sich selbst Phoinix, den
Alexandros Achilleus und den Philippos Peleus nannte *);
machte er sich beliebt und nahm die zweite Stelle ein.

Als der Thessaler Philoneikes das Roß Bukephalas dem
Philippos um 13 Talente (32,487 fl., 18,564 Thlr.) zum
Kauf anbot, und man sich auf einen ebenen Platz begeben
hatte um es zu prüfen, zeigte es sich sehr böse und wider=
spenstig und ließ weder einen Reiter aufsitzen, noch sich durch
das Zusprechen der Leute des Philippos beruhigen, sondern
bäumte sich gegen alle in die Höhe; da nun Philippos er=
zürnt das Pferd als ein ganz wildes und unbändiges Thier
fortzuführen befahl, rief Alexandros: „Was für ein Pferd
lassen sie verloren gehen, weil sie aus Unverstand und Feig=
heit es nicht zu behandeln im Stande sind." Anfangs schwieg
Philippos darauf; als aber Alexandros die Rede öfters
wiederholte und sich sehr aufgebracht bewies, sagte er:
„Tadelst du ältere Leute, als ob du mehr verstündest oder
das Pferd eher zu behandeln wüßtest?" „Dieses wenigstens,"
erwiderte Alexandros, „verstünde ich besser zu behandeln."
„Und wenn du es nicht thust, welche Strafe willst du für
deinen Vorwitz erlegen?" „Ich werde, bei Zeus," war die
Antwort, „zur Buße den Preis des Pferdes zahlen." Erst
lachten alle; dann wurde gegenseitig feste Bestimmung über
die Geldbuße getroffen, und Alexandros eilte rasch zu dem
Pferde, ergriff den Zügel und wandte es gegen die Sonne,
weil er wahrscheinlich bemerkt hatte, daß es beim Anblick
des vor ihm hinfallenden und sich bewegenden Schattens

---

*) Phoinix Erzieher und Peleus Vater des Achilleus.

scheu wurde. So lief er kurze Zeit es fortwährend strei-
chelnd im Trabe neben ihm her, warf dann, wie er es vor
Feuer immer heftiger schnauben sah, sachte seine Chlamys
ab, zog sich in die Höhe und schwang sich mit Sicherheit
hinauf. Eine kleine Weile hielt er es dann mit den Zügeln
das Gebiß anziehend ohne Schlagen und Zerren zurück; als
er aber das Pferd das störrische Wesen aufgeben und begierig zulaufen sah, ließ er ihm unter keckerem Zuruf und
Anspornen die Zügel schießen. Philippos und seine Umgebung waren anfangs in Furcht und Schweigen befangen,
als er aber freudigstolz mit fester Hand zu ihnen umlenkte,
brachen Alle in lautes Jubelgeschrei aus, und sein Vater
soll vor Freude geweint und ihn, als er abgestiegen war,
küssend gesagt haben: „Sohn, suche dir ein Königreich das
dir gleich kommt, denn Makedonien faßt dich nicht.“

Da Philippos wahrnahm, daß seine feste Sinnesart ehrgeizig darüber wachte, sich nicht durch Gewalt bestimmen zu
lassen, aber leicht durch Gründe zum Rechten sich führen
ließ, versuchte er selbst weniger ihm zu befehlen als ihn zu
überzeugen; und da er den Lehrern in Musik und den gewöhnlichen Unterrichtsgegenständen seine Bildung und Leitung
nicht ganz anvertrauen wollte als eine zu schwere Aufgabe,
die, wie Sophokles sagt,

„gar vieles Zügeln heischt und kräft’ges Steuern auch;“

so berief er Aristoteles, den berühmtesten und angesehensten
Philosophen zu sich gegen ein sehr schönes und würdiges
Lehrgeld. Denn er baute die von ihm selbst zerstörte Stadt
der Stageiriten, aus welcher Aristoteles war, wieder auf
und setzte die flüchtigen oder in Sklaverei dienenden Bürger
in ihren früheren Stand wieder ein. Als Aufenthaltsort
wies er Lehrer und Schüler den Nymphenhain bei Mieza
an, wo noch jetzt die steinernen Sitze und schattigen Spaziergänge des Aristoteles gezeigt werden. Es scheint aber Alexandros nicht allein seine Vorträge über Sitten= und Staats=

lehre erhalten, sondern auch an dem geheimen und schwierigeren Unterrichte über die letzten und höchsten Dinge, der nur mündlich und nur Wenigen gegeben wurde, Theil genommen zu haben. Denn als er während des Feldzuges in Asien hörte, daß einige Vorträge über diese Dinge von Aristoteles in Büchern herausgegeben worden seien, schrieb er sich offen über Philosophie äußernd an ihn: „Alexandros dem Aristoteles Glück zum Gruß! Du hast nicht wohl daran gethan die nur mündlichen Lehrvorträge herauszugeben. Denn woburch werden wir uns von den Andern unterscheiden, wenn die Lehren, in denen wir unterrichtet wurden, allen gemein sein werden? Ich aber möchte mich durch die Kenntniß des Besten oder durch Fülle der Macht unterscheiden. Lebe wohl." Um daher dieses ehrgeizige Verlangen zu beruhigen, vertheidigte sich Aristoteles in Betreff jener Vorträge mit den Worten, sie seien von ihm herausgegeben und auch nicht herausgegeben. Wirklich ist seine Methaphysik für den Unterricht in der Philosophie nicht brauchbar und nur für die bereits gründlich Unterrichteten geschrieben.

Auch die Liebe zur Arzneikunst scheint besonders Aristoteles dem Alexandros eingeflößt zu haben. Denn er liebte nicht nur sich wissenschaftlich mit ihr zu beschäftigen, sondern er stand auch kranken Freunden bei und schrieb, wie man aus seinen Briefen sehen kann, ihre Behandlung und Lebensordnung vor. Von Natur war er wißbegierig, liebte Gelehrsamkeit und Lectüre. Die Ilias nannte er Hilfsmittel der kriegerischen Tapferkeit; Aristoteles hatte ihm sein Exemplar derselben verbessert; man nannte es nur die Ilias im Kästchen; er hatte es, wie Onesikritos erzählt, stets mit seinem Schwerte unter dem Kopfkissen liegen. Da es ihm in Hochasien an andern Büchern fehlte, gab er Harpalos den Auftrag, welche zu schicken. Und dieser schickte ihm des Philistos Geschichtsbücher, viele Tragödien des Euripides, Sophokles und Aischylos und die Dithyramben des Telestes und Philorenos. Den Aristoteles bewunderte und liebte er anfangs, wie er selbst sagte, nicht weniger als seinen Vater, weil er diesem zwar das Leben, jenem aber schön zu leben verdanke; später faßte er einigen Argwohn gegen ihn, und wenn auch keine feindselige Handlung vorkam, so beweisen doch die nicht mehr so liebevollen Briefe an ihn eine Entfremdung. Aber der ihm angeborene und durch Erziehung genährte Eifer für Philosophie schwand nicht aus seiner Seele, wie die dem Anararchos bewiesene Ehre, das Geschenk von 50 Talenten (124,950 fl., 71,400 Thlr.) an Xenokrates und die aufmerksame Behandlung des Darbamis und Kalanos bezeugen.

2. Erste Thaten.

Als Philippos gegen die Byzantier zu Felde zog, ließ er den sechzehnjährigen Alexandros als Regenten von Makedonien und Herrn seines Siegelrings zurück. In dieser Zeit besiegte Alexandros die abgefallenen Maider, eroberte ihre Stadt, vertrieb einen Theil der barbarischen Einwohner, siedelte andere unter ihnen an und nannte sie Alexandrosstadt. Zu Chaironeia nahm er an der Schlacht gegen die Hellenen Theil und soll zuerst in die heilige Schaar der Thebaier eingedrungen sein. Noch jetzt wird am Kephisos eine alte Eiche, die Alexandroseiche, gezeigt, bei welcher er damals sein Zelt hatte; auch das gemeinschaftliche Grab der in der Schlacht gefallenen Makedonier ist nicht fern davon. Natürlicher Weise liebte Philippos deßwegen den Alexandros so sehr, daß es ihn sogar freute, daß die Makedonier den Alexandros ihren König, den Philippos aber ihren Feldherrn nannten.

Als aber Philippos, der von Olympias getrennt lebte, Kleopatra heirathete, brach Zwist in dem königlichen Hause aus, welchen die heftige Leidenschaftlichkeit und Eifersucht der Olympias noch vergrößerte, wie sie auch ihren Sohn

Alexandros zu erbittern mußte. Dies zeigte sich deutlich bei
der Hochzeit der Kleopatra, wo beim Trinkgelage Attalos,
ihr Oheim, vom Weine erhitzt die Makedonier aufforderte die
Götter zu bitten, daß sie dem Philippos und der Kleopatra
einen rechtmäßigen Thronerben schenken möchten. Darüber
in heftigem Zorn schleuderte Alexandros mit dem Rufe:
„Hältst du, elender Wicht, mich für ein untergeschobenes
Kind?" den Becher gegen ihn. Philippos sieht es und
stürzt mit gezogenem Schwerte auf ihn zu; zu beider Glück
machte aber Wuth und Wein seinen Schritt unsicher, er fiel
zu Boden; und Alexandros sagte höhnisch: „Wahrhaftig, der
rüstet von Europa hinüber nach Asien zu gehen und fällt
wie er von einem Tisch zum andern geht." Nach diesem
widrigen Vorfall brachte er seine Mutter nach Epeiros und
nahm selbst seinen Aufenthalt in Illyrien. In dieser Zeit
kam der Korinther Demaratos, ein dem königlichen Hause
befreundeter, freimüthiger Mann zu Philippos. Nach den
ersten Begrüßungen fragte ihn Philippos: „Wie steht es mit
der Eintracht unter den Hellenen?" „Es ziemt dir, Philippos,"
antwortete Demaratos, „sehr dich um Hellas zu kümmern,
der du dein eigenes Haus mit so heftigem und bösem Zwist
erfüllt hast." Dadurch kam Philippos zur Einsicht und
ließ Alexandros durch Demaratos wieder zur Rückkehr
bewegen.

Als aber der Fürst von Karien Piroboros in der Absicht
durch Verschwägerung sich Philippos' Bundesgenossenschaft zu
verschaffen die älteste seiner Töchter dem unehelichen Sohne
Philippos', Arrhidaios, zur Frau geben wollte und deßwegen
den Aristokritos nach Makedonien schickte, entstand wieder
von Seiten der Mutter und der Freunde Alexandros' ein
ärgerliches Gerede, als ob Philippos den Arrhidaios durch
fürstliche Verheirathung und große Auszeichnung zu seinem
Nachfolger auf dem Throne erhebe. Dadurch bestürzt schickte
Alexandros den tragischen Schauspieler Thettalos nach Karien
um dem Piroboros den Vorschlag zu machen, daß er den

unehelichen und überdies blödsinnigen Arrhidaios aufgeben und dagegen seine Tochter dem Alexandros verbinden solle. Dem Pixodoros gefiel dies weit mehr als sein früheres Vorhaben; als aber Philippos diesen Anschlag des Alexandros erfuhr, nahm er einen von dessen Freunden und Vertrauten, Philotas, den Sohn des Parmenion, mit sich, ging zu ihm, tadelte ihn heftig und warf ihm bitter vor, er zeige sich seiner Abkunft und seines Glückes unwerth, wenn er nicht höher strebe als eines Karers und Knechts des Barbarenkönigs Schwiegersohn zu werden. Den Korinthern schrieb er, daß sie ihm den Thettalos in Ketten gefesselt zurückschicken sollten. Von den übrigen Freunden des Alexandros verbannte er den Harpalos und Nearchos, ferner den Erygyios und Ptolemaios aus Makedonien; Alexandros rief sie später zurück und hielt sie hoch in Ehren.

Als Pausanias, der, von Attalos und Kleopatra beleidigt, keine Genugthuung erhalten hatte, den Philippos ermordete, wurde Olympias allgemein beschuldigt, daß sie den aufge= brachten Jüngling noch dazu angetrieben und aufgehetzt habe. Auch den Alexandros traf einige böse Nachrede; er soll nämlich, als ihm Pausanias nach jener Frevelthat weinend begegnete, den Vers aus der Medeia des Euripides gesprochen haben:

„Dem Vater und der Tochter und dem Bräutigam
Unheil."

Und doch ließ er die Mitschuldigen des Mörders auf= suchen und bestrafen und nahm es sehr übel, daß Olympias in seiner Abwesenheit die Kleopatra grausam umbringen ließ.

3. Alexandros besteigt den Thron.

Er bestieg also 20 Jahre alt den Thron, der überallher von Neid, Haß und Gefahren auf's heftigste bedroht war. Denn es ertrugen weder die benachbarten barbarischen Völker, die nach ihren angestammten Königen verlangten, die Unter=

werfung, noch hatte Philippos, nachdem er Hellas mit den
Waffen bezwungen, Zeit gehabt es zu besänftigen und an
seine Herrschaft zu fesseln; sondern er hatte die Zustände
Griechenlands nur erst gewaltsam verändert und sie so voll
Schwankung und Bewegung hinterlassen, bevor Gewohnheit
sie befestigte. Als nun die Makedonier durch diese gefährliche
Lage geschreckt dem Alexandros riethen die Oberherrschaft
über Hellas ganz aufzugeben und nicht mit Gewalt zu
erzwingen, den Anfängern des Abfalls der Barbaren aber
durch Milde zu begegnen zu suchen; da strebte er von der
entgegengesetzten Ansicht ausgehend durch hochherzige Kühnheit
Rettung und Sicherheit des Reichs zu gewinnen, da, wie er
sagte, alle ihn angreifen würden, wenn er nur im geringsten
den Muth sinken zu lassen schiene. Also unterdrückte er
schnell die aufrührerischen Bewegungen der barbarischen Völker,
indem er mit einem Heere bis an den Istros (Donau)
drang, wo er auch Syrmos, den König der Triballer in
einer großen Schlacht besiegte. Als er aber erfuhr, daß die
Thebaier abgefallen seien und die Athener es mit ihnen
hielten, führte er sogleich seine Macht durch die Thermopylen
mit den Worten, er wolle dem Demosthenes, der ihn während
seiner Abwesenheit in Illyrien und bei den Triballern einen
Knaben und nach seinem Einmarsch in Thessalien einen
Jüngling genannt hatte, vor den Mauern der Athener sich
als ein Mann zeigen. Bei Thebai angelangt wollte er den
Bürgern noch Gelegenheit geben ihren Abfall zu bereuen;
er verlangte daher die Auslieferung des Phoinir und Prothytes,
der Urheber desselben, und ließ den Uebrigen, wenn sie sich
ihm wieder unterwürfen, Straflosigkeit verkünden. Da aber
die Thebaier dagegen von ihm die Auslieferung des Philotas
und Antipatros verlangten und männiglich aufforderten sich
zu ihnen zu schaaren wer Hellas mit befreien wolle, wandte
er sich mit seinen Makedoniern zum Krieg. Die Thebaier
kämpften nun zwar mit übermenschlichem Muth und Tapfer=
keit gegen die weit überlegene Zahl der Feinde; als aber

die Makedonische Besaßung der Kadmeia diese Burg preis
gab und ihnen in den Rücken fiel, wurden sie umringt, und
die Meisten fielen im Kampfe selbst; ihre Stadt aber wurde
erobert, geplündert und dem Boden gleich gemacht, besonders
weil Alexandros erwartete, die Hellenen würden durch die
so schwere Strafe der Stadt mit Furcht und Schrecken erfüllt
sich ruhig verhalten, dann auch weil er auf eine auffällige
Weise den Beschuldigungen seiner Verbündeten willfahren
wollte; denn es traten die Phoker und Plataier als Ankläger
der Thebaier auf. Mit Ausnahme der Priester und der
Gastfreunde der Makedonier, der Nachkommen des Dichters
Pindäros und aller die dem Beschlusse des Abfalls wider-
sprochen hatten, ließ er alle Thebaier in Sklaverei verkaufen,
gegen 30,000 an der Zahl; der Gefallenen waren über 6000.

Während jener vielen schweren Leiden, welche die Stadt
trafen, erbrachen einige Thraker das Haus der Timokleia,
einer angesehenen und tugendhaften Frau, und raubten erst
was sie von Geld vorfanden; dann fragte sie noch der Anführer unter Drohungen und Mißhandlungen, ob sie irgendwo
Gold oder Silber verborgen habe. Sie gab zu, noch welches
zu haben, führte ihn in den Garten und sagte auf einen
offenen Brunnen hinweisend, da hinein habe sie selbst bei
der Einnahme der Stadt ihre werthvollste Habe geworfen.
Indem nun der Thraker über den Brunnen hingebeugt
hinabschaute, stieß sie ihn von hinten hinab und warf Steine
auf ihn hinunter bis er todt war. Als sie von den Thrakern
gebunden zu Alexandros geführt wurde, erschien sie, die
ihren Führern unerschrocken und furchtlos folgte, schon in
Antliß und Gang würdevoll und hochherzig; dann vom
Könige befragt, wer sie sei, antwortete sie: „Des Theagenes
Schwester, der als Feldherr im Kampfe für die Freiheit der
Hellenen gegen Philippos bei Chaironeia fiel." Voll Bewunderung sowohl ihrer Antwort als ihrer That befahl
Alexandros sie sammt den ihrigen frei zu entlassen.

Mit den Athenern söhnte er sich aus, obgleich sie über

das Unglück Thebens sehr betrübt waren. Denn gerade mit der Feier des Mysterienfestes beschäftigt, unterbrachen sie diese und nahmen die zu ihrer Stadt geflüchteten Thebaier auf's freundlichste auf. Alexandros aber entließ sie, mag er nun mit der einen That, wie die Löwen, seinen Zorn schon gestillt gehabt haben, oder wollte er dem grausamsten und traurigsten Werke eine Handlung der Milde folgen lassen, nicht nur aller Schuld, sondern forderte sie auch auf, ihr Augenmerk auf die Ereignisse zu richten, damit sie, wenn ihn ein Unfall träfe, über Hellas herrschten. Später jedoch soll ihn oft das Unglück der Thebaier geschmerzt und gegen nicht wenige milder gemacht haben. Was ihn aber weiterhin in seinem Leben am meisten schmerzte, die Tödtung des Kleitos beim Weingelage und die Zaghaftigkeit der Makedonier den Indern gegenüber, wodurch sie seinem Feldzuge das eigentliche Ende geraubt und seinen Ruhm preis gegeben hätten, schrieb er dem Zorne und der Rache des Dionysos zu. Es gab aber keinen der übrig gebliebenen Thebaier, der nicht später was er von ihm bat erhalten hätte. Soviel von dem Loose der Thebaier.

Nachdem sich die Hellenen auf dem Isthmos von Korinthos versammelt und beschlossen hatten, mit Alexandros gegen die Perser zu Felde zu ziehen, wurde er als Anführer ausgerufen. Während nun dort sich sowohl viele Staatsmänner als Philosophen zu ihm drängten und ihm Glück wünschten, hoffte er, daß auch Diogenes von Sinope, der in Korinthos sich aufhielt, dies ebenfalls thun würde. Als derselbe aber ruhig im Haine Kraneion weilte ohne sich im geringsten um Alexandros zu kümmern, ging er selbst zu ihm. Diogenes lag gerade in der Sonne; als so viele Leute sich ihm näherten, richtete er sich ein wenig in die Höhe und blickte starr auf Alexandros hin. Nach freundlicher Begrüßung und Anrede fragte ihn jener, ob er vielleicht etwas verlange. „Gehe mir ein wenig aus der Sonne!" war die Antwort. Durch diese Geringschätzung soll sich

Aleranbros so sehr zur Bewunderung des Stolzes und der Größe jenes Mannes haben hinreißen lassen, daß er, als seine Umgebung im Fortgehen über ihn lachte und spottete, sagte: „Ich jedoch möchte, wenn ich nicht Aleranbros wäre, Diogenes sein."

4. Vorbereitungen zum Zug nach Asien.

In der Absicht das Drakel zu Delphoi über seinen Zug zu befragen ging er nach Delphoi; zufällig war es einer der Tage an denen kein Drakel gegeben werden durfte; er ließ daher die Priesterin rufen und, da diese das Gesetz vor=schützend sich weigerte einen Ausspruch zu geben, zog er selbst sie mit Gewalt zum Tempel hin. Als sie aber wie über=wältigt von seinem ernstlichen Anbringen ausrief: „D Sohn, du bist unwiderstehlich!" erklärte er kein anderes Drakel zu verlangen, sondern das gewünschte von ihr erhalten zu haben. Bei seinem Aufbruch zum Feldzug erfolgte unter andern göttlichen Vorzeichen auch dies, daß zu Leibethra das Schnitz=bild des Orpheus aus Kypressenholz in jenen Tagen starken Schweiß ausschwitzte. Alle erschraken über dieses Vorzeichen; Aristanbros aber hieß sie gutes Muthes sein, da Aleranbros ruhmvolle und herrliche Thaten vollbringen werde, welche den Dichtern und Sängern vielen Schweiß und Arbeit machen würden.

Die Stärke seines Heeres betrug nach der niedrigsten Angabe 30,000 Mann zu Fuß und 4000 Reiter, nach der höchsten 34,000 Mann und 4000 Reiter. Nach dem Geschichtschreiber Aristobulos hatte er gleichsam als Reise=geld nicht mehr als 70 Talente (174,930 fl., 99,960 Thlr.), oder nach Duris nur Proviant für 30 Tage; nach Onesi=kritos war er aber sogar noch 200 Talente (499,800 fl., 285,600 Thlr.) schuldig. Obgleich er mit so geringfügigen und knappen Mitteln aufbrach, bestieg er dennoch nicht eher das Schiff, als bis er je nach den Verhältnissen seiner

Freunde dem einen ein Landgut, dem andern ein Dorf, diesem die Einkünfte von Häusern, jenem die eines Hafens zugewiesen hatte. Als bereits fast alle königlichen Besitzungen aufgewendet und vertheilt waren, fragte Perdikkas: „Aber, mein König, was behältst du denn für dich zurück?" „Die Hoffnung!" war seine Antwort. „Gut," entgegnete Perdikkas, „so werden auch wir, die mit dir zu Felde ziehen, daran Antheil haben," und lehnte die ihm zugetheilte Besitzung ab, worauf auch einige andere von Alexandros' Freunden dasselbe thaten. Denen aber, die forderten und annahmen, schenkte er bereitwillig und vertheilte so seine meisten Besitzungen in Makedonien gänzlich.

5. Er setzt über den Hellespont. Die Schlacht am Granikos.

Mit solcher kühnen und begeisterten Stimmung setzte er über den Hellespontos. Zu Ilion opferte er der Athene und brachte den Heroen ein Dankopfer dar. Die Grabsäule des Achilleus salbte er mit Oel und, nachdem er mit seinen Freunden nach der Sitte nackt einen Wettlauf gehalten, setzte er ihr den Siegeskranz auf, indem er den Helden glücklich pries, der im Leben einen treuen Freund und nach dem Tode einen Herold seiner Größe fand. Während er dann umhergehend die Lage der Stadt besichtigte, fragte ihn ein Eingeborner, ob er die Leier des Paris sehen wolle; er aber versetzte, daß er sich um dieselbe gar nicht kümmere und dagegen des Achilleus Leier suche, zu welcher dieser den Ruhm und die Thaten der Tapfern sang.

Nachdem indessen die Feldherrn des Dareios eine große Macht versammelt und an dem Uebergang über den Granikos aufgestellt hatten, war es nothwendig gleichsam an der Pforte Asiens um den Zugang und Eintritt zu kämpfen. Die meisten Makedonier scheuten aber die Tiefe des Flusses und die Unebenheit und Steilheit des jenseitigen Ufers, das man

kämpfend ersteigen mußte; einige glaubten auch die für jenen
Monat geltende Sitte beobachten zu müssen; denn in Daisios
(Mai-Juni) pflegten die Makedonischen Könige das Heer
nicht in Kampf zu führen. Dem letztern begegnete Alerandros durch den Befehl den Monat den zweiten Artemisios
zu nennen; dem Parmenion aber, welcher der späten Tages-
stunde wegen abrieth ein Treffen zu liefern, erwiderte er,
es schäme sich der Hellespontos, wenn er nach dem Uebergang über jenen vor dem Granikos Furcht hätte, und stürzte
sich mit 13 Reitergeschwadern in den Fluß. Und wie er
gegen die in's Antlitz gerichteten Geschosse und das schroffe,
mit Fußvolk und Reitern bedeckte Ufer durch den abwärts
reißenden, rings umwogenden Strom setzte, schien er mehr
wie in Raserei und Verzweiflung als mit Ueberlegung das
Heer zu führen. Gleichwohl behauptete er sich in der Furt
und gewann, wenn auch mit Anstrengung und Noth, das
feuchte und durch den Schlamm sehr schlüpfrige Ufer, war
aber mit den Seinigen sogleich genöthigt zu kämpfen und
Mann gegen Mann mit den Angreifern handgemein zu
werden, bevor er nur die Uebersetzenden hatte irgend in
Schlachtordnung stellen können. Denn die Feinde bedrängten
ihn mit lautem Geschrei und stachen Roß an Roß mit
Speeren und, wo diese abbrachen, mit Schwertern. Obgleich
nun viele auf ihn selbst eindrangen, denn er war durch
seinen Schild und das auf seinem Helme nach beiden Seiten
wallende Haar von wunderbarer Weiße und Länge kennbar,
und ein Speer in die Fuge des Harnischs drang, wurde er
doch nicht verwundet. Jetzt sprengten die zwei feindlichen
Feldherrn Rhoisakes und Spithribates zumal auf ihn ein;
diesem wich er aus; dem Rhoisakes kam er zwar im Wurfe
des Speeres zuvor, aber der Speer brach an dessen Harnisch,
und er mußte eilig zu seinem kurzen Schwerte greifen.
Während beide miteinander kämpften, sprengte Spithribates
von der Seite heran und führte sich erhebend mit aller Kraft
einen Streich mit seinem persischen Säbel und hieb ihm

den Helmbusch ab, daß der Helm kaum gegen den Streich
hielt und die Schneide des Säbels noch die vordersten Haare
berührte. Schon hob sich Spithridates zu einem zweiten
Hiebe, als ihm Kleitos der Schwarze zuvor kam und ihn
mit der Lanze mitten durchbohrte. Zugleich fiel auch Rhoi=
sakes von Alexandros mit dem Schwerte getroffen. Während
die Reiter so heftig und gefahrvoll kämpften, ging die Pha=
lanx der Makedonier über den Fluß, worauf auch das Fuß=
volk den Kampf begann. Es leisteten aber die Perser nur
schwachen und kurzen Widerstand, wurden geschlagen und
flohen mit Ausnahme der Hellenischen Söldner. Diese waren
auf einem Hügel aufgestellt und wollten sich auf Vertrag
an Alexandros ergeben. Er aber, mehr zürnend als über=
legend, stürzte sich zuerst auf sie, verlor dabei sein Pferd
durch einen Hieb in die Seite (es war dies jedoch nicht der
Bukephalas, sondern ein anderes Pferd), und überhaupt
wurden hier im Kampfe gegen verzweifelte und streitbare
Männer die meisten der Verwundeten und Gefallenen ge=
zählt. Es sollen aber von dem Persischen Heere 20,000
Mann zu Fuß und 2500 Reiter gefallen sein. Von Alex=
andros' Truppen blieben nach Aristobulos im Ganzen 34,
worunter 9 Mann zu Fuß. Er ließ ihre Statuen in
Erz von Lysippos verfertigen und aufstellen. Die Nachricht
des Sieges theilte er den Hellenen mit, den Athenern aber
insbesondere schickte er 300 erbeutete Schilde und auf die
übrigen Stücke der Rüstung ließ er die stolze Aufschrift
setzen: „Alexandros Philippos' Sohn und die
Hellenen mit Ausnahme der Lakedämonier von
den Asien bewohnenden Barbaren." Teppiche und
Becher, und was noch der Art von den Persern erbeutet
wurde, schickte er mit geringer Ausnahme alles seiner Mutter.

6. Der Zug durch Kleinasien.

Dieser Kampf bewirkte alsbald einen solchen Umschwung
zu Gunsten Alexandros, daß sowohl Sardes, das Haupt der

perfifchen Befitzungen am jonifchen Meer, ihn aufnahm, als
auch die andern Städte fich ihm anfchloffen. Nur Halikar=
naffos und Miletos. leifteten Widerftand, wurden aber mit
Sturm eingenommen. Nachdem er auch ihr ganzes Gebiet
bezwungen hatte, war er unfchlüffig, was nun zu thun fei.
Oft trieb es ihn durch eine Schlacht mit Dareios die. Ent=
fcheidung des Kriegs herbeizuführen, oft beabfichtigte er auch
fich erft an der Eroberung der Küftenländer gleichfam zu
üben und durch ihre Schätze zu ftärken, bevor er gegen
jenen zöge. Es gibt in Lykien bei der Stadt Xanthos eine
Quelle, deren Waffer damals, wie es heißt, von felbft im
Kreife fich drehte, überftrömte und aus der Tiefe eine eherne
Schreibtafel mit alten Schriftzügen auswarf, des Inhalts,
es werde der Perfer Herrfchaft von den Hellenen gebrochen
ihr Ende finden. Daburch angetrieben, beeilte er fich, die
Meeresküfte bis Phoinikien und Kilikien von Feinden zu
fäubern. Sein fchneller Zug durch Pamphylien ward von
vielen Gefchichtfchreibern zu Schrecken erregenden und fchwül=
ftigen Schilderungen benützt, wie durch göttliche Schickung
das Meer vor Alerandros zurückgewichen fei, das fonft ftets
in wilder Brandung anfchlage und felten unterhalb der ab=
fchüffigen und zerriffenen Bergküfte fchmale, fchroffe Klippen
fichtbar werden laffe. Alerandros felbft erzählt in feinen
Briefen nichts fo Wunderbares und fagt nur, daß er nach
feinem Aufbruch von Phafëlis fich durch das Klimar (Treppe)
genannte Gebirg einen Weg gebahnt habe. Deswegen ver=
weilte er auch mehrere Tage in jener Stadt; als er während
diefes Aufenthalts auch eine Statue des Theobektes*), der
aus Phafelis gebürtig jüngft geftorben war, auf dem Markte
aufgeftellt fah, zog er nach dem Mahle im fröhlichen Zuge
ein wenig beraufcht hin und warf viele Kränze auf fie, um
fo im Scherze feinem durch Ariftoteles und die Philofophie

---

*) Theobektes, Redner und tragifcher Dichter, war ein ver=
trauter Freund des Ariftoteles gewefen.

vermittelten Umgang mit ihm eine dankbare Ehrenbezeigung darzubringen.

Hierauf bezwang er diejenigen Pisider, welche sich ihm nicht ergeben hatten und unterwarf sich Phrygien. In der Stadt Gordion, welche ehemalige Residenz des alten Königs Midas sich übergab, sah er den bekannten Wagen, an den das Joch mit Kornelbast festgebunden war, und hörte die von den Asiaten geglaubte Sage, daß, wer den Knoten löse, zum König der ganzen Erde bestimmt sei. Die Meisten erzählen nun, in der Unmöglichkeit den Knoten zu lösen, dessen Band in viele sich kreuzende Windungen geschlungen war, ohne daß Anfang und Ende in's Auge fiel, habe Alexandros ihn mit dem Schwerte entzwei gehauen, worauf viele Anfänge desselben sichtbar geworden seien. Aristobulos aber berichtet, die Lösung sei ihm sehr leicht geworden, indem er den Pflock an der Deichsel, um welchen der Joch= riemen geschlungen war, herauszog und so das Joch ab= nahm.

Nachdem er von da aus die Paphlagoner und Kappa= doker für sich gewonnen und die Nachricht von Memnons Tod erhalten hatte, von welchem Befehlshaber des Dareios an der kleinasiatischen Küste viel Aufenthalt und lebhafter Widerstand zu erwarten war, befestigte sich sein Entschluß, in das innere Asien zu ziehen, weit mehr. Auch war schon Dareios gegen ihn auf dem Marsche von Susa sowohl im Vertrauen auf die Stärke seines Heeres von 600,000 Mann, als durch einen Traum ermuthigt, welchen ihm die Mager mehr nach Wunsch als der Wahrheit gemäß ausgelegt hat= ten. Er sah nämlich im Traume die Phalanx der Make= donier ganz in Flammen und Alexandros in dem Anzuge, welchen er selbst früher als königlicher Eilbote trug, ihm erst dienen, dann aber, in den Tempel des Belos eingetreten, verschwinden. Dadurch offenbarte, wie es scheint, die Gott= heit, daß die Unternehmung der Makedonier einen herrlich leuchtenden Ausgang nehmen und Alexandros selbst Herr

13*

von Asien werden, wie Dareios, der aus einem Eilboten
König geworden, Herr gewesen war, dann aber bald sein
Leben ruhmvoll enden werde.

Sein Muth wuchs noch mehr, da er Alexandros' langen
Aufenthalt in Kilikien für Feigheit hielt. Es war aber
dieser Aufenthalt durch eine Krankheit veranlaßt, welche
Alexandros in Folge zu großer Anstrengung oder, wie
Andere sagen, durch eine heftige Verkältung beim Bade im
Kydnos befiel. Von den andern Aerzten hatte keiner den
Muth, ihm den Beistand seiner Kunst zu leisten; alle fürchteten, da sie die Gefahr für stärker als alle Hilfe hielten,
durch das Fehlschlagen sich den Makedoniern verdächtig und
verhaßt zu machen. Der Akarnane Philippos jedoch sah
zwar auch, daß es schlimm um ihn stünde; aber auf Alexandros Freundschaft vertrauend und es für unverantwort-
lich haltend, wenn er bei dessen Gefahr nicht auch mit Gefahr laufen wolle, versuchte er, sein eigenes Leben auf's
Spiel setzend, das äußerste Mittel seiner Arzneiwissenschaft
und überredete den des Krieges wegen dringend nach Wiederherstellung begehrenden König es gefaßten Muthes zu trinken.
In dieser Zeit sandte Parmenion aus dem Lager einen
Brief mit der Aufforderung, sich vor Philippos zu hüten,
der von Dareios durch das Versprechen großer Geschenke
und der Vermählung mit seiner Tochter gewonnen sei Alexandros zu vergiften. Dieser las den Brief und legte ihn
dann, ohne ihn einem seiner Freunde zu zeigen, unter das
Kopfkissen. Als aber der rechte Augenblick für das Heilmittel da war, und Philippos den Becher bringend mit den
Freunden hereintrat, gab er ihm den Brief und nahm selbst
gutes Muthes und frei von Argwohn die Arznei, so daß
es ein wunderbarer und schenswürdiger Anblick war, wie
jener las, dieser trank, dann beide einander anblickten, doch
nicht auf gleiche Weise, indem Alexandros durch seine heitere
Miene sein Wohlwollen und Zutrauen zu Philippos zeigte,
dieser aber über die Verleumdung ganz außer sich bald die

Götter anrief und die Hände zum Himmel erhob, bald am
Bette auf die Kniee fiel und Aleranbros beschwor, gutes
Muthes zu sein und ihm zu vertrauen. Denn das Heil=
mittel überwältigte anfangs den Körper und verbreitete seine
Kraft so tief, daß ihm die Stimme versagte, die Sinne sich
verdunkelten und ihn eine Ohnmacht befiel. Bald aber von
Philippos wieder hergestellt, zeigte er sich zum Beweise seiner
Genesung den Makedoniern; denn in ihrer Muthlosigkeit
ruheten sie nicht eher als bis sie Aleranbros gesehen hatten.

7. Die Schlacht bei Issos.

Es befand sich aber in dem Heere des Dareios ein
Makedonischer Mann Namens Amyntas, verbannt aus
Makedonien und nicht unbekannt mit Aleranbros' Charakter.
Als dieser sah, daß Dareios sich beeilte innerhalb der Eng=
pässe mit Aleranbros zusammen zu treffen, bat er ihn nicht
aus einer Gegend vorzurücken, wo er in einer weiten und
ausgedehnten Ebene mit seiner so großen Ueberzahl gegen
Wenige kämpfen könne. Als ihm Dareios erwiderte, er
fürchte, daß die Feinde ihm vorher entrännen und Aleranbros
durch die Flucht sich entzöge, sagte er darauf: „Darüber,
mein König, sei ohne Sorge! denn jener wird gegen dich
marschiren und ist wohl schon auf dem Wege." Aber
Dareios ließ sich dadurch von Amyntas nicht überzeugen,
sondern brach auf und zog nach Kilikien, und zugleich zog
Aleranbros nach Syrien gegen ihn. Als sie in der Nacht
an einander vorbeigezogen waren, kehrten sie am folgenden
Morgen wieder um, Aleranbros froh über das Zusammen=
treffen und voll Verlangen dem Feinde in den Engpässen
zu begegnen, Dareios aber suchend sein früheres Lager wieder
zu erreichen und sein Heer aus den Engpässen herauszuziehen.
Denn jetzt erkannte er, daß er sich zu seinem Nachtheil in
einer Gegend verstrickt hatte, die durch Meer und Berge
und den durchfließenden Pinaros der Reiterei ungünstig,

vielfach durchschnitten und der geringen Zahl seiner Gegner
vortheilhaft war. Ein so günstiges Schlachtfeld gewährte
dem Alexandros das Glück; mehr noch trug aber zum Siege
sein Feldherrngenie bei; denn obgleich den Persern an Truppen=
zahl so sehr nachstehend, machte er es ihnen doch unmöglich
ihn zu umgehen, schob vielmehr selbst seinen rechten Flügel
über ihren linken hinaus und trieb durch einen Flanken=
Angriff sie da wo er befehligte in die Flucht. Dabei kämpfte
er selbst unter den Vordersten und wurde auch am Schenkel
durch einen Hieb verwundet, nach Chares von Dareios selbst,
mit dem er handgemein geworden sei; Alexandros aber sagt
in dem Briefe über die Schlacht an Antipatros nicht wer
ihn verwundet habe, obgleich er schreibt, daß er am Schenkel
von einem Säbel, doch ohne schlimme Folgen, verwundet
worden sei. Er erfocht einen glänzenden Sieg: über 110,000
Feinde wurden niedergestreckt. Dareios selbst entkam zwar
der Gefangenschaft, indem er einen Vorsprung von 4—5
Stadien (ungefähr ½ Stde.) gewann, doch brachte Alexandros
seinen Wagen und Bogen von der Verfolgung zurück. Er
traf die Makedonier die Schätze des Persischen Lagers
plündernd, die, obgleich die Perser nur mit leichtem Gepäck
zur Schlacht gekommen waren und das meiste zu Damaskos
zurückgelassen hatten, ungemein groß waren. Von der Plün=
derung war das höchst bequeme und prachtvoll ausgerüstete,
mit Kostbarkeiten überfüllte Zelt des Dareios für Alexandros
ausgenommen worden. Sogleich legte er nun den Harnisch
ab und ging zum Bade mit den Worten: „Gehen wir den
Schweiß des Kampfes im Bade des Dareios abzuwaschen!"
„Nein beim Zeus," erwiedert Einer seines Gefolges, „sondern
in Alexandros' Bade, denn was die Besiegten besaßen gehört
jetzt den Siegern und muß auch nach ihnen benannt werden."
Als er aber die Badwanne und Wassereimer und Becken und
Salbenfläschchen alle auf's künstlichste aus Gold gefertigt
sah, von Gewürz und Salben das Gemach köstlich duftete,
und er von demselben in einen durch Höhe und Größe und

Pracht der Ruhebette und der Tische und des Mahls bewun=
dernswerthen Saal getreten war, sprach er nach einem Blick
darauf zu seinen Freunden: „Das. hieß es also, wie es
scheint, König der Perser zu sein."

Im Begriff sich zum Mahle zu begeben, wird ihm
gemeldet, daß man unter den Gefangenen Mutter, Gattin
und zwei noch unvermählte Töchter des Dareios herbeiführe,
die beim Anblick von Dareios' Wagen und Bogen in der
Meinung er sei todt in Thränen und Wehklagen ausgebrochen
seien. Eine Weile verharrte Alexandros schweigend, indem
er das Unglück der Frauen schmerzlicher empfand, als sein
eigenes Glück ihn freute; dann schickte er den Leonnatos zu
ihnen mit dem Auftrag ihnen zu sagen, daß weder Dareios
todt sei, noch sie Alexandros fürchten sollten; denn er führe
mit Dareios Krieg über die Oberherrschaft; ihnen würden
aber alle Ehren zu Theil werden wie unter dem Könige
Dareios. Schienen schon diese Worte den Frauen mild und
edelmüthig, so war die Behandlung, die sie erfuhren, noch
weit liebreicher. Denn er gestatteten ihnen so viel Perser
als sie wollten mit Gewändern und Kostbarkeiten aus der
Beute geschmückt zu bestatten; von ihrem Hofstaate und den
übrigen Ehren nahm er ihnen nicht das Geringste, vielmehr
erhielten sie größere Einkünfte als sie früher hatten. Die
schönste und königlichste Gunst aber, die er den edeln und
tugendhaften gefangenen Frauen erwies, war daß sie nichts
Kränkendes weder hörten, noch sahen, noch besorgen durften,
sondern, als wären sie nicht im Lager der Feinde sondern
in der Hut jungfräulicher Gemächer, Niemanden zugänglich
und sichtbar lebten. Uebrigens soll die Gattin des Dareios
unter allen königlichen Frauen weitaus die schönste gewesen
sein, wie auch er selbst der schönste und größte Mann war;
die Töchter glichen ihren Aeltern. Auch Memnons Wittwe
Barsine wurde bei Damaskos zur Gefangenen gemacht;
Tochter des Artabazos, Enkelin des Perserkönigs, aber mit
griechischer Bildung ausgestattet und wohlgesittet nahm sie

Alexandros für sich ein; als er hingegen die andern gefangenen, durch Schönheit und Größe sich auszeichnenden Frauen sah, sagte er scherzend, die Perserinnen verursachten Augenschmerzen, und entließ sie, die sich nicht so schöne Mäßigung und so reinen Sinn bei ihm zu finden vorgestellt hatten, als wären sie unbeseelte Bildsäulen. Es hielt aber Alexandros, wie es scheint, für königlicher sich selbst zu überwinden als die Feinde zu besiegen.

Daß er auch im Essen sehr mäßig war, bewies er sowohl durch viele andere Dinge als auch durch die Worte, die er an Ada, welche ihn mit seiner Beistimmung an Sohnes Statt angenommen hatte und von ihm zur Königin von Karien gemacht worden war, gerichtet hat. Als sie ihm nämlich ihre freundliche Aufmerksamkeit zu bezeigen täglich viele leckere Speisen und Backwerk und endlich die geschicktesten Köche und Bäcker schickte, sagte er: „er bedürfe ihrer nicht, denn er habe von seinem Erzieher Leonidas bessere Köche erhalten: zum Frühstück einen Nachtmarsch, zum Mittagsmahl ein schmales Frühstück. Derselbe,“ fügte er hinzu, „unter= suchte auch die Taschen meines Oberkleides um sich zu über= zeugen, daß die Mutter mir kein Naschwerk und keine Leckereien zusteckte.“ Auch dem Weine war er weniger ergeben als es den Anschein hatte. Den Anschein brachte aber die Dauer der Gelage hervor, die er nicht sowohl trinkend als plaudernd in die Länge zog, indem er, jedoch nur bei vieler Muße, zu jedem Becher einen weitläufigen Gegenstand zur Sprache brachte. Unternehmungen aber ließ ihn nicht Wein, nicht Schlaf, nicht Spiel, nicht Hochzeit, nicht Schauspiel versäumen, wie es andern Feldherrn wider= fuhr. Beweis dafür ist sein Leben, welches er, so kurz es war, mit den größten Thaten ganz erfüllte. In Zeiten der Muße opferte er gleich nach dem Aufstehen den Göttern, nahm sein Frühstück sitzend und brachte dann den Tag mit Jagen oder Anordnungen und Entscheidungen für den Krieg oder lesend zu. Auf Märschen, die nicht zu sehr beschleunigt

waren, übte er sich unterwegs im Bogenschießen oder auf
einen Wagen im Laufe hinauf= und wieder herabzuspringen.
Oft jagte er zur Unterhaltung Füchse und Vögel, wie man
aus seinen Tagebüchern entnehmen kann. Ward Halt gemacht
und begab er sich zum Bad und Salben, so befragte er die
Vorgesetzten der Köche und Bäcker, ob sie für ein anständiges
Mahl Sorge getragen. Zum Mahle selbst begab er sich
spät nach Einbruch der Dunkelheit; bewunderungswürdig
war dabei seine Sorgfalt und Umsicht, daß keine ungleiche
und spärliche Vertheilung der Speisen Statt fand; das
Trinken aber zog er, wie gesagt, aus Freude an Unterhaltung
lang hinaus. Und er, mit dem man sonst von allen
Königen am angenehmsten verkehrte, und der in jeder Be=
ziehung liebenswürdig war, wurde dann durch Uebermuth
unangenehm und gar zu soldatisch, und wie er sich selbst zu
Prahlerei hinreißen ließ, so schenkte er auch Schmeichlern
willfährig Gehör, wodurch die ehrenwerthesten der Anwesen=
den sich in eine unangenehme Lage versetzt sahen, indem sie
weder mit den Schmeichlern wetteifern noch hinter ihrem
Lobe zurückbleiben wollten, denn jenes schien schimpflich,
dieses brachte Gefahr. Nach dem Trinken nahm er ein
Bad und schlief oft bis zur Mittagszeit, manchmal sogar
den ganzen Tag. Er selbst war bei leckern Speisen enthalt=
sam, so daß er sogar die seltensten Früchte und Fische, die
ihm von der Küste zugeschickt wurden, unter seine Freunde
vertheilte, oft ohne sich etwas zurück zu behalten. Die
Hauptmahlzeit war jedoch immer mit Pracht und Aufwand
bereitet, und da dieser mit seinem Glücke wuchs, stieg er
zuletzt bis auf 10,000 Drachmen (4165 fl., 2380 Thlr.).
Dabei blieb er aber stehen, und es ward festgesetzt, daß wer
Alexandros bewirthe so viel aufwenden dürfe.

Nach der Schlacht bei Issos ließ er durch dazu abge=
sandte Truppen zu Damaskos die Schätze und das Gepäck
der Perser, ihre Frauen und Kinder wegnehmen. Am meisten
bereicherten sich dabei die Thessalischen Reiter, die er absicht=

lich, um sie für ihre ausgezeichneten Dienste in der Schlacht zu belohnen dahin sandte. Doch gewann auch der übrige Theil des Heeres reiche Beute in Fülle. Seit aber die Makedonier hier zuerst Gold und Silber und Leben der Asiaten gekostet, verfolgten und spürten sie wie Hunde jede Fährte zu Persischem Reichthum aus, auf die sie gekommen waren.

8. Die Belagerung von Tyros.

Alexandros beschloß indessen zuerst sich des Küstenlandes zu bemächtigen. Kypros ihm zu übergeben kamen die Fürsten dieser Insel unaufgefordert zu ihm, ebenso die Phoinikiens mit Ausnahme von Tyros. Während er diese Stadt sieben Monate hindurch mit Hilfe von aufgeschütteten Dämmen und Maschinen und von der See her mit 200 Kriegsschiffen belagerte, sah er im Traume Herakles von der Mauer herab ihm die Hand reichen und ihn rufen. Unter den Tyriern aber träumten viele, daß Apollon verkünde, er gehe zu Alexandros, denn er fände keinen Gefallen an dem was in der Stadt geschehe. Als ob sie nun den Gott auf der That ertappt hätten, wie er einem Menschen gleich zu den Feinden überlaufe, legten sie Taue an seine riesige Bildsäule und zogen sie unter dem Scheltruf: Alexandrianer! zu ihrem Fußgestell nieder. Noch ein zweites Traumgesicht hatte Alexandros. Ein Satyros erschien ihm aus der Entfernung seiner spottend, entfloh aber, als er ihn ergreifen wollte; endlich ließ er sich nach langer, beharrlicher Verfolgung fangen. Mit nicht unwahrscheinlicher Zerlegung des Wortes Satyros deuteten die Seher: Satt wird Tyros des Widerstandes. Auch zeigt man eine Quelle an welcher er schlief, als er jenes Traumgesicht hatte. Während der Be=lagerung kam er auf einem Zuge gegen die Araber am Antilibanon wegen seines Erziehers Lysimachos in Gefahr; dieser hatte sich nämlich dem Zuge angeschlossen, indem er behauptete nicht schwächer und älter als Phoinir, der Erzieher des Achilleus, zu sein. Als sie dem Gebirg genaht vom Pferde stiegen und zu Fuß weiter rückten, konnte er selbst, während die Andern weit vordrangen, es nicht über sich bringen bei schon einbrechender Nacht und in der Nähe der Feinde den ermatteten und kraftlosen Lysimachos zu verlassen und kam so, ihn ermunternd und tragen helfend, mit wenigen Begleitern vom Heere ab, in der nächtlichen Dunkelheit, bei heftiger Kälte und in gefährlicher Gegend. In der Ferne erblickte er viele zerstreute, hell lobernde Feuer der Feinde. Auf seine körperliche Gewandtheit und Uebung vertrauend, beruhigte er die rathlosen Makedonier, eilte zu dem nächsten Feuer, hieb zwei daran sitzende Araber mit dem Schwerte nieder, ergriff einen Feuerbrand und kam mit demselben zu den Seinigen zurück. Nachdem sie hierauf ein großes Feuer angezündet, setzten sie die Feinde theils so in Schrecken, daß sie gleich die Flucht ergriffen, theils trieben sie die An= bringenden zurück und blieben ohne weitere Gefährdung dort die Nacht über gelagert. So erzählt Chares.

Die Belagerung aber hatte folgenden Ausgang. Während Alexandros eines Tages den größten Theil der Truppen von den vielen vorausgegangenen Kämpfen rasten ließ und mit nur wenigen die Mauer angriff um den Feinden keine Ruhe zu lassen, schlachtete der Seher Aristandros ein Opferthier und behauptete, wie er die Zeichen betrachtet hatte, dreist gegen die Umstehenden, die Stadt werde bestimmt in jenem Monat eingenommen werden. Wie sich darauf ein Gelächter und Gespött erhob, denn es war der letzte Tag des Monats, und der König seine Verlegenheit bemerkte, so ließ er, da er stets Weissagungen gerne Ehre erwies, einen Befehl aus= gehen jenen Tag nicht mehr als den dreißigsten, sondern als den achtundzwanzigsten des Monats zu zählen; dann ließ er mit der Trompete das Zeichen geben und die Mauer ernstlicher angreifen, als er anfangs beabsichtigt hatte. Der Angriff war erfolgreich, und da auch die Truppen im Lager nicht zurückblieben, sondern herbeieilten und ihn unterstützten, so erlagen die Tyrier, und ihre Stadt ward an jenem Tage erobert. Darauf belagerte er Gaza, die größte Stadt Syriens. Während dieser Belagerung ließ ein Vogel einen Klumpen Erde aus der Luft ihm gerade auf die Schulter fallen und verwickelte sich, als er sich darauf auf einer der Belagerungsmaschinen niederließ, unversehens in den Schlingen, deren sie sich zum Anziehen der Taue bedienten. Dieses Vorzeichen erfüllte sich nach der Vorhersagung des Aristandros: Alexandros erhielt eine Wunde an der Schulter, nahm aber die Stadt ein. Indem er Vieles von der Beute an Olympias und Kleopatra *) und seine Freunde schickte, übersandte er auch an seinen Erzieher Leonidas 25 Centner Räucherwerk und 50 Centner Myrrhen, eingedenk eines bedeutungsvollen Wortes, womit er den Knaben Alexandros auf seine zukünftige Aufgabe hingewiesen hatte. Als nämlich Alexandros einst Räucherwerk mit beiden Händen aufnahm und verbrannte, sagte ihm Leonidas: „Wann du das Weihrauchland erobert hast, magst du, Alexandros, so reichlich opfern; jetzt aber gehe mit dem vorhandenen sparsam um." Nun schrieb ihm also Alexandros: „Wir schicken dir Räucherwerk und Myrrhen in Fülle, damit du gegen die Götter nicht mehr knauserig seiest."

9. Die Gründung von Alexandreia. Der Zug nach der Oase Ammons.

Als ihm ein Kästchen gebracht wurde, welches die mit der Uebernahme von Dareios' Schätzen und Gepäck Beauftragten für das kostbarste Stück der Beute hielten, fragte er seine Freunde, was ihnen am würdigsten schiene darin aufbewahrt zu werden. Der eine nannte dies, der andere jenes; endlich entschied er selbst, daß er Homeros' Ilias

---

*) Der Schwester des Alexandros.

darin aufbewahren werde. Und dies bezeugen nicht wenige
glaubwürdige Geschichtschreiber. Wenn aber wahr ist was
die Alexandriner auf das Zeugniß des Herakleides hin sagen,
so scheint Homeros kein müßiger und unnützer Begleiter
Alexandros' auf seinem Zuge gewesen zu sein. Sie sagen
nämlich, daß er nach Unterwerfung Aegyptens eine große,
volkreiche Hellenische Stadt, die seinen Namen trüge, gründen
wollte; und schon ließ er nach der Ansicht der Baumeister
einen Platz dafür in einer noch nie gesehenen Ausdehnung
ausmessen und abstecken. Darauf sah er im Schlafe eine
wunderbare Erscheinung: ein Mann mit ganz grauen Haaren
und ehrwürdigen Aussehens schien zu ihm zu treten und die
Verse (Homers' Odyssee IV., 354) zu sprechen:

Eine der Inseln liegt in der weit aufwogenden Meerfluth
Vor des Aigyptos Strom und Pharos wird sie geheißen.

Sogleich stand er auf und ging nach Pharos, welches
damals noch eine Insel war, ein wenig oberhalb der Kanobischen Mündung des Nil, später aber durch einen Damm
mit dem Festland verbunden ward. Da er nun eine äußerst
günstig gelegene Stelle sah (eine Landzunge von der Breite
des Isthmos, die einen großen Landsee und eine weite Bucht
des Meeres von einander trennt), so gab er mit der Bemerkung, wie Homeros in allen andern Dingen bewunderungswürdig, so sei er auch der einsichtsvollste Baumeister,
den Befehl den Plan der Stadt in Uebereinstimmung mit
dieser Lage zu entwerfen. Da keine weiße Erde da war,
beschrieben sie mit Mehl auf der schwarzen Erde einen Kreis,
den gerade, gleichweit abstehende Straßen durchschnitten.
Während sich der König über den Grundriß freute, ließen
sich plötzlich unzählige große Vögel aller Art vom Fluß und
See in Schwärmen wie Wolken kommend dort nieder und
zehrten alles Mehl auf, so daß auch Alexandros über das
Vorzeichen erschrack. Als ihn aber die Seher gutes Muthes
sein hießen, denn es werde die von ihm zu gründende Stadt

reich werden und Menschen aller Art Nahrung bringen, so
ließ er den Bau beginnen; er selbst zog nach der Oase
Ammons einen weiten, mühsamen und zwiefach gefährlichen
Weg, sowohl durch den Mangel an Wasser, weil er nicht
wenige Tage durch eine Einöde führt, als auch durch
Verschüttung, wenn man auf dem Marsche in dem tiefen,
unermeßlichen Sande von heftigem Südwind überfallen wird,
wie er einst hohe Sandhügel wellenförmig aufwerfend dem
Kambyses ein Heer von 50,000 Mann verschüttet haben
soll. Dies alles zogen beinahe alle in Erwägung; es war
aber schwer Alexandros von irgend einem Vorhaben abzu=
bringen. Denn das seinen Unternehmungen willfährige
Glück erzeugte in ihm Beharrlichkeit und stachelte seinen
Muth bis zu einem Ehrgeiz, der nicht nur die Feinde, sondern
auch Ungunst des Ortes und der Zeit überwinden wollte.

Uebrigens erkannte man in der Erleichterung, welche die
Schwierigkeiten jenes Zuges in mehreren zufälligen Begeb=
nissen fanden, mehr göttliche Einwirkung als in den später
nach glücklicher Ankunft ertheilten Orakeln. Doch fanden
gewissermaßen auch die Orakel dadurch Glauben. Zuerst
nämlich beseitigten reichliche und nachhaltige Regengüsse die
Besorgniß den Durst nicht befriedigen zu können und machten
auch, indem der Sand feucht und fest ward, die Luft rein
zu athmen. Sodann übernahmen Raben, da die Merkzeichen
für die Führer verschüttet waren, und die Marschirenden
durch Unkenntniß des Wegs aus einander und in die Irre
kamen, die Führung, indem sie, wenn die Soldaten folgten,
voranflogen und, wenn sie zurückblieben und zögerten, sie
erwarteten. Das wunderbarste dabei war daß sie, wie
Kallisthenes erzählt, durch ihr Krächzen die in der Nacht
Abirrenden zurückriefen und auf die Spuren des Zuges
leiteten. Als er nach dem Zug durch die Wüste zur Oase
gekommen war, begrüßte ihn der weissagende Priester des
Ammon mit den Worten: „Heil dem Gottessohne!" Alex=
andros aber fragte, ob ihm keiner der Mörder seines Vaters

entronnen sei. Als barauf der Priester ihn seine Worte
besser wägen hieß, indem sein Vater kein Sterblicher wäre,
änderte er den Ausbruck und fragte, ob er Philippos' Mörder
alle gestraft habe, sodann ob ihm der Gott die Herrschaft
über alle Menschen verleihe. Als der Gott ihm sowohl
diese Frage bejahte als auch daß Philippos vollständige
Sühne erfahren habe, beschenkte er den Gott mit glänzenden
Weihgeschenken und die Priester mit Geld. So berichten
die meisten Geschichtschreiber über die Orakel; Alexandros
selbst aber schreibt in einem Brief an seine Mutter, er habe
einige geheime Aussprüche erhalten, die er selbst nach seiner
Rückkehr nur ihr mittheilen werde. Einige aber sagen, der
Priester habe den König griechisch mit dem freundlichen
Worte: O Paidion! (O Söhnchen) anreden wollen, aber
in der ihm fremden Sprache einen Fehler gemacht und:
O Paidios (gleich: O Pai Dios, o Sohn des Zeus) gesagt.
Dieses Versprechen sei Alexandros willkommen gewesen, und
es habe sich die Sage verbreitet, daß der Priester ihn als Sohn
des Zeus angeredet habe. Auch wird erzählt, daß er von
den Behauptungen des Philosophen Psammon, dessen Vorträge er in Aegypten hörte, am meisten Beifall dieser
geschenkt habe, daß Gott der König aller Menschen sei, denn
was in jedem gebeut und herrscht ist göttlich; er selbst aber
habe die tiefer gehende Ansicht aufgestellt: Gott ist zwar
der Vater aller Menschen insgesammt, zu seinen eigensten
Söhnen aber macht er nur die Besten.

Ueberhaupt zeigte er sich gegen die Ausländer stolz und
als ob er fest an seine göttliche Abstammung glaube; aber den
Hellenen gegenüber redete er nur bescheiden und selten von
seinem göttlichen Ursprunge, außer in einem Brief an die
Athener über Samos, worin er sagt: „Ich hätte euch
nicht eine freie und berühmte Stadt geschenkt; ihr erhieltet
sie vielmehr von dem damaligen Herrscher, den man meinen
Vater nennt," nämlich von Philippos. Als er später von
einem Pfeile verwundet heftige Schmerzen litt, sagte er:

„Dies, Freunde, was da fließt, ist Menschen= und nicht Götterblut,

so lauter es fleußt den seligen Göttern *).

Einst, als bei einem heftigen Donnerschlag alle er=
schracken, sagte der Sophist Anararchos zu ihm: „Nicht
so arg, Sohn des Zeus!" Lachend erwiderte Alexandros:
„Ich will ja meinen Freunden nicht so furchtbar sein wie
du mich zu sein heißest, Verächter meines Tisches, weil du
Fische und nicht Köpfe der Satrapen aufgetragen siehst."
Wirklich soll Anararchos, als dem Hephaistion Fische vom
König gesandt wurden, jene Aeußerung gethan haben, in=
dem er spottend und geringschätzig bemerkte, wie die unter
großen Anstrengungen und Gefahren nach allgemeiner Be=
wunderung Strebenden in Lust und Genuß Nichts oder nur
Wenig vor den Andern voraus hätten. Dies wenigstens
erhellt also aus dem Erzählten, daß Alexandros selbst sich
nichts einbilden und sich nicht verblenden ließ, sondern die
Andern durch die Meinung seiner Göttlichkeit sich unterwürfig
machte.

10. Die Schlacht bei Gaugamela.

Von Aegypten nach Phoinikien zurückgekehrt, veranstaltete
er zu Ehren der Götter Opfer und Festaufzüge und Wett=
kämpfe von kyklischen und tragischen Chören, die sich nicht
nur durch prachtvolle Ausstattung, sondern auch durch Wett=
eifer auszeichneten. Die Ausstattung besorgten nämlich die
kyprischen Könige, und sie wetteiferten darin mit großem
Ehrgeize mit einander, am meisten Nikokreon von Salamis
und Pasikrates von Soloi. Denn das Loos hatte diesen
die berühmtesten Schauspieler zugetheilt, dem Pasikrates den
Athenodoros und dem Nikokreon den Thessalos, auf den

---

*) Homers Ilias V. 340.

Alexandros selbst große Stücke hielt. Doch ließ er seine Vorliebe nicht eher merken, als bis Athenoboros zum Sieger erklärt worden war. Dann aber sagte er beim Fortgehen: „Es loben zwar die Kampfrichter jenen; ich selbst jedoch gäbe gern einen Theil meines Reichs darum, den Thessalos nicht besiegt zu sehen. Und als Anthenoboros, von den Athenern mit einer Geldstrafe belegt, weil er sich nicht zu der Aufführung von Tragödien an den Dyonisien einge= funden hatte, den König bat, er möge für ihn an sie schreiben, willfahrte er ihm nicht, schickte aber die Summe für ihn nach Athen. Dem Skarpheer Lykon, der mit Bei= fall im Theater auftrat, und der in die Komödie einen Vers mit der Bitte um 10 Talente (24,999 fl., 14,280 Thlr.) einschaltete, schenkte er sie lachend.

Als Dareios ihm durch Brief und vertraute Abgesandte für die Gefangenen ein Lösegeld von 10,000 Talenten (24,990,000 fl., 1,428,000 Thlr.), alles Land diesseits des Euphrates und eine seiner Töchter zur Ehe für künf= tige Freundschaft und Bundesgenossenschaft anbot, theilte er dies den Freunden mit; als nun Parmenion sagte: „Ich nähme es an, wenn ich Alexandros wäre;" versetzte er: „Ich auch, wenn ich Parmenion wäre." Dem Dareios aber schrieb er als Antwort, wenn Dareios zu ihm käme, würde ihm die freundlichste Behandlung zu Theil; wenn nicht, nun, so sei er bereits auf dem Marsche gegen ihn.

Bald aber bereute er die Härte der Antwort, als des Dareios Gattin bei der Geburt eines Kindes starb, und es kränkte ihn offenbar, so einer trefflichen Gelegenheit beraubt zu sein, seinen Edelmuth zu beweisen. Er ließ sie mit aller Pracht bestatten. Einer der Eunuchen aus ihrer Dienerschaft, Namens Teireos, der zugleich mit ihr in Gefangenschaft ge= rathen war, entkam aus dem Lager zu Dareios und meldete ihm den Tod seiner Gattin. Wie dieser sich die Stirn schlug und in Thränen ausbrechend ausrief: „O des bösen Dämons der Perser, daß des Königs Gattin und Schwester nicht nur lebend in Gefangenschaft gerathen, sondern auch nach ihrem Hinscheiden königlichen Begräbnisses entbehren mußte;" unterbrach ihn jener Diener mit den Worten: „Doch hast du des Begräbnisses und aller Ehre und Würde wegen den bösen Dämon der Perser nicht anzuklagen. Denn es fehlte weder der Herrin Stateira in ihrem Leben und deiner Mutter und deinen Kindern etwas von ihren frühern Gütern und Auszeichnungen, als der Anblick deines Lichtes, welches der Herr Oromasdes wieder in Glanz aufleuchten lassen wird, noch entbehrte sie nach ihrem Tode irgend eines ehrenvollen Schmuckes, sondern sie ward auch durch der Feinde Thränen geehrt. Denn Alexandros ist eben so gütig nach dem Siege als gewaltig im Kampfe." Den Dareios aber verleiteten, als er dies hörte, Bestürzung und Schmerz zu unziemlichem Verdachte; er führte den Eunuchen tiefer in das Zelt hinein und fragte ihn: „Wofern nicht auch du mit dem Glücke der Perser Makedonisch gesinnt bist, sondern ich Dareios dir noch Herr und König bin, so sage mir Mithras hohes Licht scheuend und die königliche Rechte, be= weine ich etwa die kleinsten Leiden der Stateira, widerfuhren ihr nicht noch weit beklagenswerthere, mir zur herbsten Krän= kung von einem rohen und haßerfüllten Gegner? Denn wie wird der junge Mann geglaubt haben die Verpflichtung zur Achtung gegen die Gattin seines Gegners zu haben?"

Während er noch sprach, warf sich ihm Teireos zu Füßen nieder und bat ihn flehentlich, nicht so zu sprechen, und weder Alexandros Unrecht zu thun, noch sich selbst den größten Trost in seinen Unfällen zu rauben, den, von einem Manne überwunden zu sein, der mehr als ein Sterblicher scheine, und vielmehr Alexandros zu bewundern, der noch größere Achtung den persischen Frauen bewiesen habe als den Männern Tapferkeit. Als der Diener noch die höchsten Eide darüber schwur und Alexandros' Selbstbeherrschung und Hochherzigkeit auch in den übrigen Dingen schilderte, trat Dareios wieder hinaus zu den Hofleuten und flehte mit zum Himmel erhobenen Händen: „Ihr Götter des königlichen Stamms der Perser, verleihet mir vor Allem der Perser Loos wieder zu der Blüthe aufzurichten, in welcher ich es überkam, damit ich als Sieger Alexandros' Wohlthaten wieder vergelte, die ich vom Unglück in dem mir Theuersten geschlagen empfing. Wenn aber die Zeit des Verhängnisses wie Vergeltung und Wechsel der irdischen Dinge sie fordern, jetzt da ist, daß ende das Reich der Perser, so möge kein anderer Mensch den Thron des Kyros besteigen als Alexandros!" Dies beides, Begebniß und Reden, wird von den meisten Geschichtschreibern so berichtet.

Nachdem Alexandros sich alles Land diesseit des Euphrates unterworfen hatte, brach er gegen Dareios auf, der mit einer Million Soldaten heranrückte. Da erzählte ihm einer seiner Freunde von einer lächerlichen Sache, daß die Troßjungen sich im Scherze in zwei Haufen getheilt hätten, jeder mit einem Anführer, von denen sie den einen Alexandros, den andern Dareios nannten; anfangs hätten sie sich aus der Ferne mit Erdschollen geworfen, dann mit Fäusten geschlagen, endlich seien sie im Streite hitzig geworden und bis zu Steinen und Prügeln gekommen und nur schwer aus einander zu bringen gewesen. Hierauf ließ er die beiden Anführer mit einander im Zweikampfe streiten, den Alexandros rüstete er selbst aus, den Dareios Philotas. Das Heer schaute zu, den Erfolg als Vorzeichen der Zukunft betrachtend. Nach heftigem Kampfe siegte der Alexandros Genannte und erhielt als Geschenk 12 Dörfer und die Erlaubniß das persische Ehrenkleid zu tragen. So erzählt Eratosthenes. Die große Schlacht gegen Dareios wurde aber nicht bei Arbēla, wie die Meisten schreiben, sondern bei Gaugamēla geliefert. Das Wort soll Kamelhaus bedeuten, weil einer der frühern Könige, nachdem er auf einem Dromedar den verfolgenden Feinden entronnen, demselben hier Wohnung und zu seinem Unterhalte einige Dörfer

14*

fer und Einkünfte angewiesen hatte. Im Boëdromion (unge=
fähr September) hatte eine Mondsfinsterniß Statt gefunden
um die Zeit des Anfangs der Mysterien zu Athen. In
der elften Nacht nach jener Finsterniß hatten beide Heere
ihr Lager einander im Angesicht aufgeschlagen; Dareios hielt
die Seinen unter den Waffen und besichtigte unter Fackel=
begleitung die Reihen; Alexandros aber verweilte, während
die Makedonier ruhten, selbst vor seinem Zelte mit dem
Seher Aristandros gewisse geheime heilige Gebräuche voll=
bringend und der Furcht opfernd. Da man aber die ganze
Ebene zwischen dem Niphatesgebirg und den Gordynäischen
Bergen von den Feuern der Feinde erleuchtet sah, und
dumpfe Stimmen und verworrener Lärm von dem Lager
wie von einem tief gähnenden Meere herüberhallten, staun=
ten die ältesten seiner Waffengenossen und besonders Par=
menion über die große Menge der Feinde, und nachdem
sie unter sich besprochen, wie es ein schweres und gefährli=
ches Werk wäre in offenem Angriff sich mit einem so
großen Heere zu messen, gingen sie zu Alexandros, der ge=
rade von den Opfern kam, und versuchten ihn zu bereden
die Feinde in der Nacht anzugreifen und durch die Dunkel=
heit zu verbergen was am bevorstehenden Kampfe das Furcht=
barste war. Er antwortete das vielfach angeführte Wort:
„Ich stehle nicht den Sieg." Eine Antwort, die Einigen
eitel und einem jungen Menschen angemessen schien, der
einer so großen Gefahr gegenüber einen Witz macht; An=
dere aber meinen, er habe sowohl in die Gegenwart Ver=
trauen gesetzt als die Zukunft richtig beurtheilt, wenn er
dem Dareios keinen Vorwand gab sich nach einer Nieder=
lage nochmals zu einem andern Versuche aufzuraffen, in=
dem er die jetzige der Nacht und Dunkelheit, wie die vorige
den Bergen und Engen und dem Meere beimaß. Denn
Dareios werde bei so großer Macht und so ausgedehntem
Gebiete nicht aus Mangel an Waffen und Mannschaft auf=
hören Krieg zu führen, sondern wenn er durch offenbare

Niederlage vollständig belehrt Selbstvertrauen und Hoffnung verliere.

Nach ihrer Entfernung legte sich Alexandros in seinem Zelte nieder und soll den Rest der Nacht in ungewöhnlich tiefem Schlaf versunken gewesen sein, so daß die in der Morgenfrühe sich versammelnden Generale voll Verwunderung waren und erst für sich den Befehl gaben, daß die Soldaten frühstücken sollten; dann, als die Zeit drängte, trat Parmenion in das Zelt zu seinem Lager und rief zwei- oder dreimal seinen Namen; und als Alexandros darauf erwachte, fragte er ihn, wie er jetzt den Schlaf eines Mannes schlafen könne, der schon gesiegt habe und nicht erst im Begriff sei die größte Schlacht zu schlagen. Lächelnd erwiderte Alexandros: „Wie doch? Scheinen wir dir nicht schon den Sieg errungen zu haben, nachdem wir endlich davon erlöst sind in weiten und zu Grunde gerichteten Landschaften umherzuirren und den einer Schlacht ausweichenden Dareios zu verfolgen?" Er bewies sich aber nicht allein vor sondern auch während des Kampfes selbst unerschrocken und groß durch Ueberlegung und Muth. Denn auf dem linken Flügel bei Parmenion trat ein Schwanken und Zurückweichen ein, als die Baktrianischen Reiter in kraftvollem, stürmischem Andrange auf die Makedonier einbrachen, und Mazaios, die Phalanx umgehend, Reiter zum Angriff auf die Bedeckung des Gepäcks absandte. Bestürzt schickte Parmenion zu Alexandros und ließ ihm sagen, Lager und Gepäck seien verloren, wenn er nicht sogleich von der Front rückwärts starke Hilfe sende. Zufällig hatte Alexandros gerade in dem Augenblick den von ihm selbst befehligten Truppen das Zeichen zum Angriff gegeben. Als er aber Parmenions Meldung hörte, entgegnete er, Parmenion müsse von Sinnen sein und habe aller Ueberlegung bar in der Verwirrung vergessen, daß sie im Falle des Sieges auch der Feinde Habe gewännen, unterliegend aber nicht an ihr Geld und ihre Sklaven denken dürften, son-

bern wie sie im Kampfe eines ruhmvollen Todes stürben.
Hierauf setzte er seinen Helm auf, die übrige Rüstung hatte
er schon im Zelte angelegt, ein gegürtetes Sikelisches Ober=
gewand, darauf einen doppelten linnenen Panzer von den
bei Issos erbeuteten; der Helm, ein Werk des Theophilos,
obgleich von Eisen, blinkte wie lauteres Silber, daran
eine gleichfalls eiserne, mit Edelsteinen verzierte Halsberge;
sein Schwert war wunderbar gestählt und leicht, ein Ge=
schenk des Königs von Kition; er trug es, gewohnt im
Kampfe sich meist des Schwertes zu bedienen. Das Unter=
kleid, das er trug, stimmte durch seine Pracht nicht zu der
übrigen Rüstung; es war nämlich eine Arbeit des alten
Helikon *), ein Ehrengeschenk der Stadt Rhodos; gewöhn=
lich trug er es in der Schlacht. So lange er die Phalanx
ordnend oder ermunternd, belehrend oder beaufsichtigend auf
und ab sprengte, ritt er ein anderes Pferd, des schon al=
ternden Bukephalas schonend; sobald es aber zum Schlagen
ging, wurde er ihm herbeigeführt; er bestieg ihn und ließ
sogleich den Angriff beginnen.

Nachdem er dann zu den Truppen, am längsten zu
den Thessalern und übrigen Hellenen gesprochen, die ihn
durch den Zuruf, er solle sie gegen die Barbaren führen,
in der Siegeshoffnung bestärkten, nahm er den Speer in
die Linke und erhob die Rechte, wie Kallisthenes sagt, zu
den Göttern flehend, daß sie, wofern er wirklich von Zeus
entsprossen sei, den Hellenen Schutz und Stärke verleihen
möchten. Der Seher Aristandros in seinem, weißem Ge=
wand und mit goldnem Kranze auf dem Haupte zeigte her=
zusprengend auf einen über Alexandros schwebenden Adler,
der seinen Flug gerade gegen die Feinde richtete. Dies er=
muthigte die es sahen in hohem Grade, so daß unter ge=
genseitigem anfeuerndem Zuruf die Phalanx den gegen die

---

*) Helikon war ein berühmter Kunstweber aus Cypern und
lebte um die Zeit des Perikles.

Feinde sprengenden Reitern wie eine Woge nachstürzte. Be=
vor aber die vordersten handgemein wurden, wandten sich
die Perser zur Flucht; sie wurden lebhaft verfolgt, indem
Alexandros die Flüchtlinge nach der Mitte trieb, wo Dareios
sich befand. Denn er sah ihn von ferne, den großen, schö=
nen Mann auf hohem Wagen über die in großer Tiefe vor
ihm aufgestellte königliche Garde hervorragen; zahlreiche,
glänzend gerüstete Reiter waren es, die ihn dicht um den
Wagen gedrängt schützten, bereit zum Empfang des Feindes.
Aber der schreckende Anblick Alexandros', der schon nahe
war und die Fliehenden auf die noch Stehenden warf,
schreckte und zerstreute die meisten. Die Tapfersten und
Edelsten ließen sich vor dem König zusammenhauen; Ver=
wundete und Todte, Männer und Rosse lagen in Haufen
auf einander und hemmten die Verfolgung. Dareios hatte
dies ganze schreckliche Morden vor Augen; wie sich die vor
ihm aufgestellten Reiter auf ihn zurück drängten, und es
nicht leicht war seinen Wagen zu wenden und durch das
Gewühl zu bringen, sondern die mit Blut besprißten Räder
durch so viele Gefallene aufgehalten wurden und die Rosse
von der Masse der Leichen umringt und wie versteckt dar=
über zu setzen suchten und ihren Lenker außer Fassung brach=
ten, ließ er Wagen und Waffen zurück, bestieg, wie man
sagt, eine junge Stute und entfloh. Doch wäre er dies
Mal, wie es scheint, nicht entkommen, wenn nicht zum
zweiten Male Reiter von Parmenion gekommen wären
Alexandros herbeizurufen, da dort noch eine große Masse
der Feinde Stand hielten und nicht wichen. Ueberhaupt be=
schuldigt man nämlich Parmenion in jener Schlacht lässig
und träg gewesen zu sein, mag nun das Alter schon seine
Thatkraft gebrochen gehabt haben', oder er, wie Kallisthenes
behauptet, die übermäßige Ausdehnung von Alexandros'
Macht drückend gefunden und mit Neid gesehen haben. Wie
dies auch sein mag, von seinem Hilferuf aufgebracht ließ
der König, ohne den Soldaten den eigentlichen Grund zu

sagen, sondern als ob er, zumal bei Eintritt der Nacht, dem Blutbad ein Ende machen wolle, zur Rückkehr blasen; noch auf dem Marsche zu dem gefährdeten Flügel hörte er jedoch unterwegs, daß die Feinde überall geschlagen und auf der Flucht seien.

11. Alexandros in Babylon.

Nachdem die Schlacht diesen Ausgang genommen, schien das Reich der Perser gänzlich aufgelöst zu sein; als König von Asien ausgerufen brachte Alexandros den Göttern prachtvolle Opfer dar und schenkte seinen Freunden Geld und Paläste und Statthalterschaften. Auch den Hellenen widmete er große Aufmerksamkeit; so sandte er ihnen den Befehl, alle Tyrannenherrschaften sollten aufhören, und sie sollten in freier Verfassung leben; den Plataiern insbesondere befahl er ihre Stadt wieder aufzubauen, weil ihre Väter ihr Land den Hellenen zum Kampfplatz für die Freiheit gegeben hätten. Auch den Krotoniaten schickte er nach Italien einen Theil der Beute zu Ehren der aufopfernden Tapferkeit des Athleten Phayllos, der, als die übrigen Italioten im persischen Kriege beschlossen hatten den Hellenen keine Hilfe zu senden, in einem auf eigene Kosten ausgerüsteten Schiffe nach Salamis fuhr um an dem Kampf und der Gefahr Theil zu nehmen. So wohlwollend bewies sich Alexandros gegen jede edle Gesinnung und so freundlich-aufmerksam auf schöne Thaten.

Babylonien durchziehend, das sich ihm sogleich unterworfen hatte, bewunderte er am meisten das Feuer, welches aus einem Erdspalt wie aus einem Quell ununterbrochen aufstieg, und den Naphthastrom, der durch seine Mächtigkeit einen Sumpf bildet, nicht weit von jenem Spalt; die Naphtha gleicht im Ganzen dem Asphaltos, fängt aber so leicht Feuer, daß sie noch vor der Berührung der Flamme schon durch den Glanz des Feuers entzündet wird und die

Luft dazwischen zugleich mitentflammt. Um ihre Natur
und Kraft zu zeigen besprengten die Einwohner die zu des
Königs Herberge führende schmale Straße leicht mit Naphtha
und hielten dann, da es schon dunkelte, Fackeln an den
Ort, wo sie zu sprengen begonnen hatten; die erste Naphtha
fing sogleich Feuer; in einem Nu verbreitete es sich, und
mit Gedankenschnelle war der Weg ein einziges Feuermeer
geworden. Es war da ein gewisser Athenoboros aus Athen,
der zu den Leuten gehörte, welche den König beim Salben
und Bad zu bedienen und durch Witz seinen Geist zur
Heiterkeit zu stimmen pflegten. Dieser sagte darauf in dem
Badgemach, wo sich noch ein Knabe Namens Stephanos
befand von sehr niederer Herkunft und lächerlichem Aeußeren,
der aber anmuthig sang, zu dem König: „Willst du, Herr,
so versuchen wir die Naphtha an Stephanos; denn wenn
sie ihn entzündet ohne zu erlöschen, so möchte ich wohl seine
Kraft unwiderstehlich und furchtbar nennen." Da auch der
Knabe sich zu' dem Versuch bereitwillig hergab, so wurde er
bestrichen und angezündet, und sogleich stand er in so hefti=
ger Flamme und war so ganz in Feuer gehüllt, daß
Alexandros in die größte Furcht und Rathlosigkeit gerieth.
Und wären nicht gerade viele Diener mit Gefäßen voll
Wasser für das Bad da gewesen, so wäre alle Hilfe gegen
die Verbreitung des Feuers zu spät gekommen. Aber auch
so löschten sie nur mit Noth den ganz zu Feuer gewordenen
Körper des Knaben, dem es darauf schlecht ging. Mit
Wahrscheinlichkeit erklären daher einige jenen Mythos wenn
sie das Zaubermittel, mit dem Medea den viel genannten
Kranz und das Prachtgewand bestrich, für Naphtha halten.
Denn das Feuer sei weder aus denselben heraus noch von
selbst ausgebrochen, sondern, wie eine Flamme in die Nähe
kam, habe sie augenblicklich die Naphtha ergriffen und entzündet.
Es ist aber Babylonien sehr feueriger Natur, so daß die
Gerstenkörner beim Säen oft vom Boden abspringen und
zurückgeschnellt werden, als ob er von innerer Entzündung

her Wallungen hätte, und die Einwohner in der Zeit der
Hitze auf mit Wasser gefüllten Schläuchen schlafen. Harpalos,
der als Statthalter des Landes zurückgelassen wurde und
sich eine Ehre daraus machte die königlichen Paläste und
die Spaziergänge mit hellenischen Anpflanzungen zu schmücken,
war damit in Allem glücklich; nur den Epheu vertrug der
Boden nicht; die verschiedene Temperatur desselben ließ ihn
immer absterben; denn die des Landes ist feuerig, der Epheu
aber liebt Kühle.

12. Alexandros in Susa und Persepolis.

Zu Susa fand Alexandros im königlichen Palaste 40,000
Talente (99,960,000 fl., 57,120,000 Thlr.) gemünzten
Geldes und unbeschreiblich viele andere kostbare Geräthschaften. Auch fand man daselbst 5000 Talente Hermioniki-
schen Purpurs, der, obgleich schon seit 190 Jahren aufbewahrt,
seinen Glanz noch ganz frisch erhalten hatte. Ursache davon
soll sein, daß die Färbung des eigentlichen Purpurstoffes mit
Honig und die des weißen den Besatz bildenden Zeuges mit
weißem Oel vollzogen worden; denn auch des letztern Glanz
sah man bei gleichem Alter rein und frisch. Nach Dions
Erzählung ließen die Perserkönige auch Wasser aus dem
Neilos und Istros holen und mit den andern Kostbarkeiten
im Schatze aufbewahren zum Beweise der Größe des Reichs
und der Herrschaft über alle.

In das durch seine steilen Gebirge schwer zugängliche
und von den tapfersten Persern (denn Dareios war geflohen)
bewachte Persis führte ihn auf nicht sehr weit abführendem
Umwege ein beider Sprachen mächtiger Mann, dessen Vater
ein Lykier, die Mutter aber Perserin war; ihn soll die
Pythia gemeint haben, als sie noch in Alexandros' Knabenalter weissagte, ein Wolf (Lykos) werde ihm auf dem Marsche
nach Persis Führer sein. Hier wurden viele der Gefangenen
niedergehauen; nach seinen eigenen Briefen gab er den Befehl

zu dieser harten Maßregel in der Ueberzeugung ihrer Nütz=
lichkeit und Nothwendigkeit. Von gemünztem Gelde fand
er so viel vor als zu Susa; seine und des übrigen kostbaren
Geräthes Fortschaffung soll 10,000 Maulthiergespanne und
5000 Kamele erfordert haben. Als er eine große Bildsäule
des Xerxes von der in den Königspalast sich drängenden
Menge unachtsam umgestoßen sah, blieb er dabei stehen und
redete als ob sie lebte sie an: „Soll ich an dir hier hinge=
streckten um deines Zuges nach Hellas willen vorbeigehen
oder dich deines sonst hohen Sinnes und deiner Tapferkeit
wegen aufrichten lassen?“ Endlich ging er nach längerem
schweigendem Sinnen daran vorbei. Willens die Soldaten
sich erholen zu lassen, denn es war Winter, blieb er vier
Monate daselbst. Als er sich zum ersten Male unter dem
goldenen Himmel auf den königlichen Thron setzte, soll der
greise Korinther Demaratos, der schon dem Vater Alexandros'
befreundet gewesen, in Thränen ausgebrochen sein und aus=
gerufen haben, wie große Freude hätten die Hellenen verloren
die starben, bevor sie Alexandros auf Dareios' Throne sitzen
sahen.

Als er im Begriff war von Persepolis gegen Dareios
zu ziehen, war er noch seinen Waffengenossen zu lieb bei
einem heitern Trinkgelage länger geblieben, zu dem auch
Frauen kamen und mittranken. Unter diesen war die
Athenerin Thaïs, die Freundin des nachherigen Königs
Ptolemaios, die ausgezeichnetste; unter manchem geistreichen
Lobe der Thaten Alexandros und witzigem Spott erhob sich
diese mit der wachsenden Begeisterung des Trinkens zu einer
Rede, welche, wenn auch athenischer Sinnesart würdig, doch
über ihre Stellung hinausging. Sie sagte nämlich, für die
Beschwerlichkeiten des unstäten Zugs durch Asien empfange
sie an diesem Tage den Dank, indem sie in dem herrlichsten
Königspalast der Perser einem Freudenfest beiwohne; noch
größere Lust wäre es ihr jedoch nach dem Feste den Palast
des Xerxes, der Athen niederbrannte, mit ihrer Hand vor

ben Augen des Königs anzuzünden, damit es in der Welt
gerühmt werde, daß unter jenen Heerführern, die Schlachten
zu Land und zu See geliefert, die Frauen in Alexandros'
Gefolge die Perser härter für ihre Unbilden an Hellas
gestraft hätten. Als auf diese Rede Lärm und verworrenes
Geschrei und Beifallruf sich erhob, ließ sich auch der König
mit fortreißen, sprang auf und schritt bekränzt und eine
Fackel haltend voran; die andern folgten in lärmendem,
trunkenem Zuge und stellten sich um den Palast, auch von
den übrigen Makedoniern liefen die davon hörten voll Freude
mit Fackeln herzu. Den Sinn auf die Heimath gerichtet
und ohne Lust in fremdem Lande wohnen zu bleiben gedachten
sie den Königspalast durch Feuer zu zerstören. Uebrigens
stimmen die Berichte nicht überein: einige sagen, der Ent=
schluß Persepolis zu verbrennen, sei auf die angegebene,
zufällige Weise entstanden; andere lassen es Alexandros mit
voller Ueberlegung thun; wie dem sei, daß er es gleich
bereute und den Brand löschen ließ, darin stimmen alle
überein.

13. Königliche Freigebigkeit und Leutseligkeit.

Schon von Natur sehr freigebig, überließ er sich mit
der Zunahme seines Glücks der Neigung dazu noch mehr.
Damit verband er jene wohlwollende Freundlichkeit, durch
welche allein die Gabe lieb und werth wird. Ich will nur
wenige Fälle erwähnen. Als Ariston, der Anführer der
Paioner, einen Feind getödtet hatte und ihm dessen Kopf
mit den Worten zeigte: „Diese That, mein König, wird bei
uns einen goldnen Becher werth geschätzt;" antwortete Alex=
andros lachend: „Ja, einen leeren, ich werde ihn dir aber
mit ungemischtem Weine gefüllt vortrinken." Ein gemeiner
makedonischer Soldat trieb einen mit Gold des Königs be=
ladenen Maulesel; als das Thier müde war, nahm er selbst
die Last auf und trug sie weiter. Als ihn nun der König

sich mühsam damit schleppen sah und die Veranlassung
erfuhr, sagte er zu ihm, da er sie gerade niederlegen wollte:
„Ermüde nicht, sondern gehe noch den Rest des Weges es
in dein eigenes Zelt zu tragen." Ueberhaupt kränkte es ihn
mehr, nicht annehmen als nicht bitten zu sehen. So schrieb
er einen Brief an den Athener Phokion, er werde ihn nicht
mehr als Freund betrachten, wenn er die Beweise seiner
Gunst verschmähe. Dem Serapion, einem der Jünglinge
des Ballspiels, gab er nichts, weil er nichts verlangte. Wie
nun Serapion beim Ballspiel den Ball stets andern zuwarf,
fragte ihn der König: „Mir gibst du ihn nicht?" „Du
verlangst ja nicht," war die Antwort, und lachend beschenkte
ihn Alexandros reichlich. Gegen einen gewissen Proteas,
einen bei Scherz und Gelage sehr unterhaltenden Mann,
schien er aufgebracht zu sein. Als seine Freunde für ihn
baten, und Proteas selbst in Thränen war, sagte er: „Gut,
ich söhne mich mit dir aus." Worauf jener: „So gieb
mir, o König, ein erstes Pfand dafür;" und Alexandros
ließ ihm 5 Talente (12,195 fl., 7140 Thlr.) geben. Mit
welchem Hochmuth aber seine Freunde und Leibwächter durch
die an sie vertheilten Reichthümer erfüllt wurden, deutet
Olympias in einem an ihn gerichteten Briefe an. Sie
schreibt: „Im Uebrigen thue deinen Freunden Gutes und
behandle sie ehrenvoll; nun machst du sie aber alle Königen
gleich, läßt sie sich Freunde und Anhang gewinnen, dich
aber vereinzelst du."

Wie oft Olympias ihm darüber schrieb, schwieg er stets
davon; nur einmal, als Hephaistion wie gewöhnlich einen
geöffneten Brief mit ihm zugleich las, hinderte er ihn nicht
daran, zog aber seinen Ring ab und drückte das Siegel auf
Hephaistions Lippen. Dem Sohne des bei Dareios sehr
angesehenen Mazaios gab er zu der Satrapie, die er hatte,
noch eine zweite größere. Sie ablehnend sagte dieser: „Mein
König damals gab es nur Einen Dareios, jetzt aber hast
du viele Alexandros gemacht." Dem Parmenion schenkte

er Haus und Hof des Bagoas, in welchem für 1000 Talente (2,499,000 fl., 1,428,000 Thlr.) Kleidung sich gefunden haben soll. Dem Antipatros schrieb er, daß er sich Leibwächter halten solle, weil man ihm nach dem Leben trachte. Seine Mutter beschenkte er reichlich, duldete aber nicht, daß sie sich in die Staatsverwaltung oder in die militärischen Angelegenheiten mischte; beklagte sie sich darüber, so ertrug er ihre Heftigkeit mit Milde. Einmal, als er einen langen gegen sie gerichteten Brief des Antipatros las, sagte er, Antipatros wisse nicht, daß Eine Mutter-Thräne tausend Briefe auslösche. Als er das schwelgerische, übermüthige, verschwenderische Leben der Leute an seinem Hofe sah, von denen z. B. der Teïer Agnon silberne Nägel an den Schuhen trug, Leonnatos sich auf zahlreichen Kameelen Staub aus Aegypten für die Turnschulen kommen ließ, Philotas sich zur Jagd einen Baldachin auf 100 Stadien (5 Stunden) ausspannen ließ, die Meisten sich beim Bade nicht des Oels, sondern der Myrrhensalbe bedienten und Kammerdiener und Frottirer mit sich führten, so sprach er seinen Tadel mild und weise aus: er wunderte sich, daß Männer die so viele und große Schlachten gekämpft, nicht bedächten, daß die Ueberwältiger süßer schliefen als die Ueberwältigten, und bei der Vergleichung ihres Lebens mit dem der Perser nicht sähen, daß Schwelgerei das Sklavischste, Anstrengung das Königlichste sei. „Und wie könnte einer," fügte er hinzu, „mit eigener Hand sein Pferd besorgen oder eine Lanze, einen Helm mit Sorgfalt reinigen, der sich entwöhnte was ihm das theuerste ist, seinen Körper, mit eigener Hand zu salben und zu bekleiden? Wißt ihr nicht, daß uns Stärke und Sieg darauf beruhen, daß wir nicht dasselbe treiben was die Besiegten?" Er strengte sich selbst daher auf Feldzügen und Jagden noch mehr an und setzte sich Strapazen und Gefahren aus, so daß ein Spartanischer Gesandter, der gegenwärtig war als er einen großen Löwen niederstreckte, ausrief: „Herrlich hast du, Alexandros, mit dem Löwen um den Königsthron

gekämpft!" Diese Jagd ließ Krateros in Erz bilden, den
Löwen und die Hunde, den König im Kampf mit dem
Löwen und sich selbst zu Hilfe kommend, und weihte sie
nach Delphoi; die Bildsäulen machte zum Theil Lysippos,
zum Theil Leochares.

Sich selbst also anstrengend und die Andern zugleich
zur Tapferkeit anspornend, liebte es Alexandros in Gefahren
sich zu wagen; seine Freunde aber zogen jetzt vor, in Reich=
thum und Hochmuth zu schwelgen und müßig zu leben,
waren unzufrieden über die Streif= und Feldzüge und kamen
allmählig so weit, ihn zu tadeln und zu schmähen. Anfangs
verhielt er sich dagegen ganz ruhig, da es königlich sei,
Gutes zu thun und dafür geläftert zu werden. Und doch
rief die geringste Widerwärtigkeit, die seinen Vertrauten be=
gegnete, von seiner Seite Beweise großer Liebe und Achtung
hervor; ich will Einiges davon anführen. Den Peukestes
tadelte er in einem Briefe, daß er, von einem Bären ge=
bissen, dies den Andern geschrieben, nicht aber ihm selbst
mitgetheilt habe. „So schreibe jetzt," fügte er hinzu, „we=
nigstens wie du dich befindest, und ob nicht einige deiner
Begleiter bei der Jagd dich im Stich ließen, damit sie
zur Strafe gezogen werden." Dem in Geschäften abwesen=
den Hephaistion schrieb er, daß Krateros, während er mit
Perdikkas ein Ichneumon neckte, sich durch Zufall mit dessen
Speer im Schenkel verwundete. Als Peukestes von einer
Krankheit genas, dankte er durch einen Brief seinem Arzte
Alexippos. Als er während einer Krankheit des Krateros
im Traume eine Schlange sah, brachte er selbst gewisse Opfer
für ihn dar und hieß auch ihn sie darbringen. Auch schrieb
er dem Arzt Pausanias, welcher dem Krateros Nießwurz
als Arzenei geben wollte, theils unruhig und besorgt, theils
zustimmend, wie er sie anwenden solle. Den Ephialtes und
Kissos, welche zuerst die Entweichung und Flucht des Har=
palos meldeten, ließ er gefangen setzen, weil sie über denselben
Lügen verbreiteten. Als er die kranken und bejahrten

Makedonier in ihre Heimath entließ, schrieb sich der Aigaier Eurylochos selbst unter die Kranken ein; überführt, daß ihm Nichts fehle, gestand er, daß er Telesippa liebe und sie auf ihrer Reise nach der Küste habe begleiten wollen. Alexandros frug ihn, wessen Sklavin das Mädchen sei, auf die Antwort, sie sei eine Freie, sagte er ihm: „Eurylochos, du hast mich zum Genossen in deiner Liebe; sieh zu, wie wir Telesippa, da sie frei ist, durch Geschenke oder Ueberredung bewegen, daß sie bei uns bleibe.

Auch darin ist er bewunderungswürdig, daß er seinen Freunden zu lieb sogar in unwichtigen · Dingen sich die Mühe gab Aufträge zu geben; so schrieb er nach Kilikien, daß man einen dahin entwichenen Sklaven des Seleukos aufsuchen solle, und lobte den Peukestes in einem Briefe, daß er Nikon, einen Sklaven des Krateros aufgreifen ließ, und schrieb dem Megabyzos in Betreff seines in einen Tempel geflüchteten Dieners, könne er ihn aus dem Heiligthum herauslocken, so möge er ihn festnehmen, in dem Heiligthum selbst aber keine Hand an ihn legen. Beim Gericht über Leben und Tod soll er anfänglich während der Rede des Anklägers die Hand auf das eine Ohr gehalten haben, damit er es dem Beklagten lauter und nicht von der Anklage erfüllt bewahre. Später aber machten ihn die vielen Verleumdungen, die, von Wahrem ausgehend den Lügen Eingang und Glauben verschafften, hart, besonders brachten ihn Lästerungen außer sich; gegen sie war er streng unerbittlich, denn er achtete Ruhm höher als Leben und Herrschaft.

14. Dareios' Tod.

Als er auszog, dem Dareios eine neue Schlacht zu liefern, hörte er von der Gefangenhaltung desselben durch Bessos; er entließ darauf die Thessalier in ihre Heimath und fügte noch 2000 Talente (4,998,000 fl., 2,856,000 Thlr.) als Geschenk zu ihrem Solde hinzu. Bei der mühseligen

unb in ferne Gegenben führenben Verfolgung bes Beffos
(in 11 Tagen ritt er 3300 Stabien (82½ Meilen) blie=
ben bie meiften feiner Begleiter befonbers in ber wafferlofen
Wüfte ermattet zurück. Dafelbft begegneten ihm einige
Makebonier, bie auf Maulefeln Waffer in Schläuchen von
einem Fluffe her führten; wie fie, es war fchon Mittag,
Aleranbros fehr burch Durft leiben fahen, füllten fie fchnell
einen Helm unb brachten ihm benfelben. Auf feine Frage, wem
fie bas Waffer brächten, antworteten fie: „Unfern eigenen
Söhnen; wenn aber nur bu lebft, fo wollen wir fchon
wieber, falls wir jene verlören, anbere Söhne erhalten."
Als er bies hörte, nahm er ben Helm in bie Hänbe; wie
er aber bei einem Blick im Kreife herum alle Reiter um
ihn gebeugten Hauptes unb nach bem Labetrunk blicken fah,
gab er ihn ohne zu trinken zurück, bankte ben Leuten unb
fagte: „Tränke ich allein, verlören biefe ben Muth."
Ueber biefe Selbftbeherrfchung unb Hochherzigkeit jauchzten
bie Reiter ihm zu, er folle fie getroft weiter führen, unb
trieben ihre Roffe an, benn fie feien nicht ermattet, nicht
burftig; ja fie glaubten fich nicht fterblich, fo lange fie einen
folchen König hätten.

Der Eifer war alfo bei allen gleich groß; bennoch
follen nur 60 zufammen in's Lager ber Feinbe eingebrungen
fein. Da fetzten fie über viel abgeworfenes Golb unb
Silber, eilten an vielen mit Kinbern unb, Frauen gefüllten
Wagen, bie ohne Lenker nach allen Richtungen fuhren, vor=
bei zur Verfolgung ber Vorberften, ba fich bei biefen Dareios
befanb. Enblich fanb man ihn, ben Körper voll Speer=
wunben, auf einem Reifewagen liegenb, feinem Enbe ganz
nah. Gleichwohl verlangte er noch zu trinken; Polyftratos
reichte ihm frifches Waffer, er trank unb fprach barauf:
„Mann, bies ift mir ber Gipfel all meines Unglücks, Gutes
zu empfangen, ohne es vergelten zu können; bir wirb Aler=
anbros vergelten, bem Aleranbros aber bie Götter feine
Freunblichkeit gegen meine Mutter unb Gattin unb meine

Kinder; ihm reiche ich durch dich die Rechte." Mit diesen
Worten ergriff er des Polystratos Hand und verschied. Als
Alexandros hinzukam, ward er offenbar über den Tod des
Dareios sehr betrübt; er löste seine eigene Chlamys, warf
sie auf den Leichnam und hüllte ihn damit ein. Als er
des Bessos später habhaft geworden, ließ er ihn in Stücke
zerreißen: es wurden aufrechtstehende Bäume nach Einem
Punkt hin gebeugt und an jeden ein Glied seines Körpers
gebunden; dann ließ man sie los, so daß jeder emporschnel=
lend das an ihn befestigte Glied abriß. Den Leichnam des
Dareios schickte er in königlichem Schmuck der Mutter des=
selben, seinen Bruder Exathres nahm er unter die adelige
Garde auf.

15. Der Zug an das Kaspische Meer.
Hephaistion und Krateros.

Er selbst zog mit dem kräftigsten Theil des Heeres nach
Hyrkanien. Dort sah er einen Meerbusen, der nicht kleiner
als der Pontos zu sein schien, aber süßer war als sonst
das Meer ist, ohne Genaueres über ihn erfahren zu können;
am wahrscheinlichsten schien ihm die Vermuthung, daß es
von einer Ueberschwemmung des Mäotischen Sees her zu=
rückgebliebenes Wasser sei. Gleichwohl war den Natur-
forschern die Wahrheit nicht unbekannt, und schon viele
Jahre vor Alexandros' Zug haben sie berichtet, daß von vier
einschneidenden Busen des äußern (atlantischen) Meeres dieser,
zugleich Hyrkanisches und Kaspisches Meer genannt, der
nördlichste sei. Daselbst überfielen einige Landeseinwohner
plötzlich die Bedeckungsmannschaft des Bukephalas und er=
beuteten ihn. Sehr darüber aufgebracht, schickte er einen
Herold zu ihnen mit der Drohung, er werde sie alle sammt
Weib und Kind über die Klinge springen lassen, wenn sie
ihm nicht das Pferd zurückgäben. Als sie aber mit dem=
selben kamen und zugleich ihre Städte übergaben, behandelte

er sie sehr mild und gab denen, welche das Roß erbeutet
hatten, Lösegeld dafür.

Von da nach Parthien aufgebrochen, nahm er zum ersten
Male während des Aufenthalts daselbst persische Tracht an,
mag er nun sich selbst mit den Sitten des Landes habe
vertraut machen wollen, da Uebereinstimmung der Sitte
und Stammverwandtschaft sehr zur Versöhnung der Menschen
beiträgt, oder mag es ein Versuch gewesen sein, die Make=
donier durch allmählige Gewöhnung an die Veränderung
seiner bisherigen Lebensweise zu der persischen Weise den
König zu verehren, hinzuführen. Jedoch nahm er nicht die
medische Tracht an, als eine ganz und gar ausländische und
asiatische, auch trug er nicht Beinkleider, Kaftan und Tiara,
sondern er hielt eine gewisse Mitte zwischen der persischen
und medischen, von jeder etwas entnehmend, so daß die seine
einfacher als jene und schmuckvoller als diese war. Er be=
diente sich ihrer zuerst im Verkehr mit den Asiaten und den
Freunden im Hause, dann sah man ihn darin auch öffentlich
bei Ausgängen und Besorgung von Geschäften. Die Make=
donier verdroß es; aber seine Größe in allem andern be=
wundernd, glaubten sie ihm einiges, worin er Lust und
Ruhm fand, einräumen zu müssen, ihm, der, obgleich erst
vor kurzem von einem Pfeil in das Schienbein getroffen, daß
ein Theil des Knochens zerschmettert wurde, und dann wie=
der mit einem Stein in den Nacken geworfen, daß ihn eine
längere Ohnmacht befiel, bennoch nicht aufhörte, sich schonungs=
los den Gefahren auszusetzen, sondern auch nach dem Ueber=
gang über den Oredartes, den er selbst für den Tanaïs
hielt, und nach einem Sieg über die Skythen sie 100 Sta=
dien (5 Stunden) weit verfolgte, obgleich er am Durchfall litt.

Daselbst soll eine Amazone zu ihm gekommen sein, wie
die meisten Historiker, unter andern Kleitarchos und Poly=
kleitos, Onesikritos, Antigenes und Istros erzählen; Aristo=
bulos dagegen und Chares der Hofeinführer, Ptolomaios,
Antikleides, der Thebaier Philon, der Theangeler Philippos

und der Samier Duris nennen dies eine Erdichtung. Für sie scheint Alexandros selbst zu zeugen; in einem ausführlichen und genauen Briefe an Antipatros sagt er nämlich, der Skythenkönig habe ihm seine Tochter zur Ehe angeboten, eine Amazone aber erwähnt er nicht. Viele Jahre später soll Onesikritos dem Lysimachos, als er schon König war, das vierte Buch seiner Geschichte vorgelesen haben, in welchem die Erzählung von der Amazone vorkommt; Lysimachos soll dabei ruhig lächelnd gesagt haben: „Und wo befand ich mich damals?" Es wird aber weder wer solche Dinge nicht glaubt, Alexandros weniger, noch wer sie glaubt, mehr bewundern.

Aus Besorgniß es möchten die Makedonier dem Rest jenes beschwerlichen Feldzugs nicht gewachsen sein, ließ er die meisten zurück und setzte den Angriff mit den rüstigsten fort, 20,000 Mann zu Fuß und 3000 Reitern; er stellte ihnen vor, jetzt sehen die Barbaren sie auch im Traume erscheinen, wenn sie aber Asien nur in Aufruhr brächten und wieder abzögen, so würden jene sogleich wie über Weiber über sie herfallen. Doch stellte er jedem der Lust hatte frei heimzukehren mit der Betheuerung, den Erdkreis den Makedoniern zu erobern bleibe er mit den Freunden und den Freiwilligen zurück. Dies steht fast wörtlich in seinem Briefe an Antipatros, sowie daß bei diesen Worten ihm alle jauchzend zuriefen, er solle sie führen wohin auf Erden er wolle. Ihre Bereitwilligkeit bestimmte auch die Andern leicht sich anzuschließen. So brachte er jetzt seine Lebensweise in noch größere Uebereinstimmung mit der der Landeseingebornen und näherte sie dagegen den Makedonischen Sitten, in der Ueberzeugung, bei dieser Vermischung und Gemeinschaft würden, wenn er weit entfernt wäre, seine Einrichtungen durch Zuneigung sich mehr befestigen als durch Gewalt. Daher ließ er auch 30,000 junge Asiaten unter vielen Aufsehern in hellenischer Sprache unterrichten und in makedonischen Waffen üben. Die Vermählung aber mit der in der ganzen Schönheit der Jugendblüthe stehenden Roxane, die er in Sogdiana bei einem Reigentanz gesehen hatte, geschah aus Liebe; doch schien sie auch in Uebereinstimmung mit seinen Absichten zu sein. Denn die Barbaren faßten durch diese Heirathsverbindung Zutrauen und gewannen Alexandros überaus lieb, weil er die größte Selbstüberwindung bewiesen und die einzige Frau, die ihn fesselte, nur nach gesetzmäßiger Verbindung berühren wollte. Von seinen nächsten Freunden billigte Hephaistion sein Verfahren und richtete sich selbst darnach; Krateros dagegen blieb angestammter makedonischer Sitte treu; Alexandros verwandte daher jenen in Geschäften mit den Barbaren, diesen bei den Hellenen und Makedoniern, und überhaupt hatte er für jenen am meisten Zuneigung, für diesen Achtung, indem er stets dachte und sagte, Hephaistion liebe den Alexandros, Krateros den König. Auch haßten sie sich deswegen heimlich und haderten oft mit einander; einmal in Indien wurden sie sogar mit gezogenen Schwertern handgemein, und jedem kamen seine Freunde zu Hilfe, bis Alexandros herbeieilte und Hephaistion vor Allen schalt, er sei dumm und wahnwitzig, wenn er nicht einsähe, daß er nichts sein werde, sobald ihm Alexandros geraubt würde; unter vier Augen gab er aber auch dem Krateros einen strengen Verweis. Und nachdem er ihre Wiederversöhnung bewerkstelligt, schwur er bei Ammon und den andern Göttern, daß er unter allen Menschen sie am meisten liebe; wenn er sie aber wieder uneins sähe, so werde er beide oder den der die Veranlassung gegeben, tödten. Daher sollen sie später nicht einmal im Scherz etwas gegen einander gesagt oder gethan haben.

16. Philotas.

Parmenions Sohn Philotas war unter den Makedoniern sehr angesehen: er schien tapfer und mäßig zu sein und freigebig und seine Kameraden liebend wie nach Alexandros kein anderer. Es wird wenigstens erzählt, daß er einst von einem seiner Vertrauten um Geld angegangen seinen Verwalter ihm geben hieß und, als dieser sagte, er habe keines, entgegnete: „Was sagst du? hast du nicht einmal ein Trinkgeschirr oder ein Gewand zu geben?" Durch hochfahrenden Sinn und Reichthum, durch fürstliche Kleidung und Lebensweise, ferner dadurch, daß er Würde und Hoheit nicht wie ein gebildeter Mann, sondern auf ganz ungefällige Weise durch Grobheit und gesuchtes Wesen nachahmte, machte er sich verdächtig und verhaßt, so daß selbst Parmenion einst zu ihm sagte: „Sohn, erniedrige dich." Bei Alexandros selbst hatte er schon lange Argwohn erregt. Als nämlich nach Dareios' Niederlage in Kilikien die Schätze in Damaskos erbeutet und viele Gefangene in das Lager gebracht wurden, fand sich unter ihnen eine Frau schmucken Aussehens von Pydna Namens Antigone. Diese kam in den Besitz des Philotas; indem er nun wie ein junger Mann zu seiner Geliebten und vom Weine erhitzt nach Soldatenweise sehr ruhmredig von seinen Kriegsthaten sprach, sagte er unter anderm, das Größte sei sein und seines Vaters Werk; Alexandros aber nannte er ein Jüngelchen, das durch sie des Namens der Herrschaft genösse. Diese Reden plauderte das Weib einem seiner Vertrauten aus, dieser, wie gewöhnlich, einem dritten, und so kamen sie auch zu Ohren des Krateros, der das Weib heimlich zu Alexandros führte. Dieser hörte ihre Aussage und hieß sie darauf wie sonst mit Philotas verkehren und was sie vernehme alles ihm selbst mittheilen.

Ohne also zu wissen, daß man ihn beobachte, setzte Philotas den Umgang mit Antigone fort, fortwährend in Zorn und Prahlerei viele unziemliche Reden gegen den König ausstoßend. Obgleich starke Anzeichen gegen ihn hinzukamen, schwieg doch Alexandros beharrlich und that keinen Schritt gegen ihn, sei es daß er auf Parmenions Freundschaft baute oder daß er beider, des Sohnes und Vaters, Ansehen und

Macht scheute. Damals nun forderte ein Makedonier aus Chalaiſtra Namens Limnos, der Alexandros nach dem Leben ſtrebte, einen ihm eng befreundeten jungen Menſchen Namens Nikomachos zur Theilnahme an ſeinem Vorhaben auf. Dieſer ging nicht darauf ein und entdeckte den Anſchlag ſeinem Bruder Kebalinos. Kebalinos ging darauf zu Philotas und bat ihn ſie zu Alexandros zu führen um über bringende und wichtige Dinge mit ihm zu ſprechen. Philotas führte ſie aber aus irgend einem Beweggrund (aus welchem iſt ungewiß) nicht ein, da der König mit andern, bedeutendern Angelegenheiten beſchäftigt ſei. Und dies that er zweimal. Schon mit Verdacht gegen Philotas erfüllt, wenden ſich jene Brüder an einen Andern, und durch dieſen zu Alexandros eingeführt entdecken ſie ihm erſt den Anſchlag des Limnos, dann zeigten ſie ihm nebenbei an, daß Philotas ihre zweimalige Bitte nicht beachtet habe. Auch dies brachte den König ſehr auf, und, als der mit Limnos' Gefangennehmung Beauftragte ihn, als er ſich widerſetzte, töbtete, ſo brachte ihn dies noch mehr in Aufruhr in der Meinung, daß ihm mit Limnos' Tode der Beweis für die Nachſtellung des Philotas genommen ſei. Und in dieſer Erbitterung gegen Philotas zog er die Generale hinzu, die ihn längſt haßten und jetzt unverhohlen ſagten, es ſei Sorgloſigkeit des Königs zu glauben, der Chalaiſtraier Limnos habe ein ſo großes Wagniß ganz allein beabſichtigt; er ſei vielmehr der Handlanger, das Werkzeug das von einem Höhern vorgeſchoben wurde; bei denen müſſe man den Anſchlag ſuchen, denen am meiſten frommte, daß er (durch den Tod des Limnos') verborgen blieb. Wie der König ſolchen Reden und Einflüſterungen ſein Ohr geöffnet hatte, führten ſie unzählige Dinge gegen Philotas an. In Folge deſſen ward er feſtgenommen und in Anweſenheit der adeligen Leibgarde auf die Folter gebracht, wobei Alexandros außen hinter einem Vorhang zuhörte und, als Philotas kläglich Schreie und demüthige Bitten an Hephaiſtion ausſtieß, geſagt haben soll: „Philotas, du so weichlich und unmännlich wagst dich an solche Thaten!" Nach der Hinrichtung des Philotas schickte er sogleich nach Medien und ließ auch Parmenion tödten, der Philippos in vielen Unternehmungen beigestanden war und allein von den ältern Freunden oder doch am dringendsten Alexandros zum Zuge nach Asien angetrieben hatte und von drei Söhnen, die er hatte, selbst zwei früher hatte fallen sehen und mit dem dritten zugleich hinweggeräumt wurde. Dieser Vorgang flößte vielen der Freunde Alexandros' Furcht vor ihm ein, am meisten dem Antipatros, der sich deswegen heimlich mit den Aitolern zu gegenseitigem Beistand verband. Es fürchteten aber die Aitoler Alexandros wegen der Zerstörung von Oiniadai, auf deren Kunde er sagte, nicht die Söhne der Oiniader, sondern er selbst werde die Aitoler dafür züchtigen.

17. Kleitos. Kallisthenes.

Nicht viel später fällt auch der Vorgang mit Kleitos, der geradezu betrachtet ein wilder Ausbruch des Zorns scheint; erwägen wir aber Veranlassung und Umstände, so finden wir, daß er nicht aus Absicht, sondern durch ein gewisses unglückseliges Geschick des Königs erfolgte, dessen Zorn und Trunkenheit dem bösen Verhängniß des Kleitos die Hand bot. Er hatte folgenden Verlauf. Es hatten einige Leute dem König hellenisches Obst vom Meere gebracht. Dieser ließ in seiner Bewunderung der Vollkommenheit und Schönheit desselben den Kleitos rufen um es ihm zu zeigen und davon mitzutheilen. Kleitos war gerade mit einem Opfer beschäftigt, verließ es aber und kam, und drei zum Opfer besprengte Schafe liefen ihm nach. Wie der König es erfuhr, befragte er die Seher Aristandros und den Lakonen Kleomantes darüber. Sie hielten es für ein schlimmes Vorzeichen. Alexandros ließ daher sogleich für Kleitos ein Sühnopfer darbringen. Denn auch er hatte drei Tage vorher ein auffallendes Traumgesicht gehabt; er träumte

nämlich, Kleitos ſitze in ſchwarzem Gewande bei den Söhnen
des Parmenion; von denen keiner mehr am Leben war.
Bevor jedoch das Sühnopfer dargebracht war, kam Kleitos
zur Tafel des Königs, der den Dioskuren geopfert hatte.
Ein lärmendes Trinkgelage folgte dem Mahle; man ſang
Lieder von einem gewiſſen Pranichos oder, wie andere ſagen,
von Pierion auf die jüngſt von den Barbaren beſiegten An=
führer zu Schimpf und Spott gedichtet. Die älteren der
Anweſenden hörten mit Unwillen zu und ſchalten Dichter
und Sänger; da aber Alexandros und die Hofleute mit
Vergnügen zuhörten und den Sänger fortfahren hießen, rief
der ſchon berauſchte jähzornige und zufahrende Kleitos höchſt
aufgebracht, es ſei nicht ſchön unter Barbaren und Feinden
Makedonier zu verſpotten, die, wenn ſie auch ein Mißgeſchick
gehabt, doch weit beſſer wären als die Spötter. Auf
Alexandros' Einwurf, er ſpreche für ſich ſelbſt, wenn er
Feigheit Mißgeſchick nenne, verſetzte Kleitos aufſpringend:
„Und doch hat dich, den Götterſohn, dieſe meine Feigheit
gerettet, als du ſchon dem Schwerte des Spithridates den
Nacken botſt; durch das Blut der Makedonier, durch dieſe
Wunden biſt ſo hoch gehoben worden, daß du Philippos
verläugneſt und dich des Ammons Sohn nennſt." Erzürnt
rief Alexandros: „Glaubſt du etwa, elender Wicht, daß es
dir wohl bekommen werde dies immer von mir zu ſagen
und die Makedonier aufzuwiegeln?" Und Kleitos: „Behagt
es uns doch auch nicht ſolchen Lohn unſerer Anſtrengungen
davon zu tragen; glückſelig preiſen wir die ſchon ſtarben,
bevor ſie ſahen wie Makedonier mit Mediſchen Stöcken
geprügelt werden und ſich an Perſer mit der Bitte wenden
müſſen bei ihrem Könige Zutritt zu erhalten." Während
Kleitos mit ſolcher Freimüthigkeit ſprach und Alexandros'
Hofleute ſich dagegen erhoben und ihn ſchmähten, verſuchten
die Aelteren dem Gelärm Einhalt zu thun. Alexandros
aber wandte ſich zu dem Kardianen Xenodochos und dem
Kolophonier Artemios mit den Worten: „Scheinen euch

nicht die Hellenen unter den Makedoniern wie Halbgötter unter Thieren zu wandeln?" Als aber Kleitos nicht nachgab, sondern Alexandros aufforderte offen zu sagen was er wolle, oder nicht freie und freimüthige Männer zur Tafel zu laden, sondern mit Barbaren und Sklaven zu leben, welche seinen persischen Gürtel und sein halbweißes Gewand anbeten würden, ward Alexandros seines Zornes nicht mehr Meister, warf ihn mit einem der Aepfel vom Tische und suchte nach seinem Dolch. Da aber Aristophanes, einer der Leibwächter, ihm zuvorkommend, den Dolch entfernt hatte, und die Uebrigen sich bittend an ihn hängten, rief er aufspringend auf Makedonisch den Hypaspisten*) und befahl dem Trompeter Lärm zu blasen und schlug ihn mit geballter Faust, weil er zögerte und nicht blasen wollte. Dieser wurde später sehr gerühmt, weil er die Hauptursache war, daß das Heer nicht auch unruhig ward. Den Kleitos der immer fortredete, entfernten seine Freunde endlich mit Gewalt aus dem Saale; er trat aber durch eine andere Thüre wieder hinein, indem er verächtlich und keck jene Verse aus der Andromache des Euripides deklamirte:

Weh!
Welch' üble Sitte waltet doch in Hellas' Volk!**) u. s. w.

---

*) Die Hypaspisten trugen linnene Panzer und den hohen Schild, den die Phalanx führte; im Kriege waren sie meist in Alexandros' unmittelbarer Nähe.

**) Welch üble Sitte waltet doch in Hellas Volk!
Wenn Kriegesheere Siegestrophä'n errichteten,
So nennt man solches nicht ein Werk der Kämpfenden;
Des Heeres Führer trägt allein den Ruhm davon,
Der unter Tausend Einer nur die Lanze schwang
Und mehr nicht that als Einer, doch mehr Ruhm gewinnt.
Des Volkes Häupter, die sich hoch in Würden blähn,
Thun stolzer als die Menge, sind sie nichtig auch;
Doch tausendmal gescheidter sind die Niedern oft,
Wenn's nicht an Kühnheit ihnen und am Willen fehlt.
Nach Donners' Uebersetzung.

Jetzt entriß Alexandros einem der Trabanten den Speer und durchbohrte Kleitos, der gerade den Thür=Vorhang zur Seite schob und ihm entgegen kam. Er fiel unter Stöhnen und lautem Schmerzgeschrei zu Boden; den Alexandros verließ augenblicklich die Aufregung; wieder zu sich gekommen sah er die Freunde sprachlos da stehen, zog den Speer aus dem Leichnam und wollte sich selbst die Kehle durchbohren, wurde aber von den Leibwächtern bei den Händen ergriffen, zurückgehalten und mit Gewalt in sein Schlafgemach gebracht.

Nachdem er die Nacht unter kläglichem Weinen zuge= bracht hatte und mit Tagesanbruch, erschöpft von Schreien und Weinen, sprachlos lag und nur schwere Seufzer ausstieß, drangen die Freunde durch sein Verstummen mit Furcht erfüllt mit Gewalt ein. Aber er beachtete niemandes Tröstungen; nur auf des Sehers Aristandros Worte, der ihn an das Traumgesicht, das er gesehen, und an das Vor= zeichen erinnerte, wie also dies alles schon längst vorher= bestimmt gewesen wäre, schien er zu hören. Deßwegen rief man den Philosophen Kallisthenes, den Freund des Aristo= teles, und den Abderiten Anararchos zu ihm. Von diesen suchte Kallisthenes, zur Vermeidung aller Kränkung die Sache geschickt umgehend, durch milde Einwirkung auf sein Gemüth den Schmerz zu heben. Anararchos aber, der von Anfang an einen eigenen Weg in der Philosophie einge= schlagen hatte und im Rufe des Hochmuths und der Gering= schätzung der übrigen Philosophen stand, rief gleich beim Eintritt ihm zu: „Das ist Alexandros, auf den jetzt der Erdkreis hinblickt? er aber liegt weinend da wie ein Sklave, aus Furcht vor der Leute Satzungen und Tadel, er dem es zusteht selbst Gesetz und Bestimmung des Rechts zu sein, da Herrschen und die Macht haben entscheidet, nicht aber einer leeren Meinung sich knechtisch beugen. Weißt du nicht, daß Dike und Themis Beisitzerinnen des Zeus sind, damit jede That des Herrschers gesetzmäßig und gerecht sei?" Mit solchen Reden milderte zwar Anararchos den Schmerz des Königs,

machte aber seinen Charakter in Vielem weniger gewissenhaft
und auf das Gesetz achtend; sich selbst setzte er freilich sehr
in Gunst und verleidete ihm die auch schon sonst durch dessen
Herbigkeit wenig liebenswürdige Gesellschaft des Kallisthenes.
Auch soll Kallisthenes einst beim Mahle, als über die Jahres=
zeiten und die Mischung der Atmosphäre gesprochen wurde,
und Anararchos die Ansicht des Kallisthenes, daß der dortige
Himmelsstrich kälter und winterlicher als Hellas sei, bestritt,
diesem entgegnet haben: „Und doch müßtest du zugeben, daß
es hier kälter ist als in Hellas; denn dort trugst du im
Winter einen alten, abgeschabten Mantel, hier aber deckst du
dich mit drei Teppichen zu," welche Rede den Anararchos
höchlich erbitterte.

Die andern Sophisten und Schmeichler verdroß es an
Kallisthenes, daß die Jünglinge sich eifrig zu seinen Vor=
trägen drängten, und er nicht minder den Beifall der
ältern Männer hatte durch sein wohlgeordnetes, ernstes,
nüchternes Leben, das den Grund, welchen er für seinen
Aufenthalt bei Alexandros angab, bestätigte, daß er sich
nämlich zu ihm begeben habe um die Rückkehr seiner Mit=
bürger und Wiedererbauung seiner Vaterstadt *) zu betreiben.
Um seines Ansehens willen beneidet gab er auch selbst seinen
Verleumbern manche Handhabe, indem er Alexandros' Ein=
ladungen meist verschmähte und in seiner Gesellschaft durch
schwerfälligen Ernst und Schweigsamkeit an dem was geschah
keinen Gefallen zu finden und es nicht zu billigen schien, so
daß Alexandros von ihm sagte:

Den Weisen haß' ich, der sich nicht selbst weise ist.

Als Kallisthenes einst vor vielen zur Tafel geladenen
Gästen den Auftrag erhielt beim Wein eine Lobrede auf
die Makedonier zu halten, soll er die Aufgabe so glücklich
gelöst haben, daß alle sich erhoben, Beifall klatschten und

---

*) Des von Philippos zerstörten Olynthos.

ihre Kränze ihm zuwarfen. Alexandros soll darauf den Euripideïschen Vers:

„Nicht schwer ist's schön zu preisen, fand man schönen
Stoff“

angeführt und zu ihm gesagt haben: „Zeige uns vielmehr deine Beredtsamkeit in einer Anklage der Makedonier, damit sie noch besser werden, wenn sie ihre Fehler erfahren.“ Da soll dann Kallisthenes seine vorige Rede widerrufend Vieles freimüthig gegen die Makedonier gesprochen und, nachdem er die Uneinigkeit der Hellenen als die Ursache des Wachsthums und der Macht Philippos' bezeichnet hatte, ausgerufen haben:

Kommt doch im Volksaufruhr der Schlechteste selber zu
Ehren.

Dadurch flößte er den Makedoniern bittern und heftigen Haß ein; Alexandros aber sagte: „Nicht von seiner Redegewalt, sondern von seinem Haß hat Kallisthenes den Makedoniern einen Beweis gegeben.“

Diese Vorgänge soll nach Hermippos' Bericht Stroibos, der Vorleser des Kallisthenes dem Aristoteles erzählt haben; auch habe Kallisthenes, als er die Abgeneigtheit des Königs wahrnahm, zwei= oder dreimal auf dem Wege zu ihm gesagt:

Starb doch auch Patroklos, der weit an Kraft dir voranging.

Es scheint daher Aristoteles richtig zu urtheilen, daß Kallisthenes zwar als Redner stark und groß war, aber keine Einsicht hatte. Indem er jedoch die Verehrung durch Fußfall fest und mit der Würde eines Philosophen verweigerte, wobei er allein offen aussprach, was die besten und ältesten Makedonier im Stillen mit Unwillen dachten, befreite er durch Abwendung derselben die Hellenen von einer großen Beschimpfung und Alexandros von einer größern, sich selbst aber brachte er Verderben, da es den Anschein

hatte als habe er den König mehr mit Gewalt als durch
Ueberzeugung davon abgebracht. Nach der Erzählung des
Mitylenäers Chares trank Alexandros bei einem Gelage den
Freunden einzeln zu und reichte jedem dann die Schale;
jeder nahm sie, wandte sich gegen den Altar, trank, beugte
hierauf zuerst vor Alexandros das Knie, küßte ihn dann
und legte sich wieder zu Tisch nieder. Als die Reihe an
Kallisthenes kam, nahm er die Schale, ohne daß der König
im Gespräch mit Hephaistion darauf achtete, trank und trat
hinzu um ihn zu küssen. Als aber Demetrios mit dem
Beinamen Pheidon rief: „Küsse nicht, König; denn der
allein hat dich nicht mit Kniebeugung verehrt;" wich Alex=
andros dem Kusse aus und Kallisthenes sagte mit lauter
Stimme: „So gehe ich um einen Kuß ärmer fort."

Nachdem diese Entfremdung allmählig entstanden, schenkte
man zunächst der Behauptung des Hephaistion Glauben, es
sei Kallisthenes erst mit ihm über die Kniebeugung überein=
gekommen, habe aber dann die Uebereinkunft nicht gehalten;
sodann beschuldigten ihn die Lysimachos und Agnon, der
Sophist wandle umher als habe er hochfahrende Pläne auf
Vernichtung des Königthums im Sinn; auch liefen die
jungen Leute ihm zu und ehrten ihn als den einzigen Freien
unter so vielen Tausenden. Als daher die Verschwörung
des Hermolaos entdeckt wurde, schienen seine Anfeinder mit
den Anklagen Recht zu haben, er habe einem auf die Frage:
„Wie erlangt man den höchsten Ruhm?" erwidert: „Wenn
du den Berühmtesten ermordest," und den Hermolaos zu
seinem Vorhaben ermunternd aufgefordert vor dem goldnen
Polster keine Scheu zu haben, sondern eingedenk zu sein,
daß der dem er sich nähere, ein Mensch und verwundbar
sei wie alle. Doch sagte keiner von den Mitverschworenen
des Hermolaos, auch nicht auf der härtesten Folter, gegen
Kallisthenes aus. Auch schrieb Alexandros selbst gleich damals
dem Krateros, Attalos und Alkutas, daß die Jünglinge
einstimmig auf der Folter erklärten, sie hätten für sich die

That unternommen, und Niemand sonst habe darum gewußt. Später aber beschuldigte er in einem Briefe an Antipatros auch den Kallisthenes. „Die Jünglinge," schreibt er, „wurden von den Makedoniern gesteinigt; den Sophisten aber werde ich selbst strafen und auch die ihn zu mir geschickt und die diese Meuchelmörder in ihren Städten aufgenommen haben," womit er geradezu und unverschleiert auf Aristoteles hinweist; denn Kallisthenes war seiner Verwandtschaft wegen, als Sohn der Hero, einer Nichte des Aristoteles, bei diesem erzogen worden. Was seinen Tod betrifft, so ließ ihn nach den Einen Alexandros' hängen; nach Andern starb er in Fesseln an einer Krankheit; nach Chares' Erzählung wurde er noch 7 Monate gefangen gehalten um in Anwesenheit des Aristoteles feierlich gerichtet zu werden und starb in der Zeit, wo Alexandros in Indien verwundet wurde, nachdem er übermäßig dick geworden, an der Läusekrankheit.

Diese Ereignisse fallen übrigens in spätere Zeit; vorher hatte der Korinther Demaratos auch in seinem hohen Alter die Beschwerde der Reise zu Alexandros nicht gescheut: ein schönes Wort von ihm haben wir schon oben erwähnt; er genoß des Königs Gunst nicht lang, sondern ward bald durch eine Krankheit weggerafft und prachtvoll bestattet; das Heer häufte ihm einen umfangreichen, 80 Ellen hohen Grabhügel; seine Asche jedoch wurde, auf einem schön geschmückten, vierspännigen Wagen zur Ueberschiffung an's Meer geführt.

18. Der Zug nach Indien.

Als er im Begriff nach Indien aufzubrechen das Heer mit der großen Masse von Beute beladen sich nur langsam und schwerfällig bewegen sah, ließ er, sobald mit Tagesanbruch die Wagen reisefertig waren, zuerst seine eigenen und die der adeligen Garde verbrennen; hierauf befahl er auch an die der Makedonier Feuer zu legen. Die Ausführung dieses Befehls schien schwieriger und gefährlicher als sie war; denn nur wenige verdroß es; die meisten theilten voll Begeisterung unter jauchzendem Geschrei nothwendige Dinge an jeden aus dem sie fehlten; das Uebrige verbrannten und vernichteten sie selbst, und erfüllten so Alexandros mit Lust und Eifer zum Feldzug. Doch bewies er sich auch schon als furchtbaren und unerbittlichen Strafer aller Vergehen. So ließ er den Menandros, der zur adeligen Garde gehörte und von ihm zum Befehlshaber einer Festung ernannt war, hinrichten, weil er dort nicht bleiben wollte; und den Anführer der aufständischen Barbaren Orsobates tödtete er selbst durch einen Bogenschuß. Als ein Schaf ein Lamm gebahr, das auf dem Kopfe Zeichnung und Farbe einer Tiara hatte, ließ er sich durch dies Vorzeichen erschreckt von den Babyloniern, die er gewöhnlich dazu zuzog, reinigen und sühnen, gestand aber seinen Freunden, daß ihn eigentlich erst jene Priester durch die Deutung erschreckt hätten, daß die Gottheit nach seinem Tode den Thron an einen unedeln und unmännlichen Menschen werde kommen lassen. Indessen beseitigte ein besseres Zeichen, das ihm zu Theil ward, diese Muthlosigkeit. Denn der oberste Aufseher über das Tischzeug, der Makedonier Proxenos, deckte, als er für das königliche Zelt am Oxosflusse einen Platz umgraben ließ, eine Quelle einer fettartigen Flüssigkeit auf; als aber das Erste abgeschöpft war, sprudelte reines, durchsichtiges Oel hervor, das im Geruch und Geschmack, an Glanz und Fettigkeit sich von anderem Oele nicht im mindesten unterschied, und dies in einem Lande, das nicht einmal Oelbäume hervorbringt. Uebrigens soll auch der Oxos selbst ein sehr weiches Wasser haben, so daß er die Haut der Badenden fettig anzufühlen macht. Jeden Falls freute sich Alexandros ungemein über die Erscheinung, wie aus einem Brief an Antipatros erhellt, in dem er diese Quelle zu den größten ihm von Gott verliehenen Gütern rechnet. Die Seher deuteten sie jedoch auf einen ruhmvollen, aber mühevollen und beschwerlichen

Feldzug; denn das Oel sei den Menschen zur Hilfe in Anstrengungen von der Gottheit verliehen.

Viele Gefahren bedrohten ihn in Schlachten, mehrfach wurde er gefährlich verwundet; die größten Verluste jedoch erlitt sein Heer durch Mangel an Lebensmitteln und durch ungesunde Atmosphäre. Er selbst setzte seine Ehre darein durch Kühnheit das Glück und durch Tapferkeit seine Macht zu übertreffen und glaubte, dem Muthigen sei nichts unbezwinglich und dem Feigen nichts fest genug. Bei der Belagerung der unzugänglichen und unersteiglichen Felsenfestung des Sisimithres soll er, als die Soldaten verzagten, den Oryartes gefragt haben, was für eines Geistes Kind Sisimithres selbst sei. Als ihn darauf Oryartes als den feigsten Menschen von der Welt schilderte, rief er: „So nennst du die Felsenfestung einnehmbar, denn ihr Herr ist nicht fest." Wirklich fiel die Feste, weil sich Sisimithres arge Furcht einjagen ließ. Bei der Belagerung einer andern nicht minder steilen Burg redete Alexandros einen der jüngern Makedonier, den man Alexandros nannte, an: „Dir ziemt es tapfer zu sein, schon wegen deines Beinamens." Der Jüngling kämpfte darauf mit großer Auszeichnung, fiel aber zum tiefen Leidwesen Alexandros' im Kampfe. Als die Makedonier zögerten Nysa mit Sturm anzugreifen, weil ein tiefer Fluß an der Stadt strömte, rief er hinantretend: „Ich habe doch wohl schwimmen gelernt!" und wollte schon mit seinem Schilde sich hinein stürzen, als ihn seine Freunde noch zur rechten Zeit zurückhielten. Als er aber die Seinigen vom Angriff zurückgezogen hatte, und Gesandte von der belagerten Stadt erschienen mit der Bitte um Frieden, erschreckte sie sein Anblick, da er noch bestäubt vom Kampfe und in voller Rüstung war; er ließ darauf ein Kissen bringen und hieß Akuphis, den ältesten der Gesandten, sich darauf niedersetzen. Jetzt voll Bewunderung seiner Größe und Freundlichkeit fragte Akuphis, was sie thun müßten um seine Freundschaft zu erlangen. Als Alexandros sagte: „Dich zu ihrem Fürsten machen und uns die 100 besten Männer aus der Stadt schicken;" versetzte Akuphis lachend: „Doch werde ich, mein König, besser regieren, wenn ich dir eher die schlechtesten schicke als die besten."

Der Inder Tariles, Herrscher eines Aegypten an Größe nicht nachstehenden, höchst fruchtbaren und weidereichen Landes, ein durch seine Weisheit berühmter Mann, soll bei der Begrüßung Alexandros' gesagt haben: „Was bedarf es unter uns des Krieges und der Schlachten, wenn du weder kamst uns das Wasser zu nehmen noch die zum Leben nothwendige Nahrung, um welche Dinge allein verständige Menschen genöthigt sein können sich zu bekämpfen? Bin ich an dem was man noch sonst Gut und Reichthum nennt dir überlegen, so siehst du mich bereit dir wohlzuthun; bist du es, so meide ich es nicht von dir zu empfangen und dafür dankbar zu sein." Erfreut reichte ihm Alexandros die Hand mit den Worten: „Glaubst du wirklich, daß nach solch freundlichen Worten wir ohne Kampf mit einander zusammentreffen werden? Es wird dir nicht gelingen; denn ich werde mit dir wetteifern und kämpfen — in Wohlthaten, daß ich dir nicht an Edelmuth nachstehe." Für viele Geschenke, die er von Tariles erhielt, gab er ihm noch mehr und schenkte ihm endlich 1000 Talente (2,499,000 fl., 1,428,000 Thlr.). Viele seiner Freunde verdroß diese Freigebigkeit sehr, stimmte aber viele Inder weit friedlicher gegen ihn. Indessen leisteten die streitbarsten Inder, die um Sold dienten, bei der Vertheidigung der Städte ihm kräftigen Widerstand und brachten ihm großen Verlust bei. In einer Stadt hatten sie mit ihm einen Vergleich geschlossen; als sie aber gegen die Uebereinkunft sich entfernten, ließ er sie unterwegs einholen und alle niederhauen. Nicht weniger machten ihm die indischen Philosophen zu schaffen, welche die Könige die sich ihm anschlossen schmähten und die freien Völker zum Abfall verleiteten. Dafür ließ er aber auch viele von ihnen aufhängen.

Die Ereignisse auf dem Zug gegen Poros hat er selbst

in seinen Briefen geschildert. Wie er sagt, floß zwischen ihren beiderseitigen Lagern der Hydaspes (Dschenab), und Poros beobachtete, die Elephanten in's Vordertreffen stellend, jeden Uebergangsversuch. Alexandros ließ nun jeden Tag viel Geschrei und Lärm im Lager machen um die Inder zu gewöhnen es für blinden Schreck zu halten; in einer mond=losen Regennacht aber nahm er einen Theil des Fußvolks und die kräftigsten Reiter und setzte in einiger Entfernung von den Feinden auf eine kleine Insel über. Obgleich hier der Regen in Strömen floß und zahlreiche Blitze nieder=fuhren und einige im Heere erschlugen, brach er doch von der Insel auf und suchte das andere Ufer zu gewinnen. Aber durch das Gewitter angeschwollen und reißend hatte der Hydaspes sich einen großen Durchbruch geöffnet und einen neuen Arm gebildet, durch welchen ein großer Theil des Stroms seinen Lauf nahm. Er selbst schwamm mitten durch, wenn auch in unsicherer Richtung, da das Wasser mit Gewalt einströmte und sich brach. Da soll er, freilich nur nach Onesikritos' unzuverläßiger Behauptung, ausgerufen haben: „O Athenaier, werdet ihr die Gefahren glaublich finden die ich bestehe um bei euch Ruhm zu gewinnen?" Er selbst erzählt, es hätten die Soldaten die Flöße verlassen und seien bis an die Brust im Wasser durch den Durchbruch gewatet. Nach dem Uebergang eilte er mit der Reiterei 20 Stadie, (1 Stunde) dem Fußvolk voraus, indem er dachte, einen Angriff der feindlichen Reiterei leicht zurückschlagen zu können; setzten sie aber ihr Fußvolk zum Angriff in Bewegung, so würde das seine noch vorher zu ihm stoßen können. Das letztere geschah wirklich. Denn es griffen ihn erst 1000 Reiter und 60 Streitwagen an, wurden aber geworfen, alle Wagen erbeutet und 400 Reiter niedergehauen. Als Poros jetzt wahrnahm, daß Alexandros selbst über den Fluß ge=gangen sei, rückte er mit seiner ganzen Macht heran und ließ nur so viel Truppen zurück als nöthig waren, die noch am andern Ufer befindlichen Makedonier am Uebergang zu hindern.

16*

Aus Scheu vor den Elephanten und der Ueberzahl der Feinde beschloß Alexandros, selbst auf den linken Flügel einzubrechen; dem Krinos befahl er, den rechten anzugreifen. Nachdem auf den beiden Flügeln die Feinde zu fliehen begonnen, zogen sie sich nach jedem erneuten vergeblichen Angriff stets zu den Elephanten in der Mitte zurück und wurden endlich dort alle zusammengedrängt. Mit Tagesanbruch hatte der Kampf begonnen, und kaum gaben ihn die Feinde um die achte Stunde auf. Dies erzählt Alexandros selbst in seinen Briefen. Die meisten Geschichtschreiber stimmen aber . darin überein, daß Poros, der noch eine Spanne größer als 4 Ellen war*), durch Größe und Dicke seines Körpers ganz im Verhältniß zu seinem Elephanten stand, obgleich dieser sehr groß war. Das Thier bewies übrigens eine wunderbare Einsicht und Sorge für seinen Herrn: so lange derselbe noch kräftig war, wehrte der Elephant muthig die Angreifer durch Schläge ab; als er aber dessen Erschöpfung von der Menge der Geschosse und Wunden merkte, ließ er sich in der Besorgniß, daß er herabstürzen möchte, sanft auf seine Knie zur Erde nieder, faßte sachte mit dem Rüssel jeden einzelnen der Speere und zog ihn aus der Wunde. Als Alexandros den gefangenen Poros fragte, wie er ihn behandeln solle, versetzte er: „Königlich;" und als Alexandros weiter fragte, ob er nicht noch etwas anderes wünsche, war Poros' Antwort: „Alles ist in dem Königlich enthalten." Dafür ließ er ihn nicht nur als Satrapen des Gebiets, dessen König er gewesen war, sondern vergrößerte es noch und untergab ihm auch die freien Inder nach ihrer Besiegung, in deren Land 15 Völkerschaften, 5000 Städte und sehr viele Dörfer sein sollen; über ein dreimal so großes Gebiet machte er den Philippos, einen aus der adeligen Garde, zum Satrapen.

---

*) Die Elle wurde von dem Ellenbogen bis an die Spitze des Mittelfingers gerechnet und betrug also 1½ Fuß.

In Folge der Schlacht gegen Poros starb auch der Bukephalas, nicht sogleich, sondern später, wie die Meisten sagen, während seine Wunden ärztlich behandelt wurden; nach Onesikritos aber an Entkräftung des Alters, da er schon 30 Jahre alt war. Sein Verlust schmerzte Alexandros sehr, da er ihn wie den Verlust eines Vertrauten und Freundes betrachtete; auch nannte er nach ihm eine Stadt, die er am Hydaspes gründete, Bukephalia. Auch nach einem Hunde, Namens Peritas, den er aufgezogen und sehr gern gehabt hatte, soll er, als er ihn verlor, eine neu gegründete Stadt benannt haben. Dies versichert Sotion vom Lesbier Potamon gehört zu haben.

Die Schlacht gegen Poros stumpfte jedoch die Kampfeslust der Makedonier ab, so daß sie nicht noch weiter in Indien vordringen wollten. Denn da sie ihn mit seinen 20,000 Mann zu Fuß und 2000 Reitern nur mit Mühe besiegt hatten, traten sie entschlossen gegen Alexandros' Drängen auf auch über den Ganges zu gehen, von dem sie erfuhren, seine Breite betrage 32 Stadien (über 1½ Stunden), die Tiefe 100 Klafter, und das jenseitige Ufer sei ganz bedeckt mit Schwerbewaffneten, Reitern und Elephanten. Man sagte nämlich, daß die Könige der Ganbariten und Praisier Alexandros mit 80,000 Reitern, 200,000 Mann zu Fuß, 8000 Streitwagen und 6000 Kriegselephanten erwarteten. Und in diesen Zahlen lag keine Uebertreibung. Denn Androkottos, der nicht viel später König ward, schenkte dem Seleukos 500 Elephanten und durchzog mit einem Heere von 600,000 Mann erobernd ganz Indien. Zuerst schloß sich Alexandros in Unmuth und Zorn in sein Zelt ein und wußte dem Heere keinen Dank des schon Geleisteten, wenn es nicht über den Ganges ginge, sondern betrachtete die Umkehr als ein Eingeständniß der Niederlage. Als ihn aber seine Freunde mit angemessener Beschwichtigung und die Soldaten mit Weinen und Schreien um die Thüre stehentlich baten, ließ er sich zum Rückzug bewegen.

Zum Ruhm des Heeres beging er eine Täuschung, indem er größere Waffen und Krippen für Pferde und schwerere Zügel als die gewöhnlichen verfertigen und umherwerfen und zerstreuen ließ. Auch errichtete er Altäre der Götter, welche die Könige der Praisier noch jetzt in Ehren halten und auf denen sie nach Hellenischer Weise opfern. Androkottos aber sah noch in seiner Jugend den Alexandros und soll später oft gesagt haben, der Sieg habe Alexandros keine Mühe gekostet, da Poros durch Schlechtigkeit und unedle Geburt gehaßt und verachtet gewesen wäre.

Das äußere Meer zu sehen ließ Alexandros hierauf viele Ruderschiffe und Flöße bauen und fuhr langsam die Flüsse hinab. Doch war die Fahrt nicht thatenlos und unkriegerisch: bei den Städten, zu denen er kam, stieg er an's Land und unterwarf alle. Aber bei den Mallern, welche die streitbarsten Inder sein sollen, verlor er fast das Leben. Nachdem er sie durch die Menge der Geschosse von der Mauer ihrer Hauptstadt vertrieben, legte er eine Leiter an, und erstieg dieselbe zuerst; wie aber die Leiter brach, und die Barbaren sich an der Mauer aufstellten und ihn von unten mit Geschossen angriffen, sprang er, obgleich in ganz kleiner Begleitung, mitten unter die Feinde, zum Glück ohne zu fallen. Wie er das Schwert schwang, schien es den Barbaren, als ob ein Glanz und Licht vor ihm aufleuchte; sie ergriffen daher zuerst die Flucht und zerstreuten sich; da sie aber nur zwei Hypaspisten bei ihm sahen, kehrten sie zurück und griffen ihn in der Nähe mit Schwertern und Speeren an und suchten ihn durch den Panzer durchzustechen; diese wehrte er ab; aber Einer, etwas entfernter stehend, schoß einen Pfeil mit solcher Kraft und Gewalt auf ihn ab, daß er den Panzer durchschlug und in den Knochen um die Brustwarze stecken blieb. Da Alexandros in Folge der Wunde ermattend sich vorwärts beugte, stürzte jener Bogenschütze mit gezücktem Schwerte auf ihn los; Peukestes aber und Limnaios stellten sich vor den König, beide wurden verwundet; der eine fiel, Peukeſtes aber hielt Stand; den Inder tödtete Alexandros; mußte ſich jedoch, mehrfach verwundet und zuletzt von einem Keulenſchlag im Nacken getroffen, den Blick gegen die Feinde gerichtet, an die Mauer lehnen. Unterdeſſen waren die Makedonier in Maſſe her= beigeſtürzt; er wurde aufgenommen und bereits bewußtlos in ſein Zelt getragen. Sogleich durchlief das Heer das Gerücht von ſeinem Tode. Nachdem man mit vieler Mühe den hölzernen Pfeilſchaft abgeſägt und darauf erſt den Panzer losgemacht hatte, ging man an das Ausſchneiden der in einen der Knochen eingedrungenen Spitze.. Die Breite der Schnittwunde ſoll 3 Zoll, ihre Länge 4 Zoll betragen haben. Obgleich in der Ohnmacht dem Tode ganz nah gekommen, erholte er ſich nach der Herausnahme des Pfeils doch wieder. Auch nachdem die Todesgefahr vorbei war, blieb er noch lange ſchwach und der Heilung und Pflege unterworfen; als er aber hörte, daß die Makedonier, außen lärmend, ihn zu ſehen begehrten, trat er, in einen Mantel gehüllt, hinaus und zog ſich erſt nach Darbringung eines Opfers für die Götter wieder zurück, und unterwarf auf der Fahrt auf dem Fluſſe noch ein weites Gebiet und große Städte.

Aus der Klaſſe der Gymnoſophiſten, welche am meiſten den Sabbas zum Abfall beredet und den Makedoniern ſehr viel Uebel zugefügt hatten, waren zehn in ſeine Gewalt ge= kommen; ſie ſtanden im Rufe, in ſcharfſinnigen Antworten und in Kürze der Rede ſehr ſtark zu ſein; er legte ihnen daher ſchwierige Fragen vor, wobei er der Reihe nach jeden zu tödten drohte, der nicht richtig antworte; der älteſte von ihnen ſollte darüber entſcheiden. Der erſte alſo, befragt, ob er die Zahl der Lebenden für größer halte als die der Todten, antwortete: „Die der Lebenden, denn die Todten exiſtiren nicht mehr." Der zweite, befragt, ob Land oder Meer größere Thiere nähre, erwiderte: „Das Land, von dem das Meer nur ein Theil iſt."

Dritte Frage: Welches lebende Weſen iſt das ſchlaueſte

Antwort: „Welches noch kein Mensch kennen gelernt hat."

Vierte Frage: Aus welchem Grund hast du den Sab=
bas zum Abfall bewogen? Antwort: „Weil ich wollte,
daß er entweder schön lebe oder schön sterbe."

Fünfte Frage: Glaubst du daß der Tag oder die Nacht
früher ward? Antwort: „Der Tag um einen Tag früher."
Als der König sich darüber befremdet äußerte, fügte er
hinzu, auf schwierige Fragen müßten auch die Antworten
schwierig sein.

Sechste Frage: Wie findet einer am meisten Liebe?
Antwort: „Wenn er bei größter Macht keine Furcht
einflößt."

Siebente Frage: Wie kann man aus einem Menschen
ein Gott werden? Antwort: „Indem man vollbringt was
einem Menschen zu vollbringen unmöglich ist."

Achte Frage: Was ist stärker, das Leben oder der
Tod? Antwort: „Das Leben das so viele Uebel erträgt."

Neunte und letzte Frage: Bis zu welcher Zeit ist es
dem Menschen schön zu leben? Antwort: „So lange er den
Tod nicht für besser als das Leben hält."

Hierauf zum Richter gewandt hieß Alexandros ihn sei=
nen Ausspruch thun. Und als dieser sagte, Einer habe
immer schlechter als der andere geantwortet, versetzte der
König: „So magst du für solches Urtheil zuerst den Tod
erleiden." „Nicht ich, o König," war die Antwort, „wo=
fern du Wort hältst den zuerst tödten zu wollen der am
schlechtesten geantwortet hat."

Er entließ sie hierauf mit reichlichen Geschenken, schickte
jedoch den Onesikritos zu den besonders in ruhiger Selbst=
beschauung lebenden Weisen mit der Aufforderung zu ihm
zu kommen. Onesikritos war ein Philosoph aus des Kyni=
kers Diogenes Schule. Nach seiner Erzählung hieß ihn
Kalanos sehr gebieterisch und rauh seinen Leibrock ausziehen
und nackt zuhören; anders würde er sich nicht mit ihm
unterreden, selbst wenn er von Zeus abgesandt wäre. Dar=

damis dagegen soll sich milder gezeigt und nach Anhörung
der Erzählungen von Sokrates, Pythagoras und Diogenes
gesagt haben, es schienen ihm diese Männer wohl geistreich
gewesen zu sein, aber in allzugroßer Furcht vor den Ge=
setzen gelebt zu haben. Nach andern sagte Dardamis nur:
„Weswegen kam Alexandros einen so weiten Weg hierher?“
Doch beredete Tariles den Kalanos zu Alexandros zu gehen.
Er hieß eigentlich Sphines, den Namen Kalanos gaben ihm
die Hellenen von dem Worte womit er die ihm Begegnenden
grüßte *). Er soll auch die Kunst zu herrschen dem Alexandros
sinnbildlich dargestellt haben. Er warf nämlich eine ganz
ausgetrocknete Haut auf den Boden und trat mit den Füßen
auf ihren Rand; an der einen Stelle niedergedrückt, hob
sich der Rest in die Höhe. Und dies wiederholte er um die
ganze Haut herum, endlich aber trat er fest mitten auf sie,
worauf alle Theile derselben fest liegen blieben. Es sollte
dies im Bilde lehren, daß Alexandros die Mitte seiner Herr=
schaft in fester Hand halten und nicht in weit entfernten
Gegenden umherziehen sollte.

Die Rückfahrt auf den Flüssen bis zum Meere erforderte
sieben Monate. Als er mit der Flotte in den Ocean ge=
steuert war, fuhr er zu einer Insel, die er selbst Skilluftis,
Andere Pfiltukis nennen. Da gelandet opferte er den Göt=
tern und besichtigte die Beschaffenheit des Meeres und der
Küste, so weit es möglich war. Dann trat er den Rück=
marsch an mit dem zu Gott gerichteten Flehen, es möge
nach ihm kein Mensch über die Grenze seines Feldzugs hinaus=
kommen. Der Flotte gab er die Weisung längs dem Lande
hinzufahren, Indien rechts behaltend; sie erhielt Nearchos
zum Admiral und Onesikritos zum Obersteuermann. Er
selbst zog zu Land durch das Gebiet der Oreiten, gerieth
aber in die äußerste Bedrängniß und verlor so viele Leute,
daß er von der streitbaren Mannschaft nicht den vierten

*) Wahrscheinlich Kalyâna = Guter.

Theil aus Indien zurückbrachte. Und doch hatte er 120,000 Mann zu Fuß und 15,000 Reiter gehabt. Aber schwere Krankheiten, schlechte Nahrung, ausdürrende Hitze und besonders Hunger raffte sie hinweg auf dem Marsche durch ein unbebautes Land mit dürftigen Einwohnern, deren Besitz nur wenige unansehnliche Schafe ausmachten, die, gewohnt Seefische zu fressen, ein schlechtes und widrig riechendes Fleisch hatten. Nach einem höchst beschwerlichen Zug von 10 Tagen durch dieses Land fand er mit dem Eintritt in Gedrosien sogleich den reichlichsten Vorrath an allen Dingen vor, den die nächsten Satrapen und Könige herbeigeschafft hatten.

Von hier zog er mit dem Heere im Festaufzug in 7 Tagen durch Karmanien. Er selbst fuhr langsam mit seinen Vertrauten auf einer von 8 Pferden gezogenen Bühne, die auf einem hohen, weit sichtbaren Viereck befestigt war, in Tag und Nacht ununterbrochenem Festschmause. Eine ganze Menge von Wagen folgte, theils durch purpurne und buntfarbige Umhänge, theils durch stets erneute grüne Baumzweige vor der Sonne beschützt; auf ihnen fuhren die andern Befehlshaber und Freunde, bekränzt und zechend. Da sah man nicht Schild, nicht Helm, nicht Lanze; mit Schalen und Trinkhörnern und Bechern schöpften die Soldaten den ganzen Weg entlang aus großen Fässern und Mischkrügen und tranken sich gegenseitig vor, die einen zugleich weiter marschirend, die andern in Ruhe ausgestreckt. Pfeifen und Flöten, Gesänge und Saitenspiel, bacchische Lieder der Frauen erfüllten die ganze Gegend. In dem ungeordneten, zerstreuten Zuge herrschte der Scherz bacchischer Ausgelassenheit, wie wenn Bacchos selbst gegenwärtig wäre und den Festzug begleitete *).

---

*) Nachdem sich das Heer in Karmanien von den Mühseligkeiten des Zugs durch die Wüste erholt hatte, feierte Alexandros in Karmanien allerdings große Dankfeste für die glückliche Rückkehr aus Indien; die Erzählung von einem siebentägigen

19. Alexandros in Pasargädai, Susa und Ekbatäna.

In Karmanien kam zu seiner Freude auch Nearchos zu ihm, und nachdem er seinen Bericht gehört hatte, faßte er den Entschluß selbst mit einer großen Flotte den Euphrätes hinab, dann um Arabien und Libyen herum durch die Säulen des Herakles in das innere (mittelländische) Meer zu fahren. Dazu wurden zu Thapsakos Fahrzeuge aller Art gebaut und Schiff= und Steuerleute von allen Seiten her zusammengebracht. Es hatten aber die Schwierigkeiten des Zugs nach Indien, seine Verwundung in der Stadt der Maller und die Kunde von der großen Einbuße des Heers bei der Unwahrscheinlichkeit seiner Rückkehr die Unterworfenen zu Aufständen ermuthigt und in den Feldherren und Satrapen viele Ungerechtigkeit, Habsucht und Uebermuth erweckt, und überhaupt hatte sich eine allgemeine Unruhe und Neuerungs= lust verbreitet. So empörten sich auch Olympias und Kleopatra gegen Antipatros und theilten sich in die Herr= schaft, indem Olympias Epeiros, Kleopatra Makedonien an sich riß. Auf die Nachricht davon sagte Alexandros, seine Mutter habe besser für sich gesorgt, denn die Makedonier würden sich die Herrschaft eines Weibes nicht gefallen lassen. Deswegen sandte er auch Nearchos wieder an's Meer, da er sah, daß er das ganze Küstenland mit Krieg überziehen müsse; er selbst strafte bei seiner Rückkehr die schlechten un= ter den Befehlshabern. Von den Söhnen des Abuletes durchbohrte er selbst den einen, Oxyartes, mit der Lanze; dem Abuletes selbst, der keine Lebensmittel herbeigeschafft, sondern nur 3000 Talente (7,497,000 fl., 4,284,000 Thlr.) gemünzten Geldes ihm hatte zuführen lassen, befahl er

Zuge mit allen bacchischen Ausschweifungen ist aber nur eine Erdichtung übertreibender und unzuverlässiger Geschichtschreiber, denen an dieser Stelle sich Plutarchos leider angeschlossen hat.

das Geld den Pferden vorzuwerfen. Als sie es nicht fraßen,
ließ er mit den Worten: „Was nützt mir also deine Zu=
fuhr?" den Abuletes gefangen setzen.

In Persien angelangt gab er zuerst den Frauen das
Geldgeschenk, welches die persischen Könige, so oft sie nach
Persis kamen, zu geben pflegten, einer jeden ein Goldstück.
Es sollen auch deswegen einige Könige nicht oft, Ochos
aber, der aus Geiz sich selbst aus seinem Vaterland ver=
bannte, nicht ein einziges Mal nach Persien gekommen sein.
Da Alexandros das Grab des Kyros zu Pasargadai erbro=
chen fand, ließ er den frevelhaften Zerstörer desselben, Pro=
machos, hinrichten, obgleich er aus Stella stammte und zu
den angesehensten Makedoniern gehörte. Die Inschrift des
Grabes ließ er übersetzen und in griechischer Sprache unter
der persischen eingraben. Sie lautete so: „Mensch, wer du
auch bist und woher du auch kamst — denn daß du kommen
wirst weiß ich —, ich bin Kyros, der den Persern die
Herrschaft erwarb. Mißgönne mir darum nicht diese wenige
Erde, welche meinen Körper bedeckt." Sie rührte Alexandros
sehr, indem er die Ungewißheit und den Wechsel der mensch=
lichen Dinge bedachte. Daselbst verlangte auch Kalanos
nach nur kurzem Leiden am Unterleibe, daß ihm ein Scheiter=
haufen errichtet werde. Es geschah, und er ritt zu Roß zu
ihm; nachdem er dann gebetet, sich durch Besprengen mit
Weihwasser zum Opfer geweiht und seine Stirnhaare abge=
schnitten und in's Feuer geworfen hatte, gab er noch im
Hinaufsteigen den anwesenden Makedoniern die Hand und
forderte sie auf jenen Tag in Lust zuzubringen und sich mit
ihrem Könige zu bezechen; er werde aber denselben in kurzer
Zeit in Babylon sehen. Nach diesen Worten legte er sich
nieder und verhüllte sich ohne bei der Annäherung des
Feuers sich zu rühren, er blieb vielmehr in der anfänglich
eingenommenen Lage unverrückt und brachte sich so nach der
von den Vätern überlieferten Sitte der indischen Weisen
selbst zum Opfer dar. Dasselbe that viele Jahre später ein

anderer Inder zu Athen vor den Augen des Römischen Kaisers, und es wird noch jetzt sein Grabmal gezeigt, es heißt nur das des Inders.

Nach der Verbrennung des Scheiterhaufens lud Alexandros viele der Vertrauten und Feldherren zu einem Mahle ein und veranstaltete ein Wetttrinken ungemischten Weins mit Aussetzung eines Siegespreises. Am meisten trank Promachos bis zu 4 Choen; er erhielt ein Talent (2499 fl., 1428 Thlr.) als Preis, starb aber schon 3 Tage darauf. Auch von den übrigen starben, wie Chares sagt, einundvierzig in Folge des Trinkens, da auf die Berauschung heftiger Fieberfrost sie ergriff.

In Susa nahm er selbst Stateira, die Tochter des Dareios, zur Frau und richtete auch die Hochzeit seiner Vertrauten aus, indem er die vornehmsten Perserinnen an die Vornehmsten der Seinen vertheilte; gemeinschaftlich damit feierte er das Hochzeitsfest der Makedonier, welche schon früher asiatische Frauen geheirathet hatten; dabei soll von 9000 zum Mahle Geladenen ein jeder eine goldene Schale erhalten haben um damit zu spenden. Auch in allen andern Dingen zeigte er sich überaus prachtliebend und freigebig, wie er denn sogar den Darleihern die Schulden für die Schuldner im Heere bezahlte, wofür der ganze Aufwand 9870 Talente betrug (24,665,130 fl., 14,094,360 Thlr.). Dabei hatte sich Antigenes der Einäugige fälschlich als Schuldner angegeben und einen Menschen beigebracht, der ihm geliehen zu haben vorgab; er erhielt das Geld bezahlt, ward aber dann des Betrugs überführt. Erzürnt verwies ihn der König vom Hof und nahm ihm sein Kommando. Antigenes hatte sich im Krieg ausgezeichnet; schon als junger Mann war er bei der Belagerung von Perinthos durch Philippos; als ihm dabei von einer Katapulte ein Pfeil in's Auge flog, gab er nicht eher zu ihn herauszuziehen und hörte nicht früher auf fortzukämpfen, als bis die Feinde geschlagen und in die Stadt zurückgetrieben waren. Darum ertrug er jetzt

die Schande nicht mit Gleichmuth; es war kein Zweifel,
daß er sich in seinem Kummer und Schwermuth ein Leides
anthun werde. Dies befürchtend entsagte der König seinem
Zorne und ließ ihn jenes Geld behalten.

Jene 3000 Jünglinge, die er zur Uebung und Lehre
zurückgelassen hatte, zeigten sich jetzt zu Männern ausgebildet
und schmucken Aussehens; und als sie auch in den Kriegs-
übungen außerordentliche Fertigkeit und Gewandtheit bewiesen,
empfand er selbst große Freude; den Makedoniern aber erregte es Unmuth und Besorgniß, als ob der König in
Zukunft ihrer selbst weniger achten würde. Als er daher
die Kriegsuntauglichen und Verstümmelten in ihre Heimath
entlassen wollte, sagten sie, es sei Mißhandlung und Entehrung, Leute, nachdem er sie ganz abgenutzt, jetzt schimpflich
abzudanken und sie ihrer Heimath, ihren Aeltern zuzuwerfen,
von denen er sie nicht in diesem Zustande erhalten habe.
Sie forderten ihn daher auf alle fortzuschicken und alle
Makedonier für unbrauchbar zu halten, da er diese Perser,
diese Waffentänzer, habe, mit welchen er den Erdkreis erobern
möge. Diese Reden brachten Alexandros sehr auf, er schalt
sie im Zorn heftig und übergab, die Makedonier fortschickend,
die Wachen den Persern und ernannte aus ihrer Mitte
Trabanten und Stabträger. Als ihn die Makedonier von
diesen geleitet und sich selbst ausgeschlossen und verachtet
sahen, wurden sie kleinmüthig, kamen zur Besinnung und
fanden, daß ihr Zorn und Neid von Wahnsinn nicht weit
entfernt war. Endlich zur Erkenntniß gekommen gingen sie
ohne Waffen und im bloßen Unterkleid zu seinem Hof und
baten ihn unter Geschrei und Weinen sich übergebend sie
wie schlechte und undankbare Menschen zu behandeln. Obgleich schon besänftigt, ließ er sie nicht vor, und sie standen
so ohne abzulassen zwei Tage und Nächte beharrlich klagend
und ihren Herrn und Gebieter rufend. Am dritten Tage
trat er heraus und weinte lange, als er sie so kläglich und
niedergeschlagen sah; dann entließ er nach mildem und freund-

lichem Tadel die Kampfunfähigen mit reichen Geschenken und dem schriftlichen Befehl an Antipatros, daß sie bei allen Wettkämpfen und im Theater bekränzt den Vorsitz haben sollten. Den Waisen der Gefallenen gab er eine jährliche Unterstützung.

Nach seiner Ankunft zu Ekbatana in Medien und nach Anordnung bringender Angelegenheiten ließ er, da 3000 Künstler aus Hellas sich bei ihm gesammelt hatten, wieder Schau= und Festspiele aufführen. In jenen Tagen litt Hephaistion am Fieber; da er aber als junger Mann nach Soldatenweise sich keiner sorgfältigen Diät unterwarf, so aß er (Glaukos, sein Arzt, war in's Theater gegangen) zum Frühstück einen gekochten Hahn und trank einen großen Becher Wein; sein Zustand verschlimmerte sich dadurch und er starb bald darauf. Sein Tod brachte Alerandros fast außer sich; er befahl sogleich allen Pferden zur Trauer Mähnen und Schweife abzuschneiden, ließ in den umliegenden Städten die Zinnen von den Mauern brechen und den un= glücklichen Arzt hinrichten. Flötenspiel, Gesang und Musik durften sich lang im Lager nicht hören lassen, bis vom Orakel des Ammon der Spruch kam, man solle dem Hephaistion Ehre und Opfer wie einem Heros darbringen. Linderung seines Schmerzes im Krieg suchend zog er wie zu einer Menschenjagd gegen die Kossäer aus, von denen die ganze waffenfähige Mannschaft niedergehauen wurde. Dies Blut= bad wurde Todtenopfer des Hephaistion genannt. Da er auf dessen prachtvolle Bestattung bis 10,000 Talente auf= wenden (24,990,000 fl., 14,280,000 Thlr.) und durch kolossale und kunstreiche Ausführung den großen Aufwand noch übertreffen wollte, wandte er sich unter allen Künstlern besonders an Stasikrates, der in seinen Neuerungen in der Kunst Pracht und Kühnheit verhieß. Es war dieser Künstler nämlich schon früher mit dem Vorschlag zu ihm gekommen: unter allen Bergen sei am leichtesten dem Athos in Thrakien menschenähnliche Form und Gestalt zu geben; wenn es daher

Alexandros genehmige, so werde er den Athos ihm zum bleibendsten und weithin sichtbarsten Bilde umschaffen, das mit der linken Hand eine volkreiche Stadt umschließe, mit der rechten aber den wasserreichen Strom eines in das Meer sich stürzenden Flusses zur Spende ausgieße. Diesen Vorschlag hatte Alexandros freilich abgelehnt; jetzt aber machte er für jenen Zweck mit den Künstlern noch viel sonderbarere und kostspieligere Entwürfe.

20. Alexandros in Babylon.

Auf der Weiterreise nach Babylon sagte ihm Nearchos, der vom Meere wieder in den Euphrates eingelaufen war, es seien einige Chaldäer zu ihm gekommen mit der Warnung, Alexandros möge von Babylon fern bleiben. Ohne aber darauf zu achten, setzte er den Marsch fort; als er jedoch in die Nähe der Mauer gekommen war, sah er viele Raben im Kampfe auf einander einhackend, von denen einige bei ihm tobt niederfielen. Als ihm darauf angezeigt ward, Apolloboros, der Befehlshaber von Babylon, habe in Betreff seines Lebens ein Opferthier schlachten lassen, ließ er den Seher Pythagoras kommen. Da dieser die Sache nicht leugnete, fragte er nach der Beschaffenheit der Eingeweide des Opferthiers. Auf die Antwort, die Leber sei ohne Lappen gewesen, rief er: „O, ein starkes Vorzeichen!" und bestrafte zwar den Pythagoras nicht, bedauerte aber dem Nearchos nicht Folge geleistet zu haben und verweilte meistentheils außerhalb Babylons und beschäftigte sich mit der Beschiffung des Euphrates. Es setzten ihn aber viele Vorzeichen in Unruhe. So griff den größten und schönsten der Löwen, die er hielt, ein zahmer Esel an und tödtete ihn durch einen Schlag mit dem Hufe. Während er zum Salben entkleidet Ball spielte, erblickten die mitspielenden Jünglinge, als es Zeit war die Oberkleider wieder aufzunehmen, einen Menschen still auf dem Throne sitzend und mit dem königlichen Stirnband und Mantel bekleidet. Befragt wer er sei, brachte er lang keinen Laut hervor; endlich wieder seiner Besinnung mächtig sagte er, sein Name sei Dionysios, Messenien sein Vaterland; einer Anklage und Schuld wegen vom Strand hierher gebracht sei, er lang in Fesseln gehalten worden; vor ganz Kurzem sei Serapis ihm erschienen, habe ihm die Fesseln abgenommen, ihn hierher geführt und befohlen Mantel und Stirnband zu nehmen, sich niederzusetzen und zu schweigen.

Alexandros ließ darauf nach dem Rathe der Seher den Menschen tödten; ihn selbst machte aber dieser Vorgang muth- und hoffnungslos und gegen seine Vertrauten arg-wöhnisch. Am meisten fürchtete er Antipatros und dessen Söhne, von denen der eine, Jolaos, sein Obermundschenk, der andere, Kassandros, erst neulich zu Alexandros gekommen war. Als dieser einige Asiaten den König fußfällig verehren sah, lachte er, der in hellenischer Sitte erzogen solchen Gebrauch vorher nie gesehen hatte, ziemlich vorlaut; Alex-andros gerieth darüber in Zorn, faßte ihn bei den Haaren und stieß seinen Kopf mit beiden Händen heftig an die Wand. Ein andermal unterbrach er den Kassandros, der Antipatros gegen mehrere Ankläger vertheidigen wollte, mit den Worten: „Was sagst du? einen so weiten Weg sollten Männer ohne Unrecht erlitten zu haben gekommen sein, nur um falsche Klagen vorzubringen?" Und als Kassandros entgegnete, dies sei gerade ein Zeichen falscher Anklage, daß sie sich von den Beweisen dafür so weit entfernt hätten, lachte Alexandros und sprach: „Das sind von jenen Kunst-stücken des Aristoteles, mit denen sich gleich gut das Für und Wider beweisen läßt, dem es aber schlecht gehen soll, wenn es sich zeigt, daß ihr den Leuten Unrecht gethan habt." Es soll sich aber überhaupt die Furcht vor Alexandros so stark und unvertilgbar in die Seele des Kassandros einge-graben haben, daß er viele Jahre nachher, als er schon König von Makedonien und Herr von Hellas war, bei einem

Spaziergang durch Delphoi und beim Betrachten der Bild=
säulen plötzlich, wie er der Statue Alexandros' ansichtig
ward, von Schauder und Zittern am ganzen Körper befallen
worden sei und sich nur mit Mühe von der Bestürzung bei
diesem Anblick erholt habe.

Sobald einmal Alexandros sich der Unruhe und Besorg=
niß in Folge göttlicher Zeichen hingegeben hatte, so war
nichts Ungewöhnliches und Auffallendes so unbedeutend, daß
er nicht in ihm ein bedeutungsvolles Wunderzeichen erblickt
hätte; so war der königliche Palast bald mit Opfernden,
Sühnenden und Weissagenden angefüllt. So schlimm wie
Unglauben und Verachtung der göttlichen Dinge ist aber
auch die abergläubische Furcht vor ihnen; sie nimmt wie
das Wasser stets ihren Lauf nach dem Niedern, und erfüllte
so auch Alexandros mit wahrhaft einfältiger Furcht. Doch
legte er, als die Aussprüche des Gottes Ammon über die
Verehrung Hephaistions ankamen, die Trauer ab und hielt
feierliche Opfer und Festgelage. Nach einem prachtvollen
Mahle zu Ehren des Nearchos hatte er seiner Gewohnheit
nach ein Bad genommen und wollte sich gerade zur Ruhe
legen, als er sich noch durch die Bitte des Medios bewegen
ließ zu einem heitern Gelage in dessen Haus zu gehen; während
er dort den ganzen folgenden Tag trank, fing er an zu
fiebern, jedoch weder den großen Herakles=Becher leerend,
noch von einem plötzlichen Rückenschmerz, wie von einem
Lanzenstoß, befallen, was einige hinzu dichten zu müssen
glaubten, gleichsam als tragisches und rührendes Ende eines
großen Schauspiels. Nach Aristobulos trank er im heftigen
Fieber um den Durst zu stillen Wein, darauf habe er irre
geredet und sei am 30. Daisios (13. Juni) verschieden.

In den Tagebüchern wird aber der Verlauf der Krank=
heit in folgender Weise angegeben. Am 18. Daisios (1. Juni)
schlief er in Folge des Fiebers im Badgemach. Am folgen=
den Tag ward er nach dem Bade in sein Schlafgemach
gebracht und verbrachte den Tag mit Würfeln in Gesellschaft

des Medios. Darauf nahm er spät ein Bad, opferte den Göttern, aß schnell etwas und fieberte die Nacht hindurch. Am zwanzigsten brachte er nach dem Bade wieder sein gewöhnliches Opfer dar und hörte im Badezimmer liegend Nearchos' Schilderung seiner Fahrt und des großen Meeres. Am ein und zwanzigsten that er dasselbe, die Hitze nahm zu, er brachte eine schlimme Nacht zu und fieberte am folgenden Tage sehr heftig. Er ließ sich in die Nähe des großen Badebassins tragen, besprach sich liegend mit den Generalen über die erledigten Officiersstellen und übertrug ihnen, nach strenger Prüfung für die Ernennung zu sorgen. Am vier und zwanzigsten ließ er sich in heftigem Fieber zum Altar tragen und opferte. Den Generalen befahl er in den Vorzimmern zu verweilen, den Obersten und Hauptleuten im Schloßhofe die Nacht zuzubringen. In den Palast jenseits des Flusses verbracht, schlief er am fünf und zwanzigsten ein wenig, das Fieber ließ aber nicht nach. Als die Anführer eintraten, lag er sprachlos; ebenso am sechs und zwanzigsten; die Makedonier glaubten deswegen, er sei schon todt; sie drängten sich mit Geschrei um den Palast und drohten heftig der Garde so lange bis sie den Eintritt erzwangen. Und nachdem ihnen die Thüre geöffnet worden, gingen sie alle, im Leibrock ohne die Chlamys, einer nach dem andern an dem Lager ihres Königs vorüber. An diesem Tage wurden Python und Seleukos in das Serapeion gesandt und fragten, ob man Alexandros dorthin bringen solle; der Gott befahl aber ihn an Ort und Stelle zu lassen. Am acht und zwanzigsten (11. Juni) gegen Nachmittag verschied er.

Das Meiste von diesem ist wörtlich so in den Tagebüchern geschrieben. Gift argwöhnte damals niemand; erst sechs Jahre später ließ Olympias auf eine Anzeige hin Viele hinrichten und die Asche des unterdessen verstorbenen Jölas zerstreuen, weil er es in den Becher gethan habe. Andere sagen, Aristoteles habe dem Antipatros den Rath

17*

zur Vergiftung gegeben und das Gift sei überhaupt, wie
ein gewisser Hagnothēmis erzähle, durch ihn herbeigeschafft
worden und habe in dem eisigkalten Wasser bestanden, das
zu Nonakris (in Arkadien) von einem Felsen träufle und
als feiner Thau aufgefangen in einem Eselshuf aufbewahrt
werde, da es durch seine Kälte und Schärfe jedes andere
Gefäß zersprenge. Die Meisten glauben jedoch, daß die
ganze Erzählung von der Vergiftung erdichtet sei, und ein
nicht geringer Beweis dafür ist, daß während des Zwistes
der Anführer der Leichnam viele Tage unbeerdigt an einem
erstickend heißen Orte lag ohne alle Spuren einer solchen
Zerstörung, sondern rein blieb und sein frisches Aussehen
behielt.

Rorane wurde wegen des Kindes, das sie in ihrem
Schooße trug, von den Makedoniern sehr geehrt; eifersüchtig
auf Stateira bewog sie dieselbe durch einen erdichteten Brief
nach Babylon zu kommen, worauf sie mit Beistand des
Perdikkas sie sammt ihrer Schwester tödtete, in einen Brunnen
warf und die Leichen zuschüttete. Denn an Perdikkas war
sogleich nach Alexandros' Tod die höchste Macht gekommen,
da er den Arrhibaios an sich lockte, den Sohn des Philippos
und der Philine, eines unangesehenen Weibes von niederer
Herkunft, der, durch eine Krankheit blödsinnig geworden,
gleichsam ein Statist der Königswürde war. Jene Krankheit hatte er jedoch nicht von Geburt an, sondern war zufällig
von ihr befallen worden; ja, wie andere sagen, zeigte er als
Knabe liebenswürdige und edle Anlagen und verlor erst durch
ein Gift, das ihm Olympias gab, den Verstand.

Römer.

I.

Romulus.

Erster König von Rom. Gründet die Stadt 754 v. Chr.

---

1. Die dunklen Jugendjahre bis zur Erkennung.

Von wem und weßhalb die Stadt Rom ihren weltbe=
rühmten Namen erhalten, wird von den Geschichtschreibern
nicht mit Uebereinstimmung erzählt. Am glaubwürdigsten
scheint, was Fabius Pictor berichtet.

Aeneas' Nachkommen herrschten als Könige zu Alba.
Die Erbfolge war auf zwei Brüder gekommen, Numitor
und Amulius. Amulius schied die ganze Erbschaft in zwei
Theile: der eine Theil sollte der Thron sein, der andere die
Schätze und das Gold, welches der Ahnherr aus Troja
mitgebracht hatte. Numitor wählte den Thron, Amulius
erhielt also das Gold, und da er durch dasselbe viel mehr
vermochte als Numitor, so raubte er ihm mit leichter Mühe
die Königswürde. Sodann ernannte er Numitors Tochter
zu einer Priesterin der Vesta, damit sie nicht heirathen und
Söhne bekommen möchte. Diese Tochter nennen einige
Ilia, andere Rhea, andere Silvia. Als sie nun dem Gesetze
der Vestalinnen zuwider dennoch Kinder bekam, so wandte
zwar Antho, die Tochter des Königs, die härteste Strafe
durch Fürbitte bei ihrem Vater ab, aber eingekerkert wurde
sie doch, und die Kinder, zwei Knaben von außerordentlicher

Größe und Schönheit, sollten ausgesetzt werden. Der Diener, welchem Amulius diesen Befehl gegeben hatte, legte die Kinder in eine Wanne und ging zum Flusse, um sie hinein= zuwerfen. Da er aber sah, daß der Fluß hoch ging und wilde Wellen trieb, so scheute er sich, nahe hinzu zu treten, legte die Kinder in der Nähe des Ufers hin und ging davon. Nun strömte der Fluß über, und das ausgetretene Wasser faßte die Wanne, hob sie allmählig empor und trug sie an einen höher liegenden Ort. In der Nähe war ein wilder Feigenbaum, welchen man Ruminalis nannte. Während die Kinder da lagen, kam eine Wölfin, sie zu säugen; auch ein Specht, welcher sie ernähren half und beschützte. Beide Thiere sind dem Mars geheiligt, besonders der Specht genießt bei den Latinern vieler Verehrung. Dieser Umstand trug nicht wenig dazu bei, der Versicherung ihrer Mutter, daß Mars der Vater sei, Glauben zu verschaffen.

Faustulus, der Schweinhirt des Amulius, fand die beiden Kinder und zog sie auf. Einige glauben, dies sei mit Wissen des Numitor geschehen, welcher heimlich die Erzieher mit allem versah, was zu ihrem Unterhalt nöthig war. Man soll sie nach Gabii, einer Stadt in Latium zwischen Rom und Präneste, gebracht haben um daselbst im Lesen und in allem unterrichtet zu werden, was Kinder von guter Abkunft lernen müssen.

Schon in ihrer frühesten Kindheit verrieth sich ihre aus= gezeichnete Anlage durch Größe und Schönheit des Körpers. Als sie heranwuchsen, zeigten sich beide kühn und mannhaft, verachteten jede Gefahr und behielten unter allen Umständen einen unerschütterlichen Muth. Ueberlegung und Weltklugheit aber schien Romulus in höherem Grade zu besitzen. Denn so oft sie mit den Nachbarn wegen eines Weideplatzes oder einer Jagd zu verhandeln hatten, zeigte es sich auf vielfache Weise, daß er mehr zum Herrschen als zum Gehorchen geboren sei. Vermöge dieser Eigenschaften benahmen sie sich gütig und freundlich gegen Leute ihres Standes und gegen

Geringere, dünkten sich aber höher als die königlichen Ver=
walter, welche ihnen ja an Tapferkeit keineswegs überlegen
wären: sie bekümmerten sich so wenig um ihre Drohungen,
als um ihren Zorn. Ihre Spiele und Beschäftigungen
waren von edler Art; denn sie glaubten, daß nicht Müssig=
gang und Unthätigkeit, sondern Uebung des Körpers, Jagd
und Wettlauf, die Räuber abwehren, die Diebe ergreifen
und die Bedrängten beschützen, den Freigeborenen zur Ehre
gereiche. Auf diese Weise erwarben sie sich einen sehr
großen Namen.

Nun begab sich's einmal, daß die Hirten des Numitor
mit denen des Amulius in Streit geriethen und ihnen eine
Viehheerde wegtrieben. Das konnten die beiden Jünglinge
nicht geschehen lassen; sie fielen über die Leute des Numitor
her, trieben sie in die Flucht und nahmen ihnen einen großen
Theil der Beute ab. Numitor ergrimmte, aber sie kümmerten
sich wenig darum: ja sie sammelten viele dürftige Leute und
eine große Anzahl Sklaven um sich und legten dadurch den
Grund zu widerspenstigen Gesinnungen und kühnem Aufruhr.
Wie nun einmal Romulus, der ein großer Freund der Opfer
und der Wahrsagekunst war, sich eben mit einem Opfer
beschäftigte, trafen die Hirten des Numitor auf Remus, der
nur wenige Begleiter bei sich hatte: sie begannen einen
Kampf, in welchem sie, nachdem auf beiden Seiten mehrere
verwundet waren, den Sieg davontrugen und den Remus
gefangen nahmen. Sie brachten ihn sofort vor Numitor,
um Klage zu führen; dieser aber bestrafte ihn nicht selbst,
aus Furcht vor der feindseligen Gesinnung seines Bruders,
sondern ging zu diesem und bat ihn um Genugthuung, um
so mehr da er Bruder des Königs sei und gerade von
des Königs Leuten so schreiendes Unrecht erlitten hätte.
Die Einwohner von Alba theilten seinen Unwillen und
sahen den Vorgang als eine ganz unverdiente Kränkung an.
Dies machte so großen Eindruck auf Amulius, daß er Remus
den Händen Numitors überlieferte, der nun nach Gutdünken

mit ihm verfahren sollte. Numitor nahm ihn mit nach
Hause. Da ihn aber die Größe und Stärke seines Körpers,
die nicht ihres gleichen hatte, in Staunen setzte; da er
zugleich in den Gesichtszügen den kühnen Muth seiner Seele
wahrnahm, den seine gegenwärtige Lage nicht beugte noch
erschütterte; da er ferner Unternehmungen und Thaten von
ihm erfuhr, die mit diesem Eindruck seiner persönlichen Erscheinung ganz übereinstimmten; endlich da, was das wichtigste
ist, eine Gottheit mitwirkte und den Grund zu großen
Ereignissen legen half: kam er durch Zufall und Vermuthung
auf die Wahrheit und fragte den Remus, wer er wäre und
von wem er stamme, indem er ihm durch sanfte Stimme
und freundlichen Blick Vertrauen und Hoffnung einflößte.
Remus antwortete getrosten Muthes: „Ich will dir nichts
verbergen, denn du scheinst mehr königlich gesinnt zu sein
als Amulius: du hörst und untersuchst doch, ehe du bestrafst;
er aber liefert ohne Untersuchung aus. Früher meinten wir,
Söhne der königlichen Sklaven Faustulus und Larentia zu
sein; ich sage wir, denn wir sind Zwillinge. Seitdem wir
aber vor dich gebracht wurden und in Folge einer verläum-
derischen Anklage in Lebensgefahr schweben, hören wir große
Dinge von uns; ob der Wahrheit gemäß, das scheint diese
Gefahr entscheiden zu sollen. Man erzählt nämlich, wir
hätten einen geheimnißvollen Ursprung gehabt und auf
wunderbare Weise als Säuglinge Nahrung und Milch
erhalten. Vögel und wilde Thiere, denen man uns zum
Fraße auswarf, haben uns ernährt, eine Wölfin säugte uns,
und ein Specht trug uns Speise zu, als wir in einer
Wanne an dem großen Flusse lagen. Die Wanne ist noch
vorhanden und wird sorgfältig aufbewahrt; sie ist mit einem
kupfernen Beschläge versehen, in welches halb verwischte
Buchstaben eingegraben sind, in später Zeit vielleicht vergeb-
liche Erkennungszeichen für unsere Eltern, wenn wir umgekommen.“

Aus diesen Worten und der Gestalt des Jünglings

schloß Numitor auf die Zeit und wies die schmeichelnde
Hoffnung nicht zurück, sondern suchte insgeheim seine Tochter
zu sprechen, die noch streng bewacht wurde.

Unterdessen hatte Faustulus erfahren, daß Remus gefangen
und ausgeliefert worden, und nun forderte er den Romulus
auf, seinem Bruder Hilfe zu leisten, indem er ihn in klaren
Worten über ihre Abkunft belehrte. Denn früher hatte er
nur räthselhaft davon gesprochen und deutete nur an, daß
sie sich für nichts geringes halten sollten. Er selbst aber
ging mit der Wanne zu Numitor voll Eile und voll Angst
wegen der drohenden Gefahr. So erregte er bei der Wache
Aufmerksamkeit und Verdacht, und da ihre Fragen ihn
bestürzt machten, blieb es nicht verborgen, daß er die Wanne
unter seinem Oberkleide versteckt hielt. Zufällig war unter
diesen Leuten einer von denen, welche die Knäblein zum
Aussetzen erhalten hatten und dabei gegenwärtig gewesen.
Als dieser die Wanne sah und an der Gestalt und den
Buchstaben erkannte, vermuthete er die wahren Umstände und
blieb dabei nicht gleichgiltig, sondern sagte alles dem Könige
und bewirkte, daß er den Mann in peinliche Untersuchung
nahm. Faustulus bewies sich gegen die vielen grausamen
Martern, mit welchen man sein Geständniß zu erzwingen
suchte, nicht ganz unüberwindlich, doch ließ er sich auch nicht
völlig überwältigen: er bekannte zwar, daß die Knaben lebten,
versicherte aber, sie thäten fern von Alba Hirtendienste; was
ihn betreffe, so sei er gekommen diese Wanne der Ilia zu
bringen, welche schon oft verlangt habe, sie zu sehen und
zu berühren, um sich in dem Glauben an das Leben ihrer
Kinder zu befestigen.

Nun ging es dem Amulius, wie es gar leicht denen
geht, welche in Bestürzung und Furcht oder im Unwillen
handeln. Er gab in der Eile einem rechtschaffenen Manne,
der noch dazu ein Freund des Numitor war, den Auftrag,
diesen auszuforschen, ob er Kunde von der Rettung der
Knaben erhalten hätte. Als nun dieser Mann kam, wie

Numitor schon nahe daran war, den Remus auf's zärtlichste
zu umarmen; so bestärkte er ihre Hoffnung, forderte sie auf,
schleunig an's Werk zu gehen, und schlug sich auf ihre Seite.
Die Umstände erlaubten auch nicht zu zögern, selbst wenn
sie gewollt hätten. Denn Romulus war bereits nahe, und
viele Bürger gingen aus Haß oder Furcht vor Amulius zu
ihm über. Er führte überdies eine bedeutende Macht mit
sich herbei, welche in Centurien (Hunderte) abgetheilt war;
vor jeder Centurie ging ein Mann her, der auf einer
emporgehaltenen Stange eine Handvoll Heu und Reisig trug.
Eine Handvoll heißt bei den Lateinern Manipel, und daher
werden noch jetzt in dem Heere die, welche zu einer solchen
Abtheilung gehören, Manipularen genannt. Da nun Remus
die Leute in der Stadt aufwiegelte, und Romulus von außen
angriff, so wurde der Tyrann ergriffen und getödtet; denn
er konnte in seiner Bedrängniß und Bestürzung einen Entschluß zur Rettung nicht fassen, viel weniger ausführen.

Manche finden an dieser Erzählung verdächtig, daß sie
so theatralisch und märchenhaft laute. Allein man verwerfe
sie darum nicht: man bedenke, welch seltsame Dinge das
Schicksal herbeizuführen pflegt, und man betrachte die außerordentliche Macht der Römer, welche sich wohl nicht zu diesem Gipfel erhoben hätte, wäre nicht der Grund von der
Gottheit selbst auf eine außerordentliche und wunderbare
Weise gelegt worden.

2. Die Gründung der Stadt Rom.

Als nach dem Tode des Amulius Frieden und Ordnung
wieder hergestellt waren, wollten Romulus und Remus nicht
in Alba wohnen, ohne zu regieren, und doch auch nicht
regieren, so lang der Großvater lebte. Sie setzten daher
diesen wieder auf den Thron und ihre Mutter in den ihr
gebührenden Rang und beschlossen, in der Gegend, wo sie
aufgewachsen waren, eine Stadt zu erbauen und da für sich

zu wohnen. Dies ist die passendste Erklärung der Sache.
Vielleicht aber hatten sie bei der Menge von Sklaven und
Ausreißern, welche sich um f: gesammelt hatten, keine andere
Wahl, als entweder diese auseinandergehen zu lassen und
dadurch alle Bedeutung zu verlieren, oder sich mit denselben
an einen besonderen Wohrsitz zu begeben. Denn daß die
Bewohner von Alba es r eschmähten, mit diesen entlaufenen
Menschen in eine Ger.einschaft zu treten und sie als Mit=
bürger aufzunehmen, das zeigte deutlich genug zuerst der
Frauenraub, welchen sie nicht aus Muthwillen unternahmen,
sondern aus Nothwendigkeit, weil ihnen Niemand mit freiem
Willen eine Frau gab; denn nachdem sie den Raub voll=
bracht, bewiesen sie den Geraubten ja alle mögliche Ehre.
Sobann errichteten sie, sobald der erste Grund der Stadt
gelegt war, eine Freistätte für Flüchtlinge, welche sie das
Heiligthum des Gottes Asyläus nannten. Hier gewährten
sie jedermann Aufnahme und lieferten weder Sklaven ihren
Herren, noch den Gläubigern die Schuldner, noch der Obrig=
keit die Mörder aus, indem sie versicherten, daß ein Spruch
Apollos sie berechtige, allen, die sich dahin begeben, Unver=
letzlichkeit ihrer Person zu verbürgen. Auf diese Weise
wurde die Stadt sehr schnell mit Einwohnern angefüllt,
während die ersten Feuerstätten, wie man sagt, sich auf nicht
mehr als tausend beliefen. Doch dies geschah später. —
Als sie den Bau der neuen Stadt beginnen wollten, ent=
stand gleich ein Zwist über den Platz. Romulus erbaute
das sogenannte viereckige Rom auf dem Palatinischen Hügel;
Remus dagegen gründete auf dem Aventinischen Berge eine
Burg, welche nach ihm Remonium benannt wurde und jetzt
Rignarium heißt: Sie verabredeten nun, den Streit durch
die Zeichen des Vogelfluges entscheiden zu lassen, und setzten
sich an verschiedene Orte: dem Remus erschienen, wie man
sagt, sechs Geier, dem Romulus noch einmal so viele.
Einige behaupten, der letztere habe sich eine Lüge erlaubt,
denn er habe die zwölf Geier erst gesehen, als Remus zu

ihm gekommen. Dieses Beobachten der Geier bei der Gründung Roms ist der Grund, warum die Römer noch jetzt bei der Vogelschau vorzüglich die Geier beobachten. Auch Herakles soll sich immer gefreut haben, wenn ihm ein Geier bei einer Unternehmung erschien. Es ist dies nämlich das unschädlichste aller Thiere, das nichts von allem dem verletzt, was von den Menschen gesäet, gepflanzt und geweidet wird. Es nährt sich blos vom Aase und tödtet und verwundet nie ein lebendiges Wesen, ja die Vögel als seine Verwandten berührt er nicht einmal wenn sie tobt sind. Der Adler dagegen, die Eule und der Habicht überfallen und tödten selbst lebende Thiere von ihrer Art. Und Aischylos sagt mit Recht:

Der Vogel, der den Vogel frißt, wie wär' er rein?

Dazu kommt, daß die andern Vögel uns so zu sagen vor den Augen schweben und immer gesehen werden, der Geier hingegen eine seltene Erscheinung ist, und man sich nicht leicht erinnert, auf junge Geier gestoßen zu sein. Ja der Umstand, daß sie so selten sind und sich nur bisweilen zeigen, hat einige auf die abgeschmackte Meinung gebracht, daß sie aus einer andern Weltgegend zu uns kämen. Und gerade von dieser Art, behaupten die Wahrsager, ist das, was nicht auf natürlichem Wege oder von selbst, sondern durch göttliche Schickung erscheint.

Remus erfuhr den Betrug und ließ seinen Unwillen dadurch aus, daß er, als Romulus einen Graben zog, welcher die Mauer rings umgeben sollte, nicht nur über das Werk spottete, sondern auch der Ausführung Hindernisse in den Weg legte. Am Ende, da er gar über den Graben hinübersprang, wurde er, nach einigen von Romulus selbst, nach anderen von Celer, einem Freunde desselben, erschlagen. Es fiel aber auch Faustulus in diesem Streite und sein Bruder Plistinus, welche beide den Romulus und Remus erzogen haben sollen. Celer wanderte nach Etrurien aus. Von ihm nennen die Römer schnelle und behende Leute Celeres, wie sie zum Beispiel dem Quintus Metellus, weil er wenige Tage nach seines Vaters Tode schon ein Fechterspiel zu seiner Ehre veranstaltete, aus Bewunderung der Schnellig= keit, womit er die Vorbereitung getroffen, den Beinamen Celer gegeben haben.

Romulus bestattete hierauf den Remus und seine beiden Erzieher auf dem Platze Remonia und legte die Stadt an. Er hatte Männer aus Etrurien berufen, die ihm wie bei Mysterien nach gewissen heiligen Gebräuchen und Schriften alles angaben, was er zu thun hatte. Es wurde nämlich in der Gegend des jetzigen Comitium eine runde Grube gegraben, in welche man die Erstlinge niedergelegt von allem dem, dessen Gebrauch das Gesetz billigt und die Natur noth= wendig macht. Zuletzt brachte jeder ein kleines Stück Erde von seiner Heimath, warf es unter diese Dinge hinein und vermischte es damit. Eine solche Grube hat denselben Namen wie der Himmel, Mundus. Hierauf beschrieb man um sie den Umfang der Stadt, wie einen Kreis um seinen Mittelpunkt. Der Gründer der Stadt spannt sodann an einen Pflug mit eherner Pflugschaar einen Stier und eine Kuh, und während er eine tiefe Furche um jene Grenze zieht, müssen die, die hinter ihm hergehen, alle vom Pflug aufgeworfenen Schollen einwärts wenden und dürfen keine außen liegen lassen. Durch diese Linie bestimmen sie die Stelle der Mauer, und man nennt dieselbe mit Ausstoßung zweier Buchstaben Pomörium, statt Postmörium, das heißt Raum hinter der Mauer. Wo man ein Thor anzubringen gedenkt, wird die Pflugschaar herausgenommen und, indem man den Pflug über den Platz hinweghebt, ein Zwischen= raum gelassen. Daher kommt es, daß die ganze Mauer für heilig geachtet wird, die Thore ausgenommen; gälten auch die Thore für heilig, so könnte man nicht ohne religiöse Bedenklichkeit Dinge, die nothwendig, aber nicht rein sind, ein= und ausführen.

Nach der allgemeinen Annahme fällt die Gründung der
Stadt auf den 21. April, und die Römer feiern diesen Tag
als ein Fest und nennen ihn den Geburtstag ihrer Vater=
stadt. Anfangs sollen sie an demselben nichts Lebendiges
geopfert haben, indem sie es für ihre Pflicht hielten, das
Fest, welches dem Andenken an die Entstehung ihrer Stadt
geweiht wäre, unentweiht und vom Blutvergießen rein zu
erhalten. Indessen wurde auch schon vor der Erbauung
Roms ein Hirtenfest an diesem Tage gefeiert, das man
Palilia nannte. An demselben Tage sollen die Mondes=
und Sonnenbahn so zusammengetroffen sein, daß eine Son=
nenfinsterniß erfolgte: dies geschah im dritten Jahre der
sechsten Olympiade (754 vor Chr.).

Varro, welcher unter den Römern die meisten geschicht=
lichen Werke verfaßt hat, stellte seinem Freunde Tarutius,
der ein Philosoph und Mathematiker war, daneben auch
aus Liebhaberei die Astrologie betrieb und als ein Meister
in derselben galt, die Aufgabe, nach der Stellung der Sterne
aus dem Leben des Romulus den Tag und die Stunde
seiner Geburt zu bestimmen, auf dieselbe Weise, wie geome=
trische Aufgaben gelöst werden. Denn die Kunst, meinte
er, welche aus der gegebenen Geburtszeit eines Menschen
seine Lebensschicksale voraussage, müsse eben so gut aus
den gegebenen Lebensschicksalen die Zeit der Geburt auf=
finden können. Tarutius erfüllte den Auftrag, und nachdem
er die Schicksale und Thaten des Mannes betrachtet, die
Dauer seines Lebens, die Art seines Todes erwogen und
alle Umstände mit einander verglichen hatte, so erklärte er
mit der größten Zuversicht und Sicherheit, Romulus sei am
22. September geboren um Sonnenaufgang, im zweiten
Jahr der zweiten Olympiade (771 v. Chr.); Rom aber sei
von ihm gegründet worden am neunten des ägyptischen
Monats Pharmuthi (April) zwischen der zweiten und dritten
Stunde. Nach der Meinung der Astrologen hat nämlich
auch das Schicksal einer Stadt, gleich dem eines Menschen,

seine eigenthümliche Zeit, welche von dem ersten Ursprunge an aus dem Stande der Gestirne gefunden wird. Doch dieses und Aehnliches möchte vielleicht die Leser mehr durch seinen fabelhaften Charakter ermüden, als durch die Neuheit und Kunst anziehen.

.

3. Eintheilung des Heeres und des Volkes.

Nach der Erbauung der Stadt vertheilte Romulus zuerst die ganze junge Mannschaft in verschiedene Heerhaufen, deren jeder aus breitausend Mann zu Fuß und dreihundert Reitern bestand. Legio (Auswahl) hieß eine solche Abtheilung, weil man die Streitbaren aus allen ausgewählt hatte. Sodann schied er aus der Volksgemeine, welche Populus hieß, die hundert Angesehensten aus und machte sie zu Rathsherren: diese nannte er Patricier, ihre Versammlung Senat, ein Wort, welches wie das griechische Gerusia „Rath der Alten" bedeutet. Den Namen Patricier mag Romulus wohl aus dem Grunde gewählt haben, weil er es als Pflicht der An= gesehensten und Mächtigsten betrachtete, den Niedrigeren väterliche Fürsorge und Aufmerksamkeit zu widmen, und weil er zugleich die andern anweisen wollte, sich vor den Vornehmen nicht zu fürchten und durch die Auszeichnung derselben nicht kränken zu lassen, sondern sich mit freundlichem Sinn an sie zu wenden, sie als Väter anzusehen und sie so zu nennen. Noch jetzt werden die Mitglieder des Senats von den Auswärtigen zwar Fürsten genannt, von den Römern selbst aber Patres conscripti, ein Name, welcher die größte Würde und Ehre enthält, während er am wenigsten zum Neide reizt. Anfangs hießen sie nur Patres (Väter), nachher aber, als eine größere Zahl zugezogen war, Patres conscripti (Väter und Beigeordnete).

Mit diesem ehrwürdigen Namen also zeichnete Romulus die Rathsherren vor den Bürgern aus; durch andere Be= nennungen schied er die Vornehmen von den Geringen. Er nannte nämlich jene „Patrone," d. h. Schutzherren, diese „Clienten," d. h. Schützlinge; zugleich flößte er ihnen außerordentliches Wohlwollen gegen einander ein und schuf in diesem Verhältniß ein Band gegenseitiger Pflichten und Rechte. Denn die Patrone gaben ihren Clienten Bescheid über das Recht, waren ihre Vertheidiger vor Gericht und standen ihnen in allen Dingen mit Rath und That bei; die Clienten hingegen erwiesen ihren Patronen nicht blos Ehre, sondern trugen auch, wenn dieselben arm waren, zur Ausstattung ihrer Töchter bei und halfen ihre Schulden bezahlen. Auch verlangte kein Gesetz und keine Obrigkeit, daß ein Patron gegen seine Clienten oder ein Client gegen seinen Patron als Zeuge auftreten sollte. In der Folge wurde es, während die übrigen Verpflichtungen fortbestanden, für unedel und schimpflich gehalten, wenn Vornehme von Niedrigen Geld annähmen. Soviel von diesen Verhältnissen.

4. Der Frauenraub.

Der Frauenraub wurde, wie Fabius erzählt, im vierten Monate nach Erbauung der Stadt unternommen. Romulus sah nämlich, daß von den vielen Ankömmlingen, mit welchen sich die Stadt in kurzem angefüllt hatte, nur wenige verheirathet waren; die meisten wurden als dürftige und unbekannte Leute verachtet und konnten nach allgemeiner Meinung nicht auf die Dauer beisammen bleiben. Zugleich hoffte er, daß die Gewaltthat den Grund zu einer Verbindung und Gemeinschaft mit den Sabinern legen könnte, wenn sie nur die Mädchen zu besänftigen wüßten. So ging er denn auf folgende Weise zu Werk. Zuerst ließ er das Gerücht verbreiten, er habe den Altar eines gewissen Gottes unter der Erde verborgen gefunden: sodann veranstaltete er ein glänzendes Opfer auf demselben, wobei zugleich Wettkämpfe und andere Spiele stattfinden sollten, und zu diesem Feste erließ er eine allgemeine Einladung. Viele

Menschen fanden sich ein; Romulus, in einem Purpurmantel prangend, hatte mit den angesehensten Römern den Vorsitz. Wenn er aufstehen, den Purpurmantel zusammenlegen und dann wieder umwerfen würde, das sollte das Zeichen zum Angriff sein. Viele Bewaffnete hatten ihr Auge immer auf ihn gerichtet, und sobald das Zeichen gegeben war, stürzten sie unter lautem Geschrei mit gezücktem Schwert auf die Zuschauer los und raubten die Töchter der Sabiner, während sie diese selbst ungekränkt entfliehen ließen. Die Zahl der Geraubten belief sich nach einigen nur auf dreißig, und die Curien hätten von ihnen ihre Namen. Andere aber geben sechs bis sieben hundert an. Alle waren noch unverheirathet, die einzige Hersilia ausgenommen, welche sie auch für ledig hielten, und welche nachher Romulus zur Frau genommen haben soll. Der Raub wurde im Monat August verübt, welcher damals noch Sertilis hieß, und zwar am achtzehnten desselben.

5. Erster Krieg mit den Sabinern.

Die Sabiner waren zahlreich und kriegerisch und bewohnten Dörfer ohne Mauern, weil ihnen als einem Pflanzvolke der Lakedämonier gezieme hohen Sinn zu hegen und keine Furcht zu kennen. Allein da sie sich durch theure Geißeln gebunden sahen und für ihre Töchter fürchten mußten, so schickten sie Gesandte mit billigen und gemäßigten Forderungen an Romulus: er sollte vorerst die Mädchen zurückgeben, dann könnte auf friedlichem Wege Freundschaft und Verwandtschaft zwischen beiden Völkern gestiftet werden. Romulus antwortete, er werde die Mädchen nicht zurückgeben, die Sabiner möchten sich nur die Verbindung gefallen lassen. Während nun die andern Sabiner die Zeit mit Berathungen und Rüstung hinbrachten, erhob Akron, der König von Cenina, ein heftiger Mann und gewaltiger Krieger, zuerst die Fahne zum Kampf. Er hatte schon die ersten Unternehmungen des Romulus

18*

mit Besorgniß angesehen und fand jetzt in diesem Frauenraub einen neuen Beweis, wie furchtbar er allen werden würde, wenn man seine Frechheit unbestraft ließe. Akron zog also mit bedeutender Macht gegen den Römerkönig. Dieser rückte ihm entgegen: sobald sie einander gegenüberstanden, forderten sie sich zu einem Zweikampfe heraus, während dessen die Heere ruhig unter den Waffen stehen sollten. Jetzt gelobte Romulus, wenn er siege und den Gegner erlege, wolle er die Waffen des Mannes dem Jupiter mit eigener Hand als Weihgeschenk darbringen. Wirklich erhielt er den Sieg, erlegte Akron, schlug das feindliche Heer, das ihm eine Schlacht lieferte und eroberte ihre Stadt. Hier verübte er aber keine weitere Feindseligkeit gegen die Einwohner, als daß er sie gefangen nahm und ihnen befahl ihre Häuser niederzureißen und ihm nach Rom zu folgen, wo sie alle Rechte der Bürger erhalten sollten. Nichts hat mehr zur Vergrößerung Roms beigetragen, als daß es auf diese Weise immer die besiegten Feinde mit sich verbunden und unter seine Bürger aufgenommen hat.

Hierauf überlegte Romulus, wie er mit seinem Gelübde zugleich den Gott und das Volk erfreuen möchte. Er ließ in seinem Lager eine außerordentlich große Eiche fällen, wie eine Trophäe zurichten und an ihr Akrons Waffen aufhängen. Er selbst gürtete sein Gewand und schmückte sein langge= locktes Haupt mit einem Lorbeerkranze. Sodann faßte er die Trophäe, lehnte sie in gerader Richtung an seine rechte Schulter und schritt einher, indem er ein Siegeslied anstimmte, welches sein unter den Waffen folgendes Heer nachsang. Die Bürger empfingen sie mit Freude und Staunen, und dieser Aufzug war der Ursprung und das Vorbild der nachherigen Triumphe. Die erbeuteten Waffen nannte man Spolia opīma, und die Auszeichnung sie zu weihen war nur dem vergönnt, der als Feldherr mit eigener Hand den feindlichen Feldherrn erlegt hatte. Nur drei römische Feld= herren haben diese Ehre erlangt: Romulus, als er Akron

ben König von Cenina getödtet; Cornelius Cossus, welcher
ben Etrusker Tolumnius erschlug, und zuletzt Claudius
Marcellus, welcher den gallischen König Britomartes über=
wand. Cossus und Marcellus hielten schon auf einem vier=
spännigen Wagen ihren Einzug, wobei sie die Trophäe mit
eigener Hand trugen. Romulus aber wird in allen mit der
Trophäe geschmückten Bildsäulen, welche man zu Rom sieht,
zu Fuß dargestellt.

6. Zweiter und dritter Krieg mit den Sabinern.

Nach diesem ersten Kriege der Römer, der mit dem Fall
von Cenina endete, vereinigten sich die Städte Fidenä,
Crustumerium und Antemna gegen sie. Auch diese wurden
in einer Feldschlacht besiegt: Romulus eroberte die Städte,
verwüstete ihre Gemarkungen und verpflanzte die Einwohner
nach Rom. Doch ließ er den Vätern der geraubten Jung=
frauen ihr ganzes Besitzthum; die Güter der übrigen ver=
theilte er an Römische Bürger. Ueber alles dieses entrüstet
zogen nun die andern Sabiner unter Anführung des Tatius
gegen Rom. Die Stadt war befestigt durch die Burg,
welche jetzt Capitolium heißt. Hier lag eine Besatzung,
welche Tarpejus befehligte. Seine Tochter Tarpeja verrieth
den Sabinern die Burg aus Begierde nach den goldenen
Spangen, womit sie ihre Arme geschmückt sah. Sie bat
sich nämlich als Lohn des Verrathes das aus, was sie am
linken Arme trügen. Tatius sagte ihr den Preis zu, worauf
sie Nachts ein Thor öffnete und die Sabiner einließ.

Wenn Antigonos sagte, er liebe den, welcher verrathe,
er hasse den, welcher verrathen habe; und wenn Augustus
äußerte, er liebe den Verrath, den Verräther hasse er:
so waren sie nicht die einzigen, welche also dachten. Viel=
mehr ist dies die Gesinnung aller derer, welche solcher

Schurken bedürfen, wie man das Gift und die Galle einiger
Thiere gebraucht. Man ist ihnen gut, so lange man sich
ihrer bedient: man verabscheut ihre Ruchlosigkeit, sobald man
sein Ziel erreicht hat. So war auch Tatius gegen Tarpeja
gesinnt. Er befahl den Sabinern, des Versprechens eingedenk
zu sein und ihr nichts von dem, was sie am linken Arme
trügen zu versagen. Zugleich nahm er, um ihnen das
Beispiel zu geben, die Spange ab und warf sie und mit
ihr den Schild auf das Mädchen. Denn auch den Schild
trug man ja am linken Arme. Alle thaten dasselbe: die
Ringe wurden auf sie geworfen, die Schilde über ihr auf=
gehäuft, und unter der Menge und Last derselben gab sie
den Geist auf. Uebrigens wurde nachmals auch Tarpejus,
auf die Anklage des Romulus als Verräther verurtheilt.
Und der Berg wurde von jener Tarpeja, welche hier begraben
wurde, Tarpejus genannt, bis ihn der König Tarquinius
dem Jupiter weihte: da wurden ihre Gebeine weggebracht,
und der Name hörte auf, außer daß noch jetzt ein Felsen
auf dem Capitol, von welchem man sonst die Missethäter
herabstürzte, der Tarpejische genannt wird.

Wie nun die Burg in den Händen der Sabiner war,
forderte sie Romulus voll Entrüstung zum Kampfe heraus.
Tatius ging ihm getrost entgegen, da er für die Seinen,
wenn sie überwältigt würden, eines sicheren Zufluchtsortes
gewiß war. Es war nämlich zu erwarten, daß auf dem
engen und hügeligen Raum, der zwischen den zwei Heeren
lag, der Kampf hart und schwierig, Flucht und Verfolgung
aber beschränkt sein würde. Zufällig hatte der Fluß, welcher
wenige Tage vorher ausgetreten war, an der Stelle, wo
jetzt das Forum ist, einen tiefen und verdeckten Sumpf
zurückgelassen, der nicht leicht bemerkbar, schwer zu vermei=
den, trügerisch und gefährlich war. Als die Sabiner, des=
selben nicht gewärtig, auf diesen Platz zustürmten, ereignete
sich ein für sie glücklicher Zufall. Curtius, ein angesehener
Mann, ritt, stolz auf seinen Ruhm und seine Tapferkeit,

den übrigen weit voran, als auf einmal sein Pferd tief
einfank. Eine Zeitlang bemühte er sich, es durch Schläge
und Ermunterung herauszubringen; wie aber alles vergeb=
lich war, ließ er es im Stich und rettete sich allein. Daher
hat der Ort von ihm noch jetzt den Namen Sumpf des
Curtius. Die Sabiner aber vermieden jetzt die Gefahr
und begannen eine heiße Schlacht, die nicht entschieden wurde,
obgleich viele umkamen, unter andern auch Hostilius, wel=
cher Gatte der Hersilia gewesen sein soll, der Großvater des
Hostilius, welcher nach Numa König wurde. Es fielen
nun noch mehrere andere Gefechte vor; man gedenkt aber,
wie natürlich, vorzugsweise des Einen letzten, in welchem
Romulus, mit einem Stein am Kopfe getroffen, beinahe zu
Boden stürzte, worauf die Römer, weil ihr Anführer keinen
Widerstand mehr leisten konnte, zurückwichen und aus der
Ebene verdrängt auf den Palatinischen Hügel flohen. Indessen
erholte sich Romulus wieder von der Wunde, wollte den
Fliehenden entgegen auf den Feind stürzen, und mahnte die
Seinigen mit lautem Rufe, Stand zu halten und den
Kampf zu erneuern. Da aber in der allgemeinen Flucht
keiner umzukehren wagte, erhob er die Hände gen Himmel
und flehte Jupiter an, er möchte das Heer zum Stehen
bringen und des sinkenden Staates der Römer nicht vergessen,
sondern ihn wieder aufrichten. Als er so betete, wurden
viele mit Schaam vor ihrem Könige erfüllt, und das Zagen
der Fliehenden verwandelte sich in kühnen Muth. Sie
standen daher zuerst stille, da wo jetzt dem Jupiter Stator,
d. h. dem Stellenden, ein Tempel erbaut ist. Hierauf traten
sie wieder in geschlossenen Reihen an und drängten die Sabi=
ner zum Vestatempel zurück.

Schon war man auf beiden Seiten bereit den Kampf
zu erneuern, als die Krieger durch ein wunderbares Schau=
spiel zurückgehalten wurden. Es war eine Erscheinung, die
sich nicht mit Worten beschreiben läßt. Man sah die geraub=
ten Töchter der Sabiner wie von einer Gottheit getrieben

von allen Seiten her mit Geschrei und Angstruf durch die
Waffen, durch die Gefallenen hindurch zu ihren Männern
und Vätern eilen, die Einen unmündige Kinder auf dem
Arme tragend, die Andern das Gesicht mit fliegenden Haaren
bedeckt, alle mit den theuersten Namen bald die Sabiner,
bald die Römer anrufend. Beide wurden gerührt und ließen
ihnen Raum, sich zwischen die Heere zu stellen; zugleich
huben alle an zu weinen, und wenn schon dieser Anblick
die Männer mit innigem Mitleid erfüllt hatte, so wurden
sie noch tiefer durch die Reden der Frauen bewegt, die
nach freimüthiger Berufung auf Recht und Billigkeit mit
Bitten und Flehen endigten. „Was haben wir denn,"
sprachen sie, „so Arges und Kränkendes gegen euch begangen,
daß wir die bittersten Leiden erdulden müssen? Mit Gewalt
und wider alles Recht wurden wir von denen, die uns
jetzt besitzen, geraubt: nach dem Raube wurden wir von
Brüdern, Vätern und Verwandten so lange hintangesetzt,
bis die innigsten Verhältnisse uns mit unseren größten
Feinden verbanden, so daß wir jetzt um sie, die mit Ge=
walt und Unbill gegen uns verfuhren, voll Furcht sind
wenn sie kämpfen, und weinen wenn sie fallen. Ihr seid
nicht gekommen, den Jungfrauen gegen ihre Beleidiger
Hilfe zu leisten, sondern trennet jetzt Frauen von ihren
Männern, Mütter von ihren Kindern. Die Hilfe, welche
ihr uns Armen jetzt bietet, ist viel jammervoller als jene
Vernachlässigung und Verrätherei. Von der Art ist die
Liebe, die jene uns gewidmet haben; von der Art das
Mitleid, das ihr uns beweiset. Hättet ihr aus einer an=
deren Ursache die Waffen ergriffen, so müßtet ihr eben
darum Frieden schließen, weil ihr durch uns Schwiegerväter
und Großväter geworden seid und in der nächsten Ver=
wandtschaft mit euren Feinden steht. Wird aber der Krieg
um unsertwillen geführt, so führet uns mit Eidamen und
Enkeln fort, und gebt uns unsre Väter und Verwandte
wieder; aber entreißet uns nicht, wir bitten flehentlich,

unsere Kinder und Gatten, und laßt uns nicht wieder Gefangene werden."

Auf solche Vorstellungen der Hersilia und die Bitten der übrigen wurde ein Waffenstillstand geschlossen, und die Führer näherten sich einander zur Unterredung. Unterdessen führten die Frauen ihre Männer und Kinder zu ihren Vätern und Brüdern; sie trugen denen, die dessen bedurften, Speise und Trank zu und brachten die Verwundeten nach Hause, um sie zu verpflegen. Hier zeigten sie, daß sie im Hause die Herrschaft hätten, und die Männer ihnen Achtung, Liebe und jegliche Ehre erwiesen. Hierauf wurde unter folgenden Bedingungen Friede geschlossen: die Frauen, welche dazu geneigt wären, sollten bei ihren Männern bleiben, jedoch ohne zu irgend einem Geschäft und Dienste verpflichtet zu sein, die Wollarbeit ausgenommen. Die Römer und Sabiner sollten gemeinschaftlich die Stadt bewohnen. Für diese wurde der Name Rom, nach Romulus, beibehalten, für die Einwohner aber nahm man den Namen Quiriten an, von Cures, der Hauptstadt der Sabiner, der Vaterstadt des Tatius. Thron und Feldherrnwürde sollten beide Führer gemeinschaftlich innehaben.

Noch jetzt wird der Ort, wo dieser Vertrag geschlossen wurde, Comitium genannt; coire bedeutet nämlich bei den Römern: zusammen kommen.

7. Gemeinschaftliche Regierung des Romulus und Tatius.

Da nun die Zahl der Einwohner verdoppelt war, so wurden hundert Sabiner unter die Patricier aufgenommen und die Legionen auf sechs tausend Mann zu Fuß und sechs hundert Reiter verstärkt. Ferner theilten die Könige die gesammte Bürgerschaft in drei Drittheile oder Tribus, deren Vorsteher Tribunen hießen. Die erste Tribus nannten sie nach Romulus Ramneuser, die andere nach Tatius

Tatienser, die dritte Lucerenser von dem Haine, in
welchen, weil er zur Freistätte erklärt war, Viele ihre Zu=
flucht genommen und so das Bürgerrecht erlangt hatten.
Der Hain heißt nämlich auf lateinisch Lucus. Jede Tribus
enthielt zehn Curien. Einige geben an, die Curien seien
nach den geraubten Frauen benannt worden. Dies scheint
jedoch unrichtig zu sein, denn viele Curien haben von den
Wohnsitzen ihren Namen. Dagegen wurde den Frauen
manche andere Auszeichnung zuerkannt, zum Beispiel, daß
man ihnen auf der Straße ausweichen mußte; daß, wer in
Gegenwart einer Frau unanständige Reden führen oder sich
nackt zeigen würde, vor das peinliche Gericht gestellt werden
sollte; zuletzt daß ihre Söhne ein mit Purpur verbrämtes
Oberkleid und einen Halsschmuck tragen durften, welcher
von seiner Aehnlichkeit mit einer Wasserblase Bulla hieß.

Die zwei Könige hielten über alle vorkommenden Gegen=
stände immer zuerst abgesondert Rath, jeder mit seinen
hundert Senatoren; dann erst beriefen sie den ganzen Senat
zu gemeinschaftlicher Berathung. Tatius wohnte, wo jetzt
der Monetatempel ist, Romulus neben der sogenannten Treppe
des schönen Ufers, an welchem man vorbeikommt, wenn
man vom Palatinischen Berge nach der großen Rennbahn
hinabgeht. Hier soll auch der heilige Kornellenbaum ge=
standen haben, welcher durch die Sage bekannt ist. Romulus
schleuderte einst, seine Kraft zu versuchen, eine Lanze, deren
Schaft von Kornellenholz war, von dem Aventinischen Hügel
herab. Die Spitze drang so tief in den Boden, daß nie=
mand, so viele auch den Versuch machten, sie herauszuziehen
vermochte. Nun faßte das Holz in der fruchtbaren Erde
Wurzel, trieb Zweige und wuchs zu einem außerordentlich
großen Kornellenbaum auf. Diesen verehrten die Nachfolger
des Romulus als eines der ehrwürdigsten Heiligthümer und
führten zu seinem Schutze ringsherum eine Mauer auf.
Wenn jemand hinkam und den Baum nicht frisch und grün
genug fand, so rief er sofort Allen, die er gewahr wurde,

mit lauter Stimme zu, der Baum wolle aus Mangel an
Nahrung verdorren. Diese schrieen um Wasser, als wollten
sie bei einem Brande Hilfe leisten, und nun eilte man von
allen Seiten mit vollen Eimern herbei. Allein als Cajus
Cäsar (Caligula), wie man sagt, die Treppe ausbessern ließ,
und die Arbeiter den Platz aufgruben, wurden die Wurzeln
aus Unachtsamkeit so sehr verletzt, daß der Baum verdorrte.

Die Sabiner nahmen die Monate der Römer an.
Dagegen vertauschte Romulus die argivischen Rundschilde,
welche er und seine Römer vorher getragen hatten, mit den
langen Schilden der Sabiner. Feste und Opfer hatten beide
Völker gemein, so daß jedes die des andern mitfeierte, und
dazu führten sie noch neue ein, wie die Matronalien zu
Ehren der Frauen, denen man die Beilegung des Krieges
verdankte; die Carmentalien, die Palilien, die Lupercalien.

Unter den Gesetzen, die Romulus gab, ist zu erwähnen,
daß die Frau den Mann nicht verlassen durfte; dem Manne
aber war erlaubt, die Frau wegen Giftmischerei oder Untreue
zu verstoßen. Wenn sich jemand aus einer andern Ursache
von seiner Frau schied, so sollte ein Theil seines Vermögens
der Frau gehören, das Uebrige der Ceres geweiht werden;
wer seine Frau verkaufte, dessen Leben sollte den Göttern
der Unterwelt verfallen sein. Für Vatermörder bestimmte
er keine Strafe und nannte jeden Mord Vatermord (Parri-
cidium), in der Meinung, daß schon dieses Verbrechen ab-
scheulich, jenes unmöglich sei. In der That schien es lange
Zeit, daß er eine solche Frevelthat mit Recht für undenkbar
gehalten; denn es vergingen beinahe sechshundert Jahre,
ohne daß jemand in Rom sich derselben schuldig machte:
der erste Vatermord ist nach dem Kriege mit Hannibal von
Lucius Ostius verübt worden.

Im fünften Jahre der Regierung des Tatius begab
sich's, daß einige Freunde und Verwandte desselben die Gesandten der Laurenter auf dem Wege nach Rom zu plündern suchten und, als diese Widerstand leisteten, sie erschlugen.

Romulus glaubte nun, die Urheber dieser ruchlosen That müßten sogleich zur Strafe gezogen werden; Tatius aber wußte es durch allerlei Ausflüchte zu hindern. Und dies war der einzige Fall, wo die beiden Könige öffentlich in Zwist geriethen, da sie sonst die größte Verträglichkeit gegen einander bewiesen und in vollkommener Eintracht das Staats= ruder mit einander führten. Da nun die Angehörigen der Ermordeten sich durch Tatius jede rechtliche Genugthuung abgeschnitten sahen, so überfielen sie ihn, als er zu Lavinium mit Romulus opferte, und tödteten ihn; den Romulus da= gegen geleiteten sie als einen Freund der Gerechtigkeit mit Lobeserhebungen nach Hause.

8. Romulus regiert allein.

Romulus ließ nun den Leichnam des Tatius nach Rom bringen und ehrenvoll bestatten — er liegt bei dem soge= nannten Armilustrium auf dem Aventinischen Hügel — aber die Bestrafung des Mordes unterließ er, weil Mord durch Mord aufgehoben sei. Dieses Verfahren hatte zur Folge, daß einiger Argwohn entstand und laut geäußert wurde, als sei es ihm ganz erwünscht gewesen, seines Mitregenten los zu werden. Doch entstand kein Aufruhr, und die Treue der Sabiner wurde nicht wankend; vielmehr gaben sie ihm fortwährend alle Beweise von Liebe und Verehrung, einige aus Ergebenheit, andere aus Furcht vor seiner Macht, manche, weil sie ihn als einen Gott betrachteten. Auch auswärtige Völker bewunderten Romulus, und die alten Latiner schickten eine Gesandtschaft nach Rom und schlossen ein Bündniß zu Schutz und Trutz mit ihm. Das benach= barte Fidenä aber eroberte er. Einige sagen, er habe ein= mal unversehens seine Reiter dahin abgeschickt, um die Angeln der Thore auszuhauen; sodann sei er selbst, ehe jemand daran dachte, vor der Stadt erschienen. Andere behaupten, die Fidenaten seien zuerst in's Römische Gebiet eingefallen, hätten Beute hinweggetrieben und das Land bis in die Nähe der Stadt grausam verheert. Nun habe ihnen Romulus einen Hinterhalt gelegt, viele niedergemacht und dann die Stadt eingenommen. Doch wollte er sie nicht zerstören und dem Boden gleich machen, sondern verwandelte sie in eine römische Colonie, indem er am dreizehnten April zweitausend fünf hundert Colonisten dahin abschickte.

Einige Zeit nachher kam die Pest. Ein plötzlicher Tod raffte die Menschen ohne Krankheit hinweg; die Erde brachte keine Früchte, die Heerden keine Jungen hervor; überdies fiel ein Blutregen auf die Stadt, so daß jene unvermeidlichen Uebel noch durch Angst vermehrt wurden. Als aber auch die Bewohner von Laurentum Aehnliches erlitten, so schien es ganz deutlich, daß die Rache der Götter beide Städte aus dem Grunde treffe, weil sowohl gegen die Mörder des Tatius als gegen diejenigen, welche die Gesandten erschlagen hatten, dem Rechte keine Genüge geschehen war. Sie wurden daher beiderseits ausgeliefert und bestraft, worauf das Uebel sichtbar abnahm. Romulus entsündigte auch beide Städte durch Reinigungsopfer, wie sie noch jetzt am Ferentinischen Thore dargebracht werden.

Während noch die Pest andauerte, machten die Camerier einen verheerenden Einfall in das Römische Gebiet, in der Meinung, es sei wegen dieses Uebels kein Widerstand möglich. Sofort rückte Romulus gegen sie aus, überwand sie in einer Feldschlacht und tödtete ihrer sechstausend; hierauf eroberte er ihre Stadt und versetzte die Hälfte der noch übrigen Einwohner nach Rom; dagegen führte er doppelt so viele von Rom nach Cameria. So groß war der Ueberfluß an Bürgern, als Rom erst ungefähr sechzehn Jahre stand. Unter der Beute führte er auch einen vierspännigen Wagen von Erz aus Cameria hinweg und brachte denselben in den Tempel des Vulkan mit seiner eigenen Bildsäule, welche er, von der Siegesgöttin bekränzt, auf den Wagen stellte.

Da sich seine Macht auf diese Weise immer mehr be-

festigte, beugten sich die schwächeren Nachbarn vor ihm und
waren froh, wenn man sie in Ruhe ließ; die mächtigeren
aber, voll Furcht und Neid, glaubten nicht länger zusehen
zu dürfen. Sie wollten seinem Wachsthum mit allem Nach=
druck entgegen treten und Einhalt thun. Die Vejenter, im
Besitz eines großen Gebietes, und einer bedeutenden Stadt,
waren unter den Etruskern die ersten, welche dies versuchten.
Als Vorwand zum Kriege gebrauchten sie Fidenä, das sie
als eine ihnen zugehörige Stadt zurückforderten. Dies war
nicht blos ein ungerechtes, sondern auch ein lächerliches Be=
gehren. Sie hatten den Fidenaten in der Bedrängniß des
Krieges keine Hilfe geleistet, sondern unthätig ihrem Unter=
gange zugesehen, und jetzt verlangten sie die Häuser und
Felder derselben zurück, nachdem sie von andern in Besitz
genommen waren. Romulus gab ihnen eine höhnische Ant=
wort. Nun theilten sie ihre Mannschaft in zwei Schaaren:
mit der einen griffen sie das Heer von Fidenä an, die andere
ging gegen Romulus. Bei Fidenä gewannen sie den Sieg
und tödteten zweitausend Römer; von Romulus aber wurden
sie geschlagen und verloren über achttausend Mann. In
einer zweiten Schlacht bei Fidenä wurde nach dem einstim=
migen Bericht aller Geschichtschreiber das meiste von Romulus
selbst gethan; denn mit großer Kühnheit verband er unge=
meine List, und seine Stärke und Behendigkeit schien alle
menschliche Kraft weit zu übertreffen. Daß er aber, wie
einige erzählen, von den vierzehntausend Feinden, welche in
diesem Treffen fielen, mehr als die Hälfte mit eigener Hand
erschlagen habe, das ist ganz fabelhaft oder vielmehr durch=
aus unglaublich. Beschuldigt man ja doch schon die Mes=
senier der Prahlerei, wenn sie behaupten, Aristomenes habe
im Kriege mit den Spartiaten dreimal die Hekatomphonia
dargebracht, ein Dankopfer, welches von dem den Göttern
geweiht wurde, welcher hundert Feinde in Einer Schlacht
erlegt zu haben glaubte.

Als die Niederlage entschieden war, zog Romulus, statt

die noch übrigen Feinde zu verfolgen, gerade auf die Stadt Veji los. Die Einwohner konnten nach so großem Verlust nicht an längeren Widerstand denken: sie nahmen ihre Zuflucht zu Bitten, und es wurde mit ihnen auf hundert Jahre ein Frieden geschlossen. Sie mußten einen bedeutenden Theil ihres Gebietes, dazu die Salzwerke am Fluß abtreten und fünfzig der vornehmsten Männer als Geißeln stellen. Auch wegen dieses Sieges feierte Romulus einen Triumph, am fünfzehnten des Oktobers. Unter vielen anderen Gefangenen führte er den Feldherrn der Vejenter auf, einen bejahrten Mann, von welchem man urtheilte, daß er sich in diesem Kriege unklug benommen und einen bei seinem Alter doppelt auffallenden Mangel an Erfahrung verrathen habe. Daher kommt es, daß noch jetzt bei den Siegesfesten ein Greis über das Forum auf das Kapitol geführt wird, der in ein purpurverbrämtes Gewand gekleidet, die Bulle der Kinder am Halse trägt, und daß ein Herold Sarder feilbietet. Die Etrusker sollen nämlich ein Pflanzvolk von Sardes sein, und Veji gehörte zu den Städten der Etrusker.

9. Letzte Lebensjahre.

Dies war der letzte Krieg, den Romulus führte. Nun ging es auch ihm, wie es vielen oder vielmehr beinahe allen geht, welche großes und unverhofftes Glück auf eine hohe Stufe der Macht emporhebt. In festem Vertrauen auf sein Glück benahm er sich mit kränkendem Uebermuthe und wurde aus einem gütigen Fürsten ein lästiger Alleinherr. Zuerst brachte er durch den Prunk, mit welchem er sich zeigte, die Gemüther gegen sich auf. Er trug nämlich ein purpurnes Unterkleid und eine purpurverbrämte Toga. Bei allen öffentlichen Geschäften saß er auf einem Thronstuhl mit einer Lehne. Immer umgaben ihn die sogenannten Celeres, eine Schaar von Jünglingen, welche diesen Namen von der Geschwindigkeit in Ausführung seiner Befehle hatten.

Andere gingen vor ihm her, welche das Volk mit Stöcken entfernt hielten und mit Riemen umgürtet waren, um diejenigen, deren Verhaftung er befahl, sogleich zu binden. Binden hieß ehemals im Lateinischen ligare, jetzt heißt es alligare; daher werden die Diener, welche den Magistratspersonen das Zeichen der höchsten Gewalt vortragen, Lictoren genannt. Die Zeichen selbst heißen Vacula, weil es damals Stöcke waren.

Nach dem Tode seines Großvaters Numitor leistete Romulus, um sich als Freund des Volkes zu zeigen, auf die ihm zustehende königliche Herrschaft über Alba Verzicht, überließ die Regierung der Volksgemeinde und ernannte alle Jahre einen neuen Vorsteher der Stadt. Dadurch lehrte er aber auch die vornehmen Römer, sich nach Aufhebung der königlichen Gewalt und nach einer freien Verfassung zu sehnen, wobei jeder von ihnen nach der Reihe Unterthan und Regent wäre. Denn die Patricier hatten keinen Theil mehr an der Staatsverwaltung, nur der Name und die äußere Auszeichnung war ihnen geblieben, und sie wurden nicht sowohl dazu im Rathhaus versammelt, um ihre Meinung zu sagen, sondern weil es einmal so Gewohnheit war. Da hörten sie stillschweigend an, was der König befahl, und traten dann wieder ab: sie hatten vor der Menge nur den Vorzug, daß sie zuerst seine Anordnungen erfuhren. Waren nun auch viele solche Verfügungen von geringerer Bedeutung, so mußte das doch als die größte Herabwürdigung des Senates erscheinen, daß er die eroberten Länderien aus eigener Machtvollkommenheit unter die Krieger austheilte und den Vejentern ohne die Zustimmung und wider den Willen desselben ihre Geißeln zurückgab. Deswegen entstand denn auch Verdacht und üble Nachrede gegen die Senatoren, als Romulus nicht lange nachher auf geheimnißvolle Weise verschwand.

Der Tag, an welchem Romulus unsichtbar wurde, war der siebente des Julius, wie dieser Monat jetzt genannt wird; damals hieß er Quintilis. Von seinem Ende läßt fich nichts angeben das sicher und allgemein anerkannt wäre, als die eben bemerkte Zeit. Man beobachtet nämlich noch jetzt an diesem Tage mehrere Gebräuche zur Erinnerung an jenes Ereigniß. Diese Ungewißheit darf aber nicht befrem= den, da selbst über die Todesart des Scipio Africanus, der nach der Abendmahlzeit in seinem Hause gestorben ist, nichts Zuverlässiges in Erfahrung gebracht werden konnte; nur glaubten manche bei seiner Ausstellung Spuren des gewalt= samen Todes an der Leiche zu entdecken. Von Romulus aber wurde nach seinem plötzlichen Verschwinden kein Theil des Körpers, kein Rest der Kleidung gefunden. Daher haben einige vermuthet, die Senatoren seien im Tempel des Vulkan über ihn hergefallen, haben den Körper des Gemordeten zerstückt, und jeder einen Theil im Busen fortgetragen.

Andere dagegen glauben, nicht im Tempel des Vulkan, noch in Gegenwart der Senatoren allein sei er verschwunden, sondern als er außerhalb der Stadt an dem sogenannten Ziegensumpfe eine Volksversammlung gehalten. Unversehens hätten sich da in der Luft unbeschreibliche Wunder und unglaubliche Erscheinungen zugetragen. Das Licht der Sonne erlosch; es wurde Nacht, nicht ruhig und allmählig, sondern mit fürchterlichen Donnerschlägen und dem heftigsten Sturme. Während nun die Menge dahin und dorthin floh, schlossen sich die Vornehmen enger an einander an. Sobald Sturm und Unwetter aufgehört hatte, und das Tageslicht zurück= gekehrt war, strömte das Volk wieder zusammen und suchte mit Verlangen seinen König. Die Vornehmen aber suchten alles Forschen und Nachfragen zu beseitigen, indem sie jeder= mann ermahnten, den Romulus zu verehren und anzubeten, weil er zu den Göttern empor gehoben worden sei und ihnen statt eines guten Königs ein gnädiger Gott sein würde. Die meisten glaubten dies, kehrten fröhlich nach Hause und beteten voll der besten Hoffnung zu Romulus. Einige jedoch bestritten diese Aussage mit Entrüstung und setzten die Patri= cier in große Verlegenheit durch die Beschuldigung, daß sie

den König ermordet hätten und nun das Volk mit abge=
schmackten Vorspiegelungen betrügen wollten.

In dieser Noth begab sich Julius Proculus, ein Patri=
cier von sehr hoher Abkunft und erprobtem Charakter, ein
treuer und vertrauter Freund des Romulus selbst, einer
von jenen die von Alba nach Rom gegangen waren, auf
das Forum und versicherte vor dem ganzen Volke mit einem
Eide, den er unter Berührung der verehrtesten Heiligthümer
ablegte, daß ihm, als er auf der Straße ging, Romulus
begegnet sei, schöner und größer, als er ihn je zuvor gese=
hen, mit prächtigen, flammenden Waffen geschmückt. Bestürzt
über diesen Anblick habe er ihn gefragt: „O König, wegen
welcher Kränkung oder in was für einer Absicht hast du
dich entfernt und hast uns in ungerechte und peinliche Be=
schuldigungen, die ganze Stadt in unendliche Trauer über
ihre Verwaisung gerathen lassen?“ Darauf habe Romulus
geantwortet: „Es war der Götter Wille, o Proculus,
daß ich, der ich von dort oben stamme, gerade so lange
unter den Menschen leben und nun wieder den Himmel
bewohnen sollte, nachdem ich eine Stadt gegründet, welcher
die größte Macht und der herrlichste Ruhm bestimmt ist. So
lebe denn wohl und sage den Römern, sie würden, wenn
sie Mäßigung und Tapferkeit verbänden, den höchsten Gipfel
menschlicher Macht erreichen. Ich werde euch unter dem
Namen Quirinus ein gnädiger Schutzgott sein.“ Nicht blos
der Charakter des Mannes und der Eid, welchen er geschwo=
ren, machten diese Aussage den Römern glaubwürdig, son=
dern es wirkte auch eine gewisse wunderbare Bewegung der
Gemüther mit, welche von göttlichem Einflusse herzurühren
schien; denn niemand widersprach; jede Beschuldigung, jeder
Verdacht wurde aufgegeben, und alle beteten zu Quirinus
als zu einem Gotte.

Diese Erzählung hat nun freilich einige Aehnlichkeit mit
den Märchen der Griechen von Aristeas, Kleomedes und
anderen, deren Leichnam nach ihrem Tode nicht zu finden

gewesen wäre. Es gibt viele Erzählungen der Art, welche keinen Glauben verdienen, weil darin das Sterbliche der Menschennatur zur Würde des Göttlichen erhoben wird.

Die Göttlichkeit der Tugend überhaupt zu läugnen, verräth freilich Mangel an frommem Sinn und an Abel der Seele; aber unverständig ist es, die Erde mit dem Himmel zu vermischen. Um uns daher an das Sichere zu halten, müssen wir mit Pindar sagen: „Jedes Menschen Leib folgt dem übermächtigen Tode, unsterblich aber bleibt das Urbild des Lebens; denn dieses stammt allein von den Göttern." Es kam von daher und geht dahin zurück, nicht mit dem Körper, sondern wenn es sich möglichst von demselben geschieden hat und ganz rein, unleiblich und lauter geworden ist. Denn eine trockene Seele ist, nach Herakleitos, die beste, welche wie ein Blitz der Wolke, so dem Leibe sich entschwang. Die mit dem Leibe verwachsene und von ihm erfüllte Seele dagegen ist wie ein nebliger, schwerer Dunst, nicht geschickt sich los zu machen und empor zu steigen. Ferne sei es also, daß wir der Natur zuwider die Leiber der Guten mit in den Himmel erheben. Dagegen darf man glauben, daß die Kräfte und Seelen ihrer Natur und göttlichen Rechten gemäß aus Menschen zu Heroen, aus Heroen zu Genien, aus Genien, wenn sie, wie in den Mysterien, den letzten Grad der Reinigung und Heiligung erreicht, alles Sterblichen und Sinnlichen sich entäußert haben — nicht nach einem Staatsgesetze, sondern nach Vernunftgesetzen — in Wahrheit sich zu Göttern erheben und zur schönsten und seligsten Vollendung gelangen.

Den Beinamen Quirinus, welcher jetzt dem Romulus gegeben wurde, erklären einige für gleichbedeutend mit Enyalios, Kriegsgott, andere mit Bürger, weil auch die Bürger Quiriten genannt wurden. Wieder andere sagen, die Lanzenspitze oder auch die ganze Lanze habe bei den Alten Quiris geheißen, und man habe somit den Romulus als einen lanzenkundigen, kriegerischen Gott bezeichnet. Ein

19*

Tempel ist ihm auf dem Hügel erbaut, welcher davon der Quirinalische genannt wird. Der Tag, an welchem er verschwand heißt Populifugia, Volksflucht, oder Nonä capratinä, weil man da aus der Stadt zum Ziegensumpfe hinabgeht, um daselbst zu opfern. Die Ziege wird nämlich im Lateinischen Capra genannt, und Nonä bedeutet im Juli den siebenten Tag. Uebrigens soll Romulus im vier und fünfzigsten Jahr seines Alters, im acht und dreißigsten seiner Regierung gestanden haben, als er aus der Gesellschaft der Menschen entrückt wurde.

II.

Numa.

---

1. Das Interregnum und die neue Wahl.

Nachdem Romulus am siebenten Juli im sieben und dreißigsten Jahre nach der Erbauung Roms verschwunden war, gerieth die Stadt in Unruhen und Streitigkeiten über die Wahl seines Nachfolgers. Die eingewanderten Sabiner waren mit den ursprünglichen Bürgern noch nicht gehörig verschmolzen, sondern es gab noch manche Gährungen unter dem Volke, und auch die Patricier hegten in Folge dieser Uneinigkeit viel Mißtrauen gegen einander. Darüber freilich waren alle einig, daß man einen König haben müßte: aber man war in Zwiespalt nicht bloß über den Mann, der König werden solle, sondern auch über das Volk, aus welchem er zu nehmen sei. Die ursprünglichen Gründer der Stadt fanden es höchst unbillig, daß die Sabiner sich denen, von welchen sie eben erst Theil an Stadt und Land erhalten hatten, zu Herren aufdrängen wollten. Auf der anderen Seite hatten die Sabiner den triftigen Grund für sich, daß sie nach dem Tode ihres Königs Tatius dem Romulus den Gehorsam nicht aufgekündigt, sondern ihn allein hatten regieren lassen: nun, sagten sie, sei es billig, daß der Regent aus ihrer Mitte genommen werde. Denn hier habe sich ja nicht der Schwächere dem Stärkeren angeschlossen, ihr

Beitritt habe die anderen so verstärkt, daß sie sich erst mit
ihnen zum Rang eines Staates erheben konnten. Darüber
also war man uneins.

Damit nun aber diese Zwietracht und schwankende Lage
des Staates bei längerem Mangel an einem Oberhaupte
nicht gänzliche Verwirrung herbeiführe, so beschlossen die
Patricier, — es waren ihrer hundert und fünfzig — daß jeder
nach der Reihe sechs Stunden des Tags und sechs Stunden
der Nacht mit der höchsten Gewalt bekleidet die Zeichen der
königlichen Würde führen, den Göttern die gebräuchlichen
Opfer bringen und die Regierungsgeschäfte versehen sollte.
Denn diese Vertheilung der Zeit schien die Regierenden
einander gleich zu stellen, und dem Volke gegenüber beseitigte
der Wechsel des Amtes die Eifersucht, indem es in Einem
Tag und Einer Nacht denselben Mann vom König zum
Unterthan werden sah. Diese Art der Regierung nennen
die Römer Interregnum (Zwischenreich).

Allein so volksthümlich und tadellos sie auch zu regieren
meinten, kamen sie doch in bösen Verdacht und in die
Nachrede, als wandelten sie die Verfassung in Oligarchie
um, wollten das Volk am Gängelbande führen und keinen
König über sich haben. Deshalb vereinigten sich beide
Parteien dahin, daß die eine aus der andern den König
wählen sollte. Denn so lasse sich wohl am ersten der
gegenwärtige Streit schlichten, und werde der, auf welchen
die Wahl falle, zu beiden Theilen die gleiche Stellung haben
und dem einen als Urheber seiner Wahl, dem anderen
wegen seiner Verwandtschaft zugethan sein. Die Sabiner
überließen nun den Römern die Wahl, und diese wollten
lieber einen Sabiner selbst wählen als die andern einen
Römer wählen lassen. Sie gingen für sich zu Rath und
ernannten den Numa Pompilius, welcher zwar nicht mit
nach Rom ausgewandert, aber allen durch vortreffliche
Eigenschaften so vortheilhaft bekannt war, daß die Sabiner,
sobald sie seinen Namen hörten, ihm noch lauter zujauchzten

als die Wähler. Man machte der Volksgemeine den Be=
schluß bekannt und schickte gemeinschaftlich die Vornehmsten
beider Völker als Gesandte an den Mann, mit der Bitte,
er möchte kommen und die Regierung übernehmen.

2. Numa, ehe er König ward.

Numa stammte aus Cures, einer ansehnlichen Stadt
der Sabiner, von welcher die Römer und die mit ihnen
vereinigten Sabiner den Namen Quiriten angenommen
hatten. Er war Sohn des Pomponius, eines geachteten
Mannes, von vier Brüdern der jüngste, und durch göttliche
Fügung gerade an dem Tage geboren, an welchem Romulus
die Stadt gegründet hatte, nämlich am 21. April. Er hatte
seinen Geist, dessen natürliche Anlagen ihn schon zum Guten
lenkten, noch veredelt durch Lernen, Dulden und Nachdenken:
er hielt nicht blos die übel berufenen Leidenschaften, son=
dern auch Gewaltthätigkeit und Raubsucht von sich fern
— Fehler die bei Barbaren sogar für Tugenden gelten —
und setzte ächten Manneswerth in Beherrschung der Begierden
durch Vernunft. Darum verbannte er aus seinem Hause
allen Prunk und Ueppigkeit und diente bereitwillig jedem
Einheimischen und Fremden als Schiedsrichter und Rathgeber
ohne Tadel. Seine Mußestunden widmete er nicht dem
Erwerben und Genießen, sondern dem Dienste der Götter
und der Erforschung ihres Wesens und Wirkens. Deßwegen
hatte er großen Ruf und Namen, so daß ihm auch Tatius,
der mit Romulus auf dem Throne der Römer saß, seine
einzige Tochter Tatia zur Gemahlin gab. Doch konnte ihn
die hohe Verbindung nicht bewegen nach Rom zu ziehen,
sondern er blieb im Sabinerlande und pflegte seinen greisen
Vater, indem auch Tatia das stille Privatleben ihres Gatten
der Ehre und dem Glanze des Vaterhauses in Rom vorzog.
Sie soll im dreizehnten Jahr ihrer Ehe gestorben sein.

Da verließ Numa das Gewimmel der Stadt und begab

sich auf das Land, wo er am liebsten allein umherschweifte
oder in heiligen Wäldern, in Auen und einsamen Orten
verweilte.   Hierin liegt auch der eigentliche Ursprung jener
Sage von der Göttin: er habe nicht aus Schwermuth das
gesellige Leben verlassen, sondern sei durch den Genuß höheren
Umgangs und einen überirdischen Ehebund mit der Göttin
Egeria ein seliger, hocherleuchteter Mann geworden.

Man bemerkt leicht, wie sehr diese Erzählung manchen
uralten Sagen ähnlich ist, dergleichen sich die Phrygier von
Attes, die Bithynier von Herodot, die Arkadier von Endymion
und noch vielen andern, die für begnadigte Götterlieblinge
gelten, als liebgewordene Ueberlieferung erzählen.   Auch lehrt
die Vernunft, daß die Gottheit nicht so sehr an Pferden
und Vögeln, als an Menschen ihre Lust und Freude hat,
und daß sie sich zum Umgang mit vorzüglich Guten neigt
und die Freundschaft eines tugendhaften und frommen Mannes
nicht verachtet und verschmäht.   So mögen wohl Phorbas,
Hyakinthos und Admetos von Apollon geliebt worden sein.
So mag Pan den Pindar und seine Lieder liebgewonnen
haben, mögen Archilochos und Hesiod nach dem Tode von
der Gottheit für ihre Lieder ausgezeichnet worden sein.   Bei
Sophokles war, da er lebte, Asklepios zu Gast, und als er
gestorben war, verlieh ihm ein anderer Gott, ein Grab zu
finden.   Wenn man nun dies bei solchen Männern zugibt,
wäre es wohl billig, zu bezweifeln, daß die Gottheit mit
Zaleukos, Minos, Numa, Zoroaster und Lykurg, den Regenten
von Staaten und Stiftern von Verfassungen, Gemeinschaft
gepflogen?   Ist es nicht vielmehr wahrscheinlich, daß die
Götter mit den letztern im Ernste Umgang gehabt, um sie
zum Besten anzuleiten und zu ermuntern, und daß sie mit
Dichtern, wenn dies je der Fall war, zur Kurzweil verkehrten?   Doch will es jemand anders wissen, so ist ja, mit
Bakchyllides zu reden, die Straße breit.   Denn auch an
der andern Ansicht, welche man von Lykurg, Numa und
ähnlichen Männern hat, ist nichts Verwerfliches, daß sie

nämlich, um unbändige und schwierige Volksmassen zu zähmen und ihren großen Staatsverbesserungen Eingang zu verschaffen, von der Gottheit sich ein Ansehen borgten; geschah es doch zum Heile derer, vor welchen sie sich mit diesem Schein umgaben.

Numa war bereits in seinem vierzigsten Jahre, als die Gesandten von Rom kamen, ihn auf den Thron zu rufen. Das Wort führten Proculus und Volesus, von welchen man vorher geglaubt hatte, die Wahl des Volkes werde auf den einen oder den andern fallen, da die Bürger des Romu= lus vor allen zu dem Proculus, die des Tatius zu dem Volesus hielten. Ihr Antrag war kurz gefaßt, weil sie sich vorstellten, Numa werde ein solches Glück mit Freuden er= greifen. Allein es war in der That durchaus keine leichte Sache und bedurfte viel Bittens und Redens, einen Mann, welcher bisher in Frieden und Ruhe gelebt, davon abzu= bringen und zur Uebernahme der Regierung einer Stadt zu vermögen, die im Kriege so zu sagen geboren und aufge= wachsen war. Numa antwortete in Gegenwart seines Vaters und eines Verwandten Namens Marcius: „Jede Verände= rung im menschlichen Leben ist etwas Bedenkliches: vollends wer für seinen Bedarf nichts entbehrt und über die Gegen= wart nicht zu klagen hat, der kann nur aus Unverstand die gewohnte Lebensweise ändern und vertauschen, welche zum wenigsten als das Gewisse dem Ungewissen vorzuziehen ist. Allein, wie es mit der Krone ist, sieht man ja nur zu gut beim Hinblick auf die Schicksale des Romulus, welcher nicht blos selbst in schlimme Nachrede kam, als habe er seinen Mitregenten Tatius auf hinterlistige Weise getödtet, sondern auch auf die Vornehmen den Vorwurf brachte, er sei von ihnen ermordet worden. Und doch nennen die Sagen dieser Römer den Romulus einen Göttersohn und erzählen, daß er als Kind durch höhere Fürsorge ernährt und auf wunder= bare Weise gerettet worden sei. Ich dagegen stamme aus sterblichem Geschlechte und wurde von Menschen, die euch

nicht unbekannt sind, ernährt und auferzogen. Was man
an mir lobt, sind nicht die Eigenschaften eines Herrschers,
sondern großer Hang zur Ruhe und zum beschaulichen Leben
und diese mächtige, tief wurzelnde Liebe zum Frieden und
zu unkriegerischen Geschäften und zu solchen Menschen, welche
in Liebe und Freundschaft zur Verehrung der Götter
zusammenkommen, sonst jeder für sich das Feld bestellen
und die Heerde weiden. Euch Römern hat Romulus manche
wider eure Neigung begonnenen Kriege hinterlassen, zu
deren Durchführung die Stadt einen feurigen, kraftvollen
König braucht; auch ist der Krieg durch das Waffenglück
dem Volk zur andern Natur und zum Vergnügen geworden,
und jeder weiß, daß es sich vergrößern und andere Völker
unterjochen will. Wie lächerlich würde da mein Thun erscheinen, wollte ich Gottesfurcht, Achtung des Rechts und
Haß gegen Gewalt und Krieg einer Stadt predigen, die
mehr eines Heerführers als eines Königs bedarf!"

Mit solchen Gründen suchte Numa die Krone abzulehnen. Nun baten ihn aber die Römer auf's angelegentlichste, er möchte sie doch nicht in die alten Parteiungen,
ja in Bürgerkrieg stürzen; denn sonst sei keiner, für den
sich beide Parteien vereinigten. Auch drangen, nachdem
jene weggegangen waren, sein Vater und Marcius in ihn,
er sollte doch ein so großes und göttliches Geschenk nicht
verschmähen. „Hast du für dich selbst aus Genügsamkeit
kein Verlangen nach Reichthum; begehrst du nicht des
Glanzes, den Gewalt und Herrschaft verleihen, weil dich der
reinere Glanz der Tugend schmückt: so betrachte die Regierung wenigstens als einen Dienst der Gottheit, welche so
große Gerechtigkeitsliebe in dir weckt und nicht müßig liegen
und schlummern läßt. Darum fliehe die Herrschaft nicht:
sie eröffnet dem verständigen Manne ein Feld zu schönen
und großen Thaten; sie gibt Gelegenheit, die Götter auf's
glänzendste zu verehren und die Menschen, welche sich am
leichtesten und schnellsten von ihren Herrschern umbilden

laſſen, zu frommer und ſanfter Sitte zu leiten. Dieſe
Römer haben ja den Tatius geliebt und feiern das An=
denken des Romulus als eines Gottes. Wer weiß, ob nicht
ſelbſt ein ſiegreiches Volk des Krieges überdrüßig werden
kann; ob nicht dieſe Römer, der Beute und der Triumphe
ſatt, ſich nach einem friedlichen und rechtliebenden Fürſten
ſehnen, um ſich der Wohlthat einer geordneten Regierung
und des Friedens zu erfreuen. Sollten ſie aber von ganz
unerſättlicher und raſender Kriegsluſt befangen ſein, iſt es
da nicht beſſer, daß du die Zügel ergreifſt, um ihrem Unge=
ſtüm eine andere Richtung zu geben und das Vaterland
und das ganze Sabinervolk durch das Band des Wohl=
wollens und der Freundſchaft mit einer ſo blühenden und
mächtigen Stadt zu vereinen?“ Dieſe Vorſtellungen wurden
noch, wie man ſagt, durch günſtige Götterzeichen unterſtützt;
dazu kamen die lebhaften Wünſche und Bemühungen ſeiner
Mitbürger; denn kaum erfuhren dieſe den Zweck der Ge=
ſandtſchaft, ſo baten ſie ihn auf’s bringendſte, er möchte nach
Rom gehen und zur Verſchmelzung und Einigung beider
Völker die Herrſchaft übernehmen.

3. Regierungsantritt.

Sobald Numa den Entſchluß gefaßt hatte, ſo brachte
er den Göttern Opfer und machte ſich auf den Weg.
Senat und Volk zog ihm voll Sehnſucht entgegen; die
Frauen empfingen ihn mit den beſten Glückwünſchen; man
opferte in den Tempeln; es herrſchte allgemeiner Jubel, als
erhielte die Stadt nicht einen König, ſondern ein Königreich.
Wie man auf den Marktplatz gekommen war, ließ Spurius
Vetius, der in dieſen Stunden Zwiſchenkönig war, die Bürger
abſtimmen, und alle erklärten ſich für Numa. Als ihm
aber die Zeichen der königlichen Würde gebracht wurden, ſo
bat er um Aufſchub, da er auch einer Beſtätigung von
Seiten der Gottheit bedürfe. Somit nahm er Auguren

und Priester mit sich und zog auf das Capitol, welches da=
mals noch der Tarpejische Hügel hieß. Hier ließ ihn der
erste Augur das verhüllte Gesicht gegen Mittag wenden,
trat dann hinter ihn, berührte sein Haupt mit der Rechten,
sprach ein Gebet und schaute sich rings nach allen Seiten
um, wie sich der Götter Wille im Vogelflug oder anderen
Zeichen zu erkennen gebe. Indessen herrschte auf dem Markt
unter der so großen Menge eine unglaubliche Stille, indem
alle in gespannter Erwartung des Ausgangs harrten, bis
günstige Vögel erschienen und rechts heranflogen. Nun erst
legte Numa den Königsmantel um und kam zum Volke
von der Burg herab. Da erscholl lauter Freudenruf, und
alles hieß ihn willkommen als den frömmsten Mann und
größten Liebling der Götter.

Nach dem Regierungsantritt war es sein erstes, daß er
die Schaar der dreihundert Trabanten auflöste, welche
Romulus beständig um sich hatte und Celeres d. h. die
Schnellen nannte; denn er wollte nicht Vertrauen mit Miß=
trauen erwidern: er wäre lieber nicht König gewesen, wo
man ihm nicht traute. Hierauf stellte er zu den schon vor=
handenen Priestern des Jupiter und Mars noch einen dritten
für Romulus auf, den er Flamen Quirinalis nannte, da
auch jene älteren Flamines hießen.

Mit diesen Anordnungen hatte Numa den Anfang ge=
macht sich die Herzen des Volkes zu gewinnen: sofort begann
er den eisenharten Sinn zu erweichen und die Neigung zum
Krieg in Liebe zum Recht umzuwandeln. Rom war nämlich
ganz und gar, was Platon eine von Fieberhitze befallene
Stadt nennt. Es war von Anbeginn auf Kühnheit ge=
gründet, und die alles wagende Vermessenheit der höchst
verwegenen und streitbaren Männer, die sich hier von überall
her zusammendrängten, hatte aus den vielen Feldzügen und
fortdauernden Kriegen ihre Nahrung und wachsende Stärke em=
pfangen; und wie, was Wurzeln hat, durch die Erschütterung
sich fester setzt, so schien Rom durch die Stürme zu erstarken.

Numa sah ein, daß es kein leichtes und geringes Unternehmen sei, ein so unruhiges und verwildertes Volk zu leiten und zum Frieden umzulenken. Er nahm daher die Götter zu Hilfe und suchte durch zahlreiche Opfer, Festaufzüge und Reigen, die er selbst ordnete und leitete, und die bei feier=lichem Ernste zugleich Unterhaltung und gesellige Erheiterung gewährten, den ungestümen kriegerischen Muth zu sänftigen und zu zügeln. Mitunter nahm er auch durch Ankündigung unheilvoller Zeichen, seltsamer Wundererscheinungen und unglückkündender Sterne ihre Gemüther unter demüthige Furcht vor dem Ueberirdischen gefangen.

Vorzüglich daher kam die Weisheit des Mannes in den Ruf, als hätte er sie dem vertrauten Umgang mit Pytha=goras zu verdanken. Denn ein Hauptstück seiner Regierungs=kunst, wie der Philosophie des Pythagoras, war Andacht und Gottesdienst. Auch mit dem äußeren Prunk und Schein soll er sich in derselben Absicht wie Pythagoras umgeben haben. Von diesem erzählt man, er habe einen Adler abge=richtet, daß er auf seinen Ruf im Fluge stille hielt, und wenn er dann über seinem Haupte schwebte, zu ihm herunter flog. Unter ähnlichen Gaukelkünsten und Blendwerken wird auch berichtet, er habe einmal zu Olympia, indem er durch die versammelte Menge ging, eine goldene Hüfte sehen lassen. Ebenso spielte Numa die Rolle des Günstlings einer Göttin oder Dreade, die mit ihm in geheimer Verbindung stehe, und des Freundes der Musen, der sich ihnen vertraulich nahe. Die meisten seiner Offenbarungen wollte er nämlich den Musen zu verdanken haben, und wies die Römer be=sonders zur dankbaren Verehrung Einer Muse an, welche er Tacita, d. h. die Verschwiegene nannte, als hätte er das Pythagoräische Schweigen vor Augen gehabt und hoch=geachtet.

Auch seine Verordnungen über bildliche Darstellung der Götter stehen mit den Sazungen des Pythagoras in der nächsten Verwandtschaft. Wie Pythagoras annahm, das

Urwesen sei nicht sinnlich wahrnehmbar oder eines leidenden Zustandes fähig, sondern unsichtbar, unverletzlich und Geist, so verbot Numa den Römern, sich ein Bild der Gottheit in menschen= oder thierähnlicher Gestalt zu machen. Wirklich fand sich bei ihnen während der ersten hundertsiebenzig Jahre kein Götterbild, weder von Maler= noch Bildnerhand. Sie führten zwar Tempel auf und bauten Kapellen, machten sich aber nie eine bildliche Gestalt, weil es unheilig sei, das Edlere durch das Uneblere darzustellen, und unmöglich, Gott anders als mit dem Gedanken zu erfassen. Unverkennbar steht auch seine Opferordnung mit dem Pythagoräischen Gottesdienste im Einklang: denn die meisten waren unblutig und bestanden aus Mehl, Wein und anderen ganz einfachen Gaben.

Außerdem beruft man sich, um diese beiden Männer in Verbindung zu bringen, auf Beweisgründe aus äußeren Umständen. Dahin gehört, daß die Römer dem Pythagoras das Bürgerrecht gegeben haben, wie der alte Epicharmos, ein Mann aus der Pythagoräischen Schule, versichert. Sobann auch, daß Numa einen seiner vier Söhne nach dem Sohne des Pythagoras Mamercus genannt habe. Von diesem Mamercus soll das unter die Patrizier aufgenommene Ae= milische Haus den Namen erhalten haben, indem der König die Lieblichkeit (Aemylia) und den Zauber seiner Rede mit diesem Schmeichelnamen bezeichnete. Ich selbst habe von vielen Männern in Rom gehört, als den Römern einst ein Götterspruch befohlen, sie sollten den Weisesten und den Tapfersten der Griechen bei sich im Bilde aufstellen, so hätten sie die Standbilder des Alkibiades und Pythagoras, beide von Erz, auf dem Forum aufgerichtet. Doch alles dies ist so vielem Zweifel unterworfen, daß es kindische Streitsucht verriethe, wenn man eine weitläufige Widerlegung oder Vertheidigung versuchen wollte.

4. Die Oberpriester. Die Fetialen, die Salier.

Man schreibt dem Numa ferner die Einsetzung der Ober= priester zu, welche Pontifices hießen, und zu welchen er selbst als der oberste gehört haben soll. Den Namen er= klären die meisten mit „Brückenmacher," weil die Lateiner die Brücke Pontem nennen. Dabei führen sie an, daß nicht nur sehr alte und heilige Opfer auf der Brücke dar= gebracht wurden, sondern auch die Erhaltung und Ausbesserung der Brücke, wie ein althergebrachter Religionsgebrauch, diesen Priestern anbefohlen worden. Denn die Römer haben es für sündhaft und fluchwürdig gehalten, wenn man die Holz= brücke verfallen ließe. Sie wurde auch, wie man erzählt, einem Orakel zufolge ganz ohne Eisen blos mit hölzernen Nägeln zusammengefügt. Die steinerne hat lange nachher der Quästor Aemilius gebaut. Aber auch die hölzerne soll nicht so alt als Numa sein und den König Marcius, Numas Tochtersohn, zum Erbauer haben.

Der höchste Oberpriester hat das Amt eines Erklärers und Dolmetschers in Sachen der Religion, oder vielmehr eines Aufsehers über den ganzen Gottesdienst. Denn er hat nicht nur für das zu sorgen, was von Staatswegen zu Ehren der Götter geschieht, sondern beaufsichtigt auch die Privatpersonen bei ihren Opfern, verhütet die Abweichung von den vorgeschriebenen Gebräuchen und belehrt jeden, wie er die Götter zu ehren und zu versöhnen habe. Zugleich führte er die Aufsicht über die heiligen Jungfrauen, die man Vestalinnen nennt. Man schreibt nämlich dem Numa auch die Einsetzung dieser Priesterinnen zu und überhaupt den Dienst und die Verehrung des ewigen Feuers, das sie hüten. Wenn es durch einen Zufall ausgeht, wie zu Athen während der tyrannischen Herrschaft des Aristion das heilige Licht erlosch, und wie zu Delphi, als die Meder den Tempel niederbrannten, wie zu Rom im Mithridatischen und im

Bürgerkriege, da mit dem Altar das Feuer verschwand, so
darf es an keinem anderen Feuer wieder angesteckt werden,
sondern man muß ein ganz neues machen und eine reine,
unbefleckte Flamme an der Sonne anzünden. Zu diesem
Zwecke bedient man sich gewöhnlich eines Hohlspiegels. Numa
hat auch, wie man sagt, das ewige Feuer mit dem runden
Bau des Vestatempels als mit einer Schutzwehr umgeben,
zum Abbilde, nicht der Erde, als wäre sie Vesta, sondern
des ganzen Weltalls, dessen Mitte nach den Pythagoräern
der Heerd des Feuers ist, das sie Vesta und die Einheit
nennen. Die Erde dagegen, behaupten sie, sei nicht unbe-
weglich, noch im Mittelpunkte der Welt, sondern sie bewege
sich im Kreise um das Feuer und dürfe nicht einmal zu
den edelsten und vorzüglichsten Theilen der Welt gerechnet
werden. Auch Platon soll sich in seinem Greisenalter diese
Ansicht von der Erde gebildet haben, daß nicht sie, sondern
ein besserer Körper den mittleren Platz im Weltenraume
einnehme.

Eine andere Pflicht der Oberpriester ist, jedem, der
dessen bedarf, Unterricht über die Gebräuche der Bestattung
zu geben. Numa verordnete, daß man keine dahin bezügliche
Handlung für befleckend ansehen, sondern auch die Götter
der Unterwelt auf die vorgeschriebene Weise ehren sollte,
weil sie ja das Köstlichste von Allem, was wir haben, zu
sich nehmen. Die Zeit der Trauer bestimmte er nach dem
Alter des Verstorbenen. Ein Kind unter drei Jahren sollte
man gar nicht betrauern, ein älteres nur so viel Monate,
als es Jahre gelebt, bis auf zehn; länger kein Alter, sondern die längste Trauer sollte zehn Monate dauern, bis zu
deren Verfluß auch die Frau eines Verstorbenen im Wittwen-
stande blieb.

Von den vielen anderen Priesterschaften, welche Numa
gestiftet hat, will ich nur noch zwei erwähnen, die Salier
und die Fetialen, welche vorzüglich zum Beweis der frommen
Denkart des Mannes dienen. Die Fetialen hatten die Be-

stimmung, Wächter des Friedens zu sein: sie suchten Strei=
tigkeiten durch Vorstellungen beizulegen und erlaubten nicht
eher den Krieg zu beginnen, als bis man jede Hoffnung
gütlicher Ausgleichung abgeschnitten sah. Sie gingen oft zu
denen, welche Unrecht thaten und redeten ihnen zu, sie
sollten billiger handeln; wollten diese nicht, so nahmen sie die
Götter zu Zeugen, sprachen gegen sich selbst und ihr Vater=
land die schrecklichsten Verwünschungen aus, wenn sie ohne
gerechte Gründe zu Feindseligkeiten schritten, und dann erst
erklärten sie ihnen den Krieg. Waren die Fetialen dagegen,
so durfte weder ein Kriegsmann noch ein König der Römer
das Schwert ziehen, sondern der Anführer mußte durch sie
den Krieg als einen rechtmäßigen eröffnen, und dann erst
war es an ihm auf günstige Erfolge zu denken. In der
That behauptet man, das Unglück durch die Gallier sei in
Folge der Versündigung gegen diese heiligen Gebräuche über
die Stadt gekommen. Die Barbaren belagerten Clusium.
Fabius Ambustus wurde als Gesandter von Rom in ihr
Lager geschickt, um zu Gunsten der Belagerten einen Frie=
densvergleich zu Stande zu bringen. Er erhielt eine un=
freundliche Antwort, und nun ergriff er, indem er seine
Gesandtschaft für beendigt ansah, mit jugendlicher Unbesonnen=
heit die Waffen für die von Clusium, und forderte den
Tapfersten der Barbaren heraus. Er schlug sich mit Glück,
erlegte seinen Gegner und nahm ihm die Rüstung; allein
die Gallier erkannten ihn und schickten einen Herold nach
Rom, um Klage zu erheben, daß er gegen alles Recht,
treulos und ohne Ankündigung Feindseligkeiten gegen sie
begonnen habe. Da riethen die Fetialen dem Senate zur
Auslieferung des Mannes an die Gallier, aber Fabius
nahm seine Zuflucht zum Volke und entzog sich durch dessen
Gunst der Strafe. Bald darauf kamen die Gallier und
zerstörten die ganze Stadt, das Capitol allein ausgenommen.
Doch dies wird im Leben des Camillus genauer auseinander=
gesetzt.

Die Priesterschaft der Salier soll Numa aus folgendem Anlaß gestiftet haben. Im achten Jahre seiner Regierung ging eine ansteckende Krankheit in Italien herum, und auch Rom wurde von ihr heimgesucht. Als nun allgemeine Muthlosigkeit herrschte, so fiel, wie man erzählt, ein eherner Schild vom Himmel herab, dem Numa in die Hände, und der König gab darüber wunderbaren Aufschluß, welchen er von Egeria und den Musen erhalten hatte. Der Schild sei da um die Stadt zu schirmen und müsse gut aufbewahrt werden: es müßten andere Schilde, an Form, Größe und Aussehen dem gefallenen ähnlich, verfertigt werden, damit ein Dieb den einen nicht von den andern unterscheiden könnte; auch sollte man die Stätte den Musen weihen, und die Auen umher, wohin sie so oft kämen, um mit ihm zu weilen, dazu den Quell, welcher die Gegend bewässere, zum Weihbrunnen der Vestalischen Jungfrauen machen, damit sie täglich Wasser aus ihm holten, den Tempel zu reinigen und zu besprengen. Dies wurde nun auch durch das augenblickliche Aufhören der Seuche bekräftigt. Wie er dann den Schild vorlegte und die Künstler aufforderte, ihn wetteifernd nachzubilden, so wagte sich keiner daran, als der treffliche Meister Veturius Mamurius, der die Aehnlichkeit so vollkommen traf und alle so gleich lieferte, daß Numa selbst sie nicht mehr unterscheiden konnte. Für diese Schilde also wurden die Salischen Priester zu Wächtern und Dienern ernannt. Salier aber hießen sie von dem Tanze, den sie unter musikalischer Begleitung tanzen, wenn sie im Monat März die heiligen Schilde durch die Stadt tragen: sie haben kurze Leibröcke von Purpur an, schnallen breite, eherne Gürtel darüber, setzen eherne Helme auf und schlagen mit kleinen Dolchen an die Schilde. Dabei drehen sie sich sehr gefällig und führen allerlei Schwenkungen und Wendungen in einem raschen Takte, Schritt auf Schritt, mit Kraft und Gewandtheit aus. Und weil ein solches Hüpfen und Springen bei den Lateinern salire hieß, so wurden diese Priester Salier

genannt. Die Schilde selbst nennt man Ancilia, vermuth=
lich wegen ihrer Aehnlichkeit mit einer Figur welche die
Griechen Ankylon nennen. Dem Mamurius soll zum Lohne
für seine Kunst Erwähnung in dem Liede geworden sein,
welches die Salier beim Waffentanz singen. Nach andern
heißt es darin nicht Veturium Mamurium, sondern
Veterem Memoriam: das alte Angedenken.

5. Andere Einrichtungen.

Nachdem die Priesterämter geordnet waren, erbaute Numa
nahe bei dem Vestatempel die sogenannte Regia, oder den
königlichen Palast, wo er sich dann größtentheils aufhielt
und entweder gottesdienstliche Handlungen verrichtete, oder
den Priestern Anweisungen gab, oder sich mit ihnen religiö=
sen Betrachtungen widmete. Sein eigentliches Wohnhaus
lag auf dem Quirinalischen Hügel; die Stelle wird noch
jetzt gezeigt. — Bei den Aufzügen mit den Götterbildern,
überhaupt bei den Processionen der Priester gingen Herolde
durch die Stadt voran und geboten Stille und Einstellung
der Arbeit. Denn wie die Pythagoräer keine blos gelegent=
liche Andacht und Gottesverehrung duldeten, sondern darauf
drangen, man solle schon von Hause dazu im Gemüthe vor=
bereitet ausgehen: so durften nach Numas Sinn die Bürger
nichts Gottesdienstliches nebenher und ohne Sammlung hören
und ansehen; sie mußten alles andere beseitigen und die
Seele ganz auf die Verehrung der Götter wenden; die Straße
mußte für die heiligen Angelegenheiten frei sein von allem
Getöse, Pochen, Stöhnen und anderem Lärmen, welcher die
Handwerksarbeiten nothwendig begleitet. Eine Spur davon
hat sich bis auf den heutigen Tag erhalten: wenn ein
Staatsbeamter mit Vogelschau oder Opfern beschäftigt ist,
so wird laut gerufen: Hoc age. Dieser Zuruf bedeutet:
Merk' auf! und verweist jeden, der ihn hört, zur Andacht
und Stille.

20*

Auch unter den übrigen Anordnungen Numas haben manche mit den Pythagoräischen große Aehnlichkeit und enthalten eine der Menge verborgene Bedeutung. Daß man den Göttern keinen Wein von unbeschnittenen Reben als Spende weihen und nicht ohne Mehl opfern sollte, das mochte wohl den Sinn haben, den sorgfältigen Anbau des Landes als eine Pflicht der Frömmigkeit zu empfehlen. Das Beten aber mit abgewandtem Gesichte und das Sitzen nach dem Gebet hatte wohl denselben Zweck wie das oben erwähnte Gebot der Stille bei Festaufzügen: der Gesetzgeber hat uns gewöhnen wollen, den Göttern nicht unter Geschäften und in der Eile so nebenher zu nahen, sondern wenn wir Zeit haben und voller Muße genießen.

Diese religiöse Bildung des Volkes machte dasselbe so lenksam und erfüllte es mit so großer Ehrfurcht vor Numas Macht, daß sie völlig märchenhafte Sagen für wahr annahmen und nichts für undenkbar und unmöglich hielten, sobald er es wollte. So erzählt man, er habe einmal eine Anzahl Bürger zu Tisch geladen und ihnen geringes Geschirr und ganz gewöhnliche und alltägliche Speisen vorgesetzt. Schon hatten sie zu speisen begonnen, als Numa erklärte, die Göttin, seine Gemahlin, komme, ihn zu besuchen, und in demselben Augenblicke zeigte er ihnen das Zimmer voll von kostbarem Trinkgeschirr und die Tafeln mit der größten Mannigfaltigkeit von Speisen und köstlichem Geräthe besetzt. Noch abenteuerlicher ist die Erzählung, wie er die Halbgötter Picus und Faunus auf dem damals noch mit Wald bedeckten Aventinischen Hügel gefangen, indem er die Quelle, an welcher sie tranken, mit Wein und Honig mischte; wie sie trotz der seltsamsten Verwandlungen in vielerlei Gestalten doch ihrer Haft nicht entrinnen konnten und zuletzt durch Zauberkünste den Jupiter auf die Erde herabziehen mußten, von welchem Numa das Sühnopfer beim Wetterschlag lernte, wie es bis auf diesen Tag mit Zwiebeln, Haaren und

Mänen *) verrichtet wird. Der Gott habe, erzürnt auf Numa, geboten, die Sühne solle mit Köpfen geschehen. Von Zwiebeln? fiel Numa ein; der Gott antwortete: von Menschen. Numa versuchte es wieder den grausamen Befehl zu vereiteln und fragte: mit Haaren? Jupiter entgegnete: mit lebendigen — aber Numa setzte schnell hinzu: Mänen. So hatte Egeria ihn angewiesen. In diesen fabelhaften und lächerlichen Erzählungen spiegelt sich der religiöse Geist jener Zeit, wie er sich durch Gewöhnung bildete. Numa selbst soll mit so fester Zuversicht auf die Gottheit gebaut haben, daß er einst, als man ihm meldete, der Feind sei im Anzuge, lächelnd sagte: „Ich aber opfere."

Auch der Treue (Fides) soll er den ersten Tempel erbaut haben, und man sagt, das noch jetzt übliche: bei meiner Treue! sei von ihm als die höchste Betheuerung in Rom aufgebracht worden. Ebenso dem Grenzgotte oder Terminus; es werden ihm auf den Marken der Felder sowohl von Staatswegen als privatim Opfer dargebracht, welche jetzt in Thieren bestehen, ehemals aber unblutig waren, indem Numa die richtige Ansicht hatte, der Grenzgott, als Wächter des Friedens und Zeuge der Gerechtigkeit, müsse rein bleiben vom Blute. Vermuthlich hat Numa überhaupt erst die Gemarkung abgesteckt, da Romulus sich wohl hütete, durch Begrenzung seines Gebietes den Raub an dem Fremden einzugestehen: eine bestimmte Grenze hätte entweder dem Stärkeren die Hand gebunden, oder ihn des Unrechts überwiesen. Auch besaß die Stadt anfangs nur wenig Feld, ihr jetziges Gebiet verdankt sie größtentheils den Waffen des Romulus. Alle diese Eroberungen vertheilte Numa unter die dürftigen Bürger, um die Nöthigung zur Ungerechtigkeit, die Armuth, zu entfernen und das Volk an den Ackerbau zu gewöhnen, auf daß es mit dem Boden entwildert würde. Denn keine andere Lebensweise weckt so schnell die innigste

---

*) Eine Art kleiner Seefische.

Liebe zum Frieden, als die des Landmanns: die Raubgier, die Eroberungssucht werden gänzlich ausgerottet, und doch bleibt der kriegerische Muth stark genug, um Haus und Hof gegen jeden Feind zu schützen. Daher betrachtete Numa den Ackerbau wie einen Zaubertrank, um seinen Bürgern Liebe zum Frieden einzuflößen, und schätzte in ihm noch mehr die gemüthbildende, als die reichthumschaffende Kunst. Das ganze Gebiet theilte er in Bezirke, Pagi genannt, deren jeder einen eigenen Aufseher und Vogt bekam. Bisweilen sah er auch selber nach, um die Sinnesart seiner Bürger aus ihren Arbeiten zu erkennen, wobei er die einen zu Ehren und Aemtern förderte, den Leichtsinn aber und die Trägheit zur Witzigung schalt und rügte.

Von seinen übrigen Einrichtungen bewundert man vorzüglich die Eintheilung des Volks nach den Künsten und Handwerken. Die Bürgerschaft war bekanntlich aus zwei Völkern anscheinend zusammengesetzt, in Wahrheit aber darein getheilt und wollte durchaus nicht Ein Ganzes werden, noch die Ungleichartigkeit und Unterschiede verwischen, sondern unterhielt ewige Reibung und Parteisucht. Numa bedachte nun, daß man auch Körper, die ursprünglich unmischbar und spröde sind, durch Stampfen und Zerstoßen in Verbindung bringe, weil kleine Theile sich eher vereinigen. Daher beschloß er denn, die gesammte Menge in mehrere Theile zu scheiden, durch die Theilung neue Verschiedenheiten entstehen zu lassen und dadurch jenen großen ursprünglichen Unterschied zu zersplittern und aufzuheben. Er theilte also das Volk nach Gewerben in Flötenspieler, Goldarbeiter, Zimmerleute, Färber, Schuster, Gerber, Schmiede und Töpfer. Die übrigen Gewerbe vereinigte er mit einander und bildete aus allen zusammen Eine Zunft. Durch Genossenschaften, Zusammenkünfte und gottesdienstliche Feierlichkeiten, die er für jede Zunft nach Gebühr anordnete, brachte er es in der Stadt dahin, daß die Unterscheidung zwischen Sabinern und Römern, zwischen Bürgern des Tatius und

Bürgern des Romulus völlig aufgehoben wurde, so daß diese Scheidung eine Einigung und Verschmelzung aller mit allen bewirkte.

Ferner lobt man unter seinen Anordnungen auch eine Verbesserung des Gesetzes, welches den Vätern erlaubte, ihre Kinder zu verkaufen: Numa setzte fest, daß verheirathete Söhne, wenn sie die Ehe mit Willen und Genehmigung des Vaters geschlossen hatten, von diesem Gesetz ausgenommen sein sollten. Denn er hielt es für empörend, daß ein Weib, das seinen Mann als einen Freien geheirathet, die Frau eines Sklaven werden könnte.

Auch mit der Himmelskunde befaßte er sich, zwar nicht gründlich, doch auch nicht ganz ohne richtige Grundsätze. Während der Regierung des Romulus beobachtete man bei den Monaten keine Regel und Ordnung; einige hatten nicht einmal zwanzig, andere fünf und dreißig, andre noch mehr Tage; ohne alle Rücksicht auf die Verschiedenheit zwischen dem Laufe der Sonne und des Mondes hielt man allein darauf, daß jedes Jahr seine drei hundert und sechzig Tage hatte. Numa berechnete nun, daß der Unterschied elf Tage ausmache, weil das Mondsjahr drei hundert vier und fünfzig, das Sonnenjahr drei hundert fünf und sechzig Tage habe. Er nahm daher diese elf Tage zweimal und schob alle zwei Jahre nach dem Februar, damals dem letzten Monate des Jahres, einen Schaltmonat von zwei und zwanzig Tagen ein, welchen die Römer Mercedinus nannten. Doch diese Verbesserung des Mißverhältnisses bedurfte in der Folge noch größerer Berichtigungen.

Numa veränderte auch die Ordnung der Monate: den März, welcher bisher der erste gewesen war, machte er zum dritten, zum ersten den Januar, der vorher der elfte gewesen. Es war natürlich, daß Romulus den dem Mars geweihten März oben an stellte; ihm folgt der April, mit welchem der volle Frühling eintritt und die Knospen und Blüthen öffnet (aperit); der Mai hat seinen Namen von Maja, denn er ist dem Mercur, dem Sohne der Maja, geweiht; Junius kommt von Juno; die folgenden wurden einfach mit Zahlen bezeichnet, Quintilis, Sertilis, September, Oktober, November, December. Später erhielt der fünfte von Julius Cäsar, dem Ueberwinder des Pompejus, den Namen Julius; der sechste wurde von dem zweiten Beherrscher Roms, dem man den Ehrennamen Augustus beilegte, Augustus genannt. Die beiden folgenden Monate wollte sich Domitian zueignen und nannte sie nach seinen Beinamen, den September Germanicus, den Oktober Domitian; doch währte dies nicht lange, denn nach seiner Ermordung erhielten sie wieder die vorigen Namen. Nur die zwei letzten haben den Namen von ihrer Stelle unausgesetzt behalten, wie sie ihn von Anbeginn hatten.

Was die von Numa hinzugefügten oder doch versetzten Monate betrifft, so möchte Februar so viel sein als Reinigungsmonat, denn februare bedeutet reinigen, und wirklich haben auch die Lupercalien, die man in diesem Monate feiert, die größte Aehnlichkeit mit einem Sühnungsfeste. Der erste heißt Januarius vom Gotte Janus. Dieser hat, mag er nun Halbgott oder König gewesen sein, als Staatengründer und Reformator der Gesellschaft dem Leben der Menschen eine veränderte Gestalt gegeben. Deßwegen stellt man ihn mit zwei Gesichtern dar, weil er die Form des Lebens mit einer andern vertauschte; und deßwegen, wenigstens nach meiner Ansicht, hat Numa, welcher überall bürgerlichen Werth vor dem kriegerischen geehrt wissen wollte, den März seiner ersten Stelle entsetzt und dieselbe dem Januar zugewiesen.

Er hat in Rom auch einen Tempel mit zwei Thüren erbaut, welchen sie Kriegspforte nennen: denn in Kriegszeiten muß er offen stehen, im Frieden geschlossen sein. Zum Schließen kommt es freilich äußerst schwer und selten, weil die Weltherrschaft immer in Kriege verwickelt ist und wegen ihrer Ausdehnung mit vielen rings umher wohnenden barba-

rischen Völkern zu kämpfen hat. Nur unter Cäsar Augustus
wurde er geschlossen, nach Besiegung des Antonius, und
früher unter dem Konsulate des Marcus Attilius und Titus
Manlius, doch nur auf kurze Zeit; denn gleich darauf brach
ein neuer Krieg aus und der Tempel mußte auf's neue
geöffnet werden. Aber unter Numas Regierung sah man
ihn keinen Tag offen, sondern er blieb drei und vierzig
Jahre lang immer fort geschlossen. So gänzlich war damals
der Krieg verbannt. Denn nicht blos das Römische Volk
war durch den gerechten Sinn und die Friedfertigkeit des
Königs sanft und mild geworden, sondern auch die Städte
umher, als wehte von dorther eine reine, gesunde Luft,
durchhauchte der Odem eines neuen Lebens und flößte Jedem
Verlangen nach Ordnung und Frieden ein, um in Ruhe das
Land zu bauen, Kinder zu erziehen und die Götter zu
ehren. Da gab es nur Feste und Freudenmahle, furchtlos
kam man zusammen und übte gegeneinander die größte
Gastfreiheit, gleich als wenn aus der reichen Quelle der
Weisheit des Numa Tugend und Gerechtigkeit zu allen
Menschen strömte und die ihn umgebende Ruhe sich nach
allen Seiten ergöße. Daher soll es noch lange keine Ueber=
treibung sein, wenn die Dichter von jener Zeit sagen: „Die
eisernen Griffe der Schilde sind von dem Gewebe schwarzer
Spinnen umzogen, Rost nagt an den spitzen Lanzen und
den zweischneidigen Schwertern; man hört nicht den Schall
der ehernen Trompete, nichts raubt von den Augenlidern
des Schlafes Süßigkeit." Denn die Geschichte weiß unter
Numas Regierung von keinem Kriege, keinem Aufruhr,
keiner Unruhe im Staat. Gegen ihn selbst war nirgends
Feindschaft oder Neid, nie beunruhigte ihn Herrschsucht durch
Nachstellung und Verschwörung, es sei nun, daß Scheu vor
den Göttern, deren Auge über ihm zu wachen schien, oder
Ehrfurcht vor seiner Tugend, oder höhere Fügung sein Zeit=
alter von allem Frevel rein und unbefleckt bewahrte. Dies
bestätigt den Ausspruch des viel späteren Philosophen Platon:

es gebe nur Ein Heil und Ende der Noth auf Erden, daß Königsmacht, durch göttliche Fügung mit Philosophengeist im Bunde, dem Guten den Sieg und die Oberhand über das Böse gewähre. Denn selig ist in Wahrheit der Weise selbst, und selig, wer die Worte des Weisen hört. Bald bedarf es beim Volke keines Zwangs und keiner Drohung mehr, denn indem das Leben des Regenten dem Volke ein leuchtendes und erhabenes Vorbild der Tugend vor Augen hält, befleißigt es sich freiwillig des Guten und gewöhnt sich nach seinem Beispiel in Freundschaft und Eintracht, mit Gerechtigkeit und Bescheidenheit ein untadeliges und glückliches Leben zu führen. Und dies ist ja das schönste Ziel jeder Regierung, und der Fürst unter allen der königlichste, der solchen Sinn und solches Leben bei den Unterthanen erzielen kann. Hierin hat nun offenbar den Numa noch niemand erreicht.

6. Numas Familienverhältnisse. Sein Tod.

Ueber seine Kinder und Frauen geben die Geschicht-schreiber verschiedene Berichte. Einige behaupten, er sei nie mit einer anderen Frau, als mit Tatia, verheirathet gewesen, und habe kein anderes Kind gehabt, als die einzige Tochter Pompilia. Andere zählen neben ihr noch vier Söhne, Pompo, Pinus, Calpus und Mamercus — was vielleicht eine höfliche Erfindung ist, um den angesehenen Familien der Pomponier, Pinarier, Calpurnier und Mamercier erlauchte Ahnherren zu geben.

Darüber aber sind alle einig, daß Pompilia an Marcius verheirathet wurde. Er war ein Sohn jenes Marcius, welcher dem Numa zur Annahme der Königswürde zugesprochen hatte, sodann mit ihm nach Rom zog und ein angesehener Rathsherr wurde, nach Numas Tode sich mit Hostilius um den Thron bewarb und, als er zurückgesetzt wurde, sich durch Hunger tödtete. Sein Sohn, Pompilias Gatte, blieb in Rom und zeugte den Ancus Marcius, welcher nach Tullus

Hostilius König wurde und beim Tode des Numa in einem Alter von fünf Jahren stand. Uebrigens erfolgte dieser Tod nicht plötzlich und unerwartet, sondern Numa schwand allmählig dahin durch Alter und Nachlaß der Kräfte. Er brachte sein Leben auf achtzig Jahre und etwas darüber.

Beneidenswerth ist sein Loos auch wegen der Feier der Bestattung: die verbündeten und befreundeten Völker fanden sich ein mit Opfern und Kränzen von ihren Städten, die Patricier trugen das Todtenbette, die Götterpriester alle gingen mit im Geleite, die übrige Menge mit Weibern und Kindern folgte weinend und jammernd dem Zuge, nicht als wohnten sie dem Begräbniß eines greisen Königs bei, sondern als bestattete jeder einen theuren Angehörigen, der ihm in der Blüthe der Jahre gestorben. Dem Feuer über= gaben sie die Leiche nicht; er hatte es, sagt man, verboten: man nahm zwei steinerne Särge und versenkte sie am Fuße des Janiculus, den einen mit der Leiche, den andern mit den heiligen Büchern, welche er selbst geschrieben, wie die Griechischen Gesetzgeber ihre Tafeln. Da er nämlich noch bei Lebzeiten die Priester das Geschriebene gelehrt und ihnen den Sinn und die Bedeutung von allem eingeprägt hatte, so verordnete er, man solle diese heiligen Bücher mit seinem Leichnam begraben, in der Meinung, daß Geheimnisse in todten Buchstaben nicht zum besten aufbewahrt seien. Aus diesem Grunde, sagt man, haben auch die Pythagoräer ihre Lehren nicht in Büchern niedergelegt, sondern das Gedächtniß derselben ohne Schrift durch Lehre und Erziehung in wür= digen Herzen verewigt. Ja sie behaupteten, wenn das Ver= fahren bei den schwierigen und geheimen Aufgaben der Mathematik einem Unwürdigen mitgetheilt werde, so gebe die Gottheit ihren Unwillen zu erkennen und räche diesen Frevel durch ein großes und allgemeines Unglück. Bei so vielen Aehnlichkeiten muß man denen wohl verzeihen, welche sich bemühen, den Numa mit Pythagoras zusammen zu bringen.

Zwölf Bücher mit priesterlichen Lehren und Vorschriften und zwölf andere in griechischer Sprache über philosophische Gegenstände wurden in den Sarg gelegt. Nach Verfluß von etwa vierhundert Jahren, unter den Consuln Publius Cornelius und Marcus Bäbius, da heftige Regengüsse den Grabhügel aushöhlten, wurden die Särge herausgeschwemmt, und als die Deckel herabfielen, so sah man den einen Sarg ganz leer, ohne den geringsten Ueberrest des Körpers, in dem andern aber wurden die Schriften gefunden. Petilius, welcher damals Prätor war, soll sie gelesen und vor dem Senate versichert haben, er hielte es für Unrecht und Sünde, wenn man den Inhalt unter die Leute kommen ließe; deswegen seien sie in's Comitium gebracht und dort verbrannt worden.

Allen gerechten und edlen Männern folgt zwar höheres Lob nach dem Tode, denn der Neid überlebt keinen lange Zeit, stirbt wohl noch vor manchem. Numas Ruhm aber verherrlichten auch die Schicksale seiner Thronfolger. Denn von den fünf Königen, die nach ihm regierten, wurde der letzte vom Thron gestoßen und brachte sein Alter in der Verbannung zu; von den übrigen starb keiner natürlichen Todes, sondern drei wurden durch Hinterlist erschlagen, Tullus Hostilius anders. Dieser war Numas Nachfolger; er verspottete und verhöhnte als erschlaffend und weibisch fast alles, was an Numa Löbliches gewesen, vornehmlich seine Gottesfurcht, und hielt die Bürger wieder zum Krieg an; er beharrte aber nicht bei diesem frevelhaften Sinne, sondern wurde durch eine schwere und tückische Krankheit umgewandelt und verfiel in einen Aberglauben, der mit Numas Frömmigkeit gar nichts gemein hatte; noch mehr aber flößte er den andern eine solche Stimmung ein, da ihn, wie man erzählt, der Blitz erschlug.

Vergleichung Lykurgs mit Numa.

Nachdem wir nun Numas und Lykurgs Leben durch=
laufen haben, und das eine wie das andere vor dem Leser
aufgeschlagen liegt, so dürfen wir uns der Aufgabe, so
schwer sie auch ist, nicht entziehen, die Verschiedenheiten zu=
sammenzustellen. Denn ihre Aehnlichkeit zeigt sich an den
Thaten klar genug: die Selbstbeherrschung beider, ihre Reli=
giosität, Staatsklugheit, Lehrweisheit, und wie beide bei ihrer
Gesetzgebung von den Göttern ausgingen. Was aber jeden
eigenthümlich ziert, ist zunächst bei Numa das Erlangen, bei
Lykurg das Abtreten der königlichen Würde. Der erstere
erhielt sie ohne sein Begehren, der letztere war in ihrem Be=
sitze und gab sie hin. Jenen machte ein fremdes Volk aus
einem Privatmann und Fremdling zu einem Herrscher;
dieser machte sich selbst aus einem Herrscher zum Privatmann.
Nun ist es zwar schön, durch Gerechtigkeit eine Krone zu
erwerben, aber schöner noch, der Gerechtigkeit eine Krone zu
opfern. Denn die Tugend war es, welche den einen so
berühmt machte, daß er der Krone würdig erfunden wurde;
den andern so groß, daß er die Krone verschmähte.

Zweitens war die Lebensaufgabe beider ganz verschieden:
wie beim Stimmen einer Leier hatte der eine den abge=
spannten und weichlichen Ton in Sparta hinauf=, der andere
in Rom den starken, hohen Ton herunterzustimmen. Und
hier ist offenbar die größere Schwierigkeit auf Seiten Lykurgs.
Denn nicht die Panzer auszuziehen, die Schwerter bei Seite
zu legen, bewog er die Bürger, sondern ihr Gold und Silber
schwinden zu lassen, kostbare Polster und Tische zu ver=
bannen; nicht des Krieges zu vergessen bei Fest und Opfer=
mahl, sondern das Tafeln und Zechen zu lassen, unter den
Waffen und auf der Ringschule sich den mühsamsten Uebungen
zu unterziehen. Deshalb war denn auch jener geliebt und
geehrt und richtete alles durch Ueberredung aus, während
dieser mit Gefahr des Leibes und des Lebens kaum durchdrang.

Sanftmüthig und menschenfreundlich aber war Numas Muse,
da er den rohen, heftigen Sinn seiner Unterthanen bezähmte
und sie zum Frieden und zur Gerechtigkeit umstimmte.
Wäre ich genöthigt, auch das höchst grausame und wider=
rechtliche Verfahren gegen die Heiloten als Lykurgs Anord=
nung zu betrachten, so würde ich sagen: Numa sei ein weit
mehr griechisch gesinnter Gesetzgeber gewesen; er ließ selbst
die Sklaven im eigentlichen Sinne des Wortes eine Ehre
der Freiheit genießen, indem er es zur Sitte machte, daß
sie am Saturnusfeste in Gesellschaft ihrer Herren speisen
dürfen. Denn es soll dieser alte Brauch von Numa ge=
stiftet sein, damit die Mitarbeiter am Genuß der Jahres=
früchte Theil erhielten. Andere wollen darin ein Denkmal
jener Gleichheit finden, die unter Saturnus herrschte, da es
noch keine Herren und Knechte gab, sondern alle wie Ver=
wandte und gleichen Standes waren.

Im Ganzen leiteten zwar beide sichtbar mit gleichem
Eifer ihr Volk zur Genügsamkeit und Selbstbeherrschung;
unter den übrigen Tugenden aber gab Lykurg der Tapfer=
keit, Numa der Gerechtigkeit den Vorzug: vielleicht hat aber
auch der Unterschied der Natur oder Gewohnheit beider
Völker die Verschiedenheit der Anstalten nothwendig gemacht.
Denn Numa schaffte das Kriegführen nicht aus Feigheit
ab, sondern um das Unrecht zu meiden, und Lykurg machte
die Spartaner kriegerisch, nicht um Unrecht zu begehen,
sondern um kein Unrecht zu leiden. Indem also beide das
Uebermaß zu entfernen und den Mangel zu ergänzen streb=
ten, mußten sie nothwendig zu großen Veränderungen schreiten.

Was aber die Ordnung und Unterschiede der bürgerlichen
Gesellschaft betrifft, so war dies bei Numa ganz volksthüm=
lich und zu Gunsten des großen Haufens, da er eine aus
Goldarbeitern, Flötenspielern und Schustern bunt gemischte
Gemeinde bildete; die Verfassung Lykurgs dagegen war streng
aristokratisch, denn sie verwies die Handwerke an Sklaven
und Schutzgenossen; den Bürgern selbst aber gab sie Schild

und Spieß in die Hand und bildete sie zu Meistern des
Kriegs und Ares' Gesellen, die nichts lernten und verstanden,
als den Obern zu gehorchen und die Feinde zu schlagen.
Denn auch Handels = und Geldgeschäfte waren dem freien
Manne nicht gestattet, damit er ein für allemal ganz ein
Freier wäre; nur die Sklaven und Heiloten sollten sich damit
befassen, so wie sie auch die Speisen zu bereiten und bei
der Mahlzeit aufzuwarten hatten. Numa aber machte keinen
solchen Unterschied; nur den Hang zum Beutemachen unter=
drückte er, die übrigen Erwerbsarten hinderte er nicht und
hob die Ungleichheit in diesem Stücke nicht auf, sondern ließ
den Reichthum sich mehren ohne Maß und achtete der Armuth
nicht, die sich in der Stadt sammelte und einnistete, während
er doch gleich anfangs, so lange die Ungleichheit noch nicht
so allgemein und bedeutend war, sondern alle Bürger so
ziemlich gleich viel besaßen, der Habsucht, wie Lykurg, hätte
steuern und ihren üblen Folgen vorbeugen sollen: sie waren
nicht klein, ja die meisten und größten Unfälle, die Rom
betrafen, hatten in ihnen ihren Keim und Ursprung. Die
Landesvertheilung gereicht meines Erachtens weder dem Lykurg
zum Tadel, der sie vornahm, noch dem Numa, der sie unter=
ließ. Denn jener baute auf den Grund dieser Gleichheit
das ganze Gebäude seiner Verfassung; dieser hatte in einem
Lande, wo die Güter erst neuerlich vertheilt worden, keine
Ursache, eine neue Theilung vorzunehmen, oder die erste
Abmarkung, welche ohne Zweifel noch fortbestand, zu verrücken.

Was die Frauen betrifft, scheint Numas Gesetzgebung
zartsinniger als die des Lykurg. Die Frauen von Sparta
waren anmaßend und trotzig: sie regierten nicht nur im
Hause mit unumschränkter Gewalt, sondern sprachen auch
über die wichtigsten Angelegenheiten des Staates mit und
äußerten ihre Meinung auf's freimüthigste.

Numa dagegen erhielt zwar den Frauen das Ansehen
und die Achtung bei den Männern, die sie von der Ent=
führung her unter Romulus genossen: aber er flößte ihnen

große Sittsamkeit ein, untersagte jede Einmischung in fremde
Sachen, lehrte sie nüchtern sein und gewöhnte sie an's
Schweigen; denn Wein durften sie durchaus keinen trinken
und ohne männlichen Beistand selbst über dringende Ange=
legenheiten nicht öffentlich reden. Deswegen soll der Senat
als einst eine Frau ihre Sache selbst vor Gericht führte,
Gesandte an das Orakel geschickt haben, um zu fragen,
was dies für die Stadt bedeute. Es spricht für die Folg=
samkeit und Sanftmuth der römischen Frauen, daß ihre
Geschichtschreiber dessen ausdrücklich Erwähnung thun, wann
die erste Ehescheidung vorgekommen: es war bei Spurius
Carvilius, welcher seine Frau verstieß, dergleichen, so lange
Rom stand, in zweihundert dreißig Jahren nie geschehen;
auch wird berichtet, daß die Frau eines Pinarius, mit
Namen Thälaa, die erste gewesen, die mit ihrer Schwieger=
mutter Gegania zerfallen sei: sie hat unter Tarquinius
Superbus gelebt. So gut und löblich hatte der Gesetzgeber
das eheliche Verhältniß geordnet.

Anders verhält es sich mit der Erziehung der Jugend:
hier hat Lykurg entschieden den Vorzug vor Numa. Der
letztere stellte sie ja den Wünschen und Bedürfnissen der
Väter anheim; auf sie allein kam es an, ob einer seinen
Sohn zum Landmann machen, oder ihn dem Schiffszimmerer,
oder dem Schmiede, oder dem Flötenspieler in die Lehre geben
wollte. Wie Reisende, welche mit ganz verschiedenen Ab=
sichten und Planen ein Schiff bestiegen haben, erst im
Augenblick der Gefahr aus Furcht für ihr eigenes Leben zum
gemeinen Besten sich vereinigen, sonst aber jeder nur an
sich denkt: so ließ Numa den einzelnen volle Freiheit, ihren
Lebensweg zu wählen; er versäumte es, sie von Anfang an
nach Einem Ziele zu lenken und mit dem ganzen Sinne
darauf zu richten. Den gewöhnlichen Gesetzgebern darf
man es freilich nicht verargen, wenn sie aus Mangel an
Einsicht oder Macht Fehler begehen; ein weiser Mann aber,
welcher mit königlicher Gewalt ein noch neues und ihm

nicht widerstrebendes Volk regierte, hätte seine Sorge zu
allererst auf die Erziehung der Knaben und die Bildung
der Jünglinge richten sollen; dadurch hätte er die Verschieden=
heit der Sitten und die Neigung zu Unruhen ausgeschlossen,
und es hätten alle wie in Ein Geleise der Ordnung von
Anfang an gefügt und gegossen ihren Weg zusammengemacht.

Eben dies hat in der That, neben den anderen Vor=
zügen, Lykurgs Gesetzen Bestand verliehen. Denn die
Furcht vor dem Eide hätte wenig vermocht, wenn er nicht
durch die Erziehung und Bildung seine Gesetze den jungen
Herzen eingeprägt und ihnen zugleich mit der Nahrung
Liebe zur Verfassung eingegeben hätte, so daß die wichtigsten
und bedeutendsten seiner Anordnungen gleich einer echten
und kräftigen Farbe, welche bis in's Innerste der Wolle
gedrungen ist, mehr als fünfhundert Jahre fortbestanden.
Dagegen schwand, was dem Numa Ziel der Verfassung war,
daß Rom in Frieden und Freundschaft bliebe, zugleich mit
ihm dahin. Numa hatte den Tempel mit der Doppelpforte
so verschlossen gehalten, als machte er wirklich seinen Ge=
fangenen, den Krieg, darin zahm: aber kaum war er ge=
storben, als sie denselben auf beiden Seiten wieder öffneten
und Italien mit Blut und Leichen erfüllten; und die so
schöne und gerechte Verfassung behauptete sich nicht einmal
eine kurze Zeit, weil ihr das innere Bindemittel, die Er=
ziehung, fehlte.

Wie nun, könnte jemand sagen, ist Rom durch seine
Waffenthaten nicht zum Besseren vorgeschritten? eine Frage,
die sich nicht so schnell beantworten läßt, wenn man Leute
vor sich hat, welche das Bessere in Reichthum, Wohlleben
und Herrschaft, statt in Sicherheit, Milde, Heilighaltung des
Rechtes und in Zufriedenheit setzen. Uebrigens könnte gerade
auch dies für Lykurg angeführt werden, daß die Römer, als
sie von Numa's Verfassung abgingen, so sehr an Macht
gewannen, die Lakedämonier dagegen mit dem ersten Schritte,
da sie von Lykurgs Gesetzen wichen, von ihrer Höhe so tief

heruntersanken und nicht nur die Ehre des Vorrangs in Griechenland verloren, sondern selbst dem Untergange nahe kamen. Aber das bleibt bei Numa einzig groß und wunderbar, daß es ihm dem Fremden gelungen, alles durch Ueberredung umzugestalten und in einer Stadt, welcher Einigkeit noch fremd war, Herr zu werden, nicht durch Waffen oder irgend gewaltsame Mittel, wie doch Lykurg sich an die Spitze der Vornehmen gegen das Volk stellte, sondern indem er durch Weisheit und Gerechtigkeit alle zur schönsten Harmonie verband.

III.

Publicola.

Römischer Konsul in den Jahren **509, 508, 507 und 504.** † **503 v. Chr.**

1. Wie Valerius zum erstenmal Konsul ward.

Publicola (= der Volksfreund) ist ein Ehrenname, den das Römische Volk dem Manne erst in der Folge beilegte. Er hieß eigentlich Valerius und gilt für einen Nachkommen jenes alten Valerius, welcher am meisten dazu beitrug, daß Römer und Sabiner Ein Volk wurden; denn er war es, auf dessen Zureden die Könige zusammenkamen und sich versöhnten. Von diesem also stammte unser Valerius ab. Er stand schon unter der königlichen Regierung in Rom durch Beredtsamkeit und Reichthum in Ansehen: seine Rede schützte die Bedrängten in ihrem Rechte, sein Geld kam den Bedürftigen zu gute; und so war vorauszusehen, daß er, im Fall die Verfassung demokratisch würde, eine große Rolle spielen werde. Nun war aber Tarquinius Superbus nicht auf eine rühmliche Art an die Regierung gekommen, sondern durch Unrecht und Frevel, auch führte er sie nicht im Geiste eines guten Königs, sondern wie ein übermüthiger Despot. Als dann das Unglück der Lucretia, die sich wegen Entehrung selbst das Leben nahm, dem unzufriedenen und erbitterten Volke die Losung zum Aufstande

21*

gab, uud Lucius Brutus sich der Staatsumwälzung unter=
fing, wandte er sich zunächst an Valerius, und dieser half
ihm mit dem thätigsten Eifer den König und seine Familie
vertreiben. So lange man sich dann zum Volke versah, es
werde an des Königs Statt Ein Oberhaupt aufstellen, sah
Valerius ruhig zu, weil Brutus näheren Anspruch auf die
Regierung habe, da er der Freiheit die Bahn gebrochen.
Wie es aber das Wort Alleinherrschaft nimmer hören wollte
und eine getheilte Regierung leichter zu ertragen glaubte,
auch wirklich zwei vorschlug und verlangte: da hoffte er
mit Brutus zur Konsulwürde ernannt zu werden. Aber
dies schlug fehl. Denn statt auf ihn fiel gegen den Wunsch
und Willen des Brutus die Wahl auf Tarquinius Colla=
tinus, den Mann der Lucretia, der keineswegs den Vorzug
vor ihm verdiente. Weil sich aber die Machthaber noch vor
dem Könige und seinen Söhnen fürchteten, die im Auslande
allerlei Umtriebe anstifteten und in der Stadt den Leuten
das Herz weich machten, so wollten sie den abgesagtesten
Feind derselben an der Spitze haben; sie dachten, dieser
würde gewiß nicht nachgeben.

So zeigte sich's, daß man ihm zutraute, er würde für
das Vaterland nicht alles thun, weil er nicht persönlich von
den Tyrannen gekränkt war. Das verdroß den Valerius
dermaßen, daß er nicht mehr im Senat erschien, alle An=
waltschaften aufkündigte und sich von Staatsgeschäften ganz
zurückzog: so daß man allgemein besorgte, er möchte sich in
seinem Unwillen zum Umsturze der ohnehin noch wankenden
Verfassung auf die Seite der Könige schlagen. Nun hatte
Brutus auch noch einige andere in diesem Verdacht und
beschloß daher dem Senate den Eid auf das Opfer abzu=
nehmen. Da kam Valerius am anberaumten Tage mit dem
heitersten Gesichte auf den Markt und schwur zuerst den Eid:
festzustehen und dem Tarquinius nicht nachzugeben, sondern
die Freiheit mit allem Ernste zu verfechten. Dadurch machte
er dem Senat Freude und den Konsuln getrosten Muth.

Und bald bekräftigte die That seinen Schwur. Es kamen nämlich Gesandte von Tarquinius mit volksverführerischen Schreiben und glatten Worten, womit sie die Menge am sichersten zu gewinnen meinten, als hätte der König jetzt allen Stolz abgelegt und wollte nur was recht und billig sei. Die Konsuln waren der Ansicht, man müsse sie vor die Volksversammlung lassen, aber Valerius widerrieth es und bestand darauf; denn an ein armes Volk, dem der Krieg ärger sei als Zwingherrschaft, dürfe man den Gährungs= stoff und Zunder der Unzufriedenheit durchaus nicht bringen.

Hierauf kam eine zweite Gesandtschaft mit der Erklärung, Tarquinius begebe sich des Rechts auf die Krone und wolle die Waffen ruhen lassen; nur verlange er für sich, seine Freunde und Anverwandten ihr Geld und Gut heraus, um doch in der Acht davon leben zu können. Dies stimmte manchen zum Mitleid, und besonders Collatinus sprach dafür. Da kam Brutus auf den Markt gelaufen, der harte und jähzornige Mann, und schalt seinen Amtsgenossen einen Verräther, weil er Leuten, denen auch nur einen Zehrpfennig im Elende zu bewilligen Unrecht wäre, die Mittel zum Krieg und zur Tyrannei in die Hände gebe. Und als sich das Volk versammelte trat hier zum ersten mal ein gemeiner Bürger Cajus Minucius öffentlich als Redner auf, gab dem Brutus Recht und stellte dem Volke vor, wie viel besser es wäre, wenn das Geld bei ihnen bliebe und gegen die Tyran= nen stritte, als mit diesen gegen sie. Allein die Römer mochten den Frieden nicht um Geldes willen opfern, wenn ihnen nur die Freiheit bliebe, für welche sie stritten; und so wollten sie lieber auch das Geld mit sammt den Tyrannen in alle Welt schicken.

Dem Tarquinius war es im Grunde weniger um das Geld zu thun: die Rückforderung sollte mehr eine Prüfung des Volkes sein und die Einleitung zum Verrath. Daran arbeiteten die Gesandten und nahmen das Vermögen des Königs zum Vorwande längeren Verweilens: bald mußten sie erst dies verkaufen, bald jenes in Sicherheit bringen, bald ein drittes absenden; und unterdessen hatten sie zwei hochansehnliche Häuser, das Aquilische und das Vitellische, verführt. Jenes hatte drei, dieses zwei Glieder im Senate sitzen. Alle waren Schwestersöhne des Konsuls Collatinus; mit Brutus waren nur die Vitellier auf andere Weise verwandt. Er hatte nämlich ihre Schwester zur Gemahlin und sie hatte ihm mehrere Söhne geboren. Zwei davon, die schon erwachsen waren, ihre Vettern und Freunde, wußten die Vitellier in ihr Netz zu ziehen: sie beredeten dieselben mitzuhelfen beim Verrath, sich mit dem hohen Tarquinischen Geblüt und dem Gestirn des königlichen Hauses zu verbinden und sich von ihrem blödsinnigen, herzlosen Vater los zu machen. Herzlosigkeit hieß ihnen seine unerbittliche Strenge gegen das Böse; den Blödsinn aber brauchte er lange Zeit, wie man glaubt, als Maske und Deckmantel um vor den Tyrannen sicher zu sein, und mußte dann auch nachher von ihm den Beinamen Brutus erhalten; denn sein Familienname war Junius, sein Vorname Lucius.

Als nun die Jünglinge gewonnen waren und sich mit den Aquiliern besprachen, wurde einstimmig ein großer, furchtbarer Eidschwur beschlossen, wobei Menschenblut als Trankopfer gebraucht und die Eingeweide des Geopferten berührt werden sollten. Dazu kamen sie in dem Haus der Aquilier zusammen. Das Zimmer war natürlich abgelegen und finster. Desto weniger bemerkten sie einen Sklaven (er hieß Vindicius), der sich darin versteckte: er ahnte nicht was hier vorging und war nicht gekommen um zu lauschen, sondern er war zufällig im Zimmer, und wie er rasche Schritte hörte, scheute er sich den Kommenden vor die Augen zu treten und versteckte sich hinter einem Kasten. Hier konnte er sehen was sie vornahmen und ihre Anschläge hören. Ihr Beschluß war Mord der Konsuln, und sie gaben den Gesandten Briefe an Tarquinius, worin dies gemeldet wurde. Denn die Gesandten wohnten als Gäste bei den Aquiliern und waren anwesend bei der Verschwörung. Als das geschehen und sie hinweggegangen waren, kam Vindicius heimlich hervor und wußte nicht was nun anzufangen und war in großer Verlegenheit: es dünkte ihm, wie es auch war, entsetzlich bei dem Vater Brutus die Söhne, oder bei dem Oheim Colla= tinus seine Neffen der ruchlosesten Dinge zu zeihen; und irgend einem gemeinen Römer glaubte er ein Geheimniß der Art nicht mit Sicherheit anvertrauen zu können. Da ihm aber alles eher möglich war, als zu schweigen, und das Wissen um die Sache ihm keine Ruhe ließ, ging er zu Valerius, vorzüglich ermuthigt durch die Leutseligkeit und Menschen= freundlichkeit des Mannes; denn er war jedem Bittenden zugänglich, hielt sein Haus beständig offen und verschmähte nie einen Niedrigen anzuhören und zu unterstützen.

Wie nun Vindicius zu ihm hinaufkam und alles angab, wobei niemand als sein Bruder Marcus und die Frau zugegen war, entsetzte sich Valerius und gerieth in große Furcht. Er ließ den Menschen nicht mehr fort, sondern schloß ihn im Zimmer ein und stellte seine Frau als Thür= wache davor. Seinen Bruder hieß er den königlichen Hof umringen, die Papiere, wo möglich, wegnehmen und das Gesinde scharf im Auge behalten. Er selbst ging mit vielen Clienten und Freunden, die immer um ihn waren, und zahlreichem Gefolge von Sklaven nach dem Hause der Aquilier. Diese waren gerade nicht darin, und so konnte er, ehe sich jemand dessen versah, durch die Thüre bringen und fand in den Zimmern der Gesandten die Papiere liegen. Mittlerweile kamen die Aquilier herbeigeeilt, griffen ihn unter der Thüre an und suchten ihm die Briefschaften zu entreißen. Aber Valerius und seine Leute wehrten sich, umschlangen ihnen den Hals mit den Mänteln und brachten sie mit Zwang und Drang, unter Stößen und Schlägen hin und her durch die Gassen auf den Markt. Zur Stunde ging es am königlichen Hofe ebenso zu: Marcus nahm andre

Papiere, die eben unter dem Geräth weggetragen wurden, in Beschlag und schleppte vom Hofgesinde, so viel er konnte, fort auf den Markt.

Als hier die Konsuln den Lärm gestillt hatten, und Vindicius auf einen Wink des Valerius aus dem Hause abgeholt war, wurde die Anklage vorgebracht und die Briefe verlesen: da wagten die Männer nicht den Mund aufzuthun; in der allgemeinen Niedergeschlagenheit und dem tiefen Schweigen ließen nur einzelne Stimmen dem Brutus zu gefallen das Wort Verbannung hören. Einen Schimmer von Hoffnung gewährten ihnen auch die Thränen des Collatinus und des Valerius Schweigen. Aber Brutus rief seine beiden Söhne mit Namen auf: „Sprich, Titus, sprich, Valerius, was verantwortet ihr euch nicht auf die Anklage?" Und als auf dreimaliges Fragen keine Antwort kam, da wandte er das Gesicht gegen die Lictoren und sagte: „So thuet ihr nunmehr, was eures Amtes ist." Die griffen alsbald die Jünglinge, rissen ihnen die Kleider vom Leibe, banden ihnen die Hände auf den Rücken und strichen sie mit Ruthen: von den andern konnte niemand hinsehen und es aushalten; er aber, so erzählt man, habe kein Auge verwandt, noch aus Mitleid die zürnenden und finstern Züge des Gesichts verändert, sondern mit grimmigem Blick der Bestrafung seiner Kinder zugesehen, bis man sie auf den Boden hingestreckt und den Kopf mit dem Beil abgeschlagen hatte. Dann stand er auf, überließ die andern seinem Amtsgenossen und ging: ein Verfahren, allem Lobe, das nach Würde sein soll, und jedem Tadel unerreichbar. Denn entweder setzte ihn die erhabenste Tugend über alle Rührung, oder die heftigste Leidenschaft über allen Schmerz hinweg. Beides ist nicht gemein, nicht menschlich, sondern entweder gott- oder tigerähnlich. Billigermaßen aber schließt sich das Urtheil lieber dem Ruhm des Mannes an, als daß die Tugend aus Schwäche des Beurtheilers nicht Glauben finde: zumal da die Römer die Erbauung der Stadt für kein so großes Werk von Romulus halten, als von Brutus die Gründung der Republik und ihre Befestigung.

Als er sich jetzt vom Markte weggegeben, stand noch lange alles schaudernd, starr und stumm über das, was geschehen war. Collatinus' Rührung und Zaudern machte den Aquiliern wieder Muth: sie baten um Frist zu ihrer Vertheidiguhg, und daß Vindicius, ihr Sklave, ihnen ausgeliefert werde und nicht bei den Anklägern sein dürfe. Der Consul wollte das gestatten und vertagte damit die Versammlung; aber Valerius war weder geneigt, den Menschen zu lassen, den seine Leute in die Mitte nahmen, noch ließ er so unbekümmert um die Verräther das Volk auseinandergehen. Zuletzt legte er förmlich Hand an sie, rief nach Brutus und schrie über Collatinus, es sei doch heillos von ihm, dem Amtsgenossen über die eigenen Kinder das Blutrichteramt aufzubürden und dann zu meinen, er dürfe Rücksicht auf Weiber nehmen gegenüber den Feinden und Verräthern des Vaterlandes. Im Unwillen gab der Konsul Befehl, den Vindicius wegzuführen: Die Liktoren drängten sich durch, griffen den Menschen und schlugen jeden, der ihn befreien wollte. Aber die Freunde des Valerius wehrten sich um ihn, und das Volk schrie und verlangte, Brutus solle kommen. Er kam also wieder zurück, und als es still war, sprach er: „Ueber die Söhne stand mir das Richteramt zu: über die andern lassen wir den Bürgern die Abstimmung, denn sie sind ja frei. Es rede aber wer will und trage dem Volke seine Meinung vor." Doch es bedurfte der Reden nicht mehr: wie es zur Abstimmung kam, wurden sie einstimmig verurtheilt und so mit dem Beile hingerichtet.

Collatinus stand wohl schon wegen seiner Verwandtschaft mit dem königlichen Hause in einigem Verdachte; dann war auch bei dem allgemeinen Abscheu gegen Tarquinius sein zweiter Name gehässig. Bei dem letzten Vorgang hatte er vollends die Gemüther gegen sich gestimmt, weswegen er freiwillig sein Amt niederlegte und in der Stille die Stadt verließ. Es wurde also eine neue Wahl vorgenommen und Valerius auf's ehrenvollste zum Konsul ernannt zum verdienten Lohn für seinen Eifer. Davon sollte auch Vindicius seinen Theil zu genießen haben: so wirkte er für denselben beim Volke die Freilassung aus und daß er, was ohne Beispiel war, in Rom Bürger sein, sich seine Curie selbst wählen und mitstimmen durfte. Sonst erhielten die Freigelassenen erst in viel späterer Zeit Stimmfähigkeit durch Appius, welcher sich damit Freunde beim Volk machen wollte. Die völlige Freilassung heißt auf den heutigen Tag Vindicta, eben, wie einige glauben, von jenem Vindicius.

2. Wie er gegen Tarquinius zu Felde zog.

Hierauf wurden die Güter des Königs dem Volke preisgegeben, Palast und Landhaus wurden niedergerissen. Tarquinius hatte den anmuthigsten Theil des Marsfeldes besessen, und diesen weihte man nun dem Gotte. Das Korn war eben geschnitten, die Garben lagen noch, aber man glaubte nichts davon ausdreschen oder sonst benutzen zu dürfen, weil es jetzt geweihter Boden war: also lief alles hinzu und trug die Bündel in den Fluß. So hieben sie auch die Bäume um und warfen sie in's Wasser, um das Feld ganz brach und leer dem Gotte zu überlassen. Der Strom nahm die vielen in dichtem Getriebe hinschwimmenden Sachen nur bis dahin mit, wo sich die ersten an festen Grund stießen und ansetzten. Was nachschwamm, konnte dann nicht mehr durch, hielt und verflocht sich; so gewann die Masse Festigkeit und Halt, wozu der Fluß noch das Seinige that, denn er schwemmte reichlichen Schlamm an, dessen Ansatz Gewinn an Boden und Mörtel zugleich war; der Wellenschlag aber, statt die Masse zu erschüttern, trieb durch sanften Druck alles dichter und fester zusammen. Wegen der Größe und Festigkeit nahm der Umfang immer mehr zu, und es bildete sich ein Land, daran sich fast alles fing, was den Fluß heruntertrieb.

Und dies ist jetzt eine heilige Insel an der Stadt, trägt Göttertempel und öffentliche Gärten und heißt die Zweibrückeninsel.

Tarquinius gab nun die Hoffnung auf, durch Meuterei wieder auf den Thron zu kommen. Die Etrusker nahmen ihn mit offenen Armen auf und wollten ihn mit starker Kriegsmacht wieder einsetzen. Die Römer zogen ihnen unter Anführung der Konsuln entgegen und stellten sich an zwei heiligen Plätzen zur Schlacht, nämlich am Arserwald und auf der Aesuvischen Matte.

Sobald es zum Handgemenge kam waren Aruns, der Sohn des Tarquinius und der Römische Konsul Brutus spornstreichs an einander gesprengt. Nicht durch Zufall, nein aus Haß und Groll: der eine griff den Tyrannen und Feind des Landes an, der andere wollte seine Verbannung rächen. Mit mehr Wuth als Besonnenheit rannten sie an, keiner wahrte sich und beide fielen mit einander. So war das Vorspiel düster, und der Kampf nahm auch kein besseres Ende: nachdem beide Theile gleich viel gethan und gelitten hatten, mußte Gewittersturm die Heere scheiden. Da war Valerius in großer Verlegenheit, denn er wußte den Ausgang des Kampfes nicht; an seinen Soldaten sah er nur wie ihr Muth im Blick auf ihre Todten sank, dann wieder beim Hinblick auf die erschlagenen Feinde sich hob, so unbestimmbar wegen der Menge der Gefallenen und so gleich war der Verlust. Doch schien beiden der augenscheinliche eigene Verlust mehr die Niederlage zu beweisen, denn für den Verlust der Gegner hatten sie ja nur Vermuthungen. Wie nun die Nacht kam und es nach so heißem Tage in den Lagern still geworden war, soll sich der Wald bewegt haben, und aus demselben soll laut eine Stimme erschollen sein, welche verkündigte: um Einen Mann seien in der Schlacht mehr Etrusker gefallen als Römer. Und diese Stimme war gewiß ein göttliches Wunder. Denn alsbald fühlten sich die letzteren ermuthigt, laut mit siegreichem Feld-

geschrei einzufallen; die Etrusker dagegen befiel Furcht und
Zittern, daß die meisten aus ihrem Lager stürzten und aus=
einander liefen. Die Zurückgebliebenen, bei fünf tausend
Mann, mußten sich den Römern beim ersten Angriff erge=
ben, und das Lager war gute Beute. Todte fanden sich
bei vorgenommener Zählung auf Seiten des Feindes elf
tausend drei hundert, auf Römischer Seite Ein Mann weni=
ger. Diese Schlacht soll am letzten Februar vorgefallen sein.
Valerius feierte deßwegen einen Triumph, der erste Konsul,
der mit einem Viergespanne seinen Einzug hielt. Das war
ein prachtvoll=großartiger Anblick und gab den Zuschauern
keineswegs, wie einige behaupten, Anstoß und Aergerniß:
wie hätte er sonst so viel Nachahmung gefunden und wäre
Jahrhunderte lang das Ziel des Ehrgeizes geblieben? Auch
das ehrenvolle Leichenbegängniß, das er seinem Mitkonsul
veranstaltete, gewann ihm viel Beifall. Und eine Trauer=
rede hielt er ihm, die den Römern so sehr gefiel und so
großen Eingang fand, daß, so oft in der Folge ein großer,
verdienstvoller Mann starb, jedesmal einer der Vornehmsten
als sein Lobredner auftrat.

3. Wie er den Beinamen Publicola erhielt.

Aber darüber war man auf Valerius ungehalten und
fand es anstößig, daß er alle Gewalt in sich vereinigen wolle
und sich zum Erben, nicht der Konsulstelle des Brutus, woran
er gar kein Recht habe, sondern der Tarquinischen Tyrannei
aufwerfe. Da hätte sich Brutus anders gezeigt: er, in wel=
chem das Volk den Vater der Freiheit ehrte, hatte nie allein
regieren wollen; er hatte sich sowohl den ersten Mitregenten
beigeben lassen, als auch den andern. „Was braucht er
denn," sagte man, „mit Worten den Brutus zu erheben,
während er sich in der That dem Tarquinius gleichstellt und
von allen vier und zwanzig Liktoren begleitet allein herunter=
steigt aus seinem Hause, welches größer ist als der Palast

des Königs war, den er niederreißen half?" Er wohnte
wirklich etwas stolz auf dem Velischen Hügel hoch über dem
Markte, sein Haus überragte alles und hatte einen schwierigen
Zugang, so daß, wenn er herunter kam, der Aufzug hof=
färtig aussah und die Begleitung fürstlich prunkhaft. Er
hat aber bei dieser Gelegenheit bewiesen, wie gut es für
Regierungen und hohe Beamten sei, Ohren zu haben, die
nicht der Schmeichelei sondern der freien Sprache der Wahr=
heit offen sind. Denn sobald er von seinen Freunden hörte,
das Volk nehme Anstoß an ihm, wollte er nicht Recht haben,
ereiferte sich auch nicht, sondern ließ noch während der Nacht
Arbeiter genug kommen, das Haus niederreißen und dem
Boden gleich machen. Wie die Römer am Morgen das
sahen, standen sie zusammen, bewunderten und priesen den
hohen Sinn des Mannes; das Haus aber ließen sie sich
jammern und trauerten um seine Größe und Schönheit, daß
es, wie es oft Menschen begegnet, unschuldig habe dem
Neide zum Opfer fallen müssen; auch beklagten sie den
Konsul, der nun wie ein heimathloser Mann bei anderen
wohne. Denn er wurde von Freunden aufgenommen, bis
ihm das Volk einen Platz anwies, auf welchem er ein Haus
baute, anspruchsloser als das erste, da wo jetzt ein Tempel
der Siegesgöttin steht. Und nicht nur seine Person, auch
sein Amt wollte er der Menge nicht in einem schrecklichen,
sondern in einem milden und freundlichen Lichte zeigen: er
ließ aus den Bündeln von Birkenstäben, welche die Liktoren
trugen, die Beile herausnehmen und ordnete an, daß diese
Bündel, wenn er in die Versammlung trat, vor dem Volke
zur Verherrlichung seiner Obergewalt geneigt und gesenkt
werden sollten. Das halten denn auch die Konsuln bis auf
den heutigen Tag so. Denn er gab sich nicht herunter,
sondern überwand und entkräftete nur den Neid durch solche
Anspruchslosigkeit; an wirklicher Macht gewann er aber so
viel, als er scheinbar von seiner Amtswürde vergab, denn
nun beugte sich ihm das Volk willig und trug geduldig.

Ja man gab ihm den Namen Publicola, der so viel bedeutet
als Volksfreund und üblicher geworden ist als seine alten
Namen, weßwegen auch wir im weiteren Verlauf seiner
Geschichte ihn gebrauchen.

4. Welche Gesetze Publicola gab, so lang er allein Konsul war.

Die Bewerbung um das Konsulat stellte er nun jedem
frei. Weil er aber nicht wußte, was für einen Amtsge=
nossen er bekommen würde, ja von Neid und Unverstand
sogar Widerspruch fürchten mußte, so benutzte er die Zeit
vor der Erwählung desselben, wo er allein regierte, zu den
schönsten und wichtigsten Einrichtungen. Zuvörderst ergänzte
er die vielen Lücken im Senate: denn manche Senatoren
hatten früher durch Tarquinius, andere jüngst in der Schlacht
den Tod gefunden. Die Zahl der von ihm aufgenommenen
soll ein hundert vier und sechzig gewesen sein. Demnächst
befestigte er die Macht des Volkes durch mehrere Gesetze,
insbesondere durch dasjenige, welches dem Angeklagten gestattet
von den Konsuln an das Volk zu appelliren. Ein zweites
strafte jeden mit dem Tode, der Befugnisse der obersten
Gewalt ausübte ohne vom Volke dazu ermächtigt zu sein.
Ein drittes half den Armen, indem es die Bürger zollfrei
machte und den eifrigen Betrieb der Gewerbe förderte. Auch
die Verordnung, welche sich auf die Widersetzlichkeit gegen
die Konsuln bezog, hatte ein volksthümliches Ansehen, als
sei sie mehr zu Gunsten der Bürger als der Gewalthaber.
Sie setzte nämlich auf solchen Ungehorsam nur eine Geld=
buße; sie betrug fünf Ochsen und zwei Schafe. Der Preis
eines Schafes war zwei, der eines Ochsen hundert Obolen.
Denn die Römer hatten damals noch nicht viel Münze,
sondern ihr Reichthum bestand im Schaf= und Viehstande.
Daher heißt noch heutigen Tages Vermögen Peculium und
deßhalb prägte man auf die ältesten Münzen einen Stier,

ein Schaf oder ein Schwein. Gaben sie doch ihren Kindern
sogar die Namen Suillus, Bubulcus, Caprarius, Porcius;
Capra wird nämlich die Ziege, Porcus das Schwein
genannt.

Wie er aber hierin ein volksthümlicher und gemäßigter
Gesetzgeber war, so setzte er auf Vermessenheit die äußerste
Strafe. Er verordnete nämlich, man dürfe jeden ohne
Richterspruch tödten, der sich zum Tyrannen aufwerfe, und
der Mörder solle von Blutschuld frei sein, wenn er Beweise
des Verbrechens gebe. Denn da es nicht möglich, bei An=
schlägen von solcher Bedeutung ganz unentdeckt zu bleiben,
wohl aber, wenn man auch schon entdeckt ist, dem Gerichte
noch schnell über den Kopf zu wachsen, so sollte jeder, der
könne, vorgreiflich seinen Richterspruch an dem Frevler voll=
strecken dürfen, ehe der Frevel jede Thätigkeit des Gerichtes
aufhebe.

Auch das Gesetz über die Schatzmeister erwarb ihm
großen Beifall. Er wollte die Verwaltung der Kriegssteuer
weder selbst übernehmen, noch seinen Freunden überlassen,
noch sollten überhaupt Staatsgelder in ein Privathaus
kommen; also machte er den Saturnustempel zur Schatz=
kammer, eine Bestimmung, die derselbe noch heutiges Tages hat.
Zu Schatzmeistern aber durfte das Volk zwei der jüngeren
Männer wählen; die erste Wahl traf Publius Veturius
und Minucius Marcus, und es kam viel Geld zusammen.
Denn es wurden einhundert und dreißigtausend Bürger ge=
schätzt, ohne die Wittwen und Waisen, welche frei ausgingen.

5. Neue Konsulwahlen. Die Einweihung des Jupitertempels.

Nach diesen Anordnungen ließ er Lucretius, den Vater
der Lucretia zu seinem Mitkonsul ernennen. Er begab sich
seines seitherigen Vorranges und ließ ihm als dem Aelteren
die Bündel von Birkenstäben (Fasces) vortragen, und diese

Auszeichnung blieb seither dem Alter vorbehalten. Und als Lucretius nach wenigen Tagen starb, so wurde bei einer neuen Wahl Marcus Horatius ernannt und war mit Publi=cola den Rest des Jahres im Amte.

Während Tarquinius in Etrurien einen zweiten Krieg gegen Rom erregte, soll ein großes Wunderzeichen geschehen sein. Als er nämlich noch König war und den Tempel des Capitolinischen Jupiter beinahe fertig hatte, bestellte Tarquinius bei Etrurischen Künstlern in Veji einen irdenen Wagen, den er auf die Zinne stellen wollte. Bald nachher wurde er vom Thron gestoßen. Wie aber die Etrusker das Viergespann, als die Form vollendet war, in den Ofen brachten, ging es damit nicht wie bei gebranntem Lehm gewöhnlich ist, daß es beim Verdampfen der Flüssigkeit einschrumpfte und sich setzte, sondern es dehnte sich, schwoll auf und bekam neben der Festigkeit und Härte eine solche Größe, daß man um es herauszubringen, die Decke des Ofens abnehmen und die Wände rings einstoßen mußte. Dies erklärten die Wahrsager für ein göttliches Zeichen von Glück und Macht, die mit dem Besitze des Wagens verbunden wären; mithin gedachten es die von Veji den Römern um keinen Preis zu überlassen und antworteten nur: es gehöre dem Tarquinius, nicht seinen Thronräubern. Nun hatten sie etliche Tage nachher ein Wettfahren. Und das Schauspiel befriedigte ganz wie sonst die Erwartung der Zuschauer: nur als der Sieger in seinem Wagen mit dem Kranz auf dem Haupte im Schritt aus der Rennbahn fuhr, scheuten die Pferde ohne irgend bemerklichen Anlaß, übernatürlicher oder zufälliger Weise, und rannten in vollem Laufe mitsammt ihrem Führer Rom zu. Und es half nichts, daß er anzog und Halt schrie, sondern fort mußte er, ihres Stürmens nicht Meister, wohin sie wollten, bis sie an das Capitolium anrannten und ihn am Ratumenischen Thore abwarfen. Deß wunderten sich die von Veji und erschraken so, daß sie den Künstlern erlaubten, ihren Wagen abzuliefern.

Den Tempel des Capitolinischen Jupiter hatte Tarquinius, der Sohn des Demaratus, in einem Kriege mit den Sabinern zu bauen gelobt, aber erst sein Enkel Tarquinius Superbus führte ihn auf. Doch kam die Tempelweihe nicht mehr an ihn, sondern es fehlte noch etwas weniges zur Vollendung als Tarquinius flüchtig wurde. Wie er nun ausgebaut war und die gehörige Verzierung hatte, stand Publicolas Ehrgeiz nach der Einweihung. Das gönnten ihm aber viele der Großen nicht: andere Ehre und Auszeichnung, die ihm als Gesetzgeber und Feldherrn sonst schon geworden, verdroß sie weniger, aber diese, meinten sie, dürfe er unberufener Weise nicht auch erlangen, und reizten und trieben an Horatius, das Werk der Weihe ihm nicht zu überlassen. Während dann Publicola zu Feld ziehen mußte, erkannten sie dem Horatius die Weihe zu und geleiteten ihn auf das Capitol, weil sie sich nicht getrauten, dies in Anwesenheit des Publicola durchzusetzen. Einige sagen jedoch, die Konsuln hätten geloost, und Publicola wider Willen den Feldzug, der andere die Weihe bekommen. Wie es sich wirklich damit verhielt, läßt sich aus dem, was bei der Weihe vorging vermuthen. Am dreizehnten September, wie alles auf dem Capitol versammelt war, beging Horatius bei feierlicher Stille die Ceremonien, legte schon die Hand, wie es der Brauch ist, an die Thüre, und sprach laut dazu die üblichen Worte der Einweihung. Da rief Marcus, Publicolas Bruder, der schon lange an der Thüre gehalten und nur auf den Augenblick wartete: „Dein Sohn, o Konsul, ist im Lager an Krankheit gestorben." Das war allen so leid zu hören, nur Horatius ließ sich nicht stören und sagte weiter kein Wort als: „Werft meinethalben den Todten wohin ihr wollt, ich will von keiner Trauer wissen." Und damit brachte er die Weihe vollends zu Ende. Die Nachricht war aber nicht wahr gewesen, sondern Marcus hatte sie gelogen, um den Horatius abzubringen. Die Fassung des Mannes ist wunderbar, mag er den Betrug im Augenblicke gemerkt

ober die Nachricht geglaubt haben ohne sich rühren zu
lassen.

Auch bei dem zweiten Tempel scheint ein ähnlicher Zufall
über der Einweihung gewaltet zu haben. Der erste nämlich,
den, wie gesagt, Tarquinius baute und Horatius weihte, ist
in den Bürgerkriegen abgebrannt: den zweiten führte dann
Sulla auf, aber das Weihen kam an Catulus, weil Sulla
nicht mehr lebte. Und als auch dieser in den Unruhen unter
Vitellius zerstört wurde, sah Vespasianus mit dem Glücke,
das er hierin wie überall hatte, den dritten, von Anfang
bis zu Ende seine Schöpfung, entstehen, nicht aber auch
bald darauf untergehen: er war um so viel glücklicher als
Sulla, daß jener die Weihe seines Tempels, dieser die Zerstörung nicht erlebte. Denn kaum war Vespasianus tobt,
so verbrannte das Capitol. Jetzt steht der vierte Tempel,
er ist von Domitianus vollendet und eingeweiht. Nun soll
Tarquinius zum Unterbau vierzig tausend Pfund Silber
gebraucht haben: doch bei dem Tempel unserer Tage würde
das größte Privatvermögen in Rom, wenn man es anschlüge,
nicht zum Aufwande für die Vergoldung hinreichen: man
berechnet ihn auf mehr als zwölf tausend Talente. Die
Säulen aber sind aus Pentelischem Marmor gehauen; das
Verhältniß ihres Durchmessers zu ihrer Länge war vortrefflich, als ich sie in Athen sah: aber in Rom wieder
behauen und polirt gewannen sie an Glätte nicht so viel,
als sie an Ebenmaaß verloren, denn sie erscheinen jetzt allzu
schlank und schmächtig. Sähe aber, wer den Prachtaufwand
am Capitol bewundert, nur Eine Halle im Palaste Domi-
tians, Einen Säulengang, Ein Bad, er würde sich versucht
fühlen, was Epicharmos vom Verschwender sagt:

> Du bist fürwahr kein Menschenfreund, du hast die Sucht
> zu schenken —

wohl auch auf Domitianus anzuwenden: „Du bist fürwahr
nicht fromm, nicht großartig: du hast die Sucht Paläste zu

bauen, möchteſt wie der berufene Midas, es ſolle dir alles von Gold und Marmor ſein." So viel nun hierüber.

6. Publicola's zweites Konſulat im zweiten Kriege mit Tarquinius. Porſena.

Tarquinius war nach der großen Schlacht, in welcher er den Sohn im Zweikampfe gegen Brutus verloren, nach Cluſium geflüchtet, wo er den Lar Porſena um Beiſtand anflehte, einen der mächtigſten Fürſten Italiens, einen biebern, großmüthigen Herrn. Dieſer verſprach ihm zu helfen und ließ zuerſt den Römern ſagen, ſie möchten den Tarquinius wieder aufnehmen. Und als ſie nichts davon hören wollten, kündigte er ihnen Krieg an, beſtimmte Zeit und Ort, und rückte mit ſtarker Heeresmacht an. Da wurde Publicola zum zweitenmale zum Konſul erwählt, und mit ihm Titus Lucretius. Er kam nach Rom und legte eine Stadt Sigliuria in der Nähe des Feindes an, denn er wollte den Porſena an Selbſtvertrauen überbieten. Er ließ ſich die Befeſtigung viel koſten und ſchickte ſieben hundert Mann Anſiedler hin, damit man ſehe, wie leicht und unbeſorgt er den Krieg nehme. Allein Porſena ließ ſo lebhaft ſtürmen, daß die Vorhut geworfen wurde und der Feind hinter ihr her beinahe mit in die Stadt drang. Nur eben am Thore kam Publicola noch durch einen Ausfall zuvor und warf ſich bei dem Fluſſe dem Vordringen der überlegenen Macht des Feindes entgegen, bis man ihn ganz mit Wunden bedeckt auf einer Bahre von der Wahlſtatt trug. So ging es auch dem andern Konſul Lucretius, und nun verloren die Römer allen Muth, und es rettete ſich was laufen konnte in die Stadt. Schon drang der Feind über die hölzerne Brücke, und jetzt wäre Rom mit ſtürmender Hand erobert worden, hätte nicht Horatius Cocles und mit ihm zwei der angeſehenſten Männer, Herminius und Lucretius, an beſagter Brücke Widerſtand gethan. Dieſer Horatius hatte den Bei=

22*

namen Cocles, weil er im Kriege um ein Auge gekommen: Cyclope wollten ihn nämlich die Leute nennen, daraus wurde aber durch die verdorbene Aussprache der Menge Cocles. Dieser stellte sich also vor die Brücke und wehrte dem Feinde, bis die zwei andern hinter ihm die Brücke abgebrochen. Dann stürzte er sich in voller Rüstung hinab in den Fluß, schwamm und erreichte das jenseitige Ufer, nur daß er mit einem Etrusker=Spieß am Oberschenkel von hinten verwundet wurde. Die Heldenthat zu ehren trug Publicola für den Augenblick darauf an, alle Römer sollten, so viel ein jeder auf einen Tag zur Verköstigung brauchte, zusammenlegen und ihm späterhin ein Stück Feld geben, so groß er es an einem Tage umackern könnte. Zudem setzten sie ihm ein ehernes Standbild im Tempel des Vulkan zum ehrenvollen Troste für das lahme Bein, das er von der Wunde bekam.

7. Drittes Konsulat. Mucius Scävola.

Während nun Porsena vor der Stadt lag, brach eine Hungersnoth bei den Römern aus, und es fiel ein zweites Heer Etrusker in's Land. Es war in Publicolas drittem Konsulate. Er glaubte sich nur dem Porsena gegenüber auf standhafte Vertheidigung der Stadt beschränken zu müssen: diesen Etrustern zog er entgegen, griff sie an und schlug sie, daß ihrer fünftausend blieben.

Die That des Mucius wird allgemein so erzählt. Mucius war ein zu allem Großen fähiger Mann, besonders tüchtig im Kriege. Er schlich sich wie ein Etrusker gekleidet und ihre Sprache redend, mit der Absicht den Porsena zu tödten, in ihr Lager. Hier ging er rund um die Bühne, wo der König Sitzung hielt; er kannte denselben aber nicht recht, und nach ihm fragen durfte er doch auch nicht: so zückte er das Schwert auf einen in dem Kreise, von dem er am ehesten glaubte, daß er's sei, und erstach denselben. Darüber ergriff man ihn und stellte ihn zum Verhör: nun

hatte man gerade dem Porsena eine Kohlenpfanne zum
Opfern gebracht; über diese hielt er die rechte Hand, stand
fest, während der Arm verbrannte und sah mit keckem Auge
auf den König. Der verwunderte sich, gab ihn los und
reichte ihm auch von seinem Sitze herab das Schwert wieder,
das zu nehmen jener die Linke darstreckte. Und davon soll
er den Namen Scävola haben, das heißt Linkarm. Er sagte
dann: über die Furcht vor Porsena Sieger, gebe er sich der
Großmuth überwunden und thue aus Dankbarkeit ein Geständniß, das ihm der Zwang nicht abgedrungen hätte. „So
wisse," fuhr er fort, „dreihundert Römer, Eines Sinnes
mit mir, gehen in deinem Lager umher und warten nur
auf ihre Zeit: mich traf das Loos, ich mußte zuerst daran;
doch danke ich's dem Geschicke, daß ich einen edlen Mann
fehlte, der es mehr verdient ein Freund der Römer, als ihr
Feind zu sein." Porsena glaubte den Worten und war
nun geneigter zum Frieden, nicht so wohl, glaube ich, aus
Furcht vor den dreihundert, als weil er den Geist und
Muth der Römer achtete und bewunderte.

Auch Publicola war der Ansicht, Porsenas Feindschaft
sei nicht unversöhnlich, dagegen habe Freundschaft und Bündniß mit ihm großen Werth für die Stadt. Daher weigerte
er sich nicht vor dem Richterstuhl desselben den Weg Rechtens
gegen Tarquinius zu verfolgen und lud diesen wiederholt
und getrostes Muthes dahin; denn er wollte den Beweis
seiner Schlechtigkeit führen, und daß er mit Recht vom
Throne gestoßen sei. Als Tarquinius hierauf die trotzige
Antwort gab, er erkenne niemand als Richter über sich, am
wenigsten Porsena, dessen Bundestreue auf so schwachen
Füßen stehe; gab ihn Porsena voll Unwillen auf, und weil
auch sein Sohn Aruns für die Römer eifrigst sprach und
bat, so stellte er die Feindseligkeiten ein unter der Bedingung,
daß die Römer alles etrurische Land wieder abtreten und die
Gefangenen frei lassen sollten, wogegen er die Ueberläufer
zurückzugeben versprach. Darauf gaben sie aus den ersten

Häusern zehn Jünglinge, welche noch die purpurverbrämte Toga trugen (d. h. noch nicht siebzehn Jahr alt waren) zu Geißeln und eben so viele Jungfrauen, worunter auch Publi= colas Tochter Valeria war.

Während nun dies vollzogen wurde und Porsena die Feindseligkeiten vertragsmäßig eingestellt hatte, gingen die Römischen Jungfrauen zum Bade an den Fluß hinab, wo das Ufer mondförmig geschweift in heimlicher Bucht den ruhigsten Wasserspiegel zeigte. Und wie sie nirgends eine Wache, auch sonst niemand vorbeigehen oder über den Fluß fahren sahen, kam ihnen schnell der Entschluß, durch den vollen Strom über seine tiefen Wirbel fortzuschwimmen. Einige erzählen, eine darunter Namens Clölia sei zu Pferd über den Strom gesetzt und habe die andern, welche schwam= men, aufgemuntert und ihnen Muth gemacht. Als sie aber wohlbehalten zu Publicola kamen, war er weit entfernt ihre That zu bewundern und zu billigen; vielmehr verdroß es ihn, daß er Porsena gegenüber nicht als Mann von Wort erscheine, und sagte, das Wagestück der Jungfrauen werde ein Schelmenstreich der Römer heißen. Also schickte er sie dem Porsena zurück. Tarquinius hatte Kunde davon erhalten, ließ dem Geleite der Mädchen auflauern und fiel es auf der Straße mit Uebermacht an. Aber die Römer wehrten sich, und in einem Fluge war Publicolas Tochter Valeria mitten durch das Streitgetümmel davon: drei Diener, die auch mit durchkamen, brachten sie in Sicherheit. Die übrigen befanden sich nicht ohne Gefahr noch im Gewühle des Kampfes; da eilte Aruns, der Sohn des Porsena, sobald er davon hörte, zu Hilfe, jagte den Feind in die Flucht und befreite die Römer. Wie jetzt Porsena die Jungfrauen wieder vor sich hatte, fragte er, wer von ihnen die Urheberin der That gewesen und die andern angereizt habe? Und als man ihm Clölia nannte, sah er sie gnädig und mit freundlichen Augen an, ließ aus seinem Stalle ein Pferd mit prächtigem Zeuge bringen und gab es ihr zum Geschenke. Wenn man den heiligen Weg auf den Palatinischen Hügel geht, sieht man sie im Bilde zu Pferde sitzen.

Nach der Aussöhnung mit den Römern erwies Porsena der Stadt noch viele Großmuth: er ließ die Etrusker nichts als ihre Waffen mitnehmen; das Lager voll Korn und Brod und mannigfaltigem Reichthum sollte bleiben und den Römern gehören. Daher bietet man noch heutzutage bei Versteige= rungen von Staatseigenthum Porsenas Habe feil, zum ewigen Ehrengedächtniß seiner Güte. Am Rathhause stand er in Erz, ein Bild von einfacher, alterthümlicher Arbeit.

Darnach fielen die Sabiner in das Land, und Marcus Valerius, der Bruder des Publicola wurde mit Posthumius Tubertus zum Konsul ernannt. Während Publicola, wo es galt, mit Rath und That half, schlug Marcus den Feind in zwei großen Schlachten, wovon die zweite ihm keinen Mann kostete, während von den Feinden dreizehn tausend erlegt wurden. Der Ehrenlohn, den er außer den Triumphen davon hatte, war ein Haus auf dem Palatini= schen Hügel, das man für ihn auf Staatskosten baute. Nun gingen dazumal die Thüren einwärts in den Hofraum der Häuser, nur an diesem ließ man die Hofthüre auf die Straße heraus sich öffnen, damit er vermöge dieses Ehrenrechtes, so oft er die Thüre aufmachte, eine Auszeichnung vom Staat erhielte. Bei den Griechen, sagt man, seien früher alle so gewesen, und weist es in den Komödien nach, denn hier klopft, wer herauskommen will, und gibt inwendig an der Thüre Laut, damit es, wer herein will oder nebenan steht, außen höre und nicht, wenn die Thürflügel in die Straße aufgehen, von dem Stoße getroffen werde.

8. Publicolas viertes und letztes Konsulat.

Das Jahr darauf wurde Publicola zum vierten Male Konsul. Man war nämlich eines Krieges gewärtig, wozu Römer und Sabiner sich verbanden. Düstere Zeichen hatten die Römer erschreckt, und Publicola brachte nach Anweisung

der Sibyllinischen Bücher zuerst dem Gotte der Todtenwelt
Sühnopfer, führte Festspiele wieder ein, die das Pythische
Orakel befohlen hatte, und erst nachdem er den Aufblick
der Stadt zum Himmel wieder erheitert, sah er sich nach
den Gefahren der Erde um. Denn groß erschien die Rüstung
der Feinde und ihr Bund.

Nun war Appius Clausus im Sabinerlande ein durch
Reichthum vielvermögender, auch mit Leibesstärke zu Schutz
und Trutz wohl ausgestatteter Mann, der vollends durch
das Lob der Tugend und die Macht der Beredtsamkeit alles
galt. Aber dem Schicksal, das allen großen Männern wider-
fährt, entging auch er nicht: er mußte sich beneidet sehen.
Und da er dem Kriege entgegen war, schrieen seine Neider,
er wolle Rom heben, um Alleinherr zu werden und das
Vaterland in Knechtschaft zu stürzen. Er merkte wohl, wie
das Volk solche Reden mit Wohlgefallen aufnahm, und wie
er der Soldaten= und Kriegspartei ein Dorn im Auge sei:
darum scheute er den Rechtsweg und leistete, von der Schaar
seiner Freunde und Anhänger umgeben, offenen Widerstand.
Und damit waren die Sabiner auf geraume Zeit im Kriege
gehindert. Nun hatte aber Publicola, der nicht nur von
alledem gut unterrichtet war, sondern auch das Feuer anblasen
und schüren half, tüchtige Leute an der Hand, die dem
Clausus von ihm sagen mußten: „Publicola meint, ein
echter gerechter Mann wie du sollte seinen Landsleuten nicht
Böses mit Bösem vergelten, auch wenn sie ihm Unrecht
thun. Und wolltest du dich zu ihm hinüber retten, und
dem Haß aus dem Wege gehen, so nimmt er dich auf in
seinem und des Staates Namen, wie es dein Werth und
der Glanz des Römernamens fordert.“ Clausus erwog dies
hin und her, und es schien ihm zuletzt unter den Schritten,
zu welchen die Noth ihn zwang, der beste. Also forderte
er seine Freunde auch dazu auf, die ihrerseits hinwiederum
viele mit aufstifteten. So brachte er fünf tausend Familien
zusammen und führte sie nach Rom mit Weibern und Kindern.

Es waren gerade die Stillen im Sabinerlande, die Freunde eines geordneten und geruhigen Lebens. Publicola war zum voraus davon unterrichtet: er empfing sie mit offenen Armen und setzte sie sogleich in alle Rechte ein. Die Familien wurden auf der Stelle der Bürgerschaft einverleibt, und jeder bekam zwei Morgen Land am Anien. Dem Clausus wies Publicola fünf und zwanzig Morgen Land an und nahm ihn in den Rath auf: ein Anfang öffentlicher Wichtigkeit, durch deren kluge Benützung er sich bald zur höchsten Würde emporschwang, großen Einfluß gewann und ein Geschlecht hinterließ, das der Claudier, so glänzend eines in Rom war.

Aber die Wortführer unter den Sabinern ließen es nicht zu, daß ihr Volk durch diese Auswanderung zu Frieden und Ruhe kam. Denn es war ihnen unerträglich, daß Clausus, was ihm zu Hause nicht gelungen, nun als ein geächteter Mann und Feind durchsetzen sollte, nämlich, daß die Römer für ihren Uebermuth keine Strafe litten. Also brachen sie mit großer Heeresmacht auf, schlugen bei Fidenä ein Lager, legten in einen Thalgrund vor Rom zweitausend Schwerbewaffnete in Hinterhalt und am folgenden Morgen sollte mit Tagesanbruch eine Abtheilung Reiter das Vieh im offenen Felde wegtreiben. Diese sollten den Feind in den Hinterhalt locken. Aber Publicola erfuhr alles noch am nämlichen Tage durch Ueberläufer, traf seine Maßregeln und vertheilte das Heer. Sein Schwiegersohn Posthumius Balbus rückte noch am Abend mit dreitausend Schwerbewaffneten vor und besetzte die Anhöhen, unter welchen die Sabiner verborgen lagen. Der zweite Konsul Lucretius übernahm mit den gewandtesten und tapfersten Leuten den Angriff auf die freibeuterischen Schwadronen. Er selbst, an der Spitze des übrigen Heeres, umging den Feind in der Runde, und da glücklicherweise noch ein dicker Nebel auf der Gegend lag, stürzte sich am frühesten Morgen zugleich Posthumius mit furchtbarem Geschrei von den Höhen

herab auf den Hinterhalt, und sprengte Lucretius mit seiner
Schaar auf die vorgedrungenen Reiter, und fiel Publicola
das feindliche Lager an. Da erlitten die Sabiner auf allen
Seiten Verlust und wurden geschlagen: was sich hier nicht
wehrte, sondern floh, fiel dort gerade in die Hand der Römer
und fand durch seine Hoffnung das Verderben. Denn des
Heils der andern sich getröstend, machte kein Theil mit der
Gegenwehr einen rechten Ernst: aus dem Lager liefen fliehende
Schaaren zu denen im Hinterhalt und begegneten diesen, die
im Begriff waren ihre Zuflucht in's Lager zu nehmen; so
trafen beide die, von welchen sie Schutz erwarteten, selbst
flüchtig und hilfebedürftig. Daß aber nicht gar alle Sabiner
umkamen, sondern etliche noch am Leben blieben, verdankten
sie der nahen Stadt Fidenä, zumal die, welche während des
Sturmes noch aus dem Lager entkamen. Was aber den
Weg nach Fidenä verfehlte, wurde niedergemacht oder vom
Sieger gefangen weggeführt.

So sehr die Römer auch gewohnt waren, in jedem be=
deutenden Ereigniß das höhere Walten zu verehren, so sahen
sie doch dieses Siegesglück einzig für das Werk des Feld=
herrn an. Und wer von der Wahlstatt kam, fing damit
an, wie ihnen Publicola die Feinde lahm und blind und
wie in Banden an's Schwert geliefert. Durch die Beute
und die Kriegsgefangenen wuchs der Wohlstand im Volke.
Kaum aber hatte Publicola den Triumph gefeiert und seinen
Nachfolgern im Konsulate die Stadt übergeben, so schied
er schnell aus einem Leben, das er, so weit immer es Men=
schen möglich ist, mit allem krönte, was Glanz und Werth
hat. Und als hätte man ihm im Leben nichts nach Gebühr
erwiesen, sondern wäre allen Dank noch schuldig, ordnete
das Volk das Leichenbegängniß an und jeder gab einen
Pfennig zur Todtenfeier. Die Frauen aber trugen noch
insbesondere aus freier Uebereinkunft ein ganzes Jahr um
den Mann auszeichnende Ehrentrauer. Auch beschieden ihm
seine Mitbürger eine Grabstätte innerhalb der Stadt an der

sogenannten Veliastraße zu einem Familienbegräbniß auf ewige Zeiten. Jetzt begräbt man aber keinen mehr aus der Familie daselbst; doch trägt man die Leiche hin und setzt sie nieder, dann wird zum anschaulichen Beweis der Befugniß und des Verzichtes auf die Ehre eine brennende Fackel unter den Sarg gehalten, aber schnell wieder wegge= nommen, worauf sie mit dem Todten weiter ziehen.

Vergleichung Solons mit Publicola.

Bei der Vergleichung dieser beiden Männer zeigt sich eine Eigenthümlichkeit, die sich bei anderen, die ich schon beschrieben, nicht so leicht wiederfindet, daß nämlich der eine als Nachahmer des anderen, und dieser als Zeuge für jenen auftritt. Denn siehe, die Ansicht, welche Solon vor Krösos über Glückseligkeit aussprach, paßt sie nicht besser auf Publi= cola als auf Tellos? Dieses Tellos, welchen er wegen seines Glückes, seiner Tugend und seines Kindersegens selig preist, gedenkt weder Solon in seinen Gedichten als eines vorzüglichen Mannes, noch werden seine Kinder oder ein Amt, das er bekleidet hätte, irgendwo erwähnt: während Publicola im Leben kraft seiner Tugenden mit Macht und Ansehen an Roms Spitze gestanden und nach dem Tode in den erlauchtesten Geschlechtern und Ahnentafeln noch bis auf uns von den Publicola, den Messala, den Valeriern sechs Jahrhunderte schon als der Stolz ihres Adels genannt wird. Ferner ist Tellos unter Feindesstreichen als ein braver Mann im Gliede standhaft fechtend gefallen: Publicola da= gegen hat die Feinde erlegt, was doch ein höheres Glück ist als der Tod in der Schlacht, hat mit seinen Augen noch das Vaterland durch sein Verdienst siegreich gesehen und erst nach Triumphesehren das Ende gefunden, das Solon als ein Ideal preist. Und wenn Solon im Streite mit Mimnermos über Lebenslänge am Ende ausruft:

Trocken ach! finde die Augen mein Tod nicht; Freunde,
viel lieber

Ließen wir sterbend euch Trauer und sehnendes Leid —
so läßt auch dieses Wort den Publicola als den Glücklichern
erscheinen. Denn sein Tod gab nicht nur Freunden und
Verwandten, sondern der ganzen Stadt, vielen Tausenden
zu weinen und Leid zu tragen: trauerten doch die Römischen
Frauen wie um einen Sohn, Bruder oder Vater, den sie
alle in ihm verloren hätten. — Solon sagt:

Reich — das wäre ich gern, doch widerrechtlich erwerben
Möchte ich nicht,

weil ein Fluch darauf liege: aber Publicola sollte nicht nur
ohne Unrecht reich werden, sondern auch als Wohlthäter
der Armen gerühmt werden. Wenn also Solon der aller=
weiseste, so war Publicola der glückseligste Mann. Denn
er besaß und genoß bis an's Ende alles Gute, was sich
jener als seinen höchsten und schönsten Traum wünschte.

So hat Solon Publicolas Lob verkündet, wie dieser
hinwiederum den Solon als schönstes Musterbild eines Stifters
republikanischer Verfassung vor Augen hatte, wenn er die
Regierung des anspruchsvollen Pomps entkleidete, auf Freund=
lichkeit und Leutseligkeit hinwirkte und viele Gesetze von ihm
entlehnte. So ließ er das Volk die Aemter besetzen und
gestattete dem Angeklagten an das Volk, wie Solon an die
Geschwornengerichte, Berufung einzulegen. Und bildete er
auch keinen zweiten Rath wie Solon, so vermehrte er doch
den bestehenden und brachte ihn beinahe auf die doppelte
Zahl von Gliedern. Die Aufstellung von Schatzmeistern
hatte den Grund, daß ein guter Konsul keine Zeit verliere
für das Wichtigere, und der Schlechte nicht zum Sündigen
noch mehr Vorschub finde, wenn er den Gang der Geschäfte
und zugleich die Gelder in Händen hätte. Den Tyrannen=
haß trieb Publicola noch weiter. Denn für den Fall, daß
jemand nach der Alleinherrschaft strebte, setzt Solon auf

das erwiesene Verbrechen die Strafe, während Publicola
auch ohne vorausgegangene Untersuchung ihn zu tödten erlaubt. Und wenn Solon sich mit Recht rühmen durfte,
daß er auch unter verführerischen Umständen, und obgleich
seine Mitbürger nichts dagegen hatten, aller Selbstherrschaft
entsagte, so gereicht es dem Publicola nicht minder zur Ehre,
die unumschränkte Gewalt, welche er in Händen hatte, zum
Besten des Volks herabgestimmt und nicht einmal ihm zustehende Rechte gebraucht zu haben. Doch hatte Solon auch
diese Einsicht schon, daß das Volk

    — — da wohl am willigsten folget den Häuptern,
  Wo man den Zaum nicht zu viel und nicht zu wenig
                        ihm läßt.

Dem Solon eigen ist die Schuldenerlassung, durch die
er den Bürgern die Freiheit am sichersten begründete. Denn
Gesetze frommen nichts, die eine Gleichheit herstellen, deren
den Armen seine Verschuldung doch beraubt: ja, wo sich
die Freiheit recht offenbaren sollte, zeigt sich die Sklaverei
am auffallendsten, bei Gerichten, öffentlichen Aemtern und
Reden, wo der Arme die Befehle des Reichen annehmen
und pünktlich befolgen muß. Noch mehr. Sonst ist der
Aufruhr im Gefolge jeder Schuldentilgung: Solon aber hat
einzig mit der seinen, wie mit einer gewagten aber durchgreifenden Kur, die er zeitgemäß anwandte, sogar die vorhandene Gährung gedämpft, indem er kraft seiner Tugend
und Anerkennung das Verrufene und Ehrenrührige der
Sache überwand. Was aber das ganze öffentliche Leben
dieser Männer betrifft, so betritt Solon die Laufbahn glänzender: denn er trat nicht nach, sondern brach die Bahn
und bewerkstelligte allein und ohne Hilfe anderer das Meiste
und Wichtigste zur allgemeinen Wohlfahrt; aber der andere
beschließt die Laufbahn glücklich und beneidenswerth. Solons
Verfassung sah Solon selbst untergehen, die des Publicola
erhielt den Staat bis zu den Bürgerkriegen in Ordnung.

Jener nämlich hatte kaum die Gesetze gegeben, als er sie in Holz und Schrift ohne einen Beschützer zurückließ und aus Athen forteilte; dieser blieb und lenkte als Beamter und Staatsmann das Ruder und befestigte und sicherte so seine Verfassung. Dazu gelang jenem nicht einmal, trotz seiner Voraussicht, den Peisistratos in seinem Beginnen zu unterdrücken, sondern er unterlag der emporstrebenden Tyrannei, während dieser einen seit langen Jahren bestehenden und gewaltigen Königsthron stürzte und zerstörte mit gleichem Muthe und ähnlicher Absicht wie jener, aber zugleich mit einem Glück und einer Tüchtigkeit, die ihn zum Ziele führten.

Den Kriegsruhm gestehen einige dem Solon nicht einmal in Bezug auf das Unternehmen gegen Megara zu; Publicola dagegen hat die größten Schlachten, als Soldat und Feldherr zugleich, gewonnen. So, wenn wir auf ihr politisches Verhalten sehen, tritt Solon wie im Scherze und unter der Maske des Wahnsinns auf, um über Salamis zu reden; Publicola stellt sich, unbedenklich das Aeußerste wagend, dem Tarquinius entgegen und ergreift die Verräther auf frischer That; vorzugsweise Er setzt es durch, daß dieselben der Strafe nicht entgehen, und dadurch vertreibt er nicht nur die Tyrannen aus der Stadt, sondern vernichtet auch ihre Hoffnung auf Rückkehr. Und während er so, wo es Kampf gilt und Muth und Widerstand, kraftvoll und standhaft entgegentritt, so weiß er sich doch in Fällen, welche friedliche Unterhandlung und nachgebende Unterredung erfordern, noch besser zu benehmen. Hat er doch den unüberwindlichen und furchtbaren Porsena auf seine Art gewonnen und zum Freunde umgestimmt. Freilich könnte man hier einwenden, Solon habe den Athenern das schon aufgegebene Salamis wieder errungen, Publicola eine Eroberung der Römer abgetreten. Allein man muß die Handlungen nach den Umständen beurtheilen. Denn als gewandter Kopf greift der echte Staatsmann jede Sache von der Seite an, wo man sie am leichtesten behandeln kann, rettet oft durch

Aufopferung eines Theiles das Ganze und erlangt das
Größere, indem er vom Geringeren absteht. So sicherte
jener Mann damals durch Abtretung des fremden Gebietes
den Besitz des ganzen eigenen Landes und erwarb denen,
für welche schon die Behauptung der eigenen Stadt etwas
Großes war, das Lager der Belagernden dazu. Indem er
den Feind zum Schiedsrichter wählte, erlangte er sein Recht
und gewann noch so viel, als er für das Gewinnen gern
gegeben hätte. Denn Porsena stand vom Kriege ab und
hinterließ ihnen seine Vorräthe im Glauben an die Tugend
und Rechtschaffenheit der Römer. Solchen Glauben hatte
ihm ihr Oberhaupt zum Gewinn aller eingeflößt.

IV.

Camillus.

Geboren 447, befreit das Kapitol 389, stirbt 365 vor Chr.

---

1. Erste Waffenthat.

Unter so viel Merkwürdigem im Leben des Camillus fällt insbesondere der Umstand auf, daß er, der sich so oft an der Spitze des Heeres mit Ruhm bedeckte, fünfmal zum Diktator erwählt wurde, viermal triumphirte und anerkanntermaßen Roms zweiter Gründer war, auch nicht Einmal Konsul gewesen ist. Es erklärt sich aber aus der damaligen Verfassung der Stadt: das Volk war gespannt mit dem Senat, sträubte sich gegen jede Konsulwahl und stellte dafür Kriegsobersten an die Spitze. Denn obgleich diese auch überall mit konsularischer Gewalt einschritten, so war doch ihre Regierung ihrer Anzahl wegen weniger gehässig: daß ihrer sechs und nicht zwei die Geschäfte leiteten, brachte das Murren über Oligarchie zum Schweigen. Da nun die Blüthe seines Wirkens und seines Ruhms gerade in diese Zeit fiel, so mochte sich Camillus dem Volke nicht zum Konsul aufdrängen, wiewohl die öffentliche Stimmung zwischenhinein mehrmals auch Konsulwahlen zuließ. Sonst aber in vielen und mancherlei Aemtern zeigte er sich so, daß die höhere Stellung, auch wo er allein gebot, vielmehr ein Sichgleichstellen, und der Ruhm, auch wenn er mit anderen

befehligte, seine Auszeichnung war. Ersteres durch die Selbst=
verläugnung, mit welcher er anspruchslos regierte; letzteres
durch den Geist mit welchem er entschieden alle übersah.

Noch stand aber damals das Haus der Furier in keinem
hohen Glanze; er zuerst schwang sich selbst empor, als er in
der großen Schlacht gegen die Aequer und Volsker unter
dem Diktator Postumius Tubertus focht. Dem Heere voran=
reitend ließ er sich durch eine Wunde im Schenkel nicht
aufhalten, sondern stürzte sich mit sammt dem Wurfspieße,
so tief er stack, auf den Kern der Feinde und brachte alles
zum Weichen. Daraufhin erhielt er nicht nur die anderen
Ehrenämter, sondern wurde auch Censor, ein Amt, welches
in damaligen Zeiten viel zu bedeuten hatte. Noch ist ein
edles Werk aus seiner Censur im Andenken: er verband die
Unverheiratheten, theils mit guten Worten, theils unter
Androhung von Strafen mit den Wittfrauen, deren die
Kriege genug machten. Ferner rührt eine Maßregel von
ihm her, welche von der Nothwendigkeit geboten war: er
machte die Waisen steuerpflichtig, was sie bisher nie gewesen.
Daran waren die unaufhörlichen Feldzüge Schuld, die großen
Aufwand erforderten; und besonders drängte dazu die Belage=
rung von Veji. Diese Stadt war die Zierde Etruriens,
mit Kriegsbedarf und Streitern so gut als Rom versehen;
dabei in Reichthum und Fülle der feinsten, üppigsten Genüsse
schwelgend, hatte sie doch im Krieg um Ruhm und Herrschaft
manch schönen Kampf mit Rom gekämpft. Und war nun
auch in der damaligen Zeit ihr Ehrgeiz, durch große Schlach=
ten gebeugt, von dem Wettstreit abgestanden, so sahen sie
doch hinter hohen, starken Mauern, in einer Stadt voll
Waffen und Geschoß, voll Korn und Vorrath an allem der
Belagerung ruhig zu, die zwar langwierig, aber für die
Belagerer nicht minder angreifend und beschwerlich war.
Denn hatten sie bisher nur die Sommerzeit im Felde und
den Winter daheim zugebracht, so mußten sie jetzt auf Befehl
der Kriegsobersten zum erstenmal hinter Thurm und Schanze,

im befestigten Lager, auf feindlicher Erde den Winter auch
für Sommer nehmen. Und schon lief das siebente Kriegs=
jahr zu Ende. Daher wurden sogar die Feldherren ange=
klagt: man setzte sie wegen lässigen Betriebs der Belagerung
ab und legte die Kriegführung in andere Hände. Bei dieser
Gelegenheit wurde auch Camillus, damals zum zweitenmal,
Kriegsoberster. Er that aber für die Belagerung in jener
Zeit nichts, weil ihn das Loos getroffen hatte, die Falerier
und Capenaten zu bekriegen, welche die Abhaltung der Römer
benutzten und häufig ihr Gebiet verheerten: sie hatten dieselben
während des ganzen Krieges gegen Etrurien beunruhigt,
nun aber wurden sie von Camillus in die Enge getrieben
und mit blutigem Verlust hinter ihre Mauern zurückge=
schlagen.

Während dieser Krieg noch tobte, begab sich am Alba=
nersee ein Wunder so unbegreiflich, als man je von einem
hörte; und da man eine geläufige Ursache und naturgemäße
Erklärung nicht finden konnte, so erregte es ängstliches Auf=
sehen. Es war nämlich Herbst, und ein Sommer ging zu
Ende, der weder viel Regen gehabt, noch durch Südwinde
auffallend lästig gewesen war. Auch waren viele Seen,
Flüsse und Gewässer aller Art, deren Italien die Menge
hat, gänzlich vertrocknet; andere erhielten sich höchst kümmer=
lich, und die Flüsse gingen alle, wie es der Sommer mit
sich bringt, nur seicht im hohlen Bette. Der Albanersee
aber, der keinen Zu= oder Abfluß hat und von fruchtbaren
Bergen umgeben ist, schwoll ohne irgend eine Ursache, es
sei denn eine übernatürliche, sichtbar gegen den Fuß der
Berge an und berührte die obersten Hügel, indem er sich
ohne Wellen und Wogen erhob. Anfangs war dies nur
Gegenstand der Verwunderung für Schäfer und Hirten: als
aber der einer Erdzunge ähnliche Damm, welcher das niedere
Land vor dem Teich schützte, von der Masse und Wucht des
Wassers durchbrochen wurde, und ein mächtiger Strom zu
Thal durch Gärten und Felder seewärts brauste: da schauten

nicht nur die Römer erstaunt auf, sondern alle Welt in Italien prophezeite sich nichts Alltägliches aus der Erschei= nung. Am meisten aber gab es dem Belagerungsheere vor Veji Stoff zum Reden, so daß der Vorfall mit dem See auch in der Stadt ruchbar wurde.

Und wie es denn bei einer so langwierigen Belagerung mannigfaltigen Verkehr und Zwiesprache mit den Feinden gibt, so stand ein Römer auf vertrautem Fuß mit einem Feinde, der in alten Orakeln wohl bewandert war und in dem Rufe stand durch die Kunst der Weissagung mehr zu wissen als andere. Als nun der Römer diesen über das Gerücht von dem Anschwellen des Sees vor Freuden außer sich und der Belagerung spotten sah, so sagte er zu ihm: „Nicht nur dieses Wunder hat die gegenwärtige Zeit gebracht, den Römern sind noch seltsamere Zeichen geschehen, und ich wünschte wohl mit dir darüber zu reden, um wo möglich meiner selbst in der allgemeinen Noth eher wahrzunehmen." Gern erfüllt der Albaner seinen Wunsch: er hofft geheime Dinge zu hören und läßt sich in die Unterredung ein. Jener aber führte ihn allgemach so im Gespräche weiter, bis sie das Stadtthor ziemlich im Rücken hatten: auf einmal faßt er ihn mit überlegener Kraft und nimmt ihn auf den Arm; aus dem Lager kommen noch andere herbeigesprungen, man überwältigt ihn und übergibt ihn den Feldherren. In dieser Klemme, worin der Mensch nun war, erkannte er, daß dem Verhängniß niemand entrinnen möge, und so entdeckte er geheime Orakelsprüche über seine Vaterstadt: sie sei nicht eher zu erobern, als bis der Feind den ausgetretenen Albanersee mit Gewalt umlenke und zurückdränge und seine Vereinigung mit dem Meere hindere. Ueber diesen Bericht in Verlegen= heit fand der Senat für gut nach Delphi zu schicken, um den Gott zu befragen. Die Abgesandten, angesehene Männer, Cossus, Licinius, Valerius, Petitus und Fabius Ambustus, machten die Reise mit günstigem Winde und ihr Wunsch wurde von dem Gotte gewährt. Sie brachten Winke zurück,

23*

welche auf die Versäumung gewisser Herkömmlichkeiten bei
den Latinerfesten aufmerksam machten; das Wasser des Alba=
nersees sollten sie ja nach Möglichkeit vom Meere abdämmen
und da, wo es herausgekommen, wieder hinein drängen,
oder wenn man das nicht könne, durch Gräben und Kanäle
seitab in das Feld leiten und verflößen. Auf diesen Bescheid
thaten die Priester was ihres Amtes war, und das Volk
ging an's Werk und leitete die Gewässer ab.

2. Wie Camillus Dictator wurde und Veji eroberte.

Für das zehnte Kriegsjahr ernannte der Senat unter
Aufhebung aller anderen Behörden Camillus zum Diktator.
Er nahm sich den Cornelius Scipio zum Obersten der
Ritter und that den Göttern Gelübde, wenn der Krieg ein
rühmliches Ende gewänne, die großen Spiele zu feiern und
der Göttin, welche die Römer Matuta nennen, einen Tempel
zu weihen. Hierauf zog er gegen die Falisker und schlug
sie und die Capenaten, die ihnen zu Hilfe gezogen waren,
auf's Haupt. Sodann wandte er sich zur Belagerung von
Veji, und da er fand, daß ein offener Angriff äußerst
schwierig und kaum auszuführen sei, grub er Minen, wozu
sich das Erdreich um die Stadt weich finden ließ, so daß
man die Gänge in eine dem Feinde nicht mehr bemerkbare
Tiefe führen konnte. So hatte also das Unternehmen den
gewünschten Fortgang: Camillus griff von außen an und
lockte dadurch den Feind auf die Mauern, während andere
unbemerkt in den Gängen vorrückten. Sie gelangten in die
Burg, wo man sie nicht ahnte, unter den Junotempel, wel=
cher der größte in der Stadt war und am meisten in Ansehen
stand. Hier soll nun der Etrurische Feldherr zur Stunde
geopfert haben; als der Wahrsager in die Eingeweide blickte,
rief er laut: „Wer dieses Opfer zerlegt, dem gibt der Him=
mel Sieg." Dieses Wort hören die Römer in der Mine,

durchbrechen schnell ben Boden, bringen mit Geschrei und
Waffengeklirr heraus, rauben, während der Feind schnell
entflieht, die Eingeweide des Opferthiers und bringen sie
dem Camillus. Freilich lautet das fast wie ein Märchen.

Als nun die Stadt im Sturm genommen war, und
die Römer bei der Plünderung unermeßliche Reichthümer
davon trugen, stand Camillus, wie er so von der Burg auf
das Treiben schaute, erst weinend da und hob dann, als
ihn die Umstehenden glücklich priesen, die Hände betend gen
Himmel auf und sprach: „Allmächtiger Jupiter und wer
sonst von den Göttern auf Gutes und Böses sieht, ihr
wisset selbst, daß wir Römer nicht wider Recht, sondern aus
Nothwehr eine Stadt feindseliger und ruchloser Männer
züchtigen. Ist aber nun auch uns hinwiederum für das
heutige Glück eine Demüthigung zugedacht, so möge sie statt
auf Rom und das Heer mit dem mindesten Wehe auf mein
Haupt fallen.“ Nach diesen Worten wollte er sich, wie es
bei den Römern nach verrichteter Andacht üblich ist, rechts
umdrehen und fiel bei der Wendung. Die Umstehenden
erschracken; er aber sagte, als er sich vom Fall wieder auf=
raffte: „mir ist nach meinem Wunsche ein kleiner Unfall
für das größte Glück geworden.“

Nach Ausplünderung der Stadt sollte das Junobild, wie
er gelobt, nach Rom gebracht werden. Und als zu diesem
Ende die Werkleute schon beisammen waren, opferte er und
bat die Göttin, dem Wunsch der Römer Raum zu geben
und neben den Göttern Rom's die neue Wohnung freund=
lich zu beziehen. Da soll das Bild mit leiser Stimme
geantwortet haben, es wolle und willige ein. Doch Livius
erzählt, gebetet habe zwar Camillus, die Göttin berührend,
und sie angerufen, geantwortet aber haben einige der Anwe=
senden, sie wolle und willige ein und gehe gerne mit. Wer
nun festgläubig das Wunder in Schutz nimmt, hat zum
triftigsten Beweise das Gedeihen der Stadt, deren Wachsthum
von kleinem und verachtetem Anfang zu solcher Höhe des

Ruhmes und der Macht ungedenkbar ist ohne ein göttliches Walten, das in vielen bedeutenden Offenbarungen jedesmal mit eingriff. Ueberdieß stellt man auch ähnliche Erscheinungen zusammen und verweist hier auf Schweißtropfen, die oft an Statuen ausgebrochen, dort auf Seufzer, die man gehört, auf ein Abwenden und Augenzudrücken von Standbildern, dergleichen die Alten vieles berichten. Vieles Wunderbare könnte ich auch aus dem Munde unserer Zeitgenossen mittheilen, was sich doch nicht so leichthin verwerfen läßt. An dergleichen zu viel und zu wenig glauben ist gleich bedenklich, weil die menschliche Schwachheit nicht in den Grenzen bleibt, noch sich zu halten weiß, sondern hier in dummen Aber= glauben, dort in Religionsverachtung und Spott des Heiligen sich verirrt. Vorsicht und „alles mit Maß" ist das Beste.

Es war eine große That, die Nebenbuhlerin Roms im zehnten Jahre der Belagerung erobert zu haben, und da nun noch die Lobredner hinzukamen, so steigerte sich Camillus' Uebermuth zu einer Anmaßung, die bei einer freieren bürger= lichen Verfassung unerträglich ist. Er fuhr in prunkendem Triumphe auf einem Wagen mit vier weißen Rossen durch Rom daher. Kein Feldherr vor oder nach ihm hat dies gethan: denn man achtet ein solches Gespann für heilig, dem Könige und Vater der Götter eigen. Dies gab beim Volke, das keinen Uebermuth dulden mochte, das erste Aergerniß; das zweite war sein Widerspruch gegen die vor= geschlagene Theilung der Bürgerschaft. Die Tribunen hatten nämlich in Antrag gebracht, Volk und Rath so zu theilen, daß nach der Entscheidung durch's Loos die eine Hälfte da bleibe, die andere in die eroberte Stadt ziehe, weil dies förderlicher für den Wohlstand sei, und zwei große Städte sowohl für den Landbesitz als für den übrigen Glücksstand sichere Bürgschaft geben. Der geldarme gemeine Mann in der bereits übervölkerten Stadt hörte das mit Freuden und drang mit unaufhörlichem Geschrei um die Rednerbühne auf Abstimmung; der Senat aber und die Angesehensten der übrigen Bürger waren der Meinung, daß die Tribunen nicht auf Theilung, sondern auf Vernichtung Roms hinarbeiteten: daher waren sie heftig dagegen und nahmen zu Camillus ihre Zuflucht. Und dieser legte, da er einen offenen Kampf scheute, dem Volk Vorwände und Beschäftigungen in den Weg, durch die er die Verhandlung über den Vorschlag immer hinausschob. Damit machte er sich verhaßt.

Am unverholensten aber und am heftigsten äußerte sich die Unzufriedenheit des Volkes, als der Zehnte von der Beute erhoben werden sollte: es brachte die Leute, wenn auch nicht mit vollem Rechte, doch nicht ohne Grund gegen Camillus auf. Er hatte nämlich, ohne Zweifel beim Aufbruch gegen Veji, dem Gotte den Zehnten aus der Stadt angelobt, wenn er sie erobern würde. Aber nach erfolgter Einnahme und Plünderung mochte er entweder die Freude nicht stören, oder er hatte im Drang der Geschäfte sein Gelübde vergessen: genug, er ließ ihnen den ganzen Gewinn. Erst als er schon vom Amte abgetreten war, trug er die Sache dem Rathe vor; und die Wahrsager verkündigten aus Opferzeichen ein göttliches Zorngericht, das nur durch Sühn- und Dankopfer abzuwenden sei.

Der Rath hielt es kaum für möglich, die Beute von neuem zu theilen, aber er beschloß, es solle jeder, der davon bekommen, unter eidlicher Versicherung den Zehnten selbst herausgeben. Dies war ungemein hart und drückend für die Soldaten, arme Leute, die viel gelitten hatten und sich nun gezwungen sahen, von dem, was sie errungen und schon aufgebraucht hatten, einen so großen Theil wieder abzugeben. Durch ihr heftiges Geschrei in's Gedränge gebracht, nahm Camillus, der keine bessere Entschuldigung finden konnte, zu der ungereimtesten seine Zuflucht und erklärte, er habe das Gelübde vergessen. Sie aber fanden es gar zu arg, daß er den Zehnten vom Feinde gelobt und ihn hernach vom Bürger eintreibe. Nichts desto weniger brachte jeder

feinen Theil, und nun wurde beschlossen, ein goldenes Misch=
gefäß verfertigen zu lassen und es nach Delphi zu senden.

Aber das Gold war rar in der Stadt, und die Obrig=
keiten überlegten, wo sie es auftreiben könnten. Da gingen
die Frauen unter sich zu Rathe, und jede steuerte, was sie
an goldenem Geschmeide besaß, zu dem Weihgeschenke: es
kamen acht Talente Goldes zusammen. Um ihnen mit ge=
ziemender Ehre dafür zu lohnen, beschloß der Senat, es
solle auch den Frauen die verdiente Lobrede gehalten werden
wie den Männern; denn bis dahin war es nicht Sitte ge=
wesen, eine verstorbene Frau öffentlich zu loben. Zu der
heiligen Sendung wählte man drei der angesehensten Männer
und schickte sie in einem mit ausgesuchter Mannschaft be=
setzten und festlich geschmückten Kriegsschiffe ab.

Wie Sturm, ist auch Meeresstille gefährlich; das er=
fuhren jene damals: sie geriethen an den äußersten Rand
des Verderbens und entgingen wiederum ganz unerwartet
der Gefahr. Es schifften nämlich Liparische Galeeren bei
den Inseln des Aeolus, während es windstill war, auf sie
los, in der Meinung, sie seien Seeräuber. Da sie flehend
die Hände ausstreckten, so versenkten zwar jene das Schiff
nicht, nahmen es aber an's Schlepptau und zogen es an's
Ufer, indem sie es für ein Raubschiff erklärten und Menschen
und Güter verkaufen wollten. Mit großer Mühe gelang
es endlich dem Edelmuth und dem Ansehen ihres Führers
Timesitheos ihre Loslassung zu bewirken. Er zog sodann
auch seine eigenen Fahrzeuge in das Meer, begleitete die
Römer und wohnte der feierlichen Uebergabe des Weihege=
schenkes bei, wofür ihm auch die gebührende Ehre in Rom
zu Theil wurde.

3. Sein Feldzug gegen die Falisker.

Als darauf die Volkstribunen ihre Auswanderungsbill
wieder betrieben, kam den Vornehmen der Krieg gegen die
Falisker sehr gelegen: er setzte sie in Stand, bei den Wahlen

ihren Willen durchzusetzen und den Camillus mit fünf an=
deren zum Kriegstribunen zu ernennen. Denn die Umstände
erforderten einen Feldherrn, der Ansehen und Ruhm mit
Erfahrung verbände. Als er nun vom Volk ernannt war,
fiel er mit Heeresmacht in's Land der Falisker ein und be=
lagerte Falerii, eine feste, mit allen Kriegsbedürfnissen wohl
versehene Stadt. Er sah wohl, daß die Eroberung kein ge=
ringes und nicht das Werk eines Augenblickes sei, aber er
wollte den Leuten Beschäftigung und Zerstreuung geben,
damit sie nicht müßig zu Hause sitzend sich von Volksrednern
bearbeiten und zu Unruhen aufreizen ließen. Denn sie ge=
brauchten wie ein Arzt klüglich immer das Mittel, die inneren
Störungen des bürgerlichen Lebens nach außen abzuleiten.

Die Falerier aber vertrauten ihren starken Festungs=
werken und bekümmerten sich so wenig um die Belagerung,
daß außer den Wachen auf der Mauer alles im Friedens=
kleide in der Stadt umherging: die Kinder besuchten die
Schule und wurden auch vom Lehrer hinausgeführt, um sich
vor dem Thore zu ergehen und ihre Turnübungen zu halten.
Denn die Falerier hatten, wie die Griechen, einen gemein=
schaftlichen Lehrer, damit sich die Knaben frühe aneinander
anschließen und wie eine Heerde zusammenhalten lernten.
Dieser Lehrmeister nun wollte die Falerier durch ihre Kinder
verrathen: er führte sie jeden Tag vor das Thor, anfangs
nur unter die Mauern und ging gleich nach den Uebungen
wieder mit ihnen in die Stadt zurück. Allmählig aber ge=
wöhnte er sie sorglos weiter zu gehen, als wenn überall
keine Gefahr wäre, bis er sie endlich allesammt zu den
Römischen Vorposten brachte und sie denselben überlieferte.

Auf sein Verlangen zu Camillus geführt, erklärte er,
er sei zwar Erzieher und Lehrer, achte aber seine Gunst
für höher als diese Pflicht und komme, ihm die Stadt in
ihren Kindern zu überliefern. Wie Camillus dies hörte,
däuchte ihm die That entsetzlich, und er sprach zu den An=
wesenden: „Der Krieg ist zwar etwas Hartes und wird viel=

fach mit Unbill und Gewaltthat geführt: Doch gelten dem
Edlen auch im Kriege gewisse Gesetze, und man darf dem
Siege nicht so blind nachstreben, daß man schlechte und
gottlose Dienste nicht von sich wiese; denn im Vertrauen
auf eigene Tugend, nicht auf fremde Schlechtigkeit muß ein
großer Feldherr den Krieg führen."

Hierauf befahl er den Dienern, dem Menschen die Kleider
vom Leibe zu reißen und die Hände auf den Rücken zu
binden, den Knaben aber Ruthen und Peitschen zu geben,
damit sie den Verräther mit Schlägen in die Stadt trieben.
Eben hatten die Falerier den Verrath des Lehrers erfahren;
die ganze Stadt war, wie sich denken läßt, bei so großem
Unglück voll Klaggeschrei; vornehme Männer und Frauen
stürzten besinnungslos zu den Mauern und Thoren: da
brachten die Knaben den Lehrer nackt und gebunden unter
Hohn und Schimpf; sie priesen Camillus als Retter, Gott
und Vater, und seine Gerechtigkeit berührte nicht blos die
Eltern der Knaben, sondern auch alle Bürger bei diesem
Anblick wie ein Wunder mit dem Zug der Liebe. Sie
beriefen eilig eine Versammlung, beschlossen ihr Schicksal in
seine Hand zu legen und schickten Gesandte, die Camillus
nach Rom wies. Hier traten sie vor den Senat und
sprachen: „Die Römer haben Gerechtigkeit dem Siege vor=
gezogen und uns dadurch gelehrt Unterwerfung der Freiheit
vorzuziehen, nicht sowohl im Gefühle geringerer Macht als
in Anerkenntniß überlegener Tugend." Der Senat überließ
es dem Camillus, die Sache nach Gutdünken zu entscheiden,
und dieser ließ Falerii eine Geldsumme bezahlen, schloß mit
allen Faliskern Freundschaft und kehrte nach Rom zurück.

4. Die Verbannung.

Die Soldaten aber, welche gehofft hatten Falerii zu
plündern und jetzt mit leeren Händen zurückkamen, klagten
den Camillus bei den übrigen Bürgern als einen Feind des

Volkes an, der den Armen keinen Vortheil gönne. Doch stand sein Ansehen noch so fest, daß durch seinen Einfluß zumeist das Gesetz wegen der Theilung der Ländereien, welches die Tribunen um diese Zeit wieder in Vorschlag brachten, bei der Volksversammlung durchfiel; er scheute weder ein freimüthiges Wort noch eine Feindschaft, und das Volk verwarf unter dem Eindruck seiner Rede fast wider Willen das Gesetz. Es zürnte aber darum nicht weniger auf ihn, und wurde nicht milder gestimmt durch das häusliche Unglück, das ihn jetzt betraf. Er verlor nämlich den einen seiner Söhne durch Krankheit, und dies ging dem guten und gemüthvollen Manne so nahe, daß er an dem Tage, wo er vor Gericht erscheinen sollte, der Trauer wegen zu Hause blieb und sich mit den Frauen eingeschlossen hielt.

Der Ankläger war Lucius Apulejus, die Beschuldigung lautete auf Unterschleif bei den Schätzen von Veji. Denn man erzählte, daß eherne Thore von der Beute bei Camillus gesehen worden. Das Volk aber ward aufgebracht, und man konnte leicht sehen, daß es unter jedem Vorwande gegen ihn stimmen würde. Unter diesen Umständen rief er seine Freunde zusammen, ehemalige Kriegsgefährten und Amtsgenossen, die keine geringe Zahl ausmachten, und bat, sie möchten nicht zugeben, daß er auf so schimpfliche Beschuldigung ungerecht verurtheilt und dem Spotte seiner Feinde preisgegeben würde. Die Freunde berathschlagten, nahmen Abrede und gaben zur Antwort: sie glaubten ihn vor dem Gerichte nicht schützen zu können, sie wollten aber die Geldstrafe, die man ihm zuerkennen würde, bezahlen helfen. Das konnte Camillus nicht ertragen. Er beschloß im Zorn sich zu entfernen und in's Elend zu wandern. Er umarmte Gattin und Sohn und ging schweigend von seinem Hause bis zum Thor: dort stand er stille, wandte sich um, erhob die Hände zum Kapitol und betete zu den Göttern: wenn er nicht mit Recht, sondern durch den Uebermuth und Neid des Volkes beschimpft und vertrieben werde,

so möchten die Römer es bald bereuen und allen Menschen
offenbar werden, daß sie des Camillus bedürften und sich
nach ihm sehnten.

Nachdem er so, wie Achilles, Fluch auf seine Mitbürger
gelegt hatte und aus der Stadt gewandert war, wurde er
in seiner Abwesenheit zu einer Geldstrafe von fünfzehntausend
Assen verurtheilt. Zehn dieser Kupfermünzen machen einen
Denar; und da ein Denar so viel ist, als bei den Griechen
eine Drachme, so betrug jene Strafe in Silber fünfzehn-
hundert Drachmen*). Es gibt aber keinen Römer, der nicht
glaubte, daß die Göttin der Gerechtigkeit das Gebet des
Camillus schnell erhört und ihm Rache für die Unbill
gewährt habe, freilich keine angenehme, sondern eine tief
betrübende, die aber seinen Namen in aller Welt verherrlichte;
eine so große Vergeltung kam über Rom, so großen Schrecken
und Gefahr und Schande brachte die Zeit, welche jetzt der
Stadt erschien, es sei nun, daß der Zufall es so fügte, oder
daß ein Gott es sich zum Geschäft machte, die mit Undank
belohnte Tugend zu beschützen.

5. Der Einfall der Gallier.

Die Gallier von Keltischem Stamme hatten wegen Ueber-
völkerung ihr Land verlassen. Es war nicht mehr im Stande
sie alle zu ernähren, und so zogen viele tausend junge
streitbare Männer aus, um ein anderes zu suchen; sie führten
eine noch größere Zahl von Kindern und Frauen mit.

Ein Theil wandte sich gegen den nördlichen Ocean und
nahm die äußersten Gegenden von Europa ein. Der andere
ließ sich zwischen den Pyrenäen und Alpen nieder und
wohnte geraume Zeit in der Nachbarschaft der Sennonen.
Erst spät bekamen sie zum erstenmal Wein zu kosten, der
aus Italien gebracht wurde: sie bewunderten das Getränk

---

*) Eine Drachme = 5½ Groschen.

so sehr und kamen über den neuen Genuß alle so außer
sich, daß sie die Waffen ergriffen, ihre Eltern mitnahmen
und nach den Alpen eilten, jenes Land zu suchen, das solche
Früchte trage. Der aber den Wein zu ihnen gebracht und
ihnen zuerst ein Verlangen nach Italien erregt hatte, war
Aruns, ein angesehener Tyrrhener*), welcher im Verdruß
über häusliches Mißgeschick die Heimath verlassen hatte: er
kam zu den Galliern, von deren Macht er gehört hatte, und
zeigte ihnen den Weg nach Italien.

Sie eroberten gleich beim ersten Angriff die ganze Land=
schaft, die sich von den Alpen bis an das beiderseitige Meer
erstreckt und vor Zeiten von den Tyrrhenern bewohnt wurde,
eine Angabe, die schon der Name bestätigt, denn man nennt
das östliche Meer Adria von einer Tyrrhenischen Stadt
Adria, das gegenüber gelegene westliche aber heißt das
Tyrrhenische. Dieses ganze Gebiet ist mit fruchtbaren Bäu=
men bepflanzt, reich an trefflichen Weiden und von Flüssen
durchströmt. Es waren achtzehn schöne, große Städte darin,
für den Gewerbfleiß zweckmäßig und zum Lebensgenusse
glänzend eingerichtet. Die Gallier vertrieben die Tyrrhener
aus denselben und besetzten sie. Doch dies war lange vor
der Zeit geschehen, von welcher wir jetzt reden wollen.

Zu dieser Zeit zogen die Gallier gegen die Tyrrhenische
Stadt Clusium und belagerten sie. Die Clusiner nahmen
ihre Zuflucht zu den Römern und erbaten sich von ihnen
Gesandte und Briefe an die Barbaren. Nun sandte man
drei Männer aus dem Fabischen Geschlechte ab, welche hohe
Ehrenämter in der Stadt bekleidet hatten. Der Name
Roms verschaffte ihnen freundliche Aufnahme bei den Galliern;
die Bestürmung der Stadt wurde eingestellt und man knüpfte
Unterhandlungen an. Als aber die Römer fragten, welches
Unrecht ihnen denn die Clusiner gethan hätten, daß sie die

---

*) So nennt der Grieche die Etrusker, die alten Bewohner
des heutigen Toskana.

Stadt derselben bekriegten, so lachte der Gallierkönig Brennus
und sagte: „Unrecht thun uns die Clusiner dadurch, daß sie,
die nur ein kleines Gebiet zu bearbeiten vermögen, ein großes
zu besitzen verlangen und uns keinen Antheil daran geben,
die wir Fremdlinge, zahlreich und arm sind. Dasselbe Un=
recht thaten ja auch euch, ihr Römer, in früheren Zeiten die
Albaner, Fidenaten und Ardeaten, jetzt die Vejenter, Cape=
naten und viele der Falisker und Volsker; ihr ziehet gegen
sie zu Felde, wenn sie euch keinen Theil an ihren Gütern
geben, machet sie zu Sklaven, plündert und zerstöret ihre
Städte; und dabei thuet ihr auch nichts Unerhörtes oder
Ungerechtes, sondern folget dem ältesten der Gesetze, welches
den Stärkeren die Habe der Schwächeren zutheilt, und welches
sich von der Gottheit bis zu den Thieren erstreckt: denn auch
in diesen liegt es von Natur, daß die Stärkeren den Vor=
theil über die Schwächeren suchen. Höret also auf, die
belagerten Clusiner zu bemitleiden, damit ihr nicht auch die
Gallier lehret, gegen die von den Römern Bedrückten gut
und mitleidig zu werden.“

Aus diesen Worten erkannten die Römer, daß an einen
Vergleich mit Brennus nicht zu denken sei. Sie begaben
sich nun nach Clusium, sprachen den Einwohnern Muth ein
und ermunterten sie, mit ihnen einen Ausfall gegen die
Barbaren zu machen, entweder um die Tapferkeit derselben
kennen zu lernen oder um die eigene zu zeigen. Da nun
ein Ausfall gemacht wurde, und es unter den Mauern zum
Treffen kam, sprengte einer der Fabier, Quintus Ambustus,
auf einen großen und schönen, weit vor den anderen einher=
reitenden Gallier los, anfangs unerkannt, da der Angriff
plötzlich geschah und die rings schimmernde Rüstung seine
Gestalt verbarg. Als er aber, in dem Kampfe Sieger, den
Mann erlegte und ihm die Waffen raubte, erkannte ihn
Brennus und rief die Götter zu Zeugen an, daß er die
gemeinsamen und von allen Menschen heilig geachteten Rechte
verletzte, als Gesandter gekommen sei und als Feind gehandelt

habe. Sofort stand er vom Kampfe ab, ließ die Clusiner
in Ruhe und führte sein Heer gegen Rom. Um aber den
Schein zu vermeiden, als hätten sie die Beleidigung gern
gesehen und sich einen Vorwand gewünscht, ließ er durch
Gesandte die Auslieferung des Mannes zur verdienten Strafe
fordern und rückte inzwischen langsam vor.

In Rom traten nun viele vor versammeltem Senat
gegen die Fabier auf, besonders die Priester, welche man
Fetialen nennt: sie beschworen den Senat um der Götter
willen den Fluch des Geschehenen auf den Einen Schuldigen
zu werfen und so die andern zu versöhnen. Diese Fetialen
hat Numa Pompilius, der sanfteste und gerechteste unter
den Königen, eingesetzt zu Hütern des Friedens und zur
Prüfung und Bestätigung der Gründe, die mit Recht einen
Krieg veranlassen. Der Senat brachte die Sache an die
Volksversammlung, wo die Priester auf gleiche Weise gegen
den Fabius Klage führten; allein die Menge höhnte das
Göttliche mit solcher Frechheit, daß sie sogar den Fabius
mit seinen Brüdern zu Kriegsobersten wählte. Die Gallier
aber, durch diese Nachricht heftig gereizt, ließen sich nun
durch nichts mehr in ihrem Zuge aufhalten, sondern rückten
mit der größten Eile vor. Vor ihrer Menge, dem Glanze
ihrer Rüstungen, ihrer Gewaltthätigkeit und Wuth zitterten
und bebten die inmitten Wohnenden, gaben ihr ganzes Land
schon verloren und glaubten ihre Städte sofort zerstört zu
sehen; aber die Gallier thaten ihnen wider Erwarten nichts
zu Leibe und nahmen nichts von den Feldern, ja sie riefen,
indem sie hart an den Städten vorbeizogen: „Wir gehen
nach Rom, führen nur mit den Römern Krieg und halten
die andern alle für Freunde." Während die Barbaren mit
solcher Hitze heranrückten, zogen die Römer unter Anführung
der Kriegstribunen zum Kampfe aus, an Zahl nicht schwächer
— denn es waren nicht weniger als vierzigtausend Schwer=
bewaffnete — aber größtentheils ungeübt und jetzt zum
erstenmal die Waffen führend. Dazu hatte man auch der

Götter nicht geachtet und weder günstige Opferzeichen erhalten, noch die Wahrsager befragt, wie sich vor Gefahr und Kampf geziemte. Vor allem brachte die Vielherrschaft Unordnung. Und doch hatten die Römer früher oft selbst für geringere Kämpfe einen Alleinherrscher gewählt, den sie Dictator nennen. Denn sie sahen recht wohl ein, wie groß im gefährlichen Augenblicke der Vortheil ist, wenn ein unumschränkter Befehl, verbunden mit der höchsten Gerichtsbarkeit, die ordnende Seele des Ganzen ist. Sehr schädlichen Einfluß hatte auch die undankbare Behandlung, welche Camillus erfahren, denn es schien nun gefährlich, als Feldherr nicht um die Gunst der Menge zu buhlen.

Sie zogen also aus der Stadt neunzig Stadien *) weit und lagerten am Flusse Allia, nicht weit von dem Platze, wo er sich in die Tiber ergießt. Als die Barbaren hier erschienen, schlugen sich die Römer schlecht und ergriffen die Flucht, denn es war keine Ordnung. Den linken Flügel stürzten die Gallier gleich anfangs in den Fluß und rieben ihn gänzlich auf; der rechte Flügel wich vor dem Angriff aus dem Gefilde nach den Bergen zu und erlitt geringeren Verlust, die meisten entkamen in die Stadt. Die andern, so viel ihrer der vom Niedermetzeln ermüdete Feind entrinnen ließ, flohen in der Nacht nach Veji, als wäre es schon mit Rom aus und alles dort verloren.

Die Schlacht fiel um die Zeit der Sommersonnenwende vor, während des Vollmonds an einem Tage, der schon früher ein großes Unglück gebracht hatte, die Niederlage der Fabier, da dreihundert aus diesem Geschlechte gegen die Tyrrhener fielen, und es ist Sitte geworden diesen Unglückstag den Allischen zu nennen nach dem Flusse an welchem die Römer geschlagen wurden.

Wären die Gallier nach dieser Schlacht den Fliehenden auf dem Fuße gefolgt, so hätte sie nichts gehindert, Rom

---

*) Vierzig Stadien sind gleich einer deutschen Meile.

gänzlich zu zerstören und die dort Gebliebenen alle zu ver=
nichten; so große Bestürzung erregten die Fliehenden daheim
und so sehr raubte die Furcht ihnen selbst alle Besinnung.
Aber die Barbaren kannten gar nicht die Größe ihres Sieges
und gaben sich in trunkener Freude nur dem Genusse des
Augenblickes hin; zudem waren sie damit beschäftigt, die
Beute zu theilen, die sie im Lager gemacht hatten. So
ließen sie der aus Rom wegeilenden Menge volle Zeit zu
fliehen und den Bleibenden, wieder Hoffnung zu fassen und
sich zu rüsten. Denn während sie die Stadt aufgaben,
sicherten sie das Kapitol mit Waffen und Befestigungswerken.
Dabei war es eine ihrer ersten Sorgen, die Heiligthümer
zu retten; einige wurden auf das Kapitol gebracht; mit dem
Feuer der Vesta aber und den anderen Heiligthümern ihres
Tempels begaben sich die Jungfrauen auf die Flucht. Wie=
wohl einige berichten, es stehe nichts unter ihrer Hut als
das ewige Feuer, das König Numa verordnet habe als
Grundursache aller Dinge zu verehren. Es ist nämlich das
Bewegendste in der Natur, und alles Werden ist ein Be=
wegen oder wenigstens mit Bewegung verbunden. Die
anderen Stoffe sind matt und abgestorben, sobald die Wärme
entflieht, und sehnen sich nach der Feuerskraft als der Lebens=
seele und gehen bei der leisesten Berührung mit ihr zum
Thun oder Leiden über. Andere behaupten, das Feuer brenne
wie bei den Griechen zur Reinigung vor den Heiligthümern,
die inwendig, nur den Jungfrauen zugänglich, bewahrt würden,
darunter das troische Palladium und andere Gegenstände der
Verehrung, die Aeneas nach Italien mitgebracht hätte. Wie
dem auch sei, die Jungfrauen flüchteten mit dem, was ihnen
das Heiligste war, den Fluß entlang. Hier war gerade
unter den Fliehenden Lucius Albinus, ein Plebejer, der seine
Frau und kleinen Kinder mit den nothwendigsten Bedürfnissen
auf einem Wagen fortbrachte. Als dieser die Jungfrauen
mit den Heiligthümern der Götter im Arme, ohne Bedienung
und mühselig des Weges ziehen sah, so nahm er schnell die

Frau mit den Kindern und der Habe von dem Wagen und übergab ihn den Jungfrauen: sie stiegen darauf und flüchteten in eine der griechischen Städte. Diese fromme Scheu des Albinus und seine in der äußersten Noth bewiesene Ehrerbietung vor dem Heiligen durfte ich nicht mit Stillschweigen übergehen.

Die Priester der übrigen Götter aber und die Greise, welche Konsuln gewesen waren und Triumphe gefeiert hatten, konnten sich nicht entschließen, die Stadt zu verlassen, sondern sie legten prächtige Festgewande an, sprachen dem Hohenpriester Fabius das Gebet nach, mit welchem sie sich für das Vaterland dem Schicksal zum Opfer weihten, setzten sich dann in ihrem Schmucke auf die elfenbeinernen Stühle auf dem Markt und erwarteten, was da kommen sollte.

Am dritten Tage nach der Schlacht erschien Brennus mit seinem Heere vor der Stadt. Da er die Thore offen fand und die Mauern ohne Wache, so fürchtete er anfangs List und Hinterhalt; denn er konnte nicht glauben, daß die Römer alles so verloren gäben. Als er aber die Wahrheit erfahren hatte, zog er durch das Kollinische Thor und nahm Rom ein, etwas über 360 Jahre nach seiner Erbauung, und die Kunde von diesem Ereignisse verbreitete sich schnell: Herakleides von Pontos und ein anderer Zeitgenosse, der Philosoph Aristoteles, haben Kenntniß davon.

Nach der Einnahme Roms umgab Brennus das Kapitol mit einer Wache; als er sodann über den Markt hinabging, erblickte er mit Staunen die Männer, die im Schmucke still da saßen, vor den nahenden Feinden sich nicht erhoben, nicht Miene oder Farbe veränderten, sondern ruhig und furchtlos auf ihre Stäbe gelehnt, ohne sich zu rühren einander ansahen. Den Galliern war der befremdliche Anblick so wundersam, daß sie lange Zeit verlegen waren, hinzuzutreten und sie zu berühren, als wenn es höhere Wesen wären. Als endlich einer von ihnen sich ein Herz faßte, zu Manius Papirius trat, sein Kinn sachte mit der Hand berührte und den langen Bart herabstrich, gab ihm Papirius mit dem Stabe einen heftigen Schlag auf den Kopf, der Barbar aber zog das Schwert und erschlug ihn. Hierauf fielen sie auch über die andern her, sie zu morden, tödteten auch sonst noch, wen sie trafen, und plünderten mehrere Tage lang die Häuser rein aus, bis sie endlich Feuer anlegten und sie niederrissen aus Zorn gegen die, welche das Kapitol inne hatten; denn diese gaben ihren Aufforderungen kein Gehör, ja sie schlugen die Angriffe zurück, indem sie ihnen von der Mauer herab manchen Verlust zufügten. Deswegen also zerstörten sie die Stadt und tödteten auch die Gefangenen, alle ohne Unterschied, Männer und Weiber, Greise und Kinder.

6. Camillus in Ardea.

Die Belagerung zog sich aber in die Länge, und den Galliern gingen die Lebensmittel aus. Sie mußten sich daher theilen: die einen blieben beim Könige, das Kapitol zu belagern; die andern zogen auf Beute im Land umher, überfielen und plünderten die Dörfer, nicht mit hellen Haufen, sondern zug- und rottenweise zerstreut, so übermüthig hatte sie das Glück gemacht, als hätten sie nichts mehr zu fürchten. Ihre stärkste und geordnetste Schaar zog auf die Stadt Ardea, wo Camillus seit seiner Verbannung von Geschäften zurückgezogen lebte, jetzt aber als ein Mann, der nicht geneigt war, sich vor dem Feinde zu verstecken und zu entwischen, über Hoffnungen und Planen brütete, wie er Gegenwehr leisten möchte, wenn die Zeit dazu gekommen wäre. In Ardea waren Leute genug, aber kein Unternehmungsgeist, weil es den Anführern an Erfahrung und Muth fehlte: daher warf er zunächst der Jugend die Aeußerung hin, man dürfe das Unglück der Römer nicht für eine Heldenthat der Gallier halten, in der Strafe ihres Unverstandes kein Werk derer, die nichts zum Siege gethan: vielmehr müsse man

barin das Walten des Schickſals ſehen. Schön ſei es nun,
auch mit Gefahr den Angriff von Fremden und Barbaren
abzuwehren, welchen, wie dem Feuer, die Vernichtung des
Beſiegten das Ziel des Sieges ſei. Doch bei freudigem
Muthe wolle er ihnen zur rechten Stunde ohne Fährlichkeit
zum Sieg verhelfen.

Dieſe Reden fanden bei der Jugend Eingang, und nun
wandte ſich Camillus an die Obrigkeiten und Rathsherren
der Arbeaten. Nachdem er auch dieſe gewonnen hatte, be=
waffnete er alle junge Mannſchaft und hielt ſie innerhalb
der Mauern beiſammen, damit die nahen Feinde nichts er=
fahren möchten. Als ſie aber nach ihrem Streifzuge durch
das Land mit Beute ſchwer beladen, nachläſſig und ſorglos
in der Ebene lagerten, und die Nacht dann über die Be=
trunkenen kam und Stille im Lager herrſchte, führte Camillus,
von den Kundſchaftern unterrichtet, die Arbeaten hinaus,
rückte geräuſchlos vor und überfiel um Mitternacht mit lautem
Geſchrei das Lager, und die Trompeten ſchmetterten von
allen Seiten Leuten an das Ohr, die in ihrer Trunkenheit
kaum das Getöſe aus dem Schlafe brachte. Nur wenige,
vom Schrecken nüchtern geworden, griffen zu den Waffen,
ſtellten ſich den Kriegern des Camillus entgegen und fielen
im Kampfe; die meiſten wurden, noch trunken vom Schlaf
und vom Wein, überfallen und wehrlos erſchlagen. Die
Wenigen, die noch in der Nacht aus dem Lager entrannen,
rieb am Morgen die nachſetzende Reiterei auf, da ſie einzeln
in der Gegend umherſchweiften.

Der Ruf dieſer That verbreitete ſich ſchnell in den
Städten und munterte viele der jungen Männer auf, ſich
anzuſchließen, beſonders die Römer, welche aus der Schlacht
an der Allia entkommen waren. Sie befanden ſich zu Veji
und klagten untereinander: „Welch einen Feldherrn hat
Rom ſein böſer Geiſt genommen, um Arbea mit dem Waf=
fenglück des Camillus zu ſchmücken, während die Stadt, die
den großen Mann gebar und nährte, verlaſſen und verloren

ist, wir aber in Ermangelung eines Feldherrn uns hinter
fremde Mauern verkriechen und Italien preisgeben. Auf,
laßt uns zu den Arbeaten schicken und unsern Feldherrn
zurückverlangen, oder wir wollen die Waffen nehmen und
selbst zu ihm gehen; denn er ist kein Verbannter mehr,
und wir keine Bürger, haben wir ja doch keine Vaterstadt,
sondern sehen sie in des Feindes Gewalt." Dies wurde
denn beschlossen und Boten abgeschickt, den Camillus zu
bitten, er möchte den Oberbefehl übernehmen. Er aber er=
wiederte: nicht eher, als bis die Bürger auf dem Kapitol
ihn nach dem Gesetze durch ihre Stimmen erwählt hätten.
Denn in jenen, glaube er, sei das Vaterland erhalten, und
ihrem Befehle werde er willig gehorchen, wider ihren Willen
aber seine Dienste nicht aufbringen. Man bewunderte diese
Umsicht und Rechtlichkeit, war aber in großer Verlegenheit,
wer die Nachricht auf das Kapitol bringen sollte; es schien
unmöglich, daß ein Bote auf die Burg gelange, da die
Stadt in Feindeshand war.

Nun befand sich unter den Jünglingen einer mit Namen
Pontius Cominius, seiner Abkunft nach vom Mittelstande,
aber voll Begierde nach Ruhm und Ehre; dieser unternahm
freiwillig das Wagniß. Er ließ sich nichts Schriftliches
mitgeben, damit nicht, wenn er dem Feind in die Hände
fiele, die Absicht des Camillus kund würde. In schlechtem
Kleide, unter welchem er Kork trug, machte er den Weg
bei Tag und ohne alle Gefährde. Als er sich der Stadt
nahte, brach die Nacht ein, und da er wegen der feindlichen
Wachposten auf keiner Brücke über den Fluß gelangen konnte,
so wickelte er seine Kleider, die nicht viel noch schwer waren,
um den Kopf, sprang in das Wasser und gelangte zur
Stadt hinüber, indem ihm die Korkstücke das Schwimmen
erleichterten. Wo ein Lichtschimmer oder ein Geräusch
Wachende vermuthen ließ, wich er aus und kam an's Kar=
mentalische Thor, wo sich der Kapitolinische Hügel auf vielen
rauhen Felsen am steilsten erhebt. Alles war still. Er

stieg leise hinan und gelangte mit Mühe und Noth über
verwittertes Gestein hinauf zu den Wächtern der Mauer.
Er begrüßte die Männer, nannte seinen Namen, wurde ein=
gelassen und begab sich zu den Obrigkeiten. Sofort wurde
der Senat versammelt. Cominius trat vor denselben, ver=
kündigte den Sieg des Camillus, von welchem man hier
noch nichts gehört hatte, trug sodann den Beschluß der
Soldaten vor und forderte die Rathsherren auf, dem Camillus
den Oberbefehl zu bestätigen, da die Bürger draußen nur
ihm gehorchen würden. Ueber diesen Antrag trat der Senat
sogleich in Berathung, ernannte Camillus zum Dictator und
schickte Pontius auf demselben Wege zurück. Diesen be=
günstigte auch diesmal das Glück: er entging den Blicken
des Feindes und hinterbrachte den Römern draußen den
Schluß des Rathes.

7. Camillus wieder Dictator.

Die Römer nahmen die Botschaft mit Freuden auf, und
so begab sich Camillus nach Veji, wo er schon zwanzig=
tausend Mann unter den Waffen fand; er brachte noch mehr
von den Bundesgenossen zusammen und rüstete sich zum
Angriff.

Zu Rom gingen indeß einige Barbaren von ungefähr
an dem Orte vorüber, wo Pontius in der Nacht auf das
Kapitol gestiegen war, und da sie an vielen Stellen Spuren
von Füßen und Händen bemerkten, wo er sich festgehalten
und angeklammert hatte, an vielen die Pflanzen, welche auf
den Felsen wuchsen, zertreten und die Erde herabgerollt
sahen, so zeigten sie es dem Könige an. Dieser ging hin
und besah es: zuerst sagte er kein Wort, am Abend aber
berief er die Behendesten der Kelten und deren Körperbau
am meisten zum Bergsteigen geeignet schien, und sagte:
„Der Feind zeigt uns den unbekannten Weg zu ihm; man
sieht, daß er nicht ungangbar und unübersteiglich ist. Schimpf

und Schande wäre es, nachdem die ersten Schritte gelungen sind, am letzten zu verzagen und den Platz als unbezwingbar aufzugeben, während der Feind selbst zeigt, wo er zu nehmen ist. Denn wo Einer hinaufsteigen konnte, da muß es auch für viele nach einander möglich sein: vielmehr haben sie bei dem gemeinsamen Unternehmen viel Vortheil und Behuf. Geschenke und Auszeichnungen soll jeder nach Verdienst für seine Tapferkeit empfangen."

Auf diese Rede des Königs übernahmen die Gallier freudig das Wagniß, und um Mitternacht stiegen viele zugleich leise den Felsen hinan, sich an den Boden klammernd, der zwar steil und schroff war, sich aber beim Versuch über Erwarten nachgebend und weich zeigte, so daß die vordersten schon die Höhe erreicht hatten und Anstalt machten, sofort Hand an die Vormauer zu legen und die schlafenden Wächter zu überfallen, denn weder Mensch noch Hund merkte sie. Allein es waren Gänse da, der Juno geheiligt, im Tempel dieser Göttin; diesen gab man sonst ihre Nahrung im Ueberflusse, jetzt aber, da die Lebensmittel nur noch kärglich und mit genauer Noth für die Menschen zureichten, wurden sie vernachlässigt und schlecht gehalten. Nun hat dieses Thier schon von Natur ein feines und ängstliches Ohr: dazu hielt diese der Hunger wach und in Unruhe; daher merkten sie den Ueberfall der Gallier gleich: sie liefen mit Geschnatter auf jene zu und weckten alles auf, während nun auch die Barbaren, weil sie sich verrathen sahen, Laut genug gaben und ungestümer angriffen. Jeder raffte nun in der Eile die erste beste Waffe auf und setzte sich, so gut er konnte, zur Wehr; vor allen der gewesene Konsul Manlius, ein Mann von großer Leibeskraft und seltener Gegenwart des Geistes: er begegnete zwei Feinden zugleich und hieb dem einen, welcher schon die Streitart schwang, die rechte Hand ab, indem er ihm mit dem Schwerte zuvorkam; dem andern stieß er den Schild in's Gesicht und stürzte ihn rücklings den Felsen hinab. Dann stellte er sich mit den Herbeigeeilten

auf die Mauer und trieb die andern zurück, die · weder in
bedeutender Zahl oben waren, noch irgend eine ihrem Wag=
nisse entsprechende That vollbrachten.

· So waren die Römer auf dem Kapitol der Gefahr
entronnen. Sie stürzten mit Anbruch des Tages den Haupt=
mann der Wache über die Felsen zum Feinde hinab und
ertheilten dem Manlius einen Siegespreis, der ihm, wenn
auch nicht zu großem Nutzen, doch zur Ehre gereichte. Sie
brachten nämlich zusammen, so viel jeder des Tages zur
Nahrung erhielt, eine halbe Litra Getreide und an Wein
die Hälfte der griechischen Kotyle*).

Von nun an hatten die Gallier nicht mehr den alten
Muth. Sie litten Mangel an Lebensmitteln, da sie aus
Furcht vor Camillus nicht wagten, auf Plünderung auszu=
gehen. Auch schlich sich Krankheit bei ihnen ein, da ihre
Zelte unter einer Menge Todter, die haufenweise herumlagen,
auf Schutt und Trümmern standen, und bei heißem Winde
die tiefe Asche viel schwüle, scharfe Stickluft entwickelte, die
mit jedem Athemzug die Gesundheit vergiftete. Am verderb=
lichsten wirkte die Veränderung der gewohnten Lebensweise,
die Versetzung aus schattigen Gegenden, wo sich willkommener
Schutz vor der Hitze fand, in ein niedriges, zur Herbstzeit
ungesundes Land, und das lange Müßigliegen vor dem
Kapitol, denn sie hüteten es nun bereits sieben Monate.
Daher kam denn ein großes Sterben über das Heer, daß
man die Todten wegen ihrer Menge nicht einmal mehr
begrub. Darum waren aber die Belagerten nicht besser
daran. Denn die Hungersnoth nahm auch bei ihnen zu,
und von Camillus konnte niemand Nachricht bringen, weil
der Feind die Stadt scharf bewachte. Bei dieser Lage beider
Theile wurden Unterredungen wegen eines Vergleiches ange=
knüpft, zuerst zwischen den Vorposten, die zusammentrafen;
darauf hielt nach dem Beschlusse der Vornehmsten der Römische

---

*) Ungefähr ein halbes Pfund Brod und ein Glas Wein.

Kriegstribun Sulpicius mit Brennus eine Besprechung: sie wurden einig, daß die Römer tausend Pfund Goldes bezahlen, die Gallier aber, sobald sie es empfangen, aus Stadt und Land abziehen sollten. Der Vergleich wurde beschworen und das Gold herbeigebracht. Da aber die Kelten beim Wägen betrügerisch verfuhren und zuerst heimlich, dann sogar durch offenes Ziehen den Ausschlag verkehrten, so wurden die Römer unwillig. Brennus aber, voll Uebermuth und Hohn, löste sich Schwert und Gehenke zumal und legte es zu den Ge=wichten. Und als Sulpicius fragte: „Was soll dies?" so antwortete er: „Was denn anders, als Wehe den Besiegten!" Dies ist nun eine sprichwörtliche Rede geworden. Die Römer aber verlangten zum Theil in ihrem Unwillen, man solle mit dem Gelde wieder gehen und die Belagerung aushalten; die andern sagten, man solle doch eine erträgliche Beleidigung hingehen lassen und es nicht für schimpflich halten mehr zu geben, nachdem man sich einmal nicht mit Ehren, sondern nothgedrungen zum Geben verstanden habe.

Während sie nun darüber mit den Kelten und unter einander selbst stritten, erschien Camillus mit seinen Leuten an den Thoren. Sobald er erfuhr, was vorging, befahl er dem Heere ihm in Schlachtordnung und langsam zu folgen, er selbst aber eilte sofort, von den Vornehmsten begleitet, zu den Römern. Alles machte Platz und empfing den Dictator mit Ehrerbietung. Er schritt gerade auf die Wage zu, nahm das Gold herab und gab es den Dienern, die Gallier aber hieß er mit ihrer Wage und ihren Gewichten gehen, indem er rief: „Mit dem Stahle, nicht mit Gold rettet von je der Römer sein Vaterland." Brennus zürnte und beschwerte sich, daß der Vertrag gebrochen werde, Camillus aber entgeg=nete: „Der Vertrag war nicht gesetzlich geschlossen und hat darum keine Giltigkeit; denn da ich bereits zum Dictator ernannt war und nach dem Gesetze keine andre Gewalt mehr galt, so hatten die, welche ihn eingingen, nicht das Recht dazu. Jetzt saget, was ihr wollt, denn ich bin da mit gesetzlicher Vollmacht auf Bitte zu begnadigen und, wenn keine Reue erfolgt, nach Gebühr zu strafen." Hier fuhr Brennus auf und begann das Handgemenge; schon hatte man beiderseits die Schwerter gezogen und schlug sich im bunten Gedränge, weil der Platz kein Treffen bilden ließ, zwischen Häusern und in engen Gassen herum. Bald jedoch besann sich Brennus eines Bessern und führte die Kelten in das Lager, als noch nicht viele gefallen waren. In der folgenden Nacht brach er mit dem ganzen Heere auf, verließ die Stadt, zog sechzig Stadien weit und lagerte am Gabini= schen Wege. Mit Tagesanbruch erschien Camillus gegen ihn, in glänzender Rüstung, an der Spitze der Römer, welche jetzt kühne Zuversicht erfüllte; ein hartnäckiger Kampf beginnt: die Barbaren fliehen mit großem Verluste und ihr Lager wird genommen. Von den Fliehenden fallen viele sogleich unter dem Schwerte der Verfolger; die meisten wurden zerstreut umherirrend niedergemacht, indem die Bewohner der Dörfer und Städte in der Umgegend gegen sie auszogen.

8. Rom wieder hergestellt.

So war Rom unerwartet erobert und noch unerwarteter gerettet worden. Es hatte sich im Ganzen sieben Monate in der Gewalt der Barbaren befunden, denn sie waren um die Iden des Julius (= 15. Juli) eingezogen und ihr Abzug geschah um die Iden des Februarius (= 13. Februar). Camillus aber feierte einen Triumph, wie er verdiente, der Retter des verlorenen Vaterlandes, der Rom in sich selbst zurückführte: denn die Ausgewanderten kehrten heim mit Weib und Kind, als er einzog; die auf dem Capitol bela= gert worden und dem Hungertode nahe waren, gingen entgegen und umarmten einander mit Thränen der Freude, die ihnen wie ein Traum war. Priester und Tempeldiener trugen die Heiligthümer, die sie in ihrer Angst auf dem Platze verborgen oder mitgeflüchtet hatten, und zeigten das Gerettete den

Bürgern, die bei dem ersehnten Anblick eine Freude äußer=
ten, als kämen die Götter selbst mit nach Rom zurück. Als
er sodann den Göttern geopfert und nach Anweisung der
Kundigen die Stadt gereinigt hatte, stellte er die alten
Tempel wieder her, aber es bedurfte des ganzen Eifers des
Camillus und der angestrengten Bemühungen der Priester
um unter dem Schutt die alten Plätze wiederzufinden, wo
die Tempel gestanden hatten.

Nun sollte es aber auch an den Neubau der zerstörten
Stadt gehen, und da fehlte der Menge aller Muth zum
Werke: sie verschob es von einem Tage zum andern, da sie
von allem entblößt war und eher einer Rast und Erholung
von ihren Leiden bedurfte, als sich abzuarbeiten und zu
plagen bei erschöpften Geldern und Kräften. So wandten
sie nun ihre Wünsche im Stillen wieder auf Veji, die mit
allen Bedürfnissen versehene und erhaltene Stadt, luden
dadurch die Demagogen zu Umtrieben ein und gaben aufre=
genden Reden Gehör: Camillus wolle aus Ehrgeiz und
Ruhmsucht die bereitliegende Stadt vorenthalten und sie
zwingen auf dem Schutte zu wohnen und alle die Brand=
asche aufzustören, um nicht allein Führer und Feldhauptmann,
sondern auch, mit Verdrängung des Romulus, Roms Erbauer
zu heißen. Aus Furcht vor diesen Unruhen ließ der Senat
den Camillus sein Amt nicht vor Jahresfrist, wie er wollte,
niederlegen, so unerhört sonst eine Dictatur über sechs Monate
war; und die Rathsherren suchten das Volk durch herab=
lassenden Zuspruch zu beruhigen, indem sie auf die Denkmale
und Gräber der Vorvordern hinwiesen und an die heiligen
Stätten und geweihten Plätze erinnerten, welche Romulus
oder Numa oder sonst einer der Könige ihrer Andacht
empfohlen hatte. Dagegen machte den Rathsherren hinwiederum
der gemeine Mann das Herz weich, wenn er über seine
jetzige Armuth jammerte und bat, man möchte ihn, der sich
wie aus einem Schiffbruche nackt und bloß gerettet, doch

nicht nöthigen die Trümmer der zerstörten Stadt zusammen= zuflicken, während eine andre wohnlich bereit stehe.

Camillus beschloß nun, die Sache dem Senate vorzu= tragen. Er selbst empfahl in längerer Rede die Vaterstadt; darauf sprachen viele der Uebrigen in demselben Sinne: endlich rief er den Lucius Lucretius auf, der immer zuerst seine Stimme abzugeben pflegte, und hieß ihn zuerst seine Meinung sagen, dann sollten die andern der Reihe nach ihm folgen. Als es nun stille geworden und Lucretius beginnen wollte, ging zufällig draußen ein Hauptmann mit einer Abtheilung der Tagwache vorüber und rief dem Vordersten, welcher die Fahne trug, mit lauter Stimme zu, er solle dableiben und die Fahne aufstellen, denn hier werde man sich am besten setzen und verweilen. Diese Stimme drang gerade in dem Augenblick herein, wo man sich über die Entscheidung einer dunklen Zukunft besann: Lucretius nahm dies für eine göttliche Fügung und rief betend, er stimme dem Gotte bei, und die andern folgten ihm alle. Auch der Sinn der Menge änderte sich auf wunderbare Weise: man munterte sich gegenseitig auf und trieb sich zur Arbeit an, ohne daß man die Plätze vertheilt und eine Ordnung bestimmt hätte, sondern jeder baute wo es ihm gelegen schien. Daher kamen die krummen Straßen und die unordentlich durchein= ander liegenden Häuser, weil man so eifrig und eilig baute: denn innerhalb eines Jahres soll die Stadt mit Mauern und Privathäusern neu erstanden sein.

9. Dritte Dictatur des Camillus.

Noch waren die Bauarbeiten nicht vollendet, als ein Krieg ausbrach. Die Aequer, Volsker und Latiner machten einen Einfall in das Land, und zu gleicher Zeit wurde die Römische Bundesstadt Sutrium von den Etruskern belagert. Als nun die Kriegstribunen in ihrem Lager auf dem Berge Marcius von den Latinern eingeschlossen und in Gefahr waren, das ganze Heer zu verlieren, schickten sie nach Rom: da ward Camillus das drittemal zum Dictator ernannt. Er mußte, weil die junge Mannschaft vom Feinde eingeschlossen war, auch die Bürger bewaffnen, welche nicht mehr in den Jahren der Kraft standen. Er nahm einen weiten Umweg um den Berg Marcius, ohne von den Feinden bemerkt zu werden, stellte sich im Rücken derselben auf und verkündigte durch viele Feuer seine Gegenwart. Die Belagerten nun, dadurch ermuthigt, beschlossen einen Ausfall zu machen und eine Schlacht zu liefern. Die Latiner und Volsker aber, auf beiden Seiten vom Feinde bedroht, zogen sich innerhalb ihres Lagerwalles zusammen und verschanzten sich dicht mit Palisaden, denn sie wollten ein anderes Heer von Hause erwarten und hofften zugleich auf Hilfe von den Etruskern. Als Camillus dies bemerkte, fürchtete er die Einschließung, die er dem Feinde zugedacht hatte, selbst zu erleiden und eilte zuvorzukommen. Die Verschanzungen waren von Holz, und da immer bei Tagesanbruch ein heftiger Wind von den Bergen her wehte, so ließ er viel Brennstoff rüsten, rückte in der Morgendämmerung mit dem Heere aus und befahl den Uebrigen den Feind mit Geschossen anzugreifen und auf einer anderen Seite Geschrei zu erheben. Er selbst aber stellte sich mit denen, welche das Feuer schleudern sollten, an die Stelle, von wo der Wind gewöhnlich am heftigsten das feindliche Lager bestrich, und wartete auf den rechten Augenblick. Der Kampf begann, die Sonne ging auf, und der Wind erhob sich gewaltig: da gab er das Zeichen zum Sturm und ließ eine Menge Wurffeuer auf den Wall schleudern. Schnell loderte die Flamme, von den dicht verschlungenen Aesten und Pfählen genährt, hoch empor und verbreitete sich rings umher. Die Latiner hatten kein Löschmittel bereit: sie drängten sich, da das Lager voll Feuer war, in einen engen Raum zusammen und stürzten endlich in ihrer Noth auf den Feind hinaus, der bewaffnet und in Schlachtordnung vor dem Lager stand. Und von diesen entkamen nur wenige;

die im Lager Zurückgebliebenen aber wurden alle vom Feuer
verzehrt, bis die Römer es selbst löschten um die Beute
zu retten.

Nach diesem Siege ließ Camillus seinen Sohn Lucius
im Lager zurück zur Bewachung der Gefangenen und der
Beute, er selbst fiel in's Land der Feinde ein. Er nahm
die Stadt der Aequer, zwang die Volsker zur Unterwerfung
und rückte sofort nach Sutrium, denn er hatte noch keine
Nachricht über das Schicksal der Sutriner: er glaubte, sie
seien noch in Gefahr und eingeschlossen von den Etruskern,
und eilte ihnen Hilfe zu bringen. Allein die Stadt war
bereits dem Feind übergeben, und die Einwohner waren
abgezogen, entblößt von allem außer ihren Kleidern. So
begegneten sie mit Weib und Kind dem Camillus auf dem
Wege und jammerten laut über ihr Geschick. Camillus war
bei ihrem Anblick tief gerührt, und da er sah, daß auch
seine Römer, deren Kniee die Sutriner umfaßten, ob dem
Geschehenen weinten und zürnten, beschloß er die Rache nicht
aufzuschieben, sondern gleich noch an demselben Tage gegen
Sutrium zu ziehen; denn Leute, dachte er, die eben eine
glückliche und reiche Stadt erobert und keinen Feind darin
zurückgelassen hätten, noch einen von außen her erwarteten,
würde er gewiß ganz sorglos und unbewacht treffen. Und
er hatte richtig gerechnet. Unbemerkt durchzog er das Land,
unbemerkt gelangte er sogar an die Thore und besetzte die
Mauern: denn niemand hielt Wache, sondern alle waren
bei Wein und Gelagen in den Häusern zerstreut. Als sie
nun sahen, daß der Feind schon die Stadt inne hatte, waren
sie durch Ueberladung und Trunkenheit in so jämmerlichem
Zustande, daß viele nicht einmal die Flucht ergriffen, sondern
auf die allerschimpflichste Weise in den Häusern umkamen
oder sich selbst dem Feind übergaben. So geschah es, daß
Sutrium an Einem Tage zweimal eingenommen, die Eroberer
durch Camillus vertrieben, die Vertriebenen durch ihn wieder
eingesetzt wurden.

10. Camillus zum fünften und sechsten mal Kriegstribun.

Der Triumph, den er dieser Siege wegen hielt, trug ihm nicht geringere Liebe und Verehrung ein, als die beiden ersten. Denn auch seine ärgsten Neider unter den Bürgern, welche das Gelingen aller seiner früheren Unternehmungen mehr dem Glücke als dem Verdienste zuschrieben, sahen sich jetzt durch seine Thaten genöthigt, der Klugheit und dem unternehmenden Muthe des Mannes die Ehre zu geben. Uebrigens war unter seinen Gegnern und Neidern der ange= sehenste Marcus Manlius, der zuerst die Kelten von der Burg herabstürzte, als sie den nächtlichen Angriff auf das Kapitol machten, wovon er den Beinamen Capitolinus erhielt. Dieser wollte nämlich der Erste im Staate sein, und da es nicht möglich war, Camillus' Ruhm auf ehrlichem Wege zu überbieten, so bahnte er sich auf die gemeine und gewöhn= liche Weise den Weg zur Tyrannei, indem er die Menge köderte: bald trat er als Anwalt eines Schuldners gegen seinen Gläubiger vor Gericht auf, bald befreite er ihn ge= waltsam oder hinderte die gesetzliche Abführung in das Schuld= gefängniß. Daher sammelten sich bald viele Arme um ihn und versetzten durch freche Umtriebe auf dem Markte die angesehensten Bürger in große Angst. Quintus Capitolinus wurde deshalb zum Dictator ernannt und ließ den Manlius in's Gefängniß werfen; allein da hierauf das Volk wie bei großen und allgemeinen Unfällen Trauerkleider anlegte, so befahl der Senat, durch die aufrührerische Bewegung geschreckt, den Manlius der Haft zu entlassen. Wieder in Freiheit war er um nichts besser, vielmehr führte er in seinen Volks= reden eine noch keckere Sprache und zerriß die Stadt in Parteien.

Nun wählte man den Camillus wieder zum Kriegs= tribun. Manlius wurde vor Gericht gestellt, allein den Anklägern war der Anblick des Capitols sehr hinderlich.

Denn der Ort, wo Manlius in der Nacht gegen die Kelten gestritten, ragte vom Capitol her über den Markt empor, und sein Anblick machte die Herzen weich; so erhob auch Manlius selbst die Hände dahin und erinnerte mit Thränen an jenen Kampf. Dadurch wurden die Richter verlegen und verschoben mehrmals den Spruch, denn bei so hand=greiflichen Beweisen wollten sie das Verbrechen nicht unge=straft lassen, und doch vermochten sie nicht das Gesetz in Anwendung zu bringen, weil ihnen der Ort die Heldenthat beständig vor die Augen stellte. Dies bewog den Camillus das Gericht vor die Stadt hinaus in den Petelinischen Hain zu verlegen. Hier, wo das Capitol nicht mehr sichtbar war, trug der Ankläger die Klage freier vor, und den Richtern stand das Andenken an die Vergangenheit nicht im Wege, die Verbrechen der Gegenwart mit gerechtem Zorn zu ahnden. Manlius wurde also für schuldig erkannt, auf das Capitol geführt und über den Felsen herabgestürzt. So ward derselbe Ort zum Denkmal seiner glücklichsten Thaten und seines äußersten Mißgeschicks. Die Römer rissen sein Haus nieder und errichteten an der Stelle einen Tempel der Juno, welche sie die Mahnerin (Moneta) nennen, weil sie ihnen in Gefahr heilsame Erinnerungen gab. Auch faßten sie den Beschluß, es sollte in Zukunft kein Patricier auf der Burg seine Wohnung haben.

Als man Camillus zum sechsten mal zum Kriegstribunate berief, lehnte er es ab, theils weil er schon in vorgerücktem Alter stand, theils auch aus Scheu vor einem Mißfallen und der Vergeltung der höheren Mächte für so viel Ruhm und Gelingen. Der augenscheinlichste Grund aber war Schwäche des Körpers, denn er war an jenem Tage krank. Dennoch enthob ihn das Volk des Amtes nicht: sie riefen, man verlange ja nicht, daß er zu Pferd oder zu Fuß an den Kämpfen Theil nehme; er solle nur die Plane entwerfen und Anordnungen treffen. So mußte er denn die Heer=führung übernehmen und mit einem der anderen Kriegstri=

bunen, Lucius Furius, sogleich gegen die Feinde ausziehen.
Es waren die Präneſtiner und Volsker, die mit großer
Macht das Land der Bundesgenoſſen Roms verwüſteten.
Camillus rückte gegen ſie und lagerte ſich ihnen gegenüber
mit der Abſicht, den Krieg in die Länge zu ziehen: er gedachte,
falls eine Schlacht nothwendig wäre, ſich erſt zu ſchlagen,
wenn ſein Körper wieder Kräfte gewonnen hätte. Allein
da ſein Amtsgenoſſe Lucius aus Ehrgeiz mit Ungeſtüm ein
Treffen verlangte und höhere und niedere Offiziere dazu
aufreizte, ſo fürchtete Camillus den Schein, als ob er jungen
Männern den Ruhm großer Thaten aus Mißgunſt entzöge
und erlaubte ihm, ſo ungern er es that, das Heer dem
Feind entgegenzuſtellen, während er ſelbſt ſeiner Schwäche
wegen mit wenigen im Lager blieb. Als aber Lucius ſich
unbeſonnen in den Kampf einließ und geſchlagen wurde,
hielt ſich Camillus nicht länger zurück: ſobald er von der
Flucht der Römer hörte, ſprang er vom Bett auf und ging
mit ſeinen Begleitern an das Thor des Lagers. Er drängte
ſich durch die Fliehenden hindurch den Verfolgern entgegen,
worauf dann die Einen ſogleich wieder umkehrten und ihm
nachfolgten, andere aber, die erſt von außen herein eilten,
vor ihm anhielten und Schild an Schild reihten, einander
aufmunternd den Feldherrn nicht zu verlaſſen. So wurden
damals die Feinde genöthigt vom Verfolgen abzuſtehen. Am
folgenden Tag aber führte Camillus das Heer hinaus zum
Kampfe, gewann einen vollſtändigen Sieg, eroberte ihr
Lager, in das er mit den Fliehenden zugleich eindrang, und
rieb den größten Theil des Heeres auf.

Als er hierauf erfuhr, daß die Stadt Satria (Satricum
Liv.) von den Etruskern erobert und die Einwohner dieſer
Kolonie, lauter Römer, gemordet worden, ſchickte er den
größeren und langſameren Theil des Heeres nach Rom, er
ſelbſt aber überfiel mit den rührigſten und muthigſten Kriegern
die Etrusker, welche die Stadt inne hatten, ſchlug ſie, jagte
die Einen hinaus und machte die Anderen nieder.

Wie er nun mit großer Beute nach Rom zurückkehrte, sah man, daß die höchst verständig gehandelt hatten, welche Leibesschwäche und Alter eines Anführers von Erfahrung und tapferem Muthe nicht scheuten, sondern ihm gegen seinen Willen und obwohl er krank war, vor jungen Männern trotz ihren Bitten und Bemühungen um den Feldherrnstab den Vorzug gegeben hatten. Daher erhielt auch, als es hieß, die Tusculaner seien abgefallen, Camillus den Befehl, das Heer gegen sie zu führen mit einem der fünf anderen Feldherren, den er selbst wählen durfte. Trotz ihrem Wunsch und ihren Bitten überging er nun die Uebrigen und wählte den Lucius Furius, was niemand erwartet hätte: denn er war es ja, der gegen die Absicht des Camillus neulich die Schlacht verlangt und den kürzeren gezogen hatte. Ohne Zweifel wollte Camillus durch diese Auszeichnung das Unglück des Mannes in Vergessenheit bringen und ihn von der Schmach befreien.

Die Tuskulaner indeß suchten ihr Vergehen auf eine schlaue Art wieder gut zu machen. Während Camillus schon gegen sie im Anzuge war, erfüllten sie das Feld mit Menschen, die, wie im Frieden, den Acker bestellten, das Vieh weideten; die Thore standen offen, die Kinder lernten in der Schule. Die Handwerker waren in den Werkstätten bei ihrer Arbeit, die Vornehmeren im Friedenskleid auf dem Markte; die Beamten aber gingen eifrig umher, den Römern Wohnungen zu bestellen, als wenn sie nichts Böses besorgten, noch sich vorzuwerfen hätten. Bei allem dem konnte zwar Camillus an ihrer Treulosigkeit nicht zweifeln, allein ihre jetzige Reue erregte sein Mitleid: er befahl ihnen, sie sollten sich an den Senat wenden, um seinen Zorn zu beschwichtigen, und unterstützte selbst ihre Bitten, so daß ihnen alle Schuld erlassen und das Römische Bürgerrecht bewilligt wurde. Dies waren seine vorzüglichsten Thaten im sechsten Kriegstribunate.

11. Die vierte Dictatur.

Als hierauf Licinius Stolo eine große Unruhe in der
Stadt erregte, wobei das Volk sich wider den Senat erhob
und mit Ungestüm forderte, daß von den zwei Konsuln, die
man jährlich wählte, nicht beide Patricier, sondern der eine
ein Plebejer sein sollte: da wurden zwar Volkstribunen ge=
wählt, aber die Konsulwahlen ließ die Menge nicht zu Stande
kommen. Da nun der Staat ohne Oberhaupt in noch
ärgere Verwirrung gerieth, so wurde Camillus vom Senate
das vierte mal zum Dictator ernannt. Und dies geschah
gegen den Willen des Volkes und ohne daß er selbst Neigung
dazu gehabt hätte, denn er wollte sich nicht Menschen entge=
gensetzen, denen so viele und große Kämpfe ein Recht zur
Freimüthigkeit gegen ihn gaben, da er mehr mit dem Heere
vollbracht hatte als Feldherr, denn mit den Patriciern als
Staatsmann. Und jetzt war er von diesen aus Mißgunst
gewählt worden, um entweder, wenn er durchbränge, das
Volk zu unterdrücken, oder, wenn er nicht siegte, selbst
unterdrückt zu werden. Dennoch versuchte er den gegenwär=
tigen Uebeln abzuhelfen: an dem Tage, da die Tribunen,
wie er erfahren hatte, den Vorschlag durchzusetzen gedachten,
ließ er die Aushebung zum Kriegsdienst ansagen und rief
das Volk unter Androhung schwerer Strafen vom Markt
auf das Marsfeld. Die Tribunen bekämpften aber auch
dort seine Drohungen. Sie betheuerten mit einem Eide, sie
würden ihn um fünfzigtausend Drachmen strafen, wenn er
nicht aufhöre, dem Volke das gesetzliche Recht der Abstimmung
zu entziehen. Sei es nun, daß ihn der Gedanke an eine
zweite Verbannung schreckte, die dem bejahrten Manne nach
so vielen ruhmvollen Thaten wenig anstehen würde; oder
sei es, daß er die gewaltige, schwer zu erschütternde Macht
der Menge nicht zu überwinden vermochte, — er zog sich
für diesmal in seine Wohnung zurück und legte in den
folgenden Tagen unter dem Vorwand einer Krankheit das

25*

Amt nieder. Der Senat ernannte nun einen andern Dictator, und dieser, der gerade den Urheber der Bewegung Stolo zum Ritteroberſten ernannte, ließ es zu, daß durch ihn der Vorſchlag, welcher den Patriciern am meiſten wehe that, zum Geſetze erhoben wurde. Nach dieſem Geſetze ſollte niemand mehr als fünfhundert Morgen Landes beſitzen. Damals nun erwarb dieſer Sieg, den er beim Abſtimmen davon trug, dem Licinius großen Ruhm, allein kurze Zeit nachher wurde er überführt, ſelbſt ſo viel zu beſitzen, als er andern zu haben verbot und nach ſeinem eigenen Geſetze beſtraft.

12. Die fünfte Dictatur.

Nun war aber noch der Streit um die Konſulwahlen übrig, der ſchwierigſte Punkt, der den Zwieſpalt eigentlich veranlaßt hatte und dem Senat im Kampf mit dem Volke am meiſten zu ſchaffen machte: da kam ſichere Nachricht, die Kelten ſeien wieder, diesmal vom Adriatiſchen Meere her, mit vielen Tauſenden gegen Rom im Anzug. Mit der Botſchaft waren auch ſchon die Thaten des Krieges da: das Land wurde verwüſtet, und die Einwohner, ſo viele ihrer nicht wohl nach Rom entkommen konnten, zerſtreuten ſich in die Gebirge. Dieſer Schrecken hemmte den Parteizwiſt: der Adel vereinigte ſich mit der Menge, das Volk mit dem Senate, und alle wählten einſtimmig das fünftemal Camillus zum Dictator. Dieſer ſtund zwar in hohem Alter, und es fehlte ihm wenig zu achtzig Jahren: allein da er die Noth und Gefahr ſah, brachte er nicht, wie früher, Entſchuldigungen vor und ſuchte keine Ausflüchte, ſondern übernahm auf der Stelle die Heerführung und veranſtaltete eine Aushebung. Und da er wußte, daß die furchtbarſte Gewalt der Feinde in ihren Schwertern war, die ſie auf barbariſche Weiſe und ohne alle Kunſt herabſchwangen und damit vorzüglich Schultern und Köpfe ſpalteten, ſo ließ er dem größten Theil ſeines Heeres eiſerne Helme machen mit glatter Oberfläche, damit

die Schwerter abglitten oder zersprängen; die Schilde aber
ließ er rings mit einem Rande von Kupferblech umgeben,
weil das Holz allein gegen den Hieb nicht deckte. Auch zeigte
er selbst den Soldaten, wie sie die langen Spieße in der
Hand führen, den Schwertern der Feinde unterhalten und
die Streiche derselben auffangen müßten.

Als nun die Kelten nahe waren und am Anien in
einem von unermeßlicher Beute angefüllten Lager standen,
führte er das Heer hinaus und stellte es auf eine sanft
abhängige Höhe, die viele Vertiefungen hatte, so daß der
größte Theil verborgen war, der sichtbare aber aus Furcht
sich auf hochgelegene Plätze zusammengedrängt zu haben
schien. Um den Feind in dieser Meinung zu bestärken,
wehrte ihm Camillus nicht, das Land vor seinen Augen zu
verwüsten, sondern verschanzte sein Lager und hielt sich ruhig,
bis er sah, daß die Einen auf Plünderung zerstreut waren,
und die Andern im Lager ohne Maß schwelgten und sich
berauschten. Jetzt schickte er noch in der Nacht die leichten
Schaaren voraus, den Feind, wenn er sich in Schlachtord=
nung stellen wollte, zu hindern und gleich beim Ausrücken
zu verwirren; mit Anbruch des Tages aber ließ er die
Schwerbewaffneten hinabziehen und ordnete sie in der Ebene,
wo sie zahlreich und voll Kampflust auftraten, nicht, wie
die Barbaren erwarteten, in kleiner Zahl und muthlos.

Dies war das erste, was den Muth der Kelten nieder=
schlug, denn sie hielten es für eine Schande, der angegriffene
Theil zu sein. Dann stürmten die leichten Schaaren auf
sie los, ehe sie noch in Reihe standen und sich nach Rotten
ordnen konnten: so bedrängt mußten sie ganz ungeordnet,
wie es der Zufall fügte, kämpfen. Endlich, als Camillus
die Schwerbewaffneten herbeiführte, hoben zwar jene die
Schwerter auf und eilten, mit den Römern handgemein zu
werden, allein, da diese ihnen mit den Spießen entgegen=
kamen und mit eisenbeschlagenen Schutzwaffen ihre Streiche
auffaßten, so prallte ihr Eisen ab, das weich und dünn

gehämmert war, so daß ihre Schwerter sich bald krümmten und umlegten, während ihre Schilde von den darin haftenden Spießen durchbohrt und beschwert waren. Sie warfen deshalb die eigenen Waffen weg und suchten sich der Waffen ihrer Feinde zu bemächtigen; sie griffen nach den Spießen und wollten sie ihnen entreißen. Wie nun die Römer sie unbewehrt sahen, zogen sie das Schwert, und jetzt begann ein großes Blutbad unter den vordersten Reihen, die anderen flohen nach allen Seiten durch die Ebene; denn die Hügel und Anhöhen hatte Camillus vorher besetzt; vom Lager aber, das sie in ihrer Zuversicht nicht verschanzt hatten, wußten sie wohl, daß der Feind es ohne Schwierigkeit erobern würde.

Diese Schlacht, erzählt man, sei dreizehn Jahre nach der Einnahme Roms vorgefallen und habe den Römern festen Muth gegen die Gallier eingeflößt; sie hatten die Barbaren gar sehr gefürchtet, als hätten sie ihren ersten Sieg (vor dreizehn Jahren) durch Krankheiten und unerwartete Zufälle, nicht durch Gewalt der Waffen gewonnen. Ja die Furcht war so groß, daß ein Gesetz verordnete, die Priester sollten frei sein vom Kriegsdienste, außer wenn man die Gallier zu Feinden habe.

Dies war der letzte kriegerische Kampf des Camillus; denn die Einnahme von Veliträ, das sich ohne Widerstand ergab, war nur ein Nebenwerk von diesem Heereszuge. Allein der bürgerlichen Kämpfe schwersten und härtesten hatte er noch zu bestehen, den Kampf gegen das Volk. Neu erstarkt kehrte es jetzt vom Siege heim und wollte, dem bestehenden Gesetze zuwider, mit Gewalt einen Consul aus seiner Mitte ernennen. Der Senat widersetzte sich und verwehrte dem Camillus, die Dictatur niederzulegen, weil unter dem Beistande dieser vielvermögenden Gewalt der Kampf für die Adelsherrschaft günstiger stand.

Camillus saß eben auf dem Markte und hielt Gericht, als ein von den Volkstribunen abgeschickter Diener ihm zu folgen befahl; schon legte er Hand an, um ihn wegzuführen, da entstand ein Lärmen und Geschrei, wie noch nie auf dem Markte gehört worden: Camillus' Umgebung stieß den Diener von dem erhöhten Richtersitze weg, das unten stehende Volk aber rief, er solle ihn herabreißen. In dieser Noth legte er zwar sein Amt nicht nieder, nahm aber die an= wesenden Rathsherren mit und begab sich in den Senat. Ehe er eintrat, wandte er sich um gegen das Kapitol und flehte die Götter an, alles zum besten zu lenken; auch ge= lobte er, wenn die Unruhen gestillt wären, der Eintracht einen Tempel zu bauen. Im Senat entstand ein heftiger Kampf zwischen den entgegengesetzten Meinungen; doch siegte die mildere, welche dem Volke nachgab und einwilligte, daß der eine Konsul aus den Plebejern gewählt würde. Wie der Dictator dies als Beschluß des Senates dem Volke kund that, söhnte es sich, wie zu erwarten stand, sogleich voll Freude mit dem Senate aus und geleitete den Camillus unter Beifallklatschen und Jubelrufen nach Hause. Am folgenden Tage wurde eine Volksversammlung gehalten und der Beschluß gefaßt, es sollte, wie Camillus gelobt, der Eintracht zum Danke für dieses Ereigniß ein auf dem Ver= sammlungsplatze sichtbarer Tempel errichtet, auch die Lati= nischen Feste, um einen Tag verlängert, vier Tage gefeiert werden; zur Stunde sollte jeder Römer opfern und sich bekränzen. Bei der Wahl führte Camillus den Vorsitz: es wurden zu Konsuln ernannt Marcus Aemilius aus den Patriciern, und Lucius Sertius, der erste aus den Plebejern. Und dies war das Ende von Camillus' Thaten.

Im folgenden Jahre brach in Rom eine pestartige Krankheit aus, welche von den Bürgern eine unzählige Menge und die meisten Beamten hinwegraffte. Auch Camillus endete, an Alter und Vollendung des Lebens, wenn je einer, gereift, doch zu größerem Schmerze der Römer, als alle zusammen, die zu jener Zeit an der Krankheit starben.

V.

Marcus Cato der Aeltere.

Konsul 195, Censor 184, gestorben 149 vor Chr.

---

1. Herkunft und Heimath.

Marcus Cato war, wie man sagt, aus Tusculum gebürtig und lebte, ehe er sich dem Kriegsdienst und den Staatsgeschäften widmete, auf einem Gute seiner Väter im Sabinerlande. Seine Voreltern blieben nach der gewöhn= lichen Meinung in gänzlicher Dunkelheit, Cato selbst jedoch rühmt seinen Vater Marcus als einen muthvollen und erfahrenen Kriegsmann und versichert von seinem Urgroß= vater Cato, daß er viele Ehrenzeichen erhalten und fünf Streitrosse in Schlachten verloren habe, deren Werth ihm zum Lohne seiner Tapferkeit aus der Staatskasse ersetzt worden. Und da es Sitte bei den Römern ist, Männer, die keinen Ruhm von Ahnen erbten, sondern erst durch sich selbst bekannt wurden, Neulinge zu nennen, wie sie auch den Cato nannten, so sagte er, daß er zwar in Absicht auf Ehrenstellen und Ruhm ein Neuling, aber nach den Thaten und Tugenden seiner Väter uralten Geschlechtes sei.

Anfänglich war sein dritter Name nicht Cato, sondern Priscus, in der Folge aber erhielt er wegen seines Ver= standes den Beinamen Cato; denn die Römer nennen einen klugen Mann katus. Was sein Aeußeres betrifft, so hatte er ziemlich röthliche Haare und graublaue Augen, wie der

Verfasser eines Sinngedichtes in nicht gar freundlicher Weise andeutet:

Nein, den Rothen, das Katzenaug', den bissigen Priscus
Nimmt Persephone selbst todt in den Hades nicht auf.

Sein Körper, den er von Jugend auf an Arbeit, mäßige Lebensweise und Kriegsdienste gewöhnt hatte, war von trefflicher Beschaffenheit, an Kraft und Gesundheit gleich ausgezeichnet. Die Kunst der Rede aber, einen zweiten Leib und ein edles, jedem, der nicht niedrig und unthätig leben will, nothwendiges Werkzeug, bildete und übte er dadurch, daß er als Sachwalter in den umliegenden Dör= fern und Städtchen für jeden auftrat, der seinen Beistand verlangte. Und zuerst galt er nur für einen eifrigen An= walt, in der Folge auch für einen tüchtigen Redner. Und jetzt wurde denen, die mit ihm umgingen, ein Ernst des Charakters und eine Hoheit des Sinnes sichtbar, die ein weiteres Feld der Thätigkeit bedurfte und in herrschender Stellung leben mußte. Er hielt sich nämlich, wie man sagt, nicht blos vom Lohndienste bei den Gerichtshändeln fern, sondern verhehlte auch nicht, daß der Ruhm solcher Bemühungen nicht das höchste Ziel seines Strebens sei. Weit mehr suchte er Auszeichnung im Kampf gegen die Feinde und in Feldzügen: schon als zarter Jüngling war er mit Brustwunden bedeckt. Machte er doch nach seiner eigenen Versicherung den ersten Feldzug in seinem sieben= zehnten Jahre, zu der Zeit, da Hannibal als Sieger Italien verheerte. In den Schlachten schlug er mit der Faust wacker zu, während sein Fuß fest und unverrückt stand, sein Blick voll stolzen Trotzes war. Auch drohende Worte brauchte er gegen den Feind und erhob seine Stimme im rauhsten Tone, indem er richtig urtheilte und anderen bewies, daß dergleichen den Feind öfters mehr schrecke als das Schwert. Auf dem Marsche ging er zu Fuß und trug die Waffen selbst: ein Diener folgte mit den nöthigen

Lebensmitteln. Und diesem soll er nie gezürnt oder Vor=
würfe gemacht haben, wenn er ihm das Mittag = oder
Abendessen vorsetzte; vielmehr habe er gewöhnlich beim Zu=
bereiten der Speisen selbst Hand angelegt, wenn er von
kriegerischen Arbeiten feierte. Sein Getränk war im Felde
Wasser, außer, daß er bisweilen in sehr heftigem Durste
Essig verlangte, oder wenn ihn die Kraft verließ, am Ende
etwas Wein zu sich nahm.

Nahe bei seinem Gute lag die ehemalige Wohnung des
Manius Curius, welcher drei Triumphe gefeiert hatte *).
Dahin ging er oft, und indem er den kleinen Umfang des
Gutes und die Dürftigkeit des Hauses betrachtete, rief er
sich das Bild des Mannes vor die Seele, wie er, der
größte unter den Römern, der die streitbarsten Völker unter=
worfen und Pyrrhus aus Italien verjagt, dieses Gütchen
selbst umgrub und nach drei Triumphen diese Hütte
bewohnte; und wie ihn hier die Gesandten der Samniter
am Heerde sitzend und mit eigner Hand Rüben kochend
fanden und ihm viel Geld boten, er aber sie abwies mit
den Worten: „Der bedarf keines Goldes, dem ein solches
Mahl genügt: für mich ist es doch gewiß ehrenvoller, die=
jenigen zu besiegen, die Gold haben, als selbst Gold zu
haben." Mit solchen Gedanken ging Cato wieder hinweg,
und indem er nach seiner Wohnung, seinen Gütern, seinem
Gesinde und Haushalte sah, steigerte er die eigene Thätig=
keit noch höher und beschränkte noch strenger den Aufwand.

Um die Zeit, wo Fabius Maximus Tarent eroberte
(209 v. Chr.), diente Cato unter ihm im ersten Jüng=
lingsalter. Sein Wirth daselbst war ein gewisser Nearchos,
ein Pythagoräischer Philosoph, mit dessen Grundsätzen er
sich eifrig bekannt machte. Hörte er nun den Mann die

---

*) Manius Curius Dentatus hatte 290 v. Chr. zweimal,
über die Samniter und über die Sabiner, und 275 v. Chr. über
Pyrrhus triumphirt.

Lehren vortragen, welche auch Platon giebt, wenn er die Wollust die größte Lockspeise zum Bösen und den Leib das erste Unheil der Seele nennt, Erlösung und Reinigung dagegen die Thätigkeit der Vernunft, durch welche sie sich am meisten von den Schwachheiten des Körpers abzieht und entfernt, so wurde ihm die Einfachheit und Enthalt=samkeit noch werther als zuvor. Sonst soll er griechische Wissenschaft erst spät erlernt und in hohem Alter griechische Bücher zur Hand genommen haben. Dabei brachte ihm Thukydides einigen Nutzen für die Beredtsamkeit, bedeuten=deren Demosthenes. Doch sind seine Schriften mit griechi=schen Lehrsätzen und Erzählungen reichlich geziert, und in seinen „Denksprüchen und sinnigen Reden" findet sich viel wörtlich Uebersetztes.

2. Wie Cato nach Rom und in den Staats- dienst kommt.

Es lebte damals ein Mann, an Geburt und Ansehen einer der ersten Roms, dessen Kennerblick eben sowohl auf=keimendes Talent entdeckte, als sein wohlwollendes Herz Freude darin fand, es zu nähren und auf die Bahn des Ruhmes zu führen. Dies war Valerius Flaccus. Er hatte Güter in Catos Nachbarschaft und erfuhr von seinen Sklaven die Arbeitsamkeit und Lebensweise des Mannes. Er hörte mit Bewunderung erzählen, wie er früh Morgens auf den Markt gehe, um dem, der sein bedürfe, vor Gericht Beistand zu leisten; wie er dann auf sein Gut zurückkehre und Winters im Unterkleide ohne Aermel, Sommers nackt mit seinen Leuten arbeite; wie er endlich in ihrem Kreise sitzend das gleiche Brod mit ihnen esse und den gleichen Wein trinke. Auch noch viele andere Züge seines anspruchlosen, bescheidenen Sinnes und manche sin=nige Reden aus seinem Munde wurden ihm erzählt. Va=lerius ließ ihn also zu Gast bitten und ging von da an häufig mit ihm um, wo er dann bemerkte, daß der bildsame, feine Kopf gleich einer Pflanze sorgfältige Pflege und eines sonnigen Platzes bedürfe, und ihn durch Rath und Zuspruch bewog, nach Rom zu gehen und sich den Staatsgeschäften zu widmen.

Balb erwarb er sich dort selbst durch seine gerichtlichen Reden manche Bewunderer und Freunde, und da ihn zugleich Valerius auf's thätigste zu Ehre und Einfluß förderte, so wurde er zuerst Oberst beim Fußvolk, dann Schatzmeister. Und bald hatte er so viel Ruhm und Ansehen erlangt, daß er sich mit Valerius selbst um die höchsten Ehrenstellen bewerben konnte und Konsul, hernach Censor mit ihm wurde.

Unter den älteren Bürgern schloß er sich an Fabius Marimus an, einen sehr berühmten und einflußreichen Mann: er hatte sich dessen Sinnesart und Leben als das schönste Vorbild zur Nachahmung erwählt. Darum trug er auch kein Bedenken, als Gegner des großen Scipio aufzutreten, der sich, so jung er damals noch war, gegen die Macht des Fabius erhob und dessen Neid zu reizen schien. Ja als Schatzmeister mit Scipio in den Afrikanischen Krieg ausgesandt, erlaubte er sich, da er den Mann nach seiner Gewohnheit großen Aufwand machen und das Geld mit verschwenderischer Freigebigkeit unter die Heere vertheilen sah, eine freimüthige Sprache gegen ihn und erklärte, die Kosten seien dabei nicht die Hauptrücksicht, sondern daß Scipio die althergebrachte Einfachheit der Soldaten untergrabe, die durch das, was sie über das Bedürfniß erhalten, zu Schwelgerei und Ueppigkeit verleitet würden. Als aber Scipio erwiderte, er könne in dem Augenblick, wo er mit vollen Segeln zum Krieg eile, einen allzu genauen Schatzmeister nicht brauchen; denn von Thaten, nicht von Geld sei er der Stadt Rechenschaft schuldig; so entfernte sich Cato aus Sicilien. Aber im Senat erhob er mit Fabius ein großes Geschrei von unermeßlichen Summen, die Scipio verschleudere, von kindischen Lustbarkeiten, womit er in Fechtschulen und Theatern sich

die Zeit vertreibe, als hätte er nicht Krieg zu führen, sondern
Volksfeste zu geben. Dadurch brachte er es dahin, daß
man Volkstribunen abschickte um ihn, wenn die Anklagen
begründet wären, nach Rom zurückzuführen. Allein Scipio
zeigte ihnen in seinen Rüstungen zum Kriege den Sieg;
sie überzeugten sich, daß er, so liebenswürdig er als Gesell=
schafter für seine Freunde in Mußestunden war, doch über
der milden Gefälligkeit seines Benehmens das Ernste und
Wichtige nie versäume. Und so ließen sie ihn ungehindert
zum Kriege abziehen.

So viel auch die Beredtsamkeit zur Erhebung Catos
beitrug, wie man ihn denn insgemein den Römischen Demost=
henes nannte, so wurde doch seine Lebensweise noch mehr
bewundert und gerühmt. Die Kunst der Rede war ja
bereits Gegenstand des allgemeinen Wetteifers der Jugend:
Cato aber, der nach altväterlicher Weise mit eigenen Händen
arbeitete, sich mit einfacher Mahlzeit und kaltem Morgen=
imbiß, mit schlichtem Gewande und geringer Wohnung
begnügte und es höher achtete des Ueberflusses nicht zu
bedürfen als ihn zu besitzen — Cato war mit solchen Eigen=
schaften eine seltene Erscheinung. Denn schon damals konnte
der Staat ob seiner Größe die Reinheit der Sitten nicht
bewahren, sondern nahm mit der Gewalt über viele Länder
und Menschen die mancherlei Sitten und Lebensweisen an,
deren Muster sie ihm boten. Mit Recht wurde daher Cato
bewundert: während die andern durch Anstrengungen sich
erschöpften, durch Wollüste erschlafften, sah man ihn von
beiden unbesiegt. Und dies nicht blos so lang er jung und
im Feuer der Ehrbegierde war, sondern als graues Haupt
nach Konsulat und Triumph, gleich einem sieggekrönten
Ringer, der seine Uebungen nicht minder eifrig fortsetzt und
dabei bis zu seinem Ende beharret.

Versichert er doch, daß er nie ein Kleid getragen, das
über hundert Drachmen (24 Thlr. 3 Gr. = 43 fl. 36 kr.)
gekostet, als Prätor und Konsul denselben Wein getrunken

wie feine Feldarbeiter und die Zukoft zu feinem Mahle auf
dem Markt um dreißig Affe *) gekauft habe, und zwar dem
Vaterlande zu lieb, damit fein Körper die volle Kraft zum
Kriegsdienfte hätte. Als ihm ein gewirkter Teppich von
Babylonifcher Arbeit durch Erbfchaft zugefallen, habe er ihn
fogleich verkauft; von feinen Landhäufern fei keines getüncht
gewefen; nie habe er einen Sklaven um mehr als fünfzehn-
hundert Drachmen erkauft: denn es war ihm nicht um
Ueppigkeit und Jugendblüthe, fondern um Tüchtigkeit und
Muskelkraft zu thun, wie fie Pferdeknechte und Ochfentreiber
brauchen. Und auch diefe glaubte er, wenn fie alt geworden,
verkaufen zu müffen, um keinen Unnützen zu füttern. Ueberhaupt fei nichts Ueberflüffiges wohlfeil: was man nicht
brauche, fei fchon für ein As zu theuer, und man follte
lieber Grundftücke zur Saat und Weide kaufen als zum
Begießen und Kehren **).

Dies legten zwar manche dem Manne als Kargheit aus,
andere aber gaben ihm Beifall, daß er fich felbft befchränke,
um feine Mitbürger zu beffern und zur Einfachheit zurückzuführen. Nur daß er die Sklaven, wenn er fie wie Zug-
thiere gebraucht hatte, im Alter aus dem Haufe trieb und
verkaufte, ift nach meiner Meinung unbillig und hart und
verräth einen Mann, der kein anderes Verhältniß des Menfchen zum Menfchen kennt als das des Vortheils. Und
doch fehen wir, daß die Güte weiteren Umfang hat als die
Gerechtigkeit; denn Gefetz und Recht können wir vermöge
unferer Natur nur gegen Menfchen in Anwendung bringen,
Wohlthat und Dank aber ftrömt aus der reichen Quelle
eines guten Herzens felbft auf Thiere aus. Gibt doch ein
gütiger Herr den abgearbeiteten Pferden das Gnadenbrod
und läßt nicht blos jungen, fondern auch alten Hunden

---

*) 30 Affe = 3 Denarien; ein Denar, wie die Drachme
der Griechen = 26 kr.; alfo 30 Affe = 1 fl. 18 kr.
**) d. h. lieber Fruchtäcker und Weideplätze als Luftgärten.

Nahrung und Pflege angedeihen. So schenkte das Athenische Volk den Mauleseln, welche beim Bau des Hekatompedon *) am fleißigsten arbeiteten, insgesammt die Freiheit und ließ sie ledig auf die Weide laufen. Einer davon kehrte, wie man erzählt, freiwillig zur Arbeit zurück und lief neben den Zugthieren, welche die Wagen auf die Burg führten, her oder ihnen voran, als wollte er dieselben aufmuntern und antreiben, weßhalb sie beschlossen, ihn auf Staatskosten bis zu seinem Ende zu ernähren. Die Stuten des Kimon, mit welchen er drei Siege zu Olympia gewann, haben sogar ein Grab neben seinem Denkmal. Manche haben Hunde bestattet, die ihnen durch beständiges Zusammenleben vertraut geworden. So ließ namentlich in der alten Zeit Xanthippos den Hund, der bei der Auswanderung des Volks aus Athen neben seiner Galeere nach Salamis hinüberschwamm, auf dem Vorgebirge beerdigen, das noch jetzt Hundsmal heißt. Denn man darf mit beseelten Wesen nicht umgehen wie mit Schuhen und Geräthen, die man wegwirft, wenn sie durch den Gebrauch abgenutzt und zerrissen sind, nein, man muß an ihnen, wenn aus keinem anderen Grunde, wenigstens um sich in der Tugend der Menschenfreundlichkeit zu üben, Milde und Güte beweisen lernen. Ich meinestheils würde nicht einmal einen Pflugstier Alters halben veräußern, viel weniger einen in meinem Dienste ergrauten Menschen aus seinem alten Aufenthalte und der gewohnten Lebensweise wie aus seinem Vaterlande um einige Geldstücke verstoßen, zumal er für den Käufer so unbrauchbar wäre, wie für den Verkäufer. Cato dagegen, als thäte er sich auf solche Dinge noch etwas zu gut, versichert sogar, daß er das Pferd, das er als Konsul in seinen Feldzügen brauchte, in Spanien zurückgelassen habe, um der Stadt nicht das Fahrgeld dafür

---

*) Des Tempels der jungfräulichen Pallas auf der Burg zu Athen (Parthenon). Seine Breite betrug 100 Fuß, woher der Name. Die Länge war ungefähr 227 Fuß.

anrechnen zu müssen. Darüber mag nun jeder nach seinen eigenen Ansichten urtheilen, ob es eine großherzige oder eine niedere Denkart verräth.

Sonst aber verdient die Enthaltsamkeit des Mannes hohe Bewunderung. Er nahm als Feldherr für sich und sein Gefolge auf den Monat nicht mehr als drei Attische Scheffel Waizen und für seine Pferde nicht ganz anderthalb Scheffel Gerste auf den Tag. Als er Sardinien zur Provinz erhalten (198 v. Chr.), war der Abstand seiner Sparsamkeit gegen den Aufwand seiner Vorgänger unglaublich groß. Diese ließen sich aus öffentlichen Mitteln Zelte, gepolsterte Sopha und Gewänder geben und übten durch zahlreiche Dienerschaft, eine Menge von Gästen und verschwenderische Ueppigkeit der Tafel einen schweren Druck: Cato dagegen bezog für keine Ausgabe irgend einer Art Geld aus der öffentlichen Kasse, er reiste ohne alles Gespann in den Städten umher, ein einziger Gerichtsdiener folgte ihm, der ein Gewand und eine Schaale zu Trankopfern trug. So bescheiden und genügsam er sich aber hierin den Bürgern bewies, so gut wußte er auf der anderen Seite seine Würde und Hoheit zu bewahren als unerbittlicher Verwalter der Gerechtigkeit und strenger, gerade durchgreifender Vollstrecker der Regierungsbefehle, so daß den Sardiniern die Römische Herrschaft nie furchtbarer und nie liebenswürdiger erschien.

3. Catos Beredtsamkeit.

Und eben dies war auch der Charakter seiner Beredtsamkeit, lieblich und ernst zugleich, angenehm und erschütternd, scherzhaft und herb, sinnreich und heftig. So sagt Platon von Sokrates, daß er denen, die in seine Nähe kamen, auswendig gemein, satyrhaft und übermüthig erschienen, inwendig aber voll Ernst gewesen sei und voll von Dingen, welche den Hörern Thränen entlockten und ihr Herz erschütterten. Daher weiß ich nicht, was diejenigen denken, welche in Catos Redeweise am meisten Aehnlichkeit mit

Lysias finden. Doch darüber bleibe die Entscheidung besseren Beurtheilern Römischer Redner vorbehalten; wir wollen dafür einige seiner denkwürdigen Reden anführen in der Ueberzeugung, daß der Charakter eines Menschen weit mehr in dem zu finden ist, was er sagt, als in den Gesichtszügen, worin manche ihn suchen.

Als er einmal das römische Volk von der unzeitigen Forderung einer Getraidevertheilung abbringen wollte, fing er seine Rede also an: „Schwer zwar ist es, meine Mit=bürger, zum Bauch zu reden, denn er hat keine Ohren." Ein andermal, da er die Verschwendung tadelte, sagte er: eine Stadt, wo ein Fisch mehr koste als ein Ochse, sei schwer zu retten *). Die Römer, äußerte er ferner, seien Schafen ähnlich: wie diese einzeln nicht gehorchen, alle miteinander aber den Führern folgen, so lassen auch sie sich, sobald sie zusammen kommen, von Leuten leiten, die sie wohl einzeln nicht zu Rathgebern wählen würden.

In einem Gespräch über die Weiberherrschaft sagte er: „Alle Menschen gebieten ihren Frauen, wir gebieten allen Menschen und uns unsere Frauen." Dies ist jedoch aus den Witzreden des Themistokles entlehnt. Denn dieser sagte, als ihm sein Sohn vieles durch Vermittelung der Mutter zumuthete: „O Frau, die Athener befehlen den Griechen, ich den Athenern, mir befiehlst du und dir der Sohn; darum soll er bescheidenern Gebrauch machen von der Gewalt, durch die der unverständige Junge mehr vermag als alle Griechen."

Vom Römischen Volke meinte er, daß es nicht blos den verschiedenen Arten des Purpurs, sondern auch den Künsten und Wissenschaften ihren Werth bestimme. „Denn wie die Färber, sagte er, sich der Purpurfarbe am meisten bedienen, weil sie am liebsten getragen wird, so lernen und üben die Jünglinge nur das, was euren Beifall hat."

---

*) Nach Plinius, Naturgeschichte IX. 17, bezahlte einmal Asinius Celer für eine Seebarbe 8000 Sestertien (763 fl. 58 kr.)

Er ermahnte die Römer, wenn sie durch Tugend und Mäßigung ihre Größe erlangt hätten, so sollten sie doch ja nicht zum Schlechteren, wenn aber durch Unmäßigkeit und Laster, dann sollten sie zum Besseren übergehen; seien sie doch durch diese jetzt groß genug geworden. Von denen, welche sich häufig um Ehrenstellen bewarben, behauptete er, sie wollten, als wüßten sie den Weg nicht, immer von Ge= richtsdienern begleitet sein, um nicht zu verirren. Er tadelte auch seine Mitbürger, daß sie so oft die nämlichen Männer zu Ehrenstellen erwählten. „Wird man doch glauben," sagte er, „daß ihr entweder die Ehrenstellen gering, oder wenige der Ehrenstellen werth achtet."

Von einem seiner Feinde, der im Rufe eines höchst sittenlosen Lebenswandels stand, sagte er: „Die Mutter dieses Menschen hält den Wunsch, daß er sie überleben möge, für keinen Glückwunsch, sondern für einen Fluch." Als ihm ein Mann gezeigt wurde, der sein am Meere gelegenes Erbgut verkauft hatte, stellte er sich, als bewundere er ihn, daß er mehr vermöge als die See. „Denn was diese kaum bespülte," sagte er, „hat jener mit leichter Mühe verschlungen." '

Als der König Eumenes*) bei einem Besuche in Rom vom Senat mit großer Auszeichnung empfangen wurde, und die vornehmsten Römer ihm wetteifernd den Hof machten, bezeigte Cato unverholen Argwohn gegen ihn und mied seine Gesellschaft. Wie ihm nun jemand vorstellte, es sei doch ein guter Mann und Freund der Römer, so antwortete er: „Mag sein; allein ein König ist doch immer von Natur ein fleischfressendes Thier!" Dabei versicherte er, selbst von den gepriesensten Königen verdiene keiner einem Epaminon= das, einem Perikles, Themistokles, einem Manius Curius oder Hamilkar Barkas an die Seite gestellt zu werden.

---

*) Eumenes, König von Pergamum, kam 172 v. Chr. nach Rom, um den Senat von den Kriegsrüstungen des Makedonischen Königs Perseus zu unterrichten.

Er werde, äußerte er ferner, von seinen Feinden beneidet, weil er täglich vor Tag aufstehe und sich mit Hintansetzung seiner eigenen Angelegenheiten den Staatsgeschäften widme. — Er versicherte, er wolle lieber für Verdienste ohne Lohn, als für Vergehen ohne Strafe bleiben. Und ferner: er verzeihe allen ihre Fehler, nur sich selbst nicht.

Die Römer ordneten einmal drei Gesandte nach Bithynien ab, deren einer an Fußgicht litt, der zweite einen durch Aufbohren und Ausschneiden ausgehöhlten Kopf hatte, der dritte aber für einfältig galt: da sagte Cato spottend, die Römer schickten eine Gesandtschaft, die weder Kopf noch Fuß habe.

Als ihn Scipio dem Polybios zu Gefallen wegen der Verbannten aus Achaja *) angegangen hatte, und im Senate lang darüber verhandelt wurde, indem ein Theil ihnen die Rückkehr gestatten wollte, der andre nicht, so stand Cato auf und sagte: „Als hätten wir nichts zu thun, sitzen wir den ganzen Tag da und zanken uns über alte Griechlein, ob sie von unseren oder Achäischen Leichenträgern bestattet werden sollen." Als man aber beschlossen hatte, ihnen die Heimkehr zu vergönnen, suchte Polybios nach Verfluß weniger Tage wieder Zutritt beim Senate zu erhalten, damit die Verbannten wieder in die Ehrenstellen eingesetzt würden, welche sie früher in Achaja bekleidet hatten, und wollte zuerst Catos Meinung hören. Der aber sagte lachend, Polybios wolle, wie Ulysses zum zweitenmal in Polyphems Höhle gehen, weil er Hut und Gürtel dort vergessen.

Er behauptete, die Verständigen hätten mehr Nutzen von den Unverständigen, als diese von jenen; denn die Verstän=

*) Mehr als tausend der vornehmsten Achäer waren auf Verdacht des Einverständnisses mit Perseus nach Rom zur Verantwortung gefordert worden. Nachdem sie dort 17 Jahre hingehalten worden, durften die noch lebten wieder heimkehren. Unter ihnen Polybios, der Geschichtschreiber.

digen hüteten sich vor den Fehlern der Unverständigen, die letzteren aber folgten dem Beispiel der ersteren nicht.

Junge Leute, welche erröthen, sagte er, seien ihm lieber als die, welche erblassen; desgleichen, er wolle keine Soldaten, welche auf dem Marsch die Hände, im Kampf die Füße bräuchten, und die lauter im Bette schnarchten, als sie in der Schlacht schrieen.

Von einem übermäßig dicken Menschen sagte er: Wo könnte ein solcher Leib der Stadt nützlich werden, der vom Halse bis zu den Lenden nichts als Bauch ist? Den Wunsch eines üppigen Menschen, der seinen Umgang suchte, wies er mit der Aeußerung zurück, er könne nicht mit einem Menschen leben, bei dem der Gaumen mehr Empfindung habe als das Herz.

Die Seele des Verliebten, meinte er, wohne in einem fremden Leibe. — In seinem ganzen Leben habe er drei Dinge bereut: einmal, daß er seiner Frau ein Geheimniß anvertraut; zweitens, daß er zu Schiff nach einem Orte gereist sei, wohin er zu Land hätte kommen können; drittens, daß er Einen Tag ohne Testament geblieben sei.

Zu einem schlechten Alten sagte er: „Mensch, vermehre doch nicht das viele Häßliche, das ohne dies dem Alter eigen ist, noch durch die Häßlichkeit des Lasters." Zu einem Volkstribunen, den man der Giftmischerei beschuldigt hatte, und der jetzt ein schlimmes Gesetz in Vorschlag brachte und mit Gewalt durchsetzen wollte, sagte er: „O Jüngling, ich weiß nicht, ob es schlimmer ist, deinen Trank zu trinken oder deinen Vorschlag anzunehmen."

Auf die Schmähreden eines Menschen, der höchst ausschweifend und schlecht gelebt hatte, erwiderte er: „Ich habe einen ungleichen Gegner an dir; denn du nimmst es leicht, zu schmähen und geschmäht zu werden; mir aber ist schmähen widrig und geschmäht werden ungewohnt." Aus diesen Beispielen mag man den Charakter seiner denkwürdigen Reden abnehmen.

4. Catos Feldzug in Spanien.

Mit seinem vertrauten Freunde Valerius Flaccus zum
Konsul ernannt, erhielt er die Provinz, welche bei den
Römern das diesseitige Spanien heißt*). Indem er hier
die Völkerschaften zum Theil mit Gewalt unterwarf, zum
Theil durch gütliche Vorstellungen gewann, wurde er von
einem großen Heer der Barbaren überfallen und war in
Gefahr, schimpflich überwältigt zu werden. Er rief daher
die benachbarten Celtiberer um Beistand an. Als diese nun
zweihundert Talente**) Hilfsgelder verlangten, so fanden es
die andern alle unerträglich, daß Römer die Hilfe von Barbaren um Geld erkaufen sollten; Cato aber sagte, das sei
nichts Arges, denn als Sieger würden sie es nicht aus
ihren, sondern aus des Feindes Kassen bezahlen; unterlägen
sie aber, so würde es weder Zahler noch Mahner geben.

Er gewann hierauf einen vollständigen Sieg. Auch
alles, was er sonst unternahm, hatte den glänzendsten Erfolg. Polybios wenigstens sagt, daß die Mauern aller
Städte diesseits des Bätis***) auf seinen Befehl an Einem
Tage zerstört worden, und diese waren sehr zahlreich und
voll streitbarer Männer; Cato selbst aber versichert, er habe
mehr Städte in Spanien erobert, als er Tage da zugebracht:
und dies ist keine Prahlerei, denn sie beliefen sich wirklich
auf vierhundert.

Unter seine Soldaten ließ er nun, obwohl sie schon auf
dem Marsche viel Beute gemacht, noch Mann für Mann
ein Pfund Silber vertheilen und äußerte dabei, es sei besser,
daß viele Römer mit Silber, als wenige mit Gold zurück=

---

*) Diesseits und jenseits des Ebro war Spanien abgetheilt,
so lange nicht das ganze Land unterworfen war: unter Augustus,
wo dies geschah, beginnt dann die Eintheilung in drei Provinzen:
Hispania Tarraconensis, Lusitania, Baetica.

**) 289,536 Thlr. 8 Gr.

***) Guadalquivir.

kehren. Für sich aber versicherte er von der Beute nichts genommen zu haben, als was er gegessen und getrunken. „Ich tadle die nicht, pflegte er zu sagen, welche bei solchen Gelegenheiten zu gewinnen suchen, aber ich will lieber mit den Besten um Tugend, als mit den Reichsten um Geld oder den Geldgierigsten um Geldgier wetteifern." Und nicht allein sich selbst bewährte er rein von allem Unterschleif, sondern auch seine Umgebung. Er hatte fünf Diener auf dem Feldzuge bei sich. Einer davon, Paccus, kaufte drei gefangene Knaben: Cato erfuhr es, und der Mensch erhängte sich, ehe er ihm vor's Gesicht kam. Die Knaben aber verkaufte Cato und legte das Geld in die öffentliche Kasse.

Während Cato noch in Spanien war, wußte sein Gegner, der große Scipio, um den Lauf seines Glückes aufzuhalten und die spanischen Lorbeern für sich zu pflücken, es dahin zu bringen, daß er zum Nachfolger in jener Provinz ernannt wurde. Dann eilte er so schnell als möglich dahin und machte dem Oberbefehl Catos ein Ende. Dieser aber ließ sich von fünf Cohorten Fußvolk und fünfhundert Reitern heimwärts begleiten, unterwarf mit ihnen das Volk der Lacetaner und ließ sechshundert Ueberläufer hinrichten, die in seine Gewalt gekommen waren. Als nun Scipio darüber sehr unwillig war, sagte er spottend: so werde Rom am größten werden, wenn die Vornehmen und Gewaltigen den Geringeren den Preis der Tapferkeit nicht überließen, die Bürgerlichen aber, wie er einer sei, an Tapferkeit mit den Männern von Ruhm und Adel wetteiferten. Da übrigens der Senat beschlossen hatte, es sollten alle Anordnungen Catos unverändert giltig bleiben, so mußte Scipio die ganze Zeit seiner Verwaltung in thatenloser Ruhe nutzlos hinbringen, so daß er mehr seinen eigenen als Catos Namen verdunkelte*).

---

*) Anders bei Livius. Nach XXXIV. 43. war nicht Scipio, sondern Sertus Digitius Catos Nachfolger in Spanien. Kein Wort bei ihm von solchen Ränken gegen Cato.

Cato aber benahm sich, als er seinen Triumph gefeiert hatte, ganz anders als sich die gewöhnlich benehmen, welchen es nicht um Tugend, sondern um Ehre zu thun ist. Diese geben, sobald sie die höchsten Ehrenstellen erreicht, Consulate und Triumphe erlangt haben, die Staatsgeschäfte auf, um ihr übriges Leben ganz in Vergnügen und Ruhe hinzubringen. Cato dagegen ließ seinen Tugendeifer keineswegs erkalten: gleich denen, welche erst an's Staatsruder treten und nach Ruhm und Ehre dürsten, bot er von neuem alle Kräfte auf, er weigerte weder Beistand vor Gericht noch Begleitung auf Feldzügen und widmete so seine Dienste den Freunden und Mitbürgern auf das bereitwilligste.

5. Seine Kriegsthaten in Griechenland.

So war er dem Konsul Tiberius Sempronius auf seinem Feldzuge nach Thracien und in die Donaugegenden als Unterfeldherr zur Seite und begleitete den Manius Acilius als Oberst nach Griechenland gegen Antiochos den Großen, den gefürchtetsten Feind der Römer seit Hannibal. Er hatte Asien beinahe in der ganzen Ausdehnung wie es Seleukos Nikator besessen (vom Hellespont bis zum Indus), von neuem unterworfen und sich eine Menge streitbarer Barbarenvölker unterthänig gemacht: jetzt trieb ihn sein Stolz, sich mit den Römern zu messen als den einzigen Feinden, die seiner noch würdig wären. Um nun eine scheinbare Ursache des Krieges zu haben nahm er die Befreiung der Griechen zum Vorwand, die doch seiner keineswegs bedurften und im Gegentheil erst neulich durch die Huld der Römer von der Gewalt Philipps und der Makedonier befreit und in den Genuß der Unabhängigkeit gesetzt waren. Seine Ankunft an der Spitze eines Heeres brachte Griechenland, das seine Demagogen durch die Hoffnung auf den König verführten, augenblicklich in Spannung und Aufregung. Manius schickte deßwegen Gesandte in die Städte: den größten Theil der zum Abfall

Geneigten hielt Titus Flamininus ohne gewaltsame Maßregeln im Zaum und beschwichtigte sie; Cato aber erhielt die Korinther so wie die Bewohner von Paträ und Aegion in der Treue. Am längsten jedoch verweilte er zu Athen. Man behauptet auch, es sei noch eine Rede vorhanden, die er in Griechischer Sprache an das Volk zu Athen gehalten, und worin er erklärte, es habe ihm, weil er die Tapferkeit der alten Athener hochachte und wegen der Größe und Schönheit ihrer Stadt sehr viel Freude gemacht dieselbe zu sehen. Diese Angabe ist aber falsch: Cato hat sich mit den Athenern durch einen Dolmetscher unterredet, obgleich er dessen nicht bedurft hätte. Allein er wollte den vaterländischen Sitten treu bleiben und pflegte die Bewunderer des Griechenthums zu verspotten. So machte er sich über Postumius Albinus lustig, der eine Ge= schichte in Griechischer Sprache geschrieben hatte und darin um Nachsicht bat: „man ist ihm“, sagte Cato, „Nachsicht schuldig, wenn er durch einen Beschluß der Amphiktyonen genöthigt wurde, sich diesem Werke zu unterziehen.“ Die Athener bewunderten übrigens nach Catos Versicherung die Kürze und Schärfe seines Ausdrucks: was er mit Wenigem gesagt, das habe der Dolmetscher weitläufig und mit vielen Worten ausgedrückt; überhaupt glaube er, daß die Worte den Griechen von den Lippen, den Römern vom Herzen kommen.

Antiochos sperrte die Engpässe bei Thermopylä mit seinem Heere, verstärkte die natürlichen Schutzwehren des Ortes durch Mauern und Palisaden und saß nun ruhig da in der Ueberzeugung, daß er dem Kriege den Zugang verschlossen habe. Die Römer gaben es nun zwar völlig auf, den Platz von vorne zu erstürmen: aber Cato erinnerte sich, wie die Perser einst eben diese Stellung umgingen und den Griechen in den Rücken kamen, und machte sich daher Nachts mit einem Theil des Heeres auf den Weg. Sie hatten schon die Höhe erreicht, als der Führer, ein Gefangener, den Weg verlor und in ungangbaren Gegenden voll Abgründen um=

herirrend die Soldaten mit der größten Muthlosigkeit und Angst erfüllte. Sobald Cato die Gefahr bemerkte, hieß er die andern alle ruhig warten und ging, nur von einem gewissen Lucius Manlius, einem gewandten Bergkletterer, begleitet, mit großer Mühe und Gefahr weiter. Es war eine mondlose finstere Nacht, und das Auge wurde noch durch wilde Oelbäume und hervorragende Felsen gehindert und unsicher gemacht. Endlich' gelangten sie auf einen Pfad, der nach ihrer Meinung zum Lager der Feinde hinabführte. Nachdem sie nun auf einigen weithin sichtbaren Höhen, die über den Berg Kallidromos emporragten, Zeichen aufgesteckt hatten, kehrten sie wieder zum Heere zurück und erreichten mit demselben, indem sie die Zeichen zum Ziele nahmen, glücklich den Fußsteig, auf dem sie dann ihren Marsch fort= setzten. Kaum aber waren sie eine Strecke weiter gezogen, als ein tiefer Schlund den Weg unterbrach und neue Angst und Noth entstand, weil sie nicht wußten noch sehen konnten, daß sie sich bereits in der Nähe des Feindes befanden.

Schon begann aber der Tag zu grauen, und es glaubte einer Geräusch zu hören, bald auch ein Griechisches Lager und eine Vorhut am Fuße des Felsens zu erblicken. So ließ denn Cato an der Stelle Halt machen und rief die Firmianer *) allein zu sich, die ihm beständig vorzügliche Treue und Bereitwilligkeit bewiesen. Als sie nun zusammen= liefen und gedrängt um ihn her standen, so sagte er: „Ich wünsche einen der Feinde in meine Gewalt zu bekommen, um zu erfahren, welche Leute hier als Vorhut stehen, wie stark sie an Zahl sind, wie das ganze Heer des Feindes geordnet und aufgestellt ist, und welche Vorbereitungen zu unserem Empfange getroffen sind. Erfüllet meinen Auftrag mit Behendigkeit und kühnem Muthe, den Löwen gleich, die ohne Waffen furchtlos auf die feigen Thiere stürzen."

---

*) Die Leute aus Firmium, jetzt Fermo in der Mark Ancona.

Kaum hatte·Cato dies gesagt, als die Firmianer, wie sie waren, stürmendes Laufes die Berge hinab nach der Vorhut liefen, durch den unerwarteten Ueberfall alle in Verwirrung brachten und zerstreuten, einen aber mit den Waffen aufgriffen und dem Cato überlieferten. Dieser erfuhr von dem Manne, daß die Hauptmacht mit dem Könige in den Engpässen liege, und daß der Posten, welcher die Höhen besetzt halte, aus sechshundert erlesenen Aetoliern bestehe. Da rückte er, eine so kleine und dabei sorglose Schaar verachtend, auf der Stelle unter Trompetenschall und Feldgeschrei an der Spitze seiner Mannschaft mit gezücktem Schwerte an. Als aber die Feinde sahen, daß sie von den Höhen herab angegriffen wurden, flohen sie in das große Lager und erfüllten alles mit Bestürzung.

Wie nun auch Manius im nämlichen Augenblicke die Verschanzungen stürmte und seine ganze Macht gegen den Paß führte, so wandte Antiochos, dem ein Stein auf den Mund flog und die Zähne einschlug, über dem heftigen Schmerze das Pferd um, von seinem Heere aber hielt kein Theil den Römern Stand, wiewohl sich zur Flucht nur schwierige und ungangbare Pfade darboten, wo tiefe Sümpfe und jähe Felsen jedem Verderben drohten, der hinfiel oder ausglitt: sie rannten gerade in die Enge hinein, drängten einander und brachten so aus Furcht vor der Faust und dem Eisen der Feinde sich selbst den Untergang.

Cato war, wie es scheint, mit Eigenlob nie sparsam und pflegte die offene Ruhmredigkeit, als Begleiterin rühmlicher Thaten nicht zu verschmähen. Er hat vor allem diese That zum Himmel erhoben und sagt, wer ihn damals habe die Feinde verfolgen und niedermachen sehen, dem sei klar geworden, daß Cato nicht so viele Verbindlichkeit gegen das Volk, als das Volk gegen Cato habe. Der Konsul Manius selbst habe noch ganz warm vom Siege ihn, der gleichfalls noch ganz warm gewesen, umarmt und lange Zeit umschlungen gehalten und vor Freude laut gerufen, daß weder er selbst, noch das gesammte Volk Catos Verdienste würdig belohnen könne.

Unmittelbar nach der Schlacht wurde er nach Rom geschickt, um die Siegesbotschaft selbst zu überbringen. Er setzte glücklich nach Brundusium über, gelangte von da in Einem Tage nach Tarent, kam am fünften Tage nach der Landung in Rom an und überbrachte die erste Nachricht von dem Siege. Seine Botschaft erfüllte die Stadt mit Jubel und Opfern, das Volk aber mit der hohen Zuversicht, daß es jedes Land und jedes Meer sich unterwerfen könne.

6. Seine Wirksamkeit als Staatsmann. Das Censoramt.

Von den Kriegsthaten Catos sind dies wohl die merk=würdigsten. Unter den Pflichten des Staatsmannes aber hielt er sichtlich die Anklage und Ueberführung der Frevler besondern Eifers werth. Denn er klagte nicht nur selbst viele an und unterstützte andere dabei, sondern er veranlaßte auch manchen zur Anklage, wie die beiden Petillius gegen Scipio*). Scipio aber trat durch sein mächtiges Haus und seine echte Seelengröße alle Verleumbungen unter die Füße: so war Cato nicht im Stande ein Todesurtheil gegen ihn zu erwirken und mußte ihn gehen lassen. Dagegen verband er sich mit den Anklägern seines Bruders Lucius Scipio und setzte ihm eine hohe Geldstrafe an, die er an die Staats=kasse bezahlen sollte. Lucius unterlag und sah sich schon mit Fesseln bedroht, als er sich mit großer Mühe durch Anrufung der Volkstribunen los machte.

Ein junger Mann hatte gegen den Feind seines ver=storbenen Vaters die Strafe der Ehrlosigkeit durchgesetzt. Cato begegnete ihm unmittelbar nach der gerichtlichen Ver=handlung auf dem Markte, reichte ihm die Hand und

---

*) Livius XXXVIII. 50—53.

sprach: „Dies sind die Todtenopfer, welche man den Eltern weihen muß, nicht Schaafe oder Böcke, sondern Thränen und Verurtheilung ihrer Feinde."

Uebrigens blieb auch er auf seiner politischen Laufbahn nicht unverletzt. Vielmehr, wo er nur immer seinen Feinden eine Blöße bot, unterließen sie nie ihn vor Gericht zu ziehen und zu verfolgen. Sollen ihn doch nahe an fünfzig Anklagen getroffen haben, die letzte in seinem sechsundacht=zigsten Jahre; damals sprach er die bekannten Worte, wie schwer es sei, sich vor einem Geschlechte zu vertheidigen, mit welchem man nicht gelebt habe. Und doch machte er dies nicht zum Ende seiner Kämpfe: vier Jahre später, als neunzigjähriger Greis, zog er den Servius Galba (wegen Erpressungen in Lusitanien) vor Gericht. Denn man kann von ihm wohl wie von Nestor sagen, daß sich sein Leben und Wirken bis in's dritte Menschenalter erstreckte. Erreichte er doch, nachdem er, wie gesagt, in gar mancher öffent=lichen Angelegenheit als Gegner des großen Scipio aufge=treten war, noch die Zeiten des jüngeren Scipio, welcher des ersteren adoptirter Enkel und Sohn des Paulus, des Siegers über Perseus und die Makedonier war.

Zehn Jahre nach seinem Konsulate bewarb sich Cato um die Censorwürde. Dies ist der Gipfel aller Ehre, die Krone des öffentlichen Lebens, da ihr neben sonstiger großer Gewalt die Prüfung der Sitten und des Lebens zukommt. Denn weder Ehe, noch Kinderzucht, noch Lebensweise, noch Gastmahle glaubten die Römer ohne Aufsicht und Prüfung der Neigung und Willkühr eines jeden überlassen zu dürfen. In der Ueberzeugung, daß sich der Charakter eines Mannes weit mehr in solchen Dingen, als in den eigentlichen Staatsgeschäften offenbare, erwählten sie zwei Männer, einen aus den sogenannten Patriciern und einen aus den Plebejern zu Wächtern, Aufsehern und Sittenrichtern, damit sich niemand durch Lüste zur Hintansetzung und Ver=letzung der vaterländischen Sitten und Gebräuche verleiten laſſe. Sie hießen Cenſoren und hatten die Befugniß, dem, der ein unordentliches und zügelloſes Leben führte, das Ritterpferd zu entziehen oder ihn aus dem Senate zu verſtoßen. Sie übten auch durch die Schätzung eine Aufſicht über das Vermögen der Bürger und beſtimmten durch den Eintrag in ihre Verzeichniſſe den Stand und die Rechte derſelben*). Auch ſonſt hat dieſes Amt noch große Gewalt.

Daher ſtellten ſich denn auch die angeſehenſten und erſten Männer des Senats faſt alle der Bewerbung Catos entgegen. Den Adel reizte der Neid: ſie fanden es ſchimpflich, daß Männer von niederer Abkunft zur höchſten Würde und Gewalt erhoben würden. Andere, die ſich ſchlechter Aufführung und des Abfalls von den Sitten der Väter bewußt waren, zitterten vor der Strenge des Mannes, der ſich im Gebrauche der Gewalt hart und unerbittlich erweiſen würde. Daher machten ſie gemeinſchaftliche Sache mit einander und ſtellten ſieben Mitbewerber gegen Cato auf den Kampfplatz, welche dem Volk, in der Meinung, es wünſche nachſichtige und gefällige Cenſoren, mit ſchönen Hoffnungen ſchmeichelten. Cato dagegen, weit entfernt von jeder Nachgiebigkeit, bedrohte die ſchlechten Bürger öffentlich von der Rednerbühne herab, rief laut, der Staat bedürfe einer großen Reinigung und forderte das Volk auf, klug zu ſein und nicht den angenehmſten, ſondern den ſchärfſten Arzt zu wählen. Das aber ſei er und einer von den Patriciern, Valerius Flaccus. Mit dieſem allein glaube er gegen die Schwelgerei und Weichlichkeit wie gegen eine zweite Hyber**) durch Schneiden und Brennen etwas ausrichten zu können. Die andern ſehe er alle gewaltſam nach ſchlechter Amtsverwaltung ſtreben,

---

*) Sofern ſie einen in den Senat, den Ritterſtand und die Stämme (tribus) einſchrieben.

**) Herkules hatte der Lernäiſchen Waſſerſchlange (Hybra), welcher für einen Kopf, den man abſchlug, immer zwei neue nachwuchſen, nur dadurch Meiſter werden können, daß er die Wunden mit glühendem Eiſen brannte.

weil sie vor denen zitterten, die das Amt gut verwalten würden.

Das Römervolk war damals so wahrhaft groß und großer Führer würdig, daß es sich durch die Drohungen und die hohe Sprache des Mannes nicht schrecken ließ: es ließ jene gefälligen Männer fallen, die seine Wünsche in allem zu erfüllen bereit schienen, und wählte den Cato und Flaccus. Es hatte Catos Reden nicht wie die Bitten eines Bewerbers, sondern wie die Befehle eines wirklichen Vorgesetzten aufgenommen.

Cato ernannte nun zum Ersten des Senates seinen Amtsgenossen und Freund Lucius Valerius Flaccus und verstieß aus dem Rathe unter vielen andern auch den Lucius Quintius, der sieben Jahre vorher Konsul gewesen war und, was ihm noch größern Glanz gab als die Konsulwürde, den Ueberwinder Philipps, Titus Flamininus, zum Bruder hatte. Die Ursache dieser Verstoßung war folgende.

Lucius hatte einen Knaben in sein Haus genommen, für welchen er eine solche Vorliebe hatte, daß er ihn nie von der Seite ließ. Auch als Befehlshaber nahm er ihn überall mit und räumte ihm so viel Ehre und Gewalt ein, wie keinem der vornehmsten Freunde und Vertrauten in seinem Gefolge. Während er nun einer konsularischen Provinz vorstand, begab sich's bei einem Gastmahle, wo dieser Knabe nach gewohnter Weise an seiner Seite lag, daß derselbe unter anderen Schmeicheleien zu ihm sagte: „Ich liebe Dich so sehr, daß ich Fechterspiele, die man zu Hause gab, ein ganz neues Schauspiel für mich, versäumt habe, um zu Dir zu kommen, so groß auch mein Wunsch ist, einen Menschen umbringen zu sehen." Lucius, dessen Schwachheit für den Knaben beim Weine noch größer wurde, wollte nun mit den Beweisen der Liebe nicht zurückbleiben und antwortete: „Darum sollst Du mir nicht betrübt zu Tische liegen; ich werde dich entschädigen." Sofort ließ er

einen Menschen, der zum Tode verurtheilt war, hereinführen
und den Gerichtsdiener mit dem Beil in der Hand neben
denselben treten und fragte wiederum den Liebling, ob er
die Hinrichtung sehen wolle, und als dieser es bejahte, so
ließ er dem Menschen den Kopf abschlagen.

So lautet die Erzählung bei den meisten, namentlich
auch bei Cicero in dem Gespräch über das Greisenalter
(Kap. 12), wo er sie dem Cato selbst in den Mund legt.
Livius jedoch (XXXIX, 12) versichert, der Getödtete sei ein
Gallischer Ueberläufer gewesen und Lucius habe ihn nicht
durch einen Gerichtsdiener, sondern mit eigener Hand um=
gebracht. Und zwar steht dies in Catos Rede geschrieben.

Wie nun Lucius aus dem Senate verstoßen war, so
wandte sich sein Bruder auf's tiefste gekränkt an das Volk
und verlangte, Cato solle die Ursache der Verstoßung an=
geben. Cato erzählte also den Vorfall bei jenem Gastmahl.
Lucius legte sich zuerst auf's Leugnen, als aber Cato einen
Eid von ihm verlangte, wollte er sich nicht dazu verstehen.
Und für jetzt erklärte das Volk sein Schicksal für verdient;
in der Folge aber, als er bei einer Vorstellung im Theater
an dem Platze der Altkonsuln vorüberging und sich in weiter
Ferne davon niederließ, wurde das Volk von Mitleid
gerührt und zwang ihn mit lautem Zuruf wieder umzu=
kehren: so wollte es das Geschehene nach Möglichkeit gut
machen und mildern.

Einen andern Namens Manilius, den die allgemeine
Meinung zum Konsul bestimmte, verstieß er deßwegen aus
dem Senate, weil er seine Frau am Tage vor den Augen
der Tochter geküßt hatte. Ihn selbst, versicherte er, habe
seine Frau nur bei heftigem Donner umarmt, und er habe
scherzend gesagt, daß er glücklich sei, wenn Jupiter donnere.

Viele Vorwürfe zog sich zwar Cato schon dadurch zu,
daß er dem Bruder Scipios, Lucius, einem mit Triumphes=
ehre geschmückten Manne, das Ritterpferd entzog, denn es
erschien als ein Hohn gegen das Andenken des Scipio

Africanus. Was aber die meisten am tiefsten kränkte, war die Beschränkung des Luxus. Dieses Uebel war freilich schon zu allgemein, als daß ein offener Sturm dagegen möglich gewesen wäre. Er suchte ihm aber durch Umwege beizukommen: wenn ein Kleid, Wagen, weiblicher Schmuck oder Hausgeräth an Werth 1500 Drachmen (361 Thlr. 22 Gr.) überstieg, so nöthigte er die Bürger das Zehnfache zu versteuern, und setzte drei Asse für tausend als Betrag der Abgabe an *). Er hoffte, sie würden dem Aufwande von selbst entsagen, wenn sie sich durch diese Erhöhung gedrückt fühlten und sähen, daß die Einfachen und Sparsamen bei gleichem Vermögen dem Staate weniger bezahlen müßten. Darüber zürnten ihm dann die, welche die Steuer dem Luxus zulieb ertrugen; es zürnten ihm aber auch die, welche dem Luxus der Steuer wegen entsagten. Denn die meisten glauben sich ihres Reichthums beraubt, wenn man sie hindert, ihn zu zeigen. Und zeigen könne man ihn, meinen sie, blos in dem Ueberflüssigen, nicht im Nothwendigen. Daher hatte es schon der Philosoph Ariston als etwas höchst Sonderbares zu tadeln, daß man den Besitz des Ueberflüssigen eher für ein Glück halte, als den Genuß des Nothwendigen und Nützlichen. Der Thessalier Skopas aber war anderes Sinnes: als ihn ein Freund um etwas bat, das ihm nicht besonders nützlich war und dabei bemerkte, er begehre ja nichts was dem Skopas nothwendig und nützlich sei, antwortete dieser: „aber in dem Unnützen und Ueberflüssigen besteht ja gerade mein Glück und mein Reichthum." Somit ist die Begierde nach Reichthum nicht in einer natürlichen Neigung begründet: sie wird uns von außen durch den Wahn der Menge beigebracht.

Cato bekümmerte sich indessen so wenig um den Tadel, daß er seine Strenge verdoppelte. Er ließ die Röhren

---

*) Der gewöhnliche Steuerfuß war vermuthlich ein As vom Tausend. S. Niebuhr's Röm. Geschichte 2. Bd. S. 456.

zerhauen, welche das in Kanälen für jedermann vorbei-
fließende Wasser ableiteten und in Häuser und Gärten von
Privatleuten führten; er ließ die Gebäude niederreißen und
zerstören, welche auf die Straßen herausgebaut waren; er
setzte den Lohn für die Unternehmer der öffentlichen Arbeiten
herab; er trieb den Pacht der Zölle bei den Steigerungen
auf die äußerste Höhe. Dadurch zog er sich denn vielen
Haß zu. Auch brachte es die Partei des Titus Flamininus
durch vereinte Bemühungen dahin, daß der Senat seine
Arbeitsvergebungen an Tempeln und öffentlichen Gebäuden
als unvortheilhaft aufhob. Ferner reizte sie die Keckſten der
Tribunen, Cato vor das Volksgericht zu laden und ihm
eine Strafe von zwei Talenten anzuſetzen; auch legte sie
ihm viele Hindernisse bei Erbauung der Säulenhalle (Baſilika)
in den Weg, welche er auf Staatskosten unter dem Rath-
hauſe am Forum aufführte und Porciſche Säulenhalle
benannte.

Es steht aber dennoch fest, daß seine Censur beim Volke
außerordentlichen Beifall fand. Ließ es ihm doch eine Bildsäule im Tempel der Göttin des Heiles errichten. Und an
das Fußgeſtell schrieb man nicht die Feldzüge noch den
Triumph Catos, sondern „Cato habe (so möchte ich die
Worte überſetzen) als Censor den Römischen Staat, als er
sich zum Schlimmen neigte und im Sinken war, durch treffliche Heilmittel, durch weise Gewöhnung und Leitung wieder
emporgerichtet." Früher freilich hatte er selbst derer gespottet,
welche an solchen Ehrenbezeugungen Freude hatten: er pflegte
zu sagen, sie bedächten nicht, daß Werke von Bildgießern
und Malern ihr Stolz seien: von ihm aber trügen die
Bürger die schönsten Bilder im Herzen. Und wenn man
sich wunderte, daß, während so viele unbedeutende Menschen
Bildsäulen hätten, er keine habe, war seine Antwort: „Ich
will doch lieber, daß man frage, warum mir keine, als
warum mir eine Bildsäule errichtet sei." Ueberhaupt stellte
er den Grundsatz auf, daß ein guter Bürger auch das Lob

nicht ertragen solle, außer wenn es auf eine gemeinnützige
Art ertheilt werde. Und doch hat niemand sich selbst so viel
gelobt: er versichert zum Beispiel, die, welche sich eines
Fehltrittes schuldig gemacht und darüber getadelt würden,
pflegten zu erwidern, man schelte sie mit Unrecht, sie seien
ja keine Catonen; ungeschickte Nachahmer einiger seiner Hand=
lungen nenne man mißrathene Catonen; der Senat blicke
in den schwierigsten Zeiten auf ihn wie die Seefahrer auf
den Steuermann, und oft schiebe derselbe in seiner Abwesen=
heit das Wichtigste auf. Es wird ihm dies aber auch von
andern bezeugt, denn sein Wandel, seine Beredtsamkeit und
sein hohes Alter gaben ihm großes Ansehen in der Stadt.

7. Sein häusliches Leben.

Er war auch ein guter Vater, ein trefflicher Gatte seines
Weibes und ein gar nicht zu verachtender Hauswirth, weit
entfernt dieses Geschäft als etwas Geringes oder Schlechtes
nur nebenher zu betreiben. Deßhalb glaube ich auch hierüber
das Geeignete berichten zu müssen.

Er sah bei der Wahl seiner Gattin mehr auf Familie
als auf Reichthum: er war dabei überzeugt, daß zwar eines
wie das andere die Frauen stolz und hochfahrend mache, daß
aber die von edler Abkunft sich des Niedrigen mehr schämen
und deßhalb ihren Männern in allen löblichen Dingen williger
gehorchen. Wer Gattin oder Kinder schlage, sagte er, vergreife
sich an den ehrwürdigsten Heiligthümern. Er achte es für
ein größeres Lob ein guter Gatte als ein großer Senator
zu sein, und er finde an Sokrates im Alterthum nichts
anderes bewundernswerth, als daß er sich gegen eine böse
Frau und einfältige Kinder immer sanft und freundlich
benommen habe.

Als ihm der Sohn geboren war, gab es mit Ausnahme
der Staatsangelegenheiten kein so dringendes Geschäft, daß
er darüber weggeblieben wäre, wenn seine Frau den Kleinen

babete und einwickelte; sie nährte ihn nämlich selbst mit ihrer
Milch, und oft legte sie auch die Säuglinge der Sklaven
an ihre Brust, um ihnen durch die gleiche Nahrung Liebe
zu ihrem Sohn einzuflößen. Sobald derselbe zu begreifen
anfing, nahm ihn der Vater selbst in Unterricht und brachte
ihm die Anfangsgründe bei, wiewohl er einen geschickten
Elementarlehrer an seinem Sklaven Chilon hatte, der viele
Knaben unterrichtete. Allein, wie er sich selbst äußert, er
wollte nicht, daß sein Sohn von einem Sklaven gescholten
oder am Ohr gezupft werde, wenn er zu langsam lerne.
Auch sollte er nicht dem Sklaven für so wichtigen Dienst
verpflichtet sein. Deßwegen war denn Cato selbst sein Elemen=
tarlehrer, selbst sein Gesetzeslehrer, selbst sein Turnmeister.
Und was das letztere betrifft, so unterwies er den Sohn
nicht blos im Gerwerfen, im Kampfe mit schweren Waffen
und im Reiten, sondern auch im Faustkampfe, im Ertragen
von Hitze und Kälte und im Schwimmen durch die Wirbel
und gegen den reißendsten Strom. Auch die Geschichte, sagt
Cato, habe er eigenhändig mit großen Buchstaben aufgezeichnet,
damit sich der Knabe zu Hause über die Thaten und Sitten
der Altvordern belehren könnte. Unanständige Reden habe
er in Gegenwart seines Sohnes nicht weniger gemieden als
vor den geweihten Jungfrauen, die man Vestalinnen nennt.
Auch habe er sich nie mit ihm gebadet. Und dies war, wie
es scheint, allgemeine Sitte; denn auch der Eidam vermied
es, sich mit dem Schwäher zu baden, aus Scham sich ihm
nackt und bloß zu zeigen.

Diesen Bemühungen Catos seinen Sohn für die Tugend
zu bilden kam zwar ein löblicher Wille entgegen und die
Seele erwies sich aus angebornem Adel folgsam: aber der
Körper erschien zu zart für die Anstrengung, und der Vater
mußte die allzugroße Strenge und Härte der Zucht mildern.
Troß dieser Schwäche hielt sich der junge Cato wacker im
Feld und kämpfte rühmlich unter Paulus' Befehlen in der
Schlacht gegen Perseus. Da ihm aber hier das Schwert

27*

von einem Hiebe getroffen der schweißtriefenden Hand entglitt,
so wandte er sich voll Betrübniß an einige seiner Bekannten,
stürzte mit denselben wieder auf die Feinde, vertrieb sie nach
langem Kampfe und großer Anstrengung von dem Platze
und fand endlich das verlorene unter vielen Haufen von
Waffen und übereinander gethürmten Leichen von Freund
und Feind. Der Jüngling gewann dadurch auch die Bewun=
derung seines Feldherrn Paulus, und von Cato selbst ließ
man einen Brief an seinen Sohn, worin er dessen Ehrliebe
und Eifer um sein Schwert ungemein erhebt. In der Folge
heirathete der junge Mann Paulus' Tochter Tertia, eine
Schwester Scipios: eigenes Verdienst nicht minder als der
Vater hatte ihm zu der Verbindung mit einem so großen
Hause verholfen. So waren denn Catos Bemühungen um
den Sohn von einem schönen Erfolge gekrönt.

Sklaven schaffte er sich viele an. Er kaufte sie unter
den Kriegsgefangenen, am liebsten in einem Alter wo sie
gleich jungen Hunden und Pferden noch für Erziehung und
Bildung empfänglich waren. Keiner betrat ein fremdes Haus,
außer wenn er von Cato selbst oder seiner Frau hingeschickt
war. Auf die Frage, was Cato mache, gaben sie keine
Antwort als, sie wüßten es nicht. Jeder Sklave mußte
entweder in nothwendiger Hausarbeit beschäftigt sein oder
schlafen, und Cato sah es sehr gern wenn sie schliefen, denn
er ging von der Ueberzeugung aus, daß, wer den Schlaf
liebe, sanfter sei als der Wachsame, und daß man nach dem
Schlafe zu jedem Geschäfte brauchbarer sei, als wenn man
desselben entbehre.

Anfangs, da er noch arm war und Kriegsdienste that,
war er nie unwillig über das, was man ihm vorsetzte, es
mochte sein, was es wollte: er erklärte es für höchst niedrig,
des Magens wegen mit einem Diener zu hadern. In der
Folge aber, als er zu Vermögen kam, war es nach Mahl=
zeiten, die er Freunden und Amtsgenossen gab, gewöhnlich
sein erstes, daß er Sklaven, die sich beim Auftragen oder

Zubereiten einer Nachlässigkeit schuldig machten, mit Peitschen=
hieben bestrafte. Immer suchte er Uneinigkeit und Streit
unter ihnen zu erhalten, weil er ihre Eintracht für verdächtig
und gefährlich hielt. Hatte ein Sklave den Verdacht eines
todeswürdigen Verbrechens auf sich, ließ er alle Sklaven zu
Gericht sitzen, und erst wenn sie ihn schuldig befunden hatten,
die Hinrichtung vollziehen.

Als er sich mit Eifer auf Erwerb zu legen begann,
fand er, daß der Landbau mehr eine angenehme Unterhaltung
als eine Geldquelle sei. Um daher seine Kapitalien nutzbrin=
gender anzulegen, kaufte er Teiche, warme Quellen, freie
Plätze, die sich für Walker und andere Arbeiter dieser Art
eigneten, auch Güter, die zu Weidenplätzen taugten und
Gehölze hatten: davon zog er viele Einkünfte, denen, wie
er selbst sagte, nicht einmal Jupiter etwas anhaben könnte.

Er lieh auch auf Seezins, die verhaßteste Art des
Wuchers, wobei er folgendermaßen verfuhr: die Borgenden
mußten immer viele zur Theilnahme bewegen; waren es nun
ihrer fünfzig und eine gleiche Zahl Schiffe, so nahm Cato
einen Theil für sich durch seinen Freigelassenen Quintio, der
die Geschäfte besorgte und die Schuldner auf der Fahrt
begleitete. Er wagte also nicht das Ganze, sondern nur
einen kleinen Theil gegen großen Gewinn. Auch seinen
Sklaven lieh er Geld, wenn sie es wünschten. Die kauften
Kinder dafür, unterrichteten sie auf Catos Kosten und
verkauften sie nach einem Jahre wieder. Viele dieser Kinder
behielt aber auch Cato selbst, indem er den höchsten Preis,
den andere boten, in Gegenrechnung brachte.

Um seinen Sohn zu gleicher Thätigkeit aufzumuntern,
sagte er ihm, es sei keinem Manne erlaubt sein Vermögen
zu vermindern, nur einer verwittweten Frau sei es gestattet.
Noch viel weiter ging er aber in der Behauptung: Bewunde=
rung und göttergleichen Ruhm verdiene ein Mann, der in
seinen Rechnungen mehr Errungenes als Ererbtes hinterlasse.

8. Seine Abneigung gegen das Griechenthum.

Er stand bereits im Greisenalter, als der Akademische Philosoph Karneades und der Stoiker Diogenes*) als Gesandte der Athener nach Rom kamen.

Die Athener hatten nämlich die Böotische Stadt Oropus geplündert: auf Klage der letzteren hatte der Römische Senat der Stadt Sikyon den Auftrag gegeben die Sache zu untersuchen, und da die Athener auf die gerichtliche Ladung nicht erschienen waren, wurde ihnen eine Geldbuße von fünfhundert Talenten angesetzt. Um diese Strafe abzubitten war jetzt die Gesandtschaft gekommen, und es gelang ihren Vorstellungen den Betrag auf hundert Talente herabzubringen.

Gleich bei ihrer Ankunft suchten die wißbegierigsten Jünglinge den Umgang dieser Männer und hörten mit Bewunderung ihre Vorträge. Besonders Karneades' anmuthige Beredtsamkeit gewann viele gebildete Zuhörer durch ihre seltene Kraft und ihren hohen Ruhm, sie durchdrang die Stadt wie ein Sturm. Allenthalben sprach man davon, daß ein Grieche von übermenschlichem Talent, der alles entzücke und bezaubere, der Jugend wunderbare Liebe für die Philosophie eingeflößt habe, so daß sie an keine andere Ergötzlichkeit und Beschäftigung mehr denke, sondern sich voll Begeisterung allein dieser Wissenschaft widme.

Dies gefiel den übrigen Römern: sie sahen es gerne, daß sich die Jünglinge Griechische Bildung erwarben und mit bewunderten Männern im Verkehr standen. Aber Cato war vom ersten Augenblick an, wo die Liebe zu den Wissenschaften in der Stadt Eingang fand, ungehalten darüber. Denn er fürchtete, der Ehrgeiz der Jugend möchte nun ganz diese Richtung nehmen und den Ruhm der Beredtsamkeit eifriger

---

*) Gewöhnlich der Babylonier genannt (weil er zu Seleucia in Babylonien geboren war), zum Unterschiede vom Diogenes von Sinope.

suchen als den Ruhm der Thaten und der Waffen. Wie nun vollends das Ansehen der Philosophen in der Stadt immer stieg, und ein angesehener Mann, Cajus Acilius, aus eigenem Antriebe den Dolmetscher ihrer ersten Vorträge im Senat machte, so beschloß Cato, die Philosophen alle unter einem anständigen Vorwande aus der Stadt zu ent= fernen. Er begab sich daher in den Senat und tadelte die Obrigkeiten, daß eine Gesandtschaft von Männern, die zu allem, was sie wollten, überreden könnten, so lange unver= richteter Dinge in der Stadt verweile. Man müsse so schnell als möglich über ihr Anliegen erkennen und ihnen Bescheid geben, damit sie in ihre Schulen zurückkehrten und Griechen= knaben unterrichteten, die jungen Römer aber wie zuvor auf Gesetze und Obrigkeiten hörten.

Dies that er aber nicht, wie einige meinen, aus Abnei= gung gegen Karneades, sondern weil er die Philosophie überhaupt haßte und aus Stolz jeder Griechischen Muse und Wissenschaft Hohn sprach. Sagte er doch selbst von Sokrates, er sei ein Schwätzer und gewaltthätiger Mensch gewesen, der sich mit den ihm zu Gebot stehenden Mitteln zum Tyrannen seines Vaterlandes aufzuwerfen gesucht, indem er die Sitten zerstört und die Bürger zu gesetzwidrigen Grundsätzen beredet und verführt habe. Er macht sich auch über den langwierigen Unterricht des Isokrates lustig und sagt: seine Schüler seien bei ihm grau geworden, als wollten sie erst in der Unterwelt bei Minos die erlernten Künste ausüben und Rechtshändel führen. Um seinen Sohn gegen das Griechenthum einzu= nehmen, rief er im Ton eines Sehers und Propheten: Ueberfüllung mit Griechischer Wissenschaft werde den Römern die Herrschaft kosten. Doch dies Unglückswort hat die Zeit Lügen gestraft: die Stadt hat die höchste Stufe der Macht erreicht, während sie jeder Griechischen Kunst und Wissenschaft befreundet war.

Cato aber haßte nicht allein die Philosophen der Griechen, auch die Griechischen Aerzte in Rom waren ihm verdächtig.

Er hatte ohne Zweifel von der Aeußerung gehört, welche
Hippokrates that, als ihm der Perserkönig viele Talente
anbot, wenn er zu ihm käme: er werde nimmer Bar=
baren, welche Feinde der Griechen seien, seine
Dienste widmen. Er behauptete nun, dies sei der gemein=
schaftliche Eid aller Aerzte, und ermahnte seinen Sohn alle
zu meiden. Er hatte, wie er versichert, selbst ein Gedenkbuch
aufgesetzt, wornach er den Kranken seines Hauses Heilmittel
und Diät vorschrieb. Fasten durfte man ihm nie, sondern
er gab ihnen Gemüse und ein wenig Fleisch von Enten,
Holztauben oder Hasen. Denn diese Nahrung hielt er für
leicht und den Kranken zuträglich, nur daß ihr Genuß viele
Träume bringe. Bei solcher Pflege und Lebensweise blieb
er, wie er versichert, nicht nur selber gesund, sondern erhielt
auch alle seine Leute bei Wohlsein.

9. Seine zweite Verheirathung.

Doch blieb er in dieser Hinsicht nicht verschont von den
Schlägen des Schicksals, denn er verlor Weib und Kind.
Er selbst jedoch, dessen Körper zu fester Kraft und Gesund=
heit erstarkt war, dauerte sehr lange aus und heirathete in
hohem Alter noch einmal. Er lebte nämlich nach dem Tode
seiner Frau eine Zeitlang als Wittwer bei seinem Sohne,
der mit Paulus' Tochter, der Schwester Scipios vermählt
war. Nun glaubte er einmal aus Mienen und Geberden
seiner Hausleute zu bemerken, daß seine volle Freiheit nicht
mit dem Hausfrieden verträglich sei. Sogleich beschloß er,
wieder eine eigene Haushaltung zu gründen. Und so begab
er sich ohne ein Wort des Vorwurfs und der Klage nach
gewohnter Weise mit seinen Freunden auf den Marktplatz
hinab, redete einen gewissen Saloninus, der ihm als Schreiber
gedient hatte und sich jetzt noch unter seinem Gefolge befand,
mit lauter Stimme an und fragte, ob er seine Tochter
schon verlobt habe? der Mann antwortete: das werde er nie
thun, ohne Cato vorher um Rath zu fragen. Darauf Cato:

„Gut, ich habe dir einen passenden Eidam gefunden, wenn nicht etwa sein Alter mißfällt; denn sonst ist er nicht zu tadeln, aber freilich sehr bejahrt." Als nun Saloninus erwiderte, er überlasse die Sache ganz Catos Fürsorge, er möge das Mädchen nur geben wem er wolle, er sei ja ihr Schirmherr, dessen Schutz sie nicht entrathen könne: so erklärte ihm Cato ohne weiteren Verzug, daß er für sich selber um die Jungfrau werbe.

Zuerst setzte natürlich dieser Antrag den Mann in Verwunderung: er dachte den Cato fern von der Ehe, sich selbst aber fern von einem Konsularischen Hause uud einer durch Triumphesehre glänzenden Verwandtschaft. Als er aber sah, daß es voller Ernst war, sagte er mit Freuden ja, und sobald sie auf den Markt gekommen, wurde das Verlöbniß geschlossen.

Wie nun die Anstalten zur Hochzeit getroffen wurden, ging Catos Sohn in Begleitung der Verwandten zu dem Vater und fragte, ob er ihm einen Anlaß zu Tadel oder Beschwerde gegeben habe, daß er eine Stiefmutter in das Haus bringe. Cato aber rief laut: „Gott bewahre, mein Sohn, ich bin vollkommen zufrieden mit dir und habe nicht das Geringste auszusetzen: ich wünsche nur mir selbst mehr solche Söhne und dem Vaterlande mehr solche Bürger, wie du, zu hinterlassen." Diese treffende Antwort soll übrigens zuerst Peisistratos, der Tyrann von Athen gegeben haben, als er seinen erwachsenen Söhnen die Argiverin Timonassa als Stiefmutter in's Haus brachte, welche ihm, wie man sagt, den Jophon und Thessalos gebar.

Cato erhielt aus dieser Ehe einen Sohn, dem er von seiner Mutter den Beinamen Saloninus gab. Der ältere Sohn aber starb als Prätor. Und Cato gedenkt desselben häufig in seinen Schriften als eines trefflichen Mannes; den Verlust aber soll er mit Fassung und philosophischem Geiste ertragen haben und in seiner öffentlichen Thätigkeit darum nicht lässiger geworden sein. Denn er ließ sich nicht, wie

später Lucius Lucullus und Metellus Pius, vom Alter für
die Staatsgeschäfte ermüden, da er deren Besorgung als
Bürgerpflicht betrachtete. Eben so wenig konnte ihn, wie
früher den Scipio Africanus, Erbitterung gegen das Volk,
das aus Neid seinen Ruhm anfeindete, verleiten sich zurück-
zuziehen und den Rest seines Lebens der Ruhe zu widmen.
Nein, wie einer den älteren Dionys seine unumschränkte
Gewalt für den schönsten Todtenschmuck ansehen hieß*), so
betrachtete Cato öffentliche Thätigkeit als das schönste Grei-
senleben. Und wenn er Muße hatte, so suchte er seine
Erholung und sein Vergnügen in Ausarbeitung von Büchern
oder im Landbau.

10. Catos letzte Thaten.

Er verfaßte also Abhandlungen mannigfaltigen Inhalts
und geschichtliche Werke **). Den Landbau aber betrieb er
in seinen jüngeren Jahren auch aus Bedürfniß. Denn wie
er selbst sagte, hatte er damals nur zwei Erwerbsquellen,
den Landbau und die Sparsamkeit. Später aber dienten
ihm die ländlichen Arbeiten zum Zeitvertreib und zu Versuchen, wie er denn auch ein Buch über die Landwirthschaft
geschrieben hat, worin er selbst zum Kuchenbacken und zum
Aufbewahren des Obstes Anleitung giebt. Denn sein
Streben ging dahin, in allem ungewöhnlich und eigenthümlich zu erscheinen.

---

*) Bei einem Aufstand der Syrakuser war der ältere Dionys
in so große Gefahr gerathen, daß schleunige Flucht beinahe das
einzige Rettungsmittel schien. Sein Freund Heloris aber stellte
ihm vor, wie viel ehrenvoller es sei, wenn er als Herrscher
sterbe, denn als Flüchtling lebe.

**) Nur das Werk über den Landbau ist noch vorhanden.
Verloren gegangen sind: die Reden; ein Buch vom Kriegswesen;
Briefe; ein Lehrgedicht; Grundsätze der Erziehung; endlich die
Urgeschichte, sieben Bücher, worin die Geschichte Roms und der
bedeutendsten Städte Italiens bis auf Catos Lebzeiten abge-
handelt war.

Auf dem Lande war auch seine Mahlzeit reichlicher, denn er lud jedesmal seine Bekannten unter den näheren und entfernteren Nachbarn ein und brachte die Zeit recht munter mit ihnen zu. Ueberhaupt war er ein heiterer, lie= benswürdiger Gesellschafter, nicht blos für Altersgenossen, sondern auch für junge Leute, weil er viel Erfahrung besaß und gar manches Merkwürdige gesehen und gehört hatte. Die Tafel war nach seiner Meinung besonders geeignet Freundschaft zu stiften. Und an der seinigen wurde immer viel zum Lobe der feinen und braven Bürger gesprochen. Ueber die unnützen und schlechten wurde tiefes Schweigen beobachtet, denn Cato hätte weder einer tadelnden noch lobenden Aeußerung über dieselben den Zugang zu seinen Gastmahlen verstattet.

Als den letzten Dienst, welchen er dem Staate leistete, betrachtet man die Zerstörung Karthagos, ein Unternehmen, an das zwar der jüngere Scipio die letzte Hand legte, das aber vorzüglich auf Catos Rath begonnen wurde. Die Veranlassung war folgende. Die Karthager und der Nu= midierkönig Massinissa lagen mit einander im Krieg. Cato wurde zu beiden gesandt, um die Ursachen ihrer Feindselig= keiten zu untersuchen. Der letztere war nämlich von Anfang Freund der Römer, die ersteren standen seit ihrer Niederlage durch Scipio in einem Friedensvertrage mit denselben, waren aber durch Gebietsverlust und schweren Tribut geschwächt worden. Cato fand die Stadt nicht, wie die Römer glaubten, erschöpft und gedemüthigt, sondern reich an rüstiger junger Mannschaft, voll großer Schätze, ausgestattet mit mancherlei Waffen und Kriegsbedürfnissen, und nicht wenig stolz darauf. Darum glaubte er, es sei für die Römer nicht an der Zeit, sich als Schiedsrichter der Angelegenheiten Numidiens und Massinissas anzunehmen, sondern sie müßten diese bittere Erbfeindin Roms, die so wunderbar emporgekommen, gänzlich unterdrücken, wenn sie nicht wieder in gleich große Gefahr gerathen wollten. Er

kehrte also schleunig zurück und erklärte im Senate, die
früheren Niederlagen und Unfälle der Karthager schienen
nicht sowohl ihre Macht als ihren Unverstand vermindert
und sie nicht schwächer, sondern kriegskundiger gemacht zu
haben; auch seien bereits die Numidischen Händel nichts
anderes, als ein Vorspiel des Krieges gegen Rom: Frieden
und Vertrag sei nur ein Name für den Aufschub des
Krieges, bis der günstige Zeitpunkt komme.

Um den Eindruck seiner Rede zu verstärken, ließ er,
wie man sagt, in der Rathsversammlung beim Aufheben
der Toga einige Afrikanische Feigen fallen, und als die
Größe und Schönheit derselben bewundert wurde, rief er,
das Land, das sie trage, sei von Rom nur eine dreitägige
Fahrt entfernt. Ja er ging so weit, daß er von da an
zu jedem seiner Gutachten im Senate, welche Angelegenheit
es auch betreffen mochte, immer hinzufügte: „Ich bin
übrigens der Meinung, daß Karthago fallen muß." Da=
gegen erklärte Publius Scipio Nasica, so oft er seine
Stimme gab: „Ich bin der Meinung, daß Karthago bleiben
muß." Was den Scipio hiezu bewog, waren ohne Zweifel
die vielen Ausschweifungen, die er das Volk schon damals
im Uebermuthe begehen sah; seine Widerspenstigkeit gegen
den Senat, welche durch die Gunst des Glückes und durch
ein stolzes Selbstgefühl erzeugt war; endlich seine große
Macht, vermöge der es den ganzen Staat, wohin es nur
wollte, gewaltsam mit sich riß. Deßwegen sollte wenigstens
diese Furcht wie ein Zügel die Frechheit der Menge bän=
digen, da Karthago zu schwach sei, die Römer zu über=
wältigen, aber stark genug, um nicht verachtet zu werden.
Cato aber fand gerade das bedenklich, wenn man dem
zügellosen Volke, das seine Gewalt meist zum eigenen
Schaden anwende, eine immer mächtige und jetzt durch das
Unglück auch zur Besonnenheit und Ordnung gebrachte
Stadt gleichsam über den Nacken hängen lasse und nicht
vielmehr alles vertilge, was der Herrschaft Roms von außen

her Gefahr bringe, um zur Abwehr innerer Uebel Kräfte übrig zu behalten.

Auf diese Art soll Cato den dritten und letzten Krieg gegen Karthago bewirkt haben. Bald nach dem Beginne der Feindseligkeiten starb er. Er hatte aber mit prophetischem Munde von dem künftigen Vollender des Krieges gesprochen, welcher damals noch Jüngling war, als Oberst einen Feldzug mitmachte und in den Schlachten manche Proben der Klugheit und des Muthes gab. Als die Kunde davon nach Rom und zu Catos Ohren kam, soll er gesagt haben:

Ihn nur belebt ein Geist, die andern sind flüchtige Schatten *).

Diesen Ausspruch bestätigte auch Scipio bald durch Thaten.

Cato hinterließ an Nachkommenschaft einen Sohn von der zweiten Frau, der, wie wir erzählt haben, den Beinamen Saloninus hatte, und einen Enkel von dem verstorbenen Sohne. Auch Saloninus starb als Prätor, sein Sohn Marcus aber gelangte zur Konsulwürde. Saloninus war auch der Großvater des Philosophen Cato, eines der tugendhaftesten und berühmtesten Männer seiner Zeit **).

---

*) Odyssee X. 495.
**) Cato von Utika.

VI.

Aemilius Paulus.

Konful zu Rom 182 und 168 vor Chr.

----

1. Eingang.

Ich habe zwar um anderer willen diese Lebensbeschrei=
bungen angefangen, bleibe nun aber mit Luft und Freude
auch um meiner selbst willen dabei. Denn die Geschichte
ist mir ein Spiegel, mit dem ich mein Leben gewissermaßen
zu schmücken und den Tugenden jener Männer zu verähn=
lichen suche. Ist es doch nichts anderes als ein vertrautes
Zusammenleben, wenn wir jeden von ihnen nach der Reihe
durch die Hand der Geschichte gastfreundlich bei uns ein=
führen, wenn wir betrachten, wie groß er war, wie trefflich *),
indem wir die bedeutendsten seiner Thaten auswählen.

Demokritos sagt, wir sollten beten, daß uns erfreuliche
Bilder zu Theil würden, nämlich, daß die verwandten und
guten und nicht die schlimmen und schädlichen aus dem Luft=
raum zu uns gelangen möchten, — eine falsche Ansicht,
welche zu endlosem Aberglauben führt: wir dagegen nehmen
durch das Studium der Geschichte das Andenken der edelsten
und berühmtesten Männer beständig in die Seele auf. Und
so, indem wir die Gedanken in leidenschaftsloser Ruhe auf
die schönsten Vorbilder richten, stoßen wir das gründlich aus,

----

*) Ilias 24, 630.

was etwa der unvermeidliche Verkehr mit andern Schlechtes, Bösartiges oder Unedles hereinbringt.

So überreiche ich dir*) jetzt das Leben des Timoleon von Korinth und des Aemilius Paulus, zweier Männer, die in gleichem Maße nicht blos gute Grundsätze bei ihren Unternehmungen befolgten, sondern auch der Gunst des Glückes genossen und bei dem Leser Zweifel erregen werden, ob sie die glänzendsten Erfolge mehr glücklicher Fügung oder kluger Berechnung verdankten.

2. Das Geschlecht des Aemilius. Seine ersten Aemter.

Daß die Aemilier in Rom zu den Patricischen und ältesten Häusern gehörten, darüber sind die meisten Geschicht= schreiber einig, daß aber ihr Stammvater, dessen Beinamen das Geschlecht ererbte, Mamerkus war, des weisen Pytha= goras Sohn, wegen der Lieblichkeit und des Zaubers seiner Rede Aemilius zubenannt, dies ist nur die Behauptung einiger von denen, welche dem Pythagoras die Erziehung des Königs Numa zuschreiben.

Wenn nun die meisten, die aus diesem Hause sich rühm= lich hervorthaten, durch die Tugend, der sie nachstrebten, glücklich waren, so setzte das Unglück des Lucius Paulus bei Kannä seine Klugheit wie seine Tapferkeit in's hellste Licht. Als er nämlich seinen Amtsgenossen von dem Vor= satze, sich zu schlagen, nicht abbringen konnte, so nahm er zwar an dem Kampfe wider Willen Theil, aber mitfliehen wollte er nicht, sondern während der Anstifter des Treffens sich davon machte, blieb er stehen und starb kämpfend.

Eine Tochter dieses Mannes hatte den großen Scipio

---

*) Sossius Senecio, einem vornehmen Römer, Zeitgenossen der Kaiser Trajan und Hadrian. Plutarch hat ihm mehrere seiner Schriften zugeeignet.

zum Gemahl; sein Sohn Paulus Aemilius, von welchem dieses Buch handelt, fiel mit seinem Jünglingsalter in eine Zeit, die vom Ruhm und den Verdiensten der berühmtesten und größten Männer verherrlicht war. Unter diesen glänzte bald auch sein Name, so wenig er dem Thun und Treiben der angesehenen jungen Männer jener Zeit nacheiferte oder von vornherein denselben Weg einschlug. Denn er übte sich nicht in gerichtlicher Beredtsamkeit. Auch enthielt er sich gänzlich des schmeichlerischen Begrüßens und Hände= drückens und der anderen Aufmerksamkeiten, wodurch die meisten auf's eifrigste um die Gunst des Volkes buhlten. Nicht daß ihm zum Einen oder zum Andern natürliches Geschick gemangelt hätte. Aber er richtete sein Streben auf den nach seiner Ueberzeugung viel größeren Ruhm der Tapferkeit, Gerechtigkeit und Treue, und in diesen Tugenden leuchtete er auch sogleich unter seinen Altersgenossen hervor.

So wurde er denn bei seiner ersten Bewerbung um ein höheres Amt, die Aedilenwürde, zwölf Mitbewerbern vorge= zogen, die nachher alle das Konsulat erlangt haben sollen. In der Folge Mitglied des Priesterkollegiums der sogenannten Augurn, welche von den Römern zu Aufsehern und Wäch= tern der Wahrsagung aus Vogelflug und Himmelszeichen ernannt werden, war er so gewissenhaft in Beobachtung der althergebrachten Gebräuche und machte sich die religiöse Pünktlichkeit der Alten so zu eigen, daß er dem Priester= amte, das sonst nur als Ehrenamt und der Auszeichnung wegen gesucht wurde, das Ansehen einer der vornehmsten Künste gab und die Behauptung jener Philosophen bestätigte, welche die Frömmigkeit als Wissenschaft der Gottesverehrung deuteten. Denn er besorgte alle Geschäfte dieses Amtes mit Kenntniß und Eifer: nie trieb er andere Dinge daneben, nie unterließ oder änderte er etwas; ja er stritt sich selbst mit seinen Amtsgenossen beständig über Kleinigkeiten und zeigte ihnen, daß wenn man auch die Gottheit für gütig und versöhnlich gegen Nachlässigkeiten halte, doch für den

Staat dergleichen Nachsicht und Uebersehen verderblich sei. Niemand fange ja eine Staatsumwälzung gleich mit einem großen Verbrechen an, aber derjenige raube auch dem Größeren seine Stütze, welcher bei Kleinerem die Sorgfalt hintansetze.

Ebenso ernstlich drang er auf Beobachtung der alten Kriegszucht. Er buhlte nicht um die Gunst der Menge bei der Heerführung, machte nicht, wie die meisten jener Zeit, durch Gefälligkeit und Nachsicht gegen die Untergebenen das erste Amt zum Freiwerber für ein zweites — nein, als Priester einer anderen Art ehrfurchtgebietender Mysterien, nämlich der Kriegszucht, ordnete er jede einzelne Verrichtung an, machte sich dem Ungehorsamen und Widerspenstigen furchtbar und hielt so das Vaterland aufrecht, so eifrig bemüht für die Bildung seiner Mitbürger, daß ihm der Sieg über die Feinde dagegen fast nur wie eine Nebensache erschien.

3. Sein Feldzug in Spanien.

Die Römer waren bereits in den Krieg mit Antiochos dem Großen verwickelt, und die besten Feldherrn gegen ihn beschäftigt, als sich von Abend her ein neuer Krieg erhob. Spanien gerieth in heftige Unruhen. Dahin wurde Aemilius als Prätor ausgesandt, doch nicht wie sonst die Prätoren mit sechs Liktoren, sondern mit doppelt so vielen, also im vollen Glanze konsularischer Würde. Er besiegte die Barbaren zweimal in förmlicher Schlacht und tödtete ihnen bei dreißigtausend Mann, ein Erfolg, der offenbar das Werk seiner Klugheit war, da er durch die Wahl der vortheilhaftesten Kampfplätze und durch einen Flußübergang seinem Heere den Sieg in die Hände gab. Er unterwarf zweihundert und fünfzig Städte, die ihm freiwillig die Thore öffneten. Frieden und Treue herrschten wieder in der Provinz, als er sie verließ, um nach Rom zurückzukehren, auch nicht um eine Drachme durch den Feldzug bereichert. Auch sonst war er nicht eifrig auf Gelderwerb, während er viel ausgab und gar nicht sparsam mit seinem Vermögen wirthschaftete. Und doch war dieses nicht bedeutend, ja es reichte mit genauer Noth hin, um der Frau nach seinem Tode die schuldige Mitgift zu erstatten.

4. Seine häuslichen Verhältnisse.

Er hatte Papiria, die Tochter Masos, eines gewesenen Konsuls geheirathet, löste aber nach langer Verbindung die Ehe wieder auf, wiewohl er durch sie zum glücklichsten Vater geworden. Denn sie war es, die ihm den berühmtesten Scipio und den Fabius Marimus gebar. Die Ursache dieser Trennung ist nicht in Schriften auf uns gekommen. Indessen scheint mir jene Aeußerung über die Ehescheidung vollkommen richtig, die ein gewisser Römer gethan haben soll. „Ist denn deine Frau nicht verständig, nicht schön, nicht fruchtbar?" sagten zu diesem seine Freunde, als er sich scheiden wollte. Statt aller Antwort hielt er ihnen seinen Schuh hin und fragte: „Ist er nicht zierlich, nicht neu? aber keiner von euch weiß, wo mich der Schuh drückt." In der That pflegen nicht blos große, offenkundige Fehler der Frauen eine Trennung herbeizuführen, sondern auch kleine oft wiederkehrende Verstöße, die aus einer gewissen Unfreundlichkeit oder einem Mißton im Gemüthe hervorgehen und, während sie andern verborgen bleiben, die unheilbarste Abneigung im ehelichen Leben zur Folge haben.

So trennte sich also Aemilius von Papiria und heirathete eine andere. Die zwei Söhne, welche ihm diese gebar, behielt er im Hause; die Söhne der ersten Frau aber ließ er durch Adoption den angesehensten und berühmtesten Häusern einverleiben: den älteren dem Hause des Fabius Marimus, der fünfmal Konsul gewesen war; den jüngeren nahm der Sohn des Scipio Africanus, sein Vetter, an Kindesstatt an und gab ihm den Namen Scipio. Von den Töchtern des Aemilius heirathete die eine den Sohn Kato's, die andere Aelius Tubero, einen trefflichen Mann, der sich vor allen Römern durch edle Ertragung der Armuth ausgezeichnet hat. Es gab nämlich sechzehn Aelier, die alle Blutsverwandte waren: sie besaßen ein ganz kleines Häuschen, und Ein Land= gut genügte allen; auch bedienten sie sich mit ihren vielen Kindern und Frauen eines einzigen Heerdes. Unter diesen war auch die Tochter des Aemilius, der zweimal das Konsulat bekleidet, zwei Triumphe gefeiert hatte, und sie schämte sich der Armuth ihres Mannes so wenig, daß sie vielmehr seine Tugend, die Ursache dieser Armuth bewunderte. In unserer Zeit dagegen müssen Brüder und Verwandte die gemein= schaftlichen Güter durch Himmelsstrich, Flüsse und Mauern trennen und weite Räume zwischen sich haben, um nicht ohne Aufhören mit einander im Streite zu liegen. Solche Züge gibt die Geschichte jedem, dem sein Heil am Herzen liegt, zur Betrachtung und Ueberlegung an die Hand.

5. Sein erstes Konsulat.

Zum Konsul ernannt zog Paulus Aemilius gegen die Ligurier am Fuße der Alpen, welche von einigen auch Ligu= stiner genannt werden, ein streitbares, wildes Volk, zur Kriegskunst von den nahen Römern gebildet. Sie wohnen nämlich am Saum Italiens, wo er die Alpen berührt und auf den Alpen selbst am Tyrrhenischen Meere Afrika gegen= über, vermischt mit Galliern und Spaniern von der See= küste. Damals hatten sie sich auch mit der See befreundet, fuhren mit Raubschiffen bis zu den Säulen des Herkules *) und fügten als Seeräuber dem Handel großen Schaden zu. Als nun Aemilius herankam, stellten sie ihm vierzigtausend Mann entgegen: er aber griff mit nicht mehr als achttausend

---

*) So nannte man den Berg Kalpa (Gibraltar) in Spanien und den gegenüberliegenden Berg Abyla in Mauretanien.

Mann den fünfmal stärkeren Feind an und schlug ihn in die Flucht. Doch als er sie in ihre festen Plätze einge= schlossen hatte, ließ er milde Bedingungen des Friedens kund werden. Die Römer beabsichtigten nämlich keineswegs die Ausrottung des Ligurischen Volkes, das eine Art von Boll= werk oder Vormauer gegen die Bewegungen der Gallier bildete, von welchen Italien unaufhörlich bedroht war. Im Vertrauen auf Aemilius übergaben nun die Ligurier wirklich ihre Schiffe und ihre Städte.

Aemilius gab ihnen die Städte zurück ohne weitere Be= schädigung, als daß er die Mauern niederriß. Die Schiffe aber nahm er alle weg und ließ ihnen kein Fahrzeug, das mehr als drei Ruder hatte. Auch befreite er die große Menge von Römern und Ausländern, die zur See oder zu Land in ihre Gewalt gekommen waren. Dies sind die aus= gezeichneten Thaten seines ersten Konsulates.

In der Folge legte er öfters seine Neigung wieder Konsul zu werden an den Tag, einmal trat er auch förmlich als Bewerber auf: da er aber seinen Zweck verfehlte und nicht beachtet wurde, so stand er gänzlich davon ab und widmete sich der Besorgung des Gottesdienstes und der Erziehung seiner Söhne: er ließ sie sowohl nach der Sitte seines Landes und seiner Väter, wie er selbst gebildet worden war, als auch und zwar mit noch größerem Eifer in den Künsten und Wissenschaften der Griechen unterrichten. Ja die Jünglinge wurden nicht blos in der Grammatik*), Philosophie und Beredtsamkeit von Griechen unterrichtet, sie hatten auch grie= chische Bildhauer, Maler, Bereiter, Hundemeister und Lehrer der Jägerei um sich. Der Vater aber, an Zärtlichkeit für

---

*) Grammatik umfaßt bei den Alten außer dem, was wir so nennen, auch die Stilistik, die Verskunst, die Literatur und Geschichte derselben, kurz das ganze Gebiet der eigentlichen Philologie, wie sie noch jetzt die Grundlage der höheren Jugend= bildung ausmacht.

seine Kinder ohne Gleichen unter den Römern, war bei ihren Lehrstunden und Uebungen beständig zugegen, wenn er nicht gerade durch Staatsgeschäfte verhindert wurde.

6. Der Krieg gegen Perseus.

Was die öffentlichen Angelegenheiten betrifft, so waren damals die Römer mit dem Makedonischen Könige Perseus im Kriege. Sie beschuldigten ihre Feldherren, daß sie sich aus Mangel an Muth und Erfahrung mit Schimpf und Schande bedeckten und mehr Schaden litten als zufügten. Antiochos der Große war eben erst aus Kleinasien über den Taurus zurückgeworfen und in die Grenzen Syriens einge=schlossen worden, wo er froh sein mußte den Frieden um fünfzehntausend Talente zu erkaufen; sie hatten kurz vorher Philipps Macht in Thessalien gebrochen und Griechenland befreit; ja auch den Mann, welchem kein König an Kühn=heit oder Macht zu vergleichen war, Hannibal hatten sie be=siegt — und so fanden sie es unerträglich mit diesem einzigen Perseus, als wäre er Roms würdiger Gegner, schon so lang in unentschiedenem Kampfe zu liegen, während er nur mit den Ueberbleibseln von den Niederlagen seines Vaters den Krieg gegen sie führte. Sie mußten freilich nicht, daß Phi=lipp nach jener Niederlage sein Heer viel stärker und streit=barer gemacht hatte. Dies will ich nun, auf die frühere Zeit zurückgehend, in Kürze auseinandersetzen.

Antigonos, der mächtigste unter Alexandros' Nachfolgern und Feldherren, der sich und seinem Hause den Königsnamen gewann, hatte einen Sohn Demetrios (Poliorketes). Deme=trios' Sohn hieß Antigonos, mit dem Beinamen Gonnatas (= zu Gonni in Thessalien geboren). Dieser zeugte den Demetrios II., der nach kurzer Regierung starb und einen Sohn Philipp im Knabenalter hinterließ. Aus Furcht vor Unordnungen riefen nun die vornehmsten Makedonier den Antigonos herbei, der Geschwisterkind mit dem Verstorbenen war, vermählten ihn mit Philipps Mutter, ernannten ihn erst zum Vormund und Feldherrn und hernach, da er sich gemäßigt und für's Gemeinwohl thätig erwiesen, zum Könige (233 — 221). Er bekam übrigens den Beinamen Doson (der geben will), als ein Mann, der gern verspräche, aber ungern Wort hielte.

Nach ihm bestieg Philipp den Thron und wurde, so jung er war, den vorzüglichsten Königen beigezählt; ja man hoffte von ihm, er werde Makedonien zu seinem alten Ansehen erheben und sei allein der Mann die bereits alles bedrohende Macht der Römer in Schranken zu halten. Allein von Titus Flamininus bei Skotusa in einer großen Schlacht überwunden beugte er sich zuerst voll Angst vor dem Sieger, überließ sich ganz seiner Gnade und war froh mit einer leiblichen Strafe davonzukommen. Später jedoch empfand er darüber den größten Unmuth. Er dachte jetzt, von der Römer Gnade König sein möge ein Gefangener, dem es nur um ein üppiges Leben zu thun sei, nimmermehr ein Mann von Selbstgefühl und Tapferkeit: und so richtete er seinen ganzen Sinn auf den Krieg und traf die Anstalten dazu heimlich und mit vieler List: er ließ die an den Straßen und an der See gelegenen Städte in Verfall kommen und fast öde werden, damit sie unbedeutend schienen, zog in den oberen Gegenden eine bedeutende Macht zusammen, füllte die Festungen, Burgen und Städte des Binnenlandes mit Waffen, Geld und junger Mannschaft und übte gleichsam den Krieg, während er ihn im Dunkel verborgen hielt. Dreißig tausend Waffenrüstungen lagen ungebraucht in den Zeughäusern, acht Millionen Scheffel Getreide waren in den festen Plätzen aufgespeichert, und die Schatzkammer hatte solchen Ueberfluß, daß davon zehn tausend Miethsoldaten zehn Jahre lang zur Vertheidigung des Landes unterhalten werden konnten.

Allein bevor er zur Ausführung seiner Plane schreiten konnte, machten Gram und Reue seinem Leben ein Ende.

Er entdeckte nämlich, daß er seinen zweiten Sohn Demetrios mit Unrecht auf verleumberische Anklage des schlechteren getöbtet hatte. Der überlebende Sohn Perseus erbte zwar mit dem Throne auch den Römerhaß des Vaters, aber sein niedriges, schlechtes Herz, in welchem unter einer Menge verwerflicher Leidenschaften Geldgeiz die erste Stelle einnahm, war demselben nicht gewachsen. Man behauptet auch, er sei nicht einmal Philipps echter Sohn gewesen, sondern dessen Gemahlin habe sich ihn von einer Argivischen Näherin, Gnathänia, geben lassen, um ihn betrügerisch unterzuschieben. Dies war denn auch wohl der vornehmste Grund, warum er Demetrios aus dem Wege räumte. Denn er mußte fürchten, es möchte das königliche Haus im Besitz eines rechtmäßigen Thronerben das Geheimniß seiner unechten Abstammung aufdecken.

So unebel und niedrig er aber auch dachte, gab ihm doch die Macht seines Reiches Muth zum Krieg. Auch hielt er lange Stand, brängte konsularische Feldherren der Römer, große Heere und Flotten zurück und gewann sogar mehrmals den Sieg. So überwand er den Publius Licinius, welcher zuerst in Makedonien einfiel, in einer Reiterschlacht, töbtete ihm zwei tausend fünf hundert tapfere Männer und nahm noch sechs hundert gefangen. Gegen die Flotte, welche bei Oreus (auf der Nordküste von Eubōa, früher Histiäa) vor Anker lag, unternahm er einen unerwarteten Ueberfall, eroberte zwanzig Frachtschiffe sammt der Ladung, versenkte die andern mit dem Getreide, das sie führten, und eroberte vier Kriegsschiffe mit fünf Ruderreihen. In der zweiten Schlacht trieb er den gewesenen Konsul, der auf der Seite von Elimia *) einbrach, zurück, und als derselbe heimlich in Thessalien einzudringen suchte, schreckte er ihn zurück, indem er ihm eine Schlacht anbot. Als Nebenbeschäftigung bei dem Kriege unternahm er alsbann einen Feldzug gegen

---

*) Makedonische Landschaft an der Grenze von Epirus.

die Darbaner (nördlich von Makedonien im heutigen Servien),
als wenn er die Römer verachtete und volle Muße hätte,
hieb zehn tausend Barbaren nieder und führte reiche Beute
hinweg. Zugleich wiegelte er die an der Donau wohnenden
Gallier auf, welche Bastarner heißen, ein tapferes Reiter=
volk. Auch die Illyrier forderte er auf mit ihrem König
Genthius an dem Kriege Theil zu nehmen. Ja es ging die
Sage, daß diese Barbaren durch seine Geschenke gewonnen
im Begriffe standen durch das untere Gallien längs dem
Adriatischen Meer nach Italien einzufallen.

7. Aemilius zum zweitenmal Konsul. Sein Feldzug in Makedonien.

Als die Römer dies erfuhren, beschlossen sie ohne Rück=
sicht auf Empfehlung und Bewerbung nach eigener Wahl
zur Feldherrnwürde einen Mann zu berufen, der Einsicht
und Kraft genug besäße, sich an die Spitze großer Unter=
nehmungen zu stellen. Das war nun Paulus Aemilius,
zwar schon vorgerückten Alters (er stand ungefähr im sech=
zigsten Jahr) aber noch voll frischer Körperkraft, umgeben
von jungen Eidamen und Söhnen und einer Menge von
einflußreichen Freunden und Verwandten, die alle in ihn
drangen, er solle doch dem Rufe des Volks zum Konsulate
Folge leisten. Anfangs that er jedoch spröde gegen die
Menge und wies alle ihre Bemühungen und Ehrenbezeugungen
ab, als hätte er keine Lust zu dem Amte. Da sie aber
täglich vor seine Thüre kamen und ihn mit lautem Tadel
seiner Weigerung auf den Markt riefen, ließ er sich endlich
bewegen unter den Bewerbern um das Konsulat aufzutreten,
wo er gleich bei seinem ersten Erscheinen auf dem öffentlichen
Platze nicht ein Amt zu begehren, sondern Sieg und glück=
liche Beendigung des Kriegs seinen Mitbürgern als Geschenk
zu bringen schien. So groß war die Hoffnung und Freu=
digkeit, womit ihn alle empfingen und zum zweitenmal zum

Konsul ernannten. Auch gestatteten sie nicht, daß die Provinzen wie sonst durch's Loos vertheilt wurden, sondern sie legten die Führung des Makedonischen Krieges sogleich in seine Hände.

Als er nun vom ganzen Volke zum Feldherrn gegen Perseus ernannt glänzend nach Hause geleitet wurde, soll er sein Töchterchen Tertia, noch ein zartes Kind, mit verweinten Augen getroffen und mit freundlichem Gruße befragt haben, warum sie so betrübt wäre. Da habe ihn Tertia unter Küssen umarmt und gerufen: „Weißt du denn nicht, Vater, daß uns Perseus gestorben ist?" Sie meinte nämlich ein Hündchen dieses Namens, das mit ihr aufgewachsen war. Und Aemilius erwiderte: „Glück zu, meine Tochter, die Vorbedeutung ist mir willkommen." Dies hat der Redner Cicero in der Schrift von der Weissagung (1, 46) erzählt.

Da es nun Sitte war, daß, wer das Konsulat erhalten, gewissermaßen zur Bezeigung seines Dankes in freundlichen Worten von der Rednerbühne zu dem Volke sprach, so berief Aemilius die Bürger und sagte: um das erste Konsulat habe er sich beworben, da er selbst der Würde, um das zweite, da sie eines Feldherrn bedurft; deßwegen sei er ihnen dafür nicht verbunden, trete im Gegentheil den Feldherrnstab bereitwillig ab, wenn sie glauben sollten, daß ein anderer den Krieg besser führen würde. Wofern sie aber Vertrauen zu ihm hätten, sollten sie nicht nebenher den Feldherrn spielen und klügeln, sondern in bescheidenem Schweigen die Kriegsbedürfnisse herbeischaffen; denn wollten sie dem Befehlshaber befehlen, so würden sie sich in ihren Feldzügen noch mehr lächerlich machen, als sie bereits wären.

Durch diese Worte flößte er den Bürgern große Ehrfurcht gegen sich und hohe Erwartung von der Zukunft ein, und alle waren voll Freude, daß sie die Schmeichler hintangesetzt, um einen Feldherrn von Freimuth und Seelengröße zu wählen. So willig gehorchte das Römische Volk den Geboten der Pflicht und der Tugend, um Sieg und Oberherrschaft zu gewinnen.

Daß Aemilius Paulus, als er sich zum Heere begab, mit günstigem Winde und ohne irgend eine Unannehmlich= keit schnell und sicher in's Lager gelangte, schreibe ich der Huld des Schicksals zu. Wenn ich aber sehe, daß bei der Führung des Krieges manches die rasche Kühnheit, manches die wohlberechneten Plane des Feldherrn, anderes die muthige Hilfeleistung seiner Freunde oder seine Geistesgegenwart und seine zweckmäßigen Anordnungen in Gefahren zu Stande brachten, so kann ich dem gepriesenen Glück des Mannes keine so bedeutende und glänzende Stelle anweisen, wie bei anderen Feldherren. Man müßte denn behaupten wollen, ein glücklicher Umstand für Aemilius sei der Geiz des Perseus gewesen. Und freilich ist die so glänzende Macht der Makedonier, welcher durchaus ein glücklicher Ausgang des Krieges in Aussicht stand, dadurch umgestürzt und vernichtet worden, daß der König nicht den Muth hatte, sein Geld zum Opfer zu bringen.

Es kamen nämlich auf sein Gesuch vom Volke der Bastarner zehntausend Reiter, jeder mit einem Nebenmanne zu Fuß, lauter Miethsoldaten, die weder Ackerbau noch Schifffahrt verstanden, auch nicht als Hirten vom Ertrage der Heerden lebten, sondern immer die Eine Beschäftigung, die Eine Kunst übten, Krieg zu führen und den Feind zu schlagen. Es waren Männer von hohem Wuchse, bewundernswürdiger Fertigkeit, prahlerisch und hochfahrend in ihren Drohungen gegen den Feind. Als sie sich nun in der Landschaft Mä= dika gelagert und mit den vom König dazu beorderten Truppen vereinigt hatten, so wurden die Makedonier voll kühnen Muthes: sie gewannen die feste Zuversicht, die Römer würden nicht Stand halten, ja schon vor ihrem Anblick und ihren ungewöhnlichen, das Auge blendenden Bewegungen in Schrecken gerathen. So hatte Perseus seine Leute gestimmt, mit solchen Hoffnungen ihr Gemüth erfüllt,

als er bei der Forderung von tausend Goldstücken für jeden
Führer über der hierzu nöthigen hohen Geldsumme wie von
Schwindel und Betäubung ergriffen wurde und aus Karg=
heit die Hilfe von sich wies und verschmähte, als wäre er
Verwalter, nicht Feind der Römer, und als müsse er einst
denen, welche er bekriegte, genaue Rechnung über die
Kriegskosten ablegen. Und doch hatte er gerade an diesen
treffliche Lehrmeister, denn neben den andern Kriegsmitteln
stand ihnen ein Heer von hunderttausend Mann zu Gebot,
während er, der sich des Kampfes gegen eine so gewaltige
Macht unterfangen hatte, bei einem Kriege, wo so viel
Nebenaufwand erforderlich war, das Geld abwog, es ver=
siegelte und wie fremdes Eigenthum nicht zu berühren wagte.
Und der so handelte, war nicht etwa eines Lydiers oder
Phönikers *) Sohn, nein auf Alexanders und Philipps
Tugenden wollte er Ansprüche der Verwandtschaft haben,
jener Männer, welche durch den Grundsatz, Herrschaft um
Geld, nicht Geld um Herrschaft zu erkaufen, überall den
Sieg gewannen. Sagte man doch, die meisten Städte der
Griechen habe nicht Philipp, sondern Philipps Gold erobert.
Und Alexander, als er bei Eröffnung des Feldzugs gegen
Indien bemerkte, daß die Makedonier an den Persischen
Reichthümern bereits eine schwere, hemmende Last nach=
schleppten, verbrannte zuerst die königlichen Wägen und
beredete dann die andern zu gleichem Entschluß, um leicht
und gleichsam entfesselt in den Krieg zu ziehen. Perseus
dagegen häufte das Gold zu seinem, seiner Kinder und
seines Reiches Verderben und wollte sich nicht durch Auf=
opferung einigen Geldes retten, sondern lieber als reicher
Gefangener mit großen Schätzen weggeführt werden, um
den Römern zu zeigen, wie viel er für sie aufgespart hätte.

Aber nicht allein die Gallier schickte er als betrogene

---

*) Die Lydier waren sehr reich und geldstolz, die Phöniker
höchst geldgierig.

Leute weg. Auch den König Genthius von Illyrien bewog er durch die Zusage von dreihundert Talenten zur Theilnahme an dem Kriege, zählte den Abgeordneten desselben das Geld vor und erlaubte ihnen ihr Siegel darauf zu drücken. Als aber Genthius im vermeintlichen Besitze der verlangten Summe einen heillosen Frevel verübte und Römische Gesandte, die zu ihm gekommen, ergreifen und fesseln ließ, da dachte Perseus, jetzt sei kein Geld mehr zur Anstiftung des Krieges nöthig, da Genthius die sichersten Unterpfänder des Hasses zum voraus gegeben und sich durch so große Beleidigung selbst in den Krieg gestürzt hätte. Also betrog er den Armen um die dreihundert Talente und sah ruhig zu, wie er bald darauf von dem Prätor Lucius Anicius, der mit Heeresmacht gegen ihn gesandt ward, mit Weib und Kind aus seinem Reiche wie aus einem Neste ausgehoben wurde.

Einen solchen Gegner also sah Aemilius sich gegenüber. Allein so sehr er ihn selbst verachtete, mußte er doch seine Anstalten und Streitkräfte bewundern. Perseus hatte viertausend Reiter und nicht viel weniger als vierzigtausend Mann zu Fuß für die Phalanx. Er lag mit großer Sicherheit in einem Standlager zur Seite des Meeres am Fuße des Olympos in Gegenden, die, überallher unzugänglich, dazu durch Schanzen und hölzerne Schutzwehren rings vertheidigt waren: er war der Meinung, der Aufwand an Zeit und Geld werde Aemilius' Kräfte erschöpfen.

Indessen sann dieser mit der regsten Thätigkeit hin und her und bewegte in seinem Geiste alle möglichen Entwürfe und Versuche. Wie er aber bemerkte, daß seine Soldaten, durch die frühere Zügellosigkeit verdorben, den Verzug unerträglich fanden und viele unausführbare Plane ausklügelten, so gebot er ihnen mit ernstlichem Verweis den Vorwitz zu lassen und für nichts anderes zu sorgen, als daß jeder seinen Leib und seine vollständige Waffenrüstung bereit halte und das Schwert nach Römerweise brauche, wenn ihm der Feldherr die Gelegenheit dazu gäbe. Auch befahl er die Nachtwachen

ohne Spieß zu beziehen, damit der Soldat, unfähig den
andringenden Feind abzuwehren, desto mehr auf der Hut
wäre und dem Schlaf widerstünde.

Die Leute litten am meisten durch Mangel an Wasser,
das nur dürftig und in schlechter Beschaffenheit hart am
Meere hervorquoll. Aemilius schloß beim Anblick des hoch
neben dem Lager emporragenden Olympos aus dessen frischem
Grün, er müsse Quellen haben, die sich in der Tiefe verlören.
Er ließ deßhalb an seinem Fuße viele Oeffnungen und
Brunnen graben. Diese füllten sich denn auch gleich mit
klarem Wasser, das sich vermöge der natürlichen Neigung
des Zusammengedrückten nach den leeren Räumen drängte.

Er hielt sich einige Tage ruhig, und noch nie soll bei so
großer Nähe so gewaltiger Heere solche Stille geherrscht
haben. Endlich erfuhr er durch die angestrengtesten Be=
mühungen und Versuche, daß der einzige Paß, welcher durch
Perrhäbia bei Pythion (Apollotempel auf einer Höhe des
Olympos) und Petra vorüberführte, noch offen sei. Und
da setzte er mehr Hoffnung darauf, daß dieser Weg unbesetzt
war, als er durch die Steilheit und Beschwerlichkeit, um deren
willen er offen geblieben war, abgeschreckt wurde. Er trug
die Sache im Kriegsrathe vor. Da erbot sich vor allen
Anwesenden Scipio, Eidam des Scipio Africanus, mit dem
Beinamen Nasica, und später der einflußreichste Mann im
Senate, diese Umgehung des Feindes zu leiten. Nach ihm
erhob sich auch Fabius Maximus, der älteste von Aemilius'
Söhnen, noch im ersten Jünglingsalter, um seine Bereit=
willigkeit zu erklären.

Hocherfreut gab ihnen Aemilius eine Schaar, nicht von
der Stärke zwar, wie sie Polybios angibt, sondern wie sie
Nasica selbst in einem Briefe bestimmt, den er an einen
gewissen König über diese Unternehmung geschrieben hat.
Es waren nämlich dreitausend von den Auserlesenen der
Italischen Bundesgenossen und der linke Flügel an fünftausend
Mann. Nasica verstärkte diese Zahl noch mit hundert=

zwanzig Reitern und mit zweihundert Mann von der Schaar
des Harpulas, die aus Thraciern und Kretern bestand. Und
so schlug er den Weg nach dem Meere ein und lagerte sich
bei Herakleon (dem Grenzorte Makedoniens gegen Thessalien
zu), als wollte er mittels der Flotte das Lager der Feinde
umgehen und rings einschließen. Nach dem Nachtessen aber
als die Dunkelheit eingetreten war, sagte er den Hauptleuten
seine eigentliche Absicht, zog während der Nacht vom Meere
nach dem Binnenlande hinein und machte am Tempel des
Pythischen Apollon Halt um den Soldaten Ruhe zu gönnen.
An dieser Gegend erhebt sich der Olympos zu einer
Höhe von mehr als zehn Stadien, was die Inschrift des
Mannes, der sie gemessen, bezeugt. Sie lautet also: „Des
Pythischen Apollon Tempel auf Olympos' Gipfel hat eine
Höhe — sie ward nach dem Senkblei gemessen — von zehn
vollen Stadien und noch einen Plethron weniger vier Fuß*).
Eumelos' Sohn Xenagoras hat ihn zum Gegenstand seiner
Messung gemacht. Du, o König, sei gegrüßt und verleihe
mir Gutes." Freilich wollen die Mathematiker behaupten,
daß weder die Höhe eines Berges noch die Tiefe des Meeres
zehn Stadien übersteige, allein Xenagoras scheint die Messung
nicht oberflächlich, sondern kunstgerecht und mit den erforder=
lichen Werkzeugen gemacht zu haben.
Hier also brachte Nasica den Rest der Nacht zu. Perseus
aber, der Aemilius ruhig an Ort und Stelle bleiben sah
und nicht ahnte, was vorging, wurde durch einen Kretischen
Ueberläufer, der sich auf dem Wege weggeschlichen hatte,
benachrichtigt, wie er von den Römern umgangen werde.
So groß nun seine Bestürzung war, brach er doch nicht mit
dem Lager auf, sondern schickte zehntausend Söldner und
zweitausend Makedonier unter Milon ab mit der Weisung
im Eilmarsch die Höhen zu besetzen. Diese Schaar wurde

---

*) Die Höhe dieser Stelle des Olympos betrüge hiernach
6096 Griechische oder 5785 Pariser Fuß.

nach Polybios von den Römern im Schlaf überrascht: Nasica aber berichtet, es habe sich ein sehr hitziger und hartnäckiger Kampf auf den Höhen entsponnen, wobei er selbst einen Thracischen Söldner, der ihm zu Leibe gegangen, mit einem Speerstoß durch die Brust zu Boden gestreckt hätte; endlich seien die Feinde herabgeworfen worden, Milon auf's schmäh= lichste ohne Waffen bloß im Unterkleide davongeflohen, er aber habe ihnen in voller Sicherheit nachgesetzt und zugleich sein Heer in das Land hinuntergeführt.

Als Perseus diese Kunde erhielt, brach er in Eile auf, zog sich zurück und entsagte voll Schrecken allen seinen Hoffnungen. Allein er mußte nothwendig entweder dort vor Pydna Halt machen und das Glück einer Schlacht ver= suchen oder das Heer in die Städte vertheilen und so den Feind empfangen, der, einmal den Fuß im Lande, nicht mehr ohne große Opfer an Blut und Menschen zu vertreiben war. Seine Freunde stellten ihm nun vor, er sei hier an Truppenzahl überlegen und die Soldaten würden im Kampfe für Weib und Kind, unter den Augen des Königs und durch sein Beispiel ermuntert, die größte Tapferkeit beweisen. Dadurch bekam er dann wieder Muth, schlug ein Lager auf, ordnete das Heer zur Schlacht, besichtigte die Gegend und wies jedem Befehlshaber seine Stelle an, entschlossen die Römer anzugreifen, so wie sie sich nahen würden.

Die Gegend war zum Theil ein Gefilde, geeignet für die Phalanx, welche ebene Flächen zum Standpunkt haben muß. Eine daran stoßende Hügelreihe bot den leichten Schaaren Gelegenheit zum Rückzug und zur Umgehung dar. Die mitten durchströmenden Flüsse Aeson und Leukos hatten zwar damals gegen Ende des Sommers keine bedeutende Tiefe, doch konnten sie den Römern einige Schwierigkeiten machen.

Aemilius aber hatte sich unterdessen mit Nasica vereinigt und zog nun mit geschlossenen Reihen gegen die Feinde herab. Als er aber ihre Stellung und Menge sah, machte er voll Staunen Halt und ging mit sich selbst zu Rathe. Die vornehmen zur Feldherrenwürde emporstrebenden Jüng= linge eilten zwar voll Kampflust herbei und baten, er möchte doch nicht säumen, am eifrigsten Nasica, den der glückliche Erfolg auf dem Olympos begeisterte. Aemilius aber ent= gegnete lächelnd: „Ja, wenn ich dein Alter hätte; aber meine vielen Siege, die mich die Fehler der Besiegten lehr= ten, erlauben mir nicht, gleich vom Marsche aus mit einer bereits in vollkommener Schlachtordnung dastehenden Phalanx mich zu schlagen." Hierauf gab er den vorn im Angesicht des Feindes stehenden Truppen den Befehl, sich in Rotten aufzustellen, als wollten sie eine Schlachtordnung bilden, während die Hintersten sich umwenden mußten, um an Ort und Stelle ein Lager mit Wall und Graben zu errichten. Indem er nun die, welche den Letzten zunächst standen, rückwärts ziehen ließ, gelang es ihm, die Schlachtordnung unvermerkt aufzulösen und ohne Verwirrung alle in's Lager zu bringen.

Die Nacht war eingebrochen, und die Soldaten wollten sich eben nach eingenommener Mahlzeit zur Ruhe begeben, als auf einmal der Mond, der im Vollschein hoch am Him= mel schwebte, sich verdunkelte und vom Licht allmählig ver= lassen in allerlei Farben spielte, bis er zuletzt ganz ver= schwand. Während nun die Römer nach dem Brauche ihre Geräthe aneinander schlugen, um durch den Lärm sein Licht zurückzurufen, und viele brennende Kienfackeln zum Himmel erhoben, thaten die Makedonier nichts dergleichen, sondern dumpfe Bestürzung lag auf dem ganzen Heere und insge= heim ging es von Mund zu Mund, die Erscheinung bedeute den Untergang des Königs.

Aemilius war zwar nicht ganz ohne Kunde und Wissen= schaft von den Unregelmäßigkeiten der Verfinsterung, welche den Mond in bestimmten Zeiten seines Umlaufes in den Schatten der Erde führen und verbergen, bis er nach Durch= messung des verfinsterten Raumes wieder von der Sonne

erhellt wird. Weil er aber sehr religiös war, viel auf
Opfer und Vorbedeutungen hielt, so brachte er dem Mond,
sobald er ihn wieder Glanz bekommen sah, elf junge Rinder
dar. Als er sodann mit Tagesanbruch dem Herkules Stiere
zum Opfer brachte, erhielt er bis zum zwanzigsten kein
günstiges Zeichen, erst der einundzwanzigste hatte die Einge=
weide nach Wunsch und versprach ihm bei bloßer Gegenwehr
den Sieg. Nachdem er also diesem Gotte noch hundert
Stiere und heilige Spiele gelobt hatte, ließ er die Haupt=
leute das Heer zum Kampfe ordnen. Damit jedoch die
Sonne nicht von Osten her seinen Leuten während des
Kampfes in die Augen schiene, wartete er ab, bis sie sich
gegen Westen neigte, und saß unterdessen in seinem Zelte,
das nach der Ebene und dem feindlichen Lager hin geöffnet
war.

Gegen Abend wurde, wie einige berichten, auf Befehl
des Aemilius, der es durch List dahin zu bringen suchte,
daß der Feind den Angriff machte, ein abgezäumtes Pferd
nach ihrer Seite hingetrieben. Einige Römer mußten ihm
nachsetzen und führten wirklich den Ausbruch des Kampfes
herbei. Andre sagen, Thracier unter Alexanders Befehl
hätten Römische Lastthiere überfallen, die mit Futter beladen
waren: auf diese Thracier hätten siebenhundert Ligurier einen
hitzigen Angriff gemacht, und da beide Theile Verstärkung
erhalten, so sei es am Ende zur förmlichen Schlacht ge=
kommen. Aemilius, der wie ein Steuermann schon aus
dem Fluthen und Wogen beider Heere auf die Größe des
bevorstehenden Kampfes schloß, trat jetzt aus dem Zelte
hervor und ging mit ermunternden Worten an den Reihen
der Schwerbewaffneten hin. Inzwischen sprengte Scipio
zum Scharmützel und sah, daß die Feinde insgesammt im
Begriff waren, mit den Römern handgemein zu werden.
Voran zogen die Thracier, deren Anblick ihn nach seinem
eigenen Geständniß sehr erschreckte, Männer von hohem
Wuchse, mit blendend weißen Schilden und Beinschienen ge=

wappnet, in schwarzen Röcken und mit schweren Säbeln
von Eisen, die gerade emporgehalten von der rechten Schulter
dräuten. An die Thracier schlossen sich die Miethstruppen
an, in mancherlei Rüstungen und mit Päoniern gemischt.
Diesen folgte eine dritte Schaar, die Auserlesenen, die edelste
Blüthe der Makedonischen Jugend, hellstrahlend mit vergol=
deten Waffen und neuen Purpurgewanden. Während diese
ihre Stellung einnahmen, erhoben sich gleich einem Gestirn
die Schaaren der Erzbeschildeten aus dem Lager, erfüllten
das Feld mit dem Blinken des Eisens und dem Schimmer
des Erzes und ließen die Berge von den Stimmen der Er=
munterung wiederhallen. Und mit solcher Kühnheit und
Geschwindigkeit rückten sie heran, daß die ersten Todten nur
zwei Stadien weit vom Römischen Lager fielen.

Im Augenblick, wo der Angriff geschah, war Aemilius
zur Stelle und fand, daß die Makedonier von der auser=
lesenen Schaar bereits die Spitzen ihrer Lanzen in die Schilde
der Römer gestoßen hatten und diese nicht zum Gebrauch
ihres Schwertes kommen ließen. Da jetzt auch die andern
Makedonier die Schilde von der Schulter herabnahmen und
ihre Lanzen auf Ein Zeichen senkten um die Legionen zu
empfangen, so gerieth er beim Anblick dieses festen, drohenden
Walles von Schilden und Lanzenspitzen in Angst und Be=
stürzung. Nie hatte er ein schrecklicheres Schauspiel gesehen,
und oft sprach er in der Folge von diesem Anblick und von
dem Eindruck desselben. Im Augenblick zeigte er jedoch den
kämpfenden Soldaten ein ruhiges und heiteres Gesicht, indem
er ohne Helm und Panzer an ihnen vorüberritt.

Der König von Makedonien dagegen verlor, wie Poly=
bios sagt, gleich beim Beginn der Schlacht allen Muth und
ritt davon nach Pydna unter dem Vorwand eines Opfers,
das er dem Herkules bringen wollte, der doch feige Gaben
von feigen Menschen nicht annimmt und ungebührliche Gebete
nicht erhört. Denn ungebührlich ist es, daß man treffe ohne
zu schießen, daß man siege ohne Stand zu halten, überhaupt

daß etwas gelinge ohne Thätigkeit, und daß' der Schlechte glücklich sei. Aemilius' Gebete dagegen fanden bei dem Gott Erhörung, denn er flehte mit dem Spieß in der Faust um Ueberlegenheit und Sieg seiner Waffen und rief kämpfend den Gott zum Mitstreiter an.

Indessen behauptet ein gewisser Poseidonios, der sich für einen Zeitgenossen und Augenzeugen jener Begebenheiten ausgibt und Perseus' Geschichte in einem Werke von mehreren Büchern erzählt: der König habe sich nicht aus Feigheit noch unter dem Vorwand eines Opfers hinwegbegeben, sondern den Tag vor der Schlacht sei er durch den Schlag eines Pferdes am Beine verletzt worden, und in der Schlacht habe er sich trotz seiner Schmerzen und der Warnungen seiner Freunde ein Saumroß bringen lassen, dasselbe bestiegen und ohne Panzer sich unter die Reihen der Phalanx gemischt. Als nun von beiden Seiten ein Hagel der mannigfaltigsten Geschosse fiel, sei er von einem ganz eisernen Wurfspieße getroffen worden, der ihn zwar nicht mit der Spitze berührt, aber doch quer an der linken Seite gestreift, im heftigen Fluge das Unterkleid durchschnitten und das Fleisch mit geronnenem Blute geröthet habe, wovon lange die Spur zurückgeblieben sei. Dies also erzählt Poseidonios zur Rechtfertigung des Perseus.

Alle Versuche der Römer die Phalanx zu durchbrechen waren vergeblich. Da ergriff Salius, der Hauptmann der Peligner *), die Fahne seiner Leute und warf sie mitten unter die Feinde. Weil es nun in Italien für einen großen Frevel gegen Gott und die Menschen gilt, die Fahne im Stich zu lassen, so stürzten sich die Peligner mit Macht nach jenem Ort, und es entspann sich ein hitziges, mörderisches Gefecht. Suchten jene die Lanzen mit dem Schwerte wegzustoßen und mit den Schilden zurückzudrängen, ja griffen sie selbst mit den Händen darnach, um sie dem Gegner zu

---

*) Die Peligner wohnten im mittleren Italien.

entreißen, so hielten diese ihre Schutzwehr mit beiden Händen
fest, durchbohrten die Anlaufenden mit sammt ihren Waffen,
da kein Schild oder Harnisch die Gewalt ihrer Lanzen bestand,
und warfen die Leiber derselben, die sich mit thierähnlicher
Wuth blindlings in die drohenden Spitzen und den offenen
Todesrachen stürzten, über ihre Köpfe hinweg.

Nachdem so die ersten Reihen gefallen, wurden die
nächststehenden hinweggedrängt, und wenn auch keine eigent=
liche Flucht begann, so zogen sie sich doch nach dem Berge
Oloktros zurück, so daß selbst der Konsul nach Poseidonios'
Bericht das Kleid zerriß, da er sehen mußte, wie diese wichen,
die andern Römer aber scheu die Phalanx mieden, die keinen
Angriffspunkt darbot, sondern mit dichtem Lanzenwalle von
allen Seiten undurchdringlich entgegenstand. Da er jedoch
wegen der Unebenheit des Bodens und der Ausdehnung der
Schlachtreihe, die den festen Schluß der Schilde beizubehalten
hinderte, die Phalanx gar manchen Riß und Spalt bekom=
men sah, indem dieser Theil zurückgedrängt, jener vorge=
schoben wurde, was bei großen Heeren und mancherlei
Bewegungen fast unvermeidlich ist: so eilte er rasch dahin,
trennte sein Heer in kleine Schaaren und hieß diese sich in
die Zwischenräume und Lücken der feindlichen Linien stürzen
und eindringen, um statt Einer allgemeinen Schlacht viele
einzelne an verschiedenen Orten zerstreut zu liefern. Diese
Anweisung gab Aemilius den Hauptleuten, die Hauptleute
den Soldaten. Sobald sich nun die Römer in die feindli=
chen Reihen eingeschoben und gedrängt hatten, wo sie die
einen auf der entblößten Seite angriffen, die andern vom
Rücken faßten, so war auch die Kraft und das gemein=
schaftliche Wirken der durchbrochenen Phalanx dahin, und
in den vereinzelten kleinen Gefechten mußten die Makedonier
verlieren. Denn mit ihren kleinen Säbeln stießen sie fruchtlos
auf die festen Schilde der Römer, die bis zu den Füßen
reichten; während ihre eigenen kleinen Schilde den Römischen
Schwertern, die vermöge ihrer Wucht und des gewaltigen

Schwunges durch die ganze Rüstung bis auf den Leib
drangen, gar schlecht widerstanden.

Hier wurde also sehr hitzig gestritten. Dabei geschah es
auch, daß Marcus, Catos Sohn und Aemilius' Eidam, im
ritterlichsten Kampfe sein Schwert verlor. Als edelgebildeter
Jüngling nun, der einem großen Vater den Beweis großer
Tapferkeit schuldig war, hielt er es für unerträglich, in voller
Kraft dem Feinde den Raub seiner Waffen zu überlassen.
Er eilte also in den Reihen der Kämpfenden umher, und
wo er einen Freund oder Bekannten sah, erzählte er den
Unfall und rief seinen Beistand an. Bald hatte er viel
wackere Männer beisammen, die alle von demselben Feuer
brennend sich um ihn geschaart hatten. Sie drängten sich
durch die andern und stürzten mitten unter die Feinde. Nach
mörderischem Kampfe trieben sie diese von der Stelle und
gewannen einen leeren, freien Platz. Nun wurde das Schwert
gesucht und endlich mit großer Mühe unter Waffen und
Leichenhügeln gefunden. Jetzt stimmten sie voll Freude den
Kriegsgesang an und warfen sich um so ungestümer auf
die noch Stand haltenden Feinde. Und zuletzt wurden die
drei tausend Auserlesenen, die ihre Stellung in tapferem
Kampfe behaupteten, insgesammt niedergehauen. Die andern
aber fielen auf der Flucht in solcher Menge, daß die Ebene
bis an den Fuß der Berge mit Leichnamen bedeckt war und
der Fluß Leukos noch am folgenden Tag, wo die Römer
übersetzten, mit blutig=rothen Wellen strömte. Sollen doch
mehr denn fünf und zwanzig tausend Makedonier geblieben
sein. Die Römer dagegen verloren nach Poseidonios hundert
nach Nasica achtzig Mann.

So groß der Kampf war, so schnell gelangte er zur
Entscheidung. Sie hatten um die neunte Stunde zu schlagen
begonnen und schon vor der zehnten gesiegt *). Der Rest

---

*) Die erste Stunde beginnt Morgens sechs Uhr. Die
neunte ist also Nachmittags drei, die zehnte Nachmittags vier Uhr.

des Tages wurde zur Verfolgung der Fliehenden gebraucht, denen sie hundert zwanzig Stadien (drei Meilen) weit nach= setzten, bis sie endlich am späten Abend zurückkehrten. Die Diener eilten ihnen mit Fackeln entgegen und geleiteten sie unter hellem Jubelruf zu den Zelten, die von Feuer strahlten und mit Epheu und Lorbeerkränzen festlich prangten: nur der Feldherr war in tiefe Trauer versunken. Von den zwei Söhnen, die unter ihm dienten, war der jüngere, den er gerade am meisten liebte und durch die edelsten Anlagen vor allen Brüdern ausgezeichnet sah, nirgends zu finden. Bei dem kühnen Muthe und der feurigen Ehrbegier des noch zarten Jünglings zweifelte der Vater nicht, daß er von seiner Unerfahrenheit mitten unter die Schwerter der Feinde geführt worden und gefallen sei. Das ganze Lager ward die Angst und Betrübniß des Feldherrn inne: die Krieger verließen ihr Abendbrod, sprangen auf und rannten mit Fackeln, viele zum Zelte des Aemilius, viele vor das Lager hinaus um ihn unter den vordersten Todten zu suchen. Tiefe Trauer herrschte im Lager, und das Geschrei „Scipio, Scipio“ erfüllte die Ebene. War er doch allen vom ersten Augenblick an Gegenstand der Bewunderung, ein geborener Feldherr und Staatsmann wie kein anderer seines Geschlechts.

Endlich spät in der Nacht, da man beinahe alle Hoff= nung aufgegeben, kam er von der Verfolgung zurück, in Begleitung von zwei oder drei anderen, mit frischem Feindes= blute bedeckt. Das Entzücken des Sieges hatte ihn gleich einem edlen Jagdhunde allzuweit fortgerissen. Dies ist der Scipio, der seiner Zeit Karthago und Numantia zerstörte und der, bei weitem der vorzüglichste Römer jener Periode, auch das höchste Ansehen erlangte. Das Schicksal verschob es also auf eine andere Zeit, den Aemilius für sein Glück zu demüthigen und ließ ihn jetzt ungetrübter Siegesfreude genießen.

Perseus nahm seine Flucht von Pydna nach Pella mit den Reitern, die sich fast ohne Verlust aus der Schlacht gerettet hatten. Als nun das Fußvolk sie einholte, schmählte es auf sie als Feiglinge und Verräther, riß sie von den Pferden herab und schlug auf sie los. In der Angst über diesen stürmischen Auftritt lenkte der König sein Pferd vom Wege ab, zog, um nicht erkannt zu werden, das Purpur= gewand aus und legte es vor sich hin, das Diadem aber trug er in den Händen. Zuletzt stieg er auch vom Pferde und zog es am Zaune nach, um sich im Gehen mit seinen Freunden zu besprechen. Allein diese blieben, der eine unter dem Vorwande den aufgegangenen Schuh wieder zu binden, der andere sein Pferd zu tränken, der dritte als wollte er selbst trinken, zurück, und so schlichen sie nach und nach alle davon. Und das thaten sie nicht so sehr aus Furcht vor dem Feinde als vor der Grausamkeit des Königs, der durch das Unglück ganz außer sich, die Schuld seiner Nieder= lage auf jedermann von sich abzuwälzen suchte.

Es war Nacht, als er nach Pella kam. Als ihm hier seine Schatzmeister Euktos und Eudäos entgegenkamen und theils wegen des Geschehenen Vorwürfe machten, theils mit unzeitigem Freimuth Rathschläge ertheilten, erstach er im Unwillen beide eigenhändig mit dem Dolch. Da blieb niemand mehr bei ihm als Evander von Kreta, Archidamos aus Aetolien und Neon aus Böotien. Von den Soldaten folgten ihm noch die Kreter, nicht aus Ergebenheit, nur am Gelde klebend wie die Biene an der Honigwabe. Denn er führte große Schätze mit sich und überließ davon Becher, Mischge= fäße und was er sonst noch an Gold= und Silbergeschirr hatte, gegen fünfzig Talente an Werth, den Kretern zur Plünderung. Als er aber erst nach Amphipolis, dann nach Galephos gekommen, nahm seine Furcht allmählig ab, und er verfiel in seine älteste angeborene Leidenschaft zurück. Das war der Geiz. Er jammerte bei seinen Freunden, daß er unbewußt einige von den Goldgefäßen Alexanders des Großen verschleudert habe und drang mit Bitten und Thränen in die Besitzer sie gegen Geld zu vertauschen. Wer ihn nun genauer kannte, der wußte wohl, daß er mit den Kretern auf gut kretisch *) handeln wolle, und wer sich zur Zurück= gabe bewegen ließ, war betrogen, denn er zahlte ihnen das Geld nicht aus. So hatte er den Freunden dreißig Talente abgemarktet, die bald darauf der Feind bekommen sollte, als er mit ihnen nach Samothrake übersetzte um sich als Schütz= ling in den Tempel der Söhne des Zeus (Kastor und Pollur) zu flüchten.

Die Makedonier standen sonst im Rufe treuer Anhäng= lichkeit an ihre Könige; aber jetzt, als wäre mit gebrochenem Grundpfeiler das Ganze zusammengestürzt, ergaben sie sich alle an Aemilius und machten ihn binnen zwei Tagen zum Herrn von ganz Makedonien. Und dies scheint eine Bestä= tigung der Ansicht, daß sich in jenen Ereignissen das Glück verherrlicht habe. Dazu war auch, was sich bei dem Opfer ereignete, göttliche Schickung. Als nämlich Aemilius zu Amphipolis opfern wollte und die heilige Handlung bereits begonnen hatte, fiel ein Blitzstrahl auf den Altar, zündete das Opfer an und half den Gottesdienst vollbringen.

Aber nirgends hat sich höhere Fügung und Gunst des Glückes so glänzend gezeigt, wie bei der Kunde vom Sieg. Es war der vierte Tag seit der Niederlage des Perseus bei Pydna, als in Rom, während das Volk einem Wettrennen zusah, auf einmal im Vordergrunde des Theaters der Ruf erscholl, Aemilius habe in einer großen Schlacht den Perseus überwunden und erobere ganz Makedonien. Das Gerücht ergoß sich schnell in die ganze Versammlung, alles klatschte und jubelte voll Entzücken, und der Freudentaumel dauerte jenen ganzen Tag. Hernach aber, da sich die Sage auf keine sichere Quelle zurückführen ließ, sondern überall grund= los erschien, zerstreute und verlor sie sich für den Augenblick. Wenige Tage nachher aber erhielt man zuverläßige Botschaft

---

*) Die Kreter galten für abgefeimte Betrüger. Daher das Sprichwort (Tit. 1, 12.) „die Kreter sind immer Lügner.“

und wunderte sich wie sich in der vorausgeeilten Kunde Wahrheit
und Dichtung vereinigt hatten.

So soll auch die Schlacht der Italischen Griechen am
Flusse Sagras (577 v. Chr.) denselben Tag im Peloponnes
ruchbar geworden sein und zu Plataä die bei Mykale gegen
die Meder*). Und so zu Rom der Sieg der Römer über
die Tarquinier, und in unseren Lebzeiten die Niederlage des
Antonius, der sich in Obergermanien gegen Domitian empört
und die Stadt in bange Besorgniß eines großen Krieges
versetzt hatte, wo das Gerücht am nämlichen Tag auf eine
Entfernung von mehr als zwanzigtausend Stadien (beinahe
fünfhundert geogr. Meilen) den Tod des Antonius meldete.

8. Nach dem Siege.

Cneus Oktavius, der unter Aemilius die Flotte befehligte,
legte sich nun vor Samothrake vor Anker: er betrachtete
zwar Perseus um der Götter willen als unverletzbar, sperrte
ihm jedoch die See, damit er nicht entfliehen könnte. Den=
noch gewann Perseus insgeheim einen gewissen Oroandes
von Kreta, ihn mit einem Theil seiner Schätze in sein kleines
Fahrzeug zu nehmen. Dieser jedoch, ein echter Kreter, lud
Nachts die Schätze ein, beschied den König mit seinen Kindern
und der nöthigen Dienerschaft auf die folgende Nacht in den
Hafen beim Tempel der Demeter und fuhr mit Anbruch des
Abends davon.

War es nun für Perseus schon jammervoll, sich durch
ein enges Fenster an der Mauer herabzulassen, mit Gattin
und Kindern, welche die Mühseligkeit des Umherirrens noch
nie gekostet, so brach er in das kläglichste Stöhnen aus, als
er längs des Gestades irrend von jemand hörte, daß er
Oroandes' Schiff bereits auf der hohen See erblickt habe.

---

*) Herodot IX. 100 erzählt umgekehrt, es habe sich bei
Mykale die Kunde von der Schlacht bei Plataä verbreitet.

Schon dämmerte der Morgen. Er floh hoffnungslos nach der Mauer zurück, die er mit seiner Gemahlin, zwar nicht unentdeckt, aber vor den Verfolgern erreichte. Die Kinder hatte er mit eigener Hand einem gewissen Jon über= geben, der, vordem zärtlich von Perseus geliebt, jetzt zum Verräther ward und ihn nöthigte gleich einem wilden Thiere, wenn seine Jungen gefangen sind, in die Hände ihrer Räuber zu laufen und sich ihnen selbst zu überliefern.

Er hatte nun besonderes Zutrauen zu Nasica und begehrte ihn zu sprechen. Da derselbe aber nicht zur Stelle war, so ergab er sich endlich, nachdem er bittere Thränen über sein Schicksal vergossen hatte, im Hinblick auf die Nothwendigkeit an Cneus Octavius. Und jetzt kam es erst recht an Tag, daß eine noch niedrigere Schwachheit als der Geldgeiz in ihm war, die Liebe zum Leben, wodurch er sich des Einzigen, was das Schicksal dem Unglücklichen nicht entzieht, des Mit= leids beraubte. Er wurde nämlich auf seine Bitten zu Aemilius geführt. Als nun dieser vor dem erhabenen Manne, dessen schwerer Fall das Herz des Römers mit heiliger Scheu erfüllte, vom Sitze aufstand und ihm, Thränen in den Augen, mit seinen Freunden entgegenging, so warf sich Perseus — ein empörender Anblick — auf das An= gesicht, streckte die Hände nach Aemilius' Knieen und brach in niedrige Ausrufungen und Bitten aus. Aemilius ver= mochte nicht sie anzuhören. Er sah ihn mit der Miene des Schmerzes und Unwillens an und rief: „Unglücklicher, warum sprichst du das Schicksal von dem größten Vorwurfe frei und verräthst durch dein Benehmen, daß dich das Unglück nicht unverdient getroffen, und daß nicht das jetzige, nein das frühere Loos dir nicht gebührte. Warum entehrst du meinen Sieg und würdigest meine Lorbeern herab, da du dich nicht als edlen, der Römer würdigen Gegner erweisest? Standhafter Muth gewinnt dem Unglücklichen auch beim Feinde hohe Achtung; Feigheit aber, selbst die glückliche, ist den Römern höchst verächtlich."

Doch hob er ihn vom Boden auf, bot ihm die Rechte dar und empfahl ihn dem Tubero. Er selbst aber führte seine Söhne, Eidame und die anderen Hauptleute, besonders die jüngeren in das Zelt, wo er lange Zeit in stillem Nach= denken saß. Alle waren darüber verwundert, bis er endlich vom Schicksal und den menschlichen Dingen so zu sprechen begann: „Ziemt es wohl, daß ein Mensch sich in kühner Zu= versicht des Glücks überhebe, wenn er ein Volk, eine Stadt oder ein Königreich unterworfen hat? Sollte er nicht gerade durch solchen Wechsel des Glücks, der dem Sieger ein Bild der allgemeinen Schwäche vor Augen stellt, nichts in der Welt als dauernd und beständig betrachten lernen? Wie hätten Menschen da Anlaß zum Selbstvertrauen, wenn gerade der über andere gewonnene Sieg uns nöthigt vor dem Schicksale zu zittern, und der Gedanke an das in raschem Umschwunge bald über diesen bald über jenen kommende Verhängniß so viel Bitteres unter die Freude mischt? Wenn ihr die Erben jenes Alexander, der sich auf den höchsten Gipfel der Macht erhob und Herr des größten Reiches war, in einem so kleinen Theilchen einer Stunde unter eure Füße tratet; wenn ihr Könige, die eben noch so viele Myriaden Fußvolks, so viel Tausende von Reitern als Leibwache um= gaben, jetzt aus Feindes Hand das tägliche Brod empfangen sehet: meint ihr, daß unsere Sachen auf festem Grunde ruhen? So verbannet doch, ihr Jünglinge, diesen eitlen Stolz und Siegesdünkel und beuget euren Sinn in stetem Hinblick auf die Zukunft, welche Buße für das gegenwärtige Glück die Gottheit jedem auferlegen werde." In diesem Sinn redete Aemilius lange zu den jungen Männern und entließ sie erst, nachdem er ihren Eigendünkel und Ueber= muth durch scharfe Worte wie mit einem Gebiß gründlich gezügelt hatte.

Während er jetzt seinem Heere Rast vergönnte, trat er selbst eine Reise an. Er wollte die Merkwürdigkeiten Griechenlands besehen und verband damit eine eben so ruhmvolle als menschenfreundliche Thätigkeit. Er besuchte nämlich die Volksgemeinden, half ihnen auf, ordnete ihre Verfassungen und gab ihnen Geschenke, der einen von dem Getreide des Königs, der anderen von dem Oele. Denn es sollen sich so große Vorräthe gefunden haben, daß es eher an Abnehmern und Gesuchen fehlte, als die Masse des Gefundenen verwendet werden konnte.

In Delphi sah er eine große viereckige Säule aus weißem Marmor, die zum Fußgestell einer goldenen Bild=säule des Perseus bestimmt war: er gab Befehl, die seinige darauf zu setzen; gebühre es sich doch, daß Besiegte ihren Platz den Siegern räumen. — In Olympia soll er jenes berühmte Wort gesprochen haben: der Jupiter von Pheidias sei der ächte Jupiter Homers.

Als hierauf die zehn Bevollmächtigten von Rom gekommen waren, überließ er den Makedoniern Land und Städte mit den Rechten eines freien selbständigen Volkes: nur sollten sie den Römern hundert Talente (144,768 Thlr. 4 Gr.) bezahlen, nicht einmal die Hälfte von dem, was sie bisher ihren Königen gesteuert hatten. Bei den mannigfaltigen Kampfspielen und Opferfesten, welche er sodann den Göt=tern zu Ehren veranstaltete, gab er auch Gastmahle und Gelage. Und da machte er nicht nur den glänzendsten Gebrauch von den Schätzen des Königs, sondern ordnete auch alles geschmackvoll an: er wußte beim Empfang, bei Anweisung des Platzes, in seinem ganzen Benehmen jeden mit der gebührenden Achtung und Aufmerksamkeit zu behandeln, so daß die Griechen sich höchlich wunderten, wie er selbst dem Scherze den Ernst zugeselle, und wie der mit so großen Dingen beschäftigte Mann auch bei dem Unbe=deutenden den Anstand beobachte. Dafür ward ihm aber auch die Freude, daß bei so glänzenden Zurüstungen doch seine Person für die Anwesenden der anziehendste und genußreichste Anblick war. Auf die bewundernde Aner=kennung seiner Sorgfalt gab er zur Antwort: es sei Sache eines und desselben Geistes, ein Heer für die Schlacht und ein Gastmahl gut zu ordnen, jenes zum furchtbarsten Anblick für den Feind, dieses zum angenehmsten Genusse für die Gäste.

Ueber alles gepriesen wurde aber der edle, großherzige Sinn des Mannes, der die Menge Goldes und Silbers aus den königlichen Schatzkammern, ohne es auch nur anschauen zu wollen, augenblicklich den Quästoren für die Staatskasse überlieferte. Nur die Büchersammlung des Königs erlaubte er seinen Söhnen als Freunden der Wissenschaft zu behalten, und bei der Austheilung der Ehrenpreise für die Tapferkeit gab er seinem Eidam Aelius Tubero eine Schaale, die fünf Pfund an Gewicht hatte. Dies ist eben der Tubero, von welchem wir oben erzählten, daß er mit Verwandten zu sechzehnt zusammenwohnte, welche alle ein kleines Gütchen ernährte. Auch war dies, wie man sagt, das erste Silber, das in das Haus der Aelier kam, wo Tapferkeit und Ehre ihm den Zugang öffnete, denn vordem hatten weder sie noch ihre Frauen Gold oder Silber begehrt.

9. Heimkehr.

Wie endlich alles wohl geordnet war, verabschiedete sich Aemilius von den Griechen. Er ermahnte noch die Makedonier, der Freiheit, die sie den Römern verdankten, eingedenk zu sein und sie durch Gesetzlichkeit und Eintracht zu bewahren, und brach sofort nach Epirus auf: denn einem Senatsbeschluß zufolge sollte er seinen Kampfgenossen gegen Perseus die Städte dieses Landes zum Besten geben *). In der Absicht nun, alle zugleich und ehe es jemand ahnen

---

*) Livius gibt XLV. 34 als Ursache dieser Grausamkeit an, daß diese Städte von den Römern abgefallen wären und Perseus im Kriege unterstützt hätten.

könnte, zu überfallen, beschied er die zehn vornehmsten
Männer aus jeder Stadt zu sich und gab ihnen den Befehl,
was sich an Gold und Silber in Häusern und Tempeln
fände, an einem bestimmten Tage abzuliefern. Unter eben
diesem Vorwande gab er jeder Abordnung eine Wache von
Soldaten und einen Hauptmann mit, als sollten sie das
Gold aufsuchen und in Empfang nehmen. Der Tag kam,
und nun machten sie sich in einem und demselben Augen=
blicke auf, die Städte feindlich zu überfallen und auszu=
plündern, so daß in Einer Stunde hundert fünfzig tausend
Menschen zu Sklaven gemacht und siebzig Städte verheert
wurden. Eine so furchtbare Zerstörung, ja Vernichtung trug
jedem Soldaten nicht mehr als elf Drachmen ein *). Alle
Menschen schauderten über einen solchen Ausgang des Krieges,
daß für einen im Einzelnen so geringen Vortheil und Gewinn
ein ganzes Volk zerrissen wurde.

Nach Vollbringung dieses seinem sanften, menschenfreund=
lichen Sinn so ganz widersprechenden Auftrags begab sich
Aemilius nach Oricum, setzte von da mit dem Heere nach
Italien über und fuhr zuletzt die Tiber hinan auf einer
königlichen Galeere von sechzehn Ruderreihen, die mit erbeu=
teten Waffen und theils röthlichen, theils purpurfarbigen
Segeln herrlich prangte. Das Volk strömte wie zu einem
Schauspiel hinaus und genoß im voraus des Triumphzugs,
indem es die Fluth begleitete, die das Schiff sanft herauf=
trug. Die Soldaten aber, deren Augen gierig an den
Schätzen des Königs gehangen, ohne daß ihre Ansprüche
befriedigt wurden, hegten aus diesem Grunde insgeheim Groll
und Bitterkeit gegen Aemilius. Ja sie beschuldigten ihn
öffentlich der Härte und Willkühr im Oberbefehl und zeigten

---

*) Zwei Thaler fünfzehn Groschen. Livius (XLV. 34) be=
hauptet jedoch, es seien auf jeden Reiter 400, auf jeden Mann
zu Fuß 200 Denare gekommen. Denar = Drachme, also auf
den Reiter 96 Thlr. 12 Gr., auf den Fußgänger 48 Thlr. 6 Gr.

daher keinen großen Eifer seine Bewerbung um den Triumph
zu unterstützen. Servius Galba, ein Feind des Aemilius,
unter welchem er als Oberst gedient hatte, bemerkte nicht
sobald diese Stimmung, als er sich erfrechte laut zu sagen,
man dürfe ihm den Triumph nicht bewilligen. Ja er reizte
durch viele Verleumbungen des Feldherrn, die er unter den
Soldatenhaufen warf, die Erbitterung noch mehr auf und
verlangte zuletzt von den Volkstribunen einen andern Tag,
weil die vier noch übrigen Stunden des gegenwärtigen nicht
für die Anklage zureichten. Als jedoch die Volkstribunen
entgegneten, er möchte nur gleich vorbringen, was er zu
sagen hätte, so begann er eine weitschweifige Rede voll
Schmähungen aller Art und brachte damit den Rest des
Tages hin. Bei eintretender Dunkelheit wurde die Versamm=
lung von den Tribunen aufgelöst, und nun liefen die dreister
gemachten Soldaten alle dem Galba zu, rotteten sich zusam=
men und besetzten um die Morgendämmerung das Kapitol,
wo die Tribunen das Volk versammeln wollten.

Als früh Morgens die Abstimmung eröffnet wurde,
entschied sich die erste Zunft gegen den Triumph. Wie dies
dem übrigen Volk und dem Senat zu Ohren kam, beschränkte
sich zwar jenes, so schmerzlich ihm die Beschimpfung des
Aemilius war, auf unthätiges Murren; die Vornehmsten
des Senates aber schrieen laut, das sei nicht zu ertragen,
und forderten einander gegenseitig auf, die freche Zügellosigkeit
der Soldaten zu bändigen: denn welcher Ungerechtigkeit und
Gewaltthat würden sie sich nicht erfrechen, wenn man ihnen
verstatte einen Paulus Aemilius der Siegesehre zu berauben?
Sie drängten sich also in dichter Schaar den Hügel hinan
und ersuchten die Tribunen die Abstimmung zu vertagen,
bis sie dem Volk das Nöthige an's Herz gelegt hätten.

Wie nun alle inne hielten und Stille herrschte, trat
ein Altkonsul hervor, der dreiundzwanzig Feinde auf Heraus=
forderung erschlagen hatte, Marcus Servilius, und sprach
also: Aemilius Paulus' Feldherrngröße erkenne er jetzt am

beßen. Denn er sehe, mit wie ungehorsamen und bos=
haften Soldaten er so ruhmvolle und große Thaten vollbracht
habe. Ueber das Volk aber müsse er sich wundern, wie es
so stolz auf seine Siege über Illyrier und Ligurier, sich
selbst die Freude mißgönne, den König Makedoniens lebendig,
ja Alexanders und Philipps Ruhm als Gefangenen der
Römischen Waffen einhergeführt zu sehen. „Ist's nicht
etwas Unerhörtes, daß ihr früher auf ein unsicheres Gerücht
vom Siege, das in die Stadt gekommen war, den Göttern
Opfer brachtet mit der Bitte, euch das Verkündigte bald
mit eigenen Augen schauen zu lassen; jetzt aber, wo der
Feldherr mit dem wirklichen Siege gekommen ist, die Götter
der Ehre, euch selbst der Freude beraubt, gerade als scheutet
ihr euch die Größe der vollbrachten Thaten zu schauen, oder
als wolltet ihr eines feindlichen Königes schonen. Und doch
wäre es immer besser, den Triumph aus Mitleid gegen
diesen, als aus Mißgunst gegen den Feldherrn zu verweigern.
Dagegen verleihet ihr der Bosheit so große Gewalt, daß
ein Mensch, der nie verwundet ward, dessen Leib von Glätte
und zarter Zimmerfarbe schimmert, über Heerführung und
Triumphe vor uns zu sprechen wagt, die wir durch so viele
Wunden die Vorzüge und Fehler der Feldherrn zu beurtheilen
gelernt haben.“

Bei diesen Worten riß er das Gewand auf und zeigte
eine unglaubliche Menge von Narben auf der Brust. Dann
kehrte er sich um, entblößte gewisse Theile des Körpers, die
der Anstand verbietet, vor vielen Menschen sehen zu lassen,
und sagte zu Galba gewandt: „Du lachst über das, was
du siehst, ich aber zeige es meinen Mitbürgern mit Stolz,
denn ich verdank' es unablässigem Reiterdienst bei Tag und
Nacht, den ich ihnen zu lieb gethan habe. Nun wohlan,
rufe sie zur Abstimmung; ich aber steige herab und werde
alle genau beobachten, um zu sehen, wer schlecht und undank=
bar ist und will, daß man ihm im Felde schmeichle, statt
befehle.“

10. Der Triumph.

Durch diese Worte wurde, wie man sagt, der Soldaten=
haufen so sehr gedemüthigt und umgewandelt, daß alle Zünfte
dem Aemilius den Triumph zuerkannten. Die Feier wurde
auf folgende Weise gehalten. Das Volk hatte sich auf den
Rennbahnen, die man Circus nennt, und auf dem Markte
Gerüste aufgeschlagen, auch die andern Plätze der Stadt ein=
genommen, von denen man den Zug sehen konnte, und
schaute im Schmuck der Feierkleider zu. Jeder Tempel stand
offen und war voll von Kränzen und vom Dufte des Rauch=
werks. Viele Diener und Lictoren mußten das Gedränge
der Umhergehenden verhindern, um die Straßen offen und
frei zu halten. Der Zug war auf drei Tage vertheilt: der
erste reichte kaum hin, die erbeuteten Bildsäulen, Gemälde
und Kolosse zu zeigen, die auf zweihundertundfünfzig Wagen
vorübergeführt wurden. Am folgenden Tage sah man auf
einer Menge von Wagen die schönsten und kostbarsten der
Makedonischen Waffen, schon durch den Schimmer des neu=
polirten Erzes und Stahles glänzend. Dabei hatten sie,
kunstvoll gelegt und zusammengefügt, den Schein zufälliger
und absichtsloser Häufung: man sah Helme neben Schilden,
Panzer bei Beinschienen, Kretische Rundschilde und Thracische
Tartschen, Köcher mit Pferdezäumen vermischt. Mitten
daraus ragten bloße Schwerter hervor, Lanzen dräuten zur
Seite, und alle diese Waffen waren so los gelegt, daß sie
beim Fahren zusammenstoßend ein wildes, furchtbares Geklirr
hervorbrachten und selbst besiegt nicht ohne Bangigkeit zu
schauen waren. Hinter den Waffenwagen zogen dreitausend
Männer mit Silbermünzen in siebenhundert und fünfzig
Gefäßen, deren jedes drei Talente hielt und von vieren ge=
tragen wurde. Andre trugen silberne Mischnäpfe, Trink=
hörner, Schaalen, Becher, zu gefälligem Anblick geordnet
und durch Größe wie durch Dicke des Bildwerks ausge=
zeichnet.

Am britten Tage zogen gleich mit bem frühſten Morgen
Trompeter einher, aber bie Melobie, welche ſie anſtimmten,
war nicht bie eines Dankfeſtes unb feierlichen Aufzugs, ſon=
bern eines Römiſchen Schlachtgeſanges. Hinter dieſen wur=
ben hunderizwanzig gemäſtete Ochſen geführt mit vergolbeten
Hörnern, mit Bänbern unb Kränzen geſchmückt. Ihre jugenb=
lichen Führer waren mit prachtvollen Gürteln zur Opfer=
hanblung ausgerüſtet unb von Knaben mit goldnen unb
ſilbernen Opferſchaalen begleitet. Sobann kamen bie Träger
ber Golbmünzen, welche gleich ben ſilbernen in Gefäße zu
je brei Talenten*) vertheilt waren. Die Zahl ber Gefäße
belief ſich auf ſiebenundſiebzig. Auf bieſe folgten bie Männer,
welche bie heilige Schaale emporhielten: Aemilius hatte ſie
zehn Talente ſchwer aus Gold verfertigen unb mit Steinen
beſetzen laſſen. Anbre zeigten bie Becher unb anberen Trink=
gefäße, bie Perſeus an ber Tafel gebrauchte, von ben Königen
Antigonos unb Seleukos herſtammenb ober vom alten Meiſter
Therikles verfertigt. Nach bieſen kam ber Wagen bes Per=
ſeus, ſeine Waffen unb auf ben Waffen ſein Diabem.
Hierauf nach kleinem Zwiſchenraume ſah man bereits bie
Kinber bes Königs als Gefangene einhergeführt unb mit
ihnen eine Schaar von Wärtern, Lehrern unb Erziehern,
bie in Thränen ſchwimmenb ihre Hänbe nach ben Zuſchauern
ausſtreckten unb bie Kleinen zum Bitten unb Flehen an=
wieſen. Es waren zwei Knaben unb ein Mäbchen, in einem
Alter, wo ſie bie Größe ihres Unglücks noch nicht völlig
ermeſſen konnten. Aber eben, weil ſie es nicht fühlten, rührte
ihr Schickſal bie Herzen beſto tiefer, ſo baß Perſeus beinahe
unbeachtet einherging, ſo ſehr heftete bas Mitleib bie Augen
ber Römer auf bie Unmünbigen: Viele konnten ſich ber
Thränen nicht enthalten, alle aber empfanden bei bem An=

*) An Gewicht beträgt bas attiſche Talent ſechs unb fünfzig
Pfunb. Das Golb hatte bamals ben zehnfachen Werth bes
Silbers.

blick eine Mischung von Schmerz und Freude, bis die Kinder
vorüber waren.

Er selbst, Perseus, ging hinter seinen Kindern und ihrer
Dienerschaft, mit dunklem Gewande und in Makedonischen
Schuhen. Die Größe seines Unglücks hatte ihn so betäubt,
daß er vor allem zitterte und sich wie ein Wahnsinniger
geberdete. Ihm folgte eine Schaar von Freunden und Vertrauten mit düsterem Blicke beständig auf Perseus schauend
und weinend, daß die Umherstehenden wohl sahen, wie sie
nicht an ihr eigenes Loos dachten, sondern nur das Schicksal
des Königs beklagten. Dieser hatte zwar zu Aemilius geschickt und gebeten, er möchte ihn doch nicht zur Schau
aufführen und mit dem Triumphe verschonen. Aemilius
aber erwiderte, ohne Zweifel mit Spott auf seine Feigheit
und Todesfurcht: „das stand ja zuvor und steht noch jetzt
bei ihm, wenn er nur will." Damit bezeichnete er den
Tod, als Mittel der Schande zuvorzukommen. Aber dazu
hatte der Feige um so weniger die Kraft, weil er sich ent-
nervenden Hoffnungen hingab, und so mußte er denn sich
selbst unter der Beute sehen, die man ihm abgenommen
hatte.

Hierauf wurden goldene Kränze getragen, dreihundert
an der Zahl, welche die Städte (besonders die Griechischen)
durch Gesandtschaften dem Aemilius als Siegespreise zugeschickt hatten.

Dann erschien er selbst. Er stand auf einem reichge-
schmückten Wagen, ein auch ohne so hohe Macht sehenswerther
Mann, in goldgesticktem Purpurgewande, mit einem Lorbeer-
kranz in der Rechten. Gleichermaßen trug das ganze Heer
Lorbeerkränze: es folgte dem Wagen des Feldherrn in Centurien und Cohorten und stimmte bald nach hergebrachter
Weise gewisse Spottlieder, bald Siegesgesänge und Loblieder
auf die Thaten des Aemilius an. Jeder bewunderte ihn
und pries ihn glücklich, keinem Guten war er Gegenstand des
Neides.

11. Trauerfälle.

Aber es muß wohl eine Gottheit das Geschäft haben
großes, überschwängliches Glück zu mindern und das Menschen-
geschick so zu mischen, daß es keiner von Uebeln frei und
rein habe, sondern, um mit Homer (Il. 24, 525—533)
zu sprechen, der am glücklichsten scheint, welchen abwechselnd
ein böses und ein gutes Loos trifft.

Er hatte nämlich vier Söhne. Zwei davon waren, wie
bereits erzählt ist, in andere Familien verpflanzt worden,
Scipio und Fabius. Zwei standen noch im Knabenalter;
sie waren in einer zweiten Ehe erzeugt und er behielt sie
in seinem Hause. Von diesen starb der eine fünf Tage vor
dem Triumphe des Aemilius, vierzehn Jahre alt, der andere
folgte drei Tage nach dem Triumphe des Vaters. Kein
Römer blieb ohne Theilnahme an dem Unglück, nein alle
schauderten über die Grausamkeit des Schicksals, wie es sich
nicht scheute so große Trauer in ein Haus voll Jubel, Freude
und Opferfeste zu bringen, Wehklagen und Thränen unter
Siegeslieder und Triumphe zu mischen.

Aemilius jedoch, in richtiger Einsicht, daß der Mensch
nicht blos gegen Wehr und Waffen, sondern gleicher Weise
gegen jeden Angriff des Geschickes standhaften Muthes bedarf,
wußte seine gegenwärtigen Schicksale so wohl zu verbinden
und in Einklang zu bringen, daß das Schlimme in dem
Guten, das Häusliche in dem Oeffentlichen verschwand und
weder die Größe des Sieges minderte, noch seinen Glanz
verdunkelte. Seinen älteren Sohn hatte er, wie erzählt
worden, nicht sobald bestattet, als er den Triumphzug hielt;
wie der zweite nach dem Triumphe gestorben war, berief er
das Römische Volk zu einer Versammlung und sprach da
als ein Mann, der keines Trostes bedarf, sondern die Mitbürger in ihrer Trauer über sein Mißgeschick zu trösten
sucht.

„Vor menschlicher Kraft," sagte er, „habe ich nie gezagt:

unter den göttlichen Gewalten aber habe ich das Glück immer als ein höchst ungetreues, wankelmüthiges Wesen gefürchtet; ich habe namentlich in diesem Kriege, wo es gleich einem günstigen Winde meine Unternehmungen begleitete, beständig einen Umschwung und Rückgang erwartet. In eintägiger Fahrt gelangte ich über das Jonische Meer von Brundusium nach Corcyra, fünf Tage darauf opferte ich dem Gotte zu Delphi, nach Verlauf von anderen fünf Tagen stand ich an der Spitze des Heeres in Makedonien; nach vollbrachtem Reinigungsbrauch*) ging ich sogleich an's Werk und in fünfzehn Tagen darauf war der Krieg auf's glorreichste beendet. In meinem Mißtrauen gegen das Schicksal wegen des günstigen Ganges der Dinge fürchtete ich jetzt bei voller Sicherheit und während vom Feinde durchaus keine Gefahr mehr drohte, vorzüglich auf der Ueberfahrt den Unbestand des Gottes, da ich nach glücklichem Erfolg ein so großes Siegesheer, Beute und gefangene Fürsten führte. Als ich jedoch auch bei euch wohlbehalten anlangte und die Stadt voll Freude, Jubel und Opfer sah, war mir immer noch bange vor dem Glück, weil ich wohl wußte, daß es den Menschen seine höchsten Gaben nie rein und straflos gewährt. Und dieser Besorgniß konnte sich mein Herz voll ängstlicher Sorgen um die Zukunft der Stadt nicht eher entschlagen, als bis ich dies große häusliche Unglück erlitt und zwei treffliche Söhne, die ich mir allein als Erben übrig gelassen, rasch nach einander an festlichen Tagen bestatten mußte. Jetzt bin ich wegen des Wichtigsten außer Sorgen und hege die gewisse Zuversicht, daß euch das Glück ohne Tücke und Wandel zugethan bleiben werde. Hat es doch an mir und meinem Mißgeschick seinen Neid über das Gelingen unsrer Plane zur Genüge ausgelassen und an dem Sieger ein ebenso auffallendes Beispiel der menschlichen Schwachheit

---

*) Feierliche Musterung mit Sühnopfer, immer beim Amts= antritt eines neuen Feldherrn.

aufgestellt als an dem Besiegten, außer daß Perseus auch besiegt seine Kinder besitzt, Aemilius die seinen als Sieger verlor."

So edel und groß soll Aemilius aus ungeheuchelter, aufrichtiger Gesinnung zum Volke gesprochen haben. Dem Perseus aber konnte er bei allem Mitleiden mit dessen Schicksal und bei dem innigen Wunsch ihm Hilfe zu schaffen, nichts anderes gewähren als die Versetzung aus dem soge=nannten Carcer in einen reinlichen Aufenthalt und in menschlichere Behandlung. In diesem Gewahrsam gab er sich, so erzählen die meisten, selbst den Tod. Einige lassen ihn jedoch auf eine ganz eigene, seltsame Art sterben. Die Soldaten, sagen sie, welche ihn bewachten, hegten aus irgend einem Grunde Haß und Erbitterung gegen ihn, und da sie ihm sonst nichts zu Leide thun konnten, wehrten sie ihm die Ruhe, paßten genau auf, wenn er einschlafen wollte, um ihn daran zu hindern und hielten ihn durch jedes Mittel wach, bis er endlich vor Erschöpfung starb. Es starben auch zwei seiner Kinder. Das dritte, Alexander, soll sehr geschickt in seiner Drechslerarbeit geworden sein; auch habe er die Römische Sprache und Schrift erlernt, den Obrigkeiten die Dienste eines Schreibers geleistet und in diesem Geschäft sich als tüchtig und gewandt erprobt.

Zu dem, was Aemilius im Makedonischen Kriege voll=brachte, rechnet man noch ein Verdienst um das Volk, das ihm ganz besonders dessen Gunst erwarb. Er brachte so viel Geld in die Staatskasse, daß die Bürger ganz steuerfrei wurden bis auf die Zeit des Hirtius und Pansa, welche während Antonius' und Cäsars erstem Kriege Konsuln waren (168 bis 43 v. Chr.). Auch das ist etwas Eigenthümliches und Merkwürdiges bei Aemilius, daß er vom Volke hochge=ehrt und gefeiert doch bei den aristokratischen Grundsätzen beharrte und nie dem Volk zu Gefallen sprach oder handelte, sondern in den öffentlichen Angelegenheiten immer mit den Vornehmen zusammenhielt.

Dies rückte auch in späteren Zeiten Appius seinem Sohn Scipio Africanus vor. Beide bewarben sich nämlich, damals die größten Männer in der Stadt, um die Censor= würde: jener wurde vom Senat und den Vornehmen be= günstigt, der Partei, welcher die Appier von jeher anhingen; dieser war nicht nur durch sich selbst groß, sondern erfreute sich auch beständig ausgezeichneter Liebe und Anhänglichkeit des Volkes. Als nun Scipio auf das Forum kam und Appius ihm zur Seite niedrige Leute und gewesene Sklaven erblickte, die als beständige Marktläufer geschickt waren, Rotten zu versammeln und durch Parteimachen und Geschrei alles durchzusetzen, so rief er laut: „O Paulus Aemilius, seufze unter der Erde, wenn du hörst, daß Aemilius der Herold und Licinius Philonicus deinen Sohn zum Censoramte führen!"

Wenn aber Scipio als eifrigster Beförderer der Sache des Volkes dessen Liebling war, so wurde Aemilius, obgleich Aristokrat, dennoch von den Bürgern nicht minder werth gehalten als der größte Demagog und Schmeichler der Menge. Beehrten sie ihn doch neben den anderen Auszeichnungen auch mit der Censorwürde, dem heiligsten unter allen Aem= tern, das besonders durch die Sittenaufsicht sehr große Be= deutung hat. Die Censoren können jeden, der unwürdig lebt, aus dem Senate verstoßen, den vorzüglichsten zum Haupte des Senates ernennen, zügellose junge Männer durch Entziehung des Pferdes bestrafen. Auch die Schatzung des Vermögens und die Volkszählung wird von den Censoren geleitet. Unter Aemilius wurden dreihundertsiebenunddreißig= tausend vierhundert zweiundfünfzig Bürger aufgezeichnet. Zum Haupt des Senates ernannte er den Marcus Aemilius Lepidus, der jetzt zum viertenmal dieser Würde genoß; ver= stoßen wurden nur drei Senatoren, die nicht zu den ausge= zeichneten gehörten; dieselbe Mäßigung bewies er und sein Amtsgenosse Marcius Philippus bei der Musterung der Ritter.

Nachdem Aemilius die meisten wichtigen Geschäfte dieses Amtes vollbracht hatte, verfiel er in eine anfangs bedenkliche, mit der Zeit jedoch gefahrlose aber lästige und hartnäckige Krankheit. Auf Anrathen der Aerzte ging er zu Schiff nach Elea (Velia in Lucanien) und brachte dort längere Zeit auf einem Landgut an der See in einsamer Gegend zu. Die Römer hatten indessen große Sehnsucht nach ihm und äußerten oft im Theater mit lauter Stimme den Wunsch ihn wieder zu sehen. Als nun ein Opfer bevorstand, an welchem er nothwendig Theil nehmen mußte, auch seine Gesundheit hinlänglich hergestellt schien, kehrte er nach Rom zurück und verrichtete das Opfer mit den andern Priestern zur großen Freude des Volks, das in Menge herbeiströmte. Er brachte auch am folgenden Tage wegen seiner Genesung den Göttern ein eigenes Dankopfer dar. Als nun dieses Opfer bei gleicher Theilnahme der Bürger vollendet war, kehrte er nach Hause und legte sich zu Bett, und ehe er eine Veränderung empfinden und inne werden konnte — denn er verlor sogleich alles Bewußtsein — endete er am dritten Tage sein Leben, ohne daß ihm irgend etwas von dem, was man zur Glückseligkeit rechnet, gemangelt hätte. Denn auch sein Leichenbegängniß war sehr glänzend, da sich alles beeiferte, die Tugend des Mannes durch die schönste, beneidenswertheste Todtenfeier zu verherrlichen. Ich meine damit nicht Gold oder Elfenbein oder andere kostbare und prunkvolle Anstalten, sondern Beweise der Liebe, der Hochachtung und Dankbarkeit nicht nur von Seiten der Bürger, sondern selbst der Feinde. Denn von den Spaniern, Liguriern und Makedoniern, welche gerade anwesend waren, stellten sich die Jungen und Rüstigen alle unter seine Bahre und halfen sie zur Stätte tragen: Die Aelteren folgten nach unter lautem Lobe des Aemilius als des Wohlthäters ihres Vaterlandes. Hatte er sie doch insgesammt nicht blos zur Zeit seiner Siege milb und menschenfreundlich behandelt, sondern auch während seines

ganzen übrigen Lebens ihnen beständig Gutes erwiesen und
für sie wie für Freunde und Angehörige Sorge getragen.

Sein Vermögen soll sich kaum auf dreimalhundertsiebzig=
tausend Sestertien (19,630 Thlr.) belaufen haben. Seine
Erben waren seine beiden Söhne: aber der jüngere, Scipio,
überließ alles seinem Bruder, weil er selbst durch Adoption
einem reicheren Hause, dem des Africanus angehörte.

So wird Paulus Aemilius' Charakter und Leben ge=
schildert.

Vergleichung Timoleons mit Aemilius.

Bei diesen Angaben der Geschichte fällt es in die Augen,
daß sich der Vergleichung nicht viel Verschiedenes und Abwei=
chendes darbietet. Im Kriege hatten beide ausgezeichnete
Gegner, der eine die Makedonier, der andere die Karthager.
Die Siege waren gleichfalls glänzend: der eine hat Make=
donien erobert und Antigonos' Königshaus im siebenten
Könige gestürzt; der andere hat alle tyrannischen Gewalten
in Sicilien ausgerottet und die Insel befreit. Man müßte
denn etwa die schiefe Einwendung dagegen machen wollen,
dem Aemilius sei Perseus in voller Kraft und als Sieger
der Römer entgegengestanden, dem Timoleon Dionys muthlos
und erschöpft; und wiederum für Timoleon, daß er viele
Tyrannen und die große Macht der Karthager mit einem
schlechten Heere geschlagen, da er nicht wie Aemilius kriegs=
erfahrene und an Gehorsam gewöhnte Männer, sondern
Miethlinge befehligte, die sich in keine Ordnung fügen wollten
und nur zu ihrem Vergnügen dienten. Denn gleicher Erfolg
bei ungleichen Streitkräften eignet das Verdienst dem Feld=
herrn zu.

Waren beide gerecht und rein in ihrem Thun, so scheint
es, daß Aemilius mit diesem Charakter, den ihm die Gesetze

und Sitten des Vaterlandes anbildeten, gleich anfangs auf=
trat, während Timoleon sich selbst zu einem solchen Manne
machte. Dies geht daraus hervor, daß die Römer zu jener
Zeit alle bescheiden waren, sich in die öffentliche Ordnung
fügten und Achtung gegen die Gesetze und gegen die Mit=
bürger hegten; wogegen sich unter den Griechen damals kein
höherer oder niederer Anführer fand, der nicht, wenn er in
Sicilien zu thun hatte, verdorben wurde, mit Ausnahme
des Dion. Wiewohl viele argwohnten, daß Dion nach der
Alleinherrschaft strebte und von Errichtung eines Spartani=
schen Königthums träumte. Auch Gylippos *) wurde, wie
Timäos berichtet, von den Syrakusern mit Schimpf und
Schande entlassen, weil sie ihn unersättlicher Habsucht in der
Heerführung schuldig fanden. Wie frevelhaft und treulos
Pharar aus Sparta und Kallipos aus Athen handelten in
der Hoffnung die Herrschaft über Sicilien zu gewinnen, ist
von vielen erzählt worden. Und wer waren diese Männer,
oder über welche Mittel verfügten sie, daß sie sich solcher
Gedanken vermaßen? jener, Dienstmann des aus Syrakus
verjagten Dionys; Kallipos, einer von den Befehlshabern
der Söldner des Dion. Timoleon dagegen war den Syra=
kusern auf ihr Bitten und Ansuchen als Feldherr mit unbe=
schränkter Vollmacht geschickt worden, durfte sich nicht erst
ein Heer suchen, sondern nur dasjenige behalten, das ihm
die Syrakuser mit freiem Willen übergeben hatten, und legte
doch, sobald die Gewaltherrscher gestürzt waren, Oberbefehl
und Regierung nieder.

An Aemilius aber verdient der Zug hohe Bewunderung,
daß er nach Unterwerfung eines so gewaltigen Reiches sein
Vermögen auch nicht um eine Drachme vergrößerte und das
Geld nicht sah, noch berührte, so viel Gaben und Geschenke
er auch anderen davon austheilte. Damit sage ich jedoch

---

*) Im Jahre 414 gegen die Athener, welche die Stadt
belagerten, den Syrakusern von Sparta zu Hilfe geschickt.

nicht, daß Timoleon Tadel verdiene, weil er ein schönes Haus und ein Landgut annahm. Denn es ist nicht schimpf= lich für solche Verdienste Belohnung anzunehmen: aber nichts annehmen ist edler, und es ist höchste Vollendung der Tugend, wenn man selbst bei Erlaubtem zeigt, daß man frei sei von Bedürfnissen.

Weil aber, wie Körper, welche sich für die Abwechselung von Kälte und Hitze gleich gut eignen, stärker sind als dieje= nigen, welche nur die eine oder die andere ertragen, auch die Seelen der reinsten Gesundheit und Kraft genießen, welche weder das Glück durch Uebermuth verweichlicht und erschlafft, noch Unfälle niederbeugen: so erscheint Aemilius vollkommener, da er bei dem schweren Leide und der bitteren Trauer über seine Kinder sich nicht kleiner noch minder ehrenwerth zeigte, als im Glanze seines Glücks.

Timoleon dagegen war, wie er die rühmliche That gegen den Bruder vollbracht hatte, dem Kummer nicht durch Ver= nunft gewachsen, sondern ließ sich von Reue und Schmerz so niederbeugen, daß er zwanzig Jahre lang die Rednerbühne und den Markt nicht zu sehen vermochte. Freilich soll man vor dem Schändlichen fliehen und erröthen; aber jede üble Nachrede scheuen, das bezeichnet zwar einen sanften und redlichen, aber keinen großen Charakter.

Mannheim.
Schnellpressendruck von Heinrich Hogrefe.

Zeittafel.

---

www.ingramcontent.com/pod-product-compliance
Lightning Source LLC
Chambersburg PA
CBHW031810270326
41932CB00008B/373